서울대 최종학 교수의
숫자로 경영하라 2

MANAGEMENT

서울대 최종학 교수의
숫자로
경영하라 2

| 최종학 지음 |

| 숫자경영, 최고의 경영 나침반이다! |

원앤원북스

ACCOUNTING

서울대 최종학 교수의 숫자로 경영하라 2

초판 1쇄 발행 2012년 7월 18일 | 초판 13쇄 발행 2023년 4월 5일 | 지은이 최종학
펴낸곳 원앤원북스 | 펴낸이 오운영 | 경영총괄 박종명
편집 최윤정·김형욱·이광민 | 마케팅 문준영·이지은 박미애 | 디자인 윤지예·이영재
등록번호 제2018-000146호
주소 04091 서울시 마포구 토정로 222, 319호(신수동, 한국출판콘텐츠센터)
전화 (02)719-7735 | 팩스 (02)719-7736 | 이메일 onobooks2018@naver.com
값 19,500원 | ISBN 978-89-6060-249-6 03320

잘못 만들어진 책은 구입하신 서점에서 교환해 드립니다.
이 책을 무단 복사, 복제, 전재하는 것은 저작권법에 저촉됩니다.

이 도서의 국립중앙도서관 출판시도서목록(CIP)은 e-CIP홈페이지(http://www.nl.go.kr/ecip)에서 이용하실 수 있습니다.(CIP제어번호: CIP2012003008)

측정되지 않는 것은 관리되지 않는다.

― 피터 드러커(세계적인 경영학자) ―

숫자경영,
최고의 경영 나침반이다!

본서의 전편인 『숫자로 경영하라』가 출판된 지 이제 3년이 지났다. 독자층이 상당히 제한된 전문서적인데도 불구하고 꾸준히 성원해주신 여러 독자분들께 진심으로 감사를 드린다. 누구나 어려워하는 회계나 재무 분야의 책이 이 정도 큰 파급효과를 가져올 것이라고는 미처 예상하지 못했다. 기업체에 있는 몇몇 학습 동아리나 대학교의 경영학술 동아리 등에서 함께 모여 스터디를 한다는 이야기도 들려왔고, 필자가 잘 알지 못하는 독자들에게 이메일 등을 통한 감상이나 질문도 종종 받았다. 책 때문에 강의 요청도 받았다. 그 결과 한국 사회와 기업에 조금이나마 기여를 했다는 기분에 가슴이 뿌듯함을 느낀다.

본서는 『숫자로 경영하라』를 저술한 후인 2009년 중반부터 2012년 초반까지의 기간 동안 필자가 여러 언론에 기고했던 글을 모아서 작

성한 것이다. 책 이름을 '숫자로 경영하라 2'라고 정한 것처럼 본서는 『숫자로 경영하라』의 속편인 셈이다. 책의 구성 형식이나 주제도 『숫자로 경영하라』와 동일하다. 즉 과거에 벌어진 사건들의 이미 알려진 내용과 숨겨진 이면의 이야기들을 설명하고, 그 사건을 통해서 독자가 배워야 할 점이 무엇인지를 파악할 수 있도록 했다. 원고의 배경이 되는 사건들은 대부분 독자에게 친숙한 최근에 발생한 사건들이다. 예를 들면 금호아시아나그룹의 대우건설 인수, 두산그룹의 구조조정, 세계금융위기, 'Occupy Wall Street'라는 시위가 발생한 이유, 엔론의 분식회계, 현대자동차의 현대건설 인수, 삼성전자나 LG전자의 이익 증가 등 최근 언론지상을 장식한 적이 있는 사건 또는 사례들이 대부분이다.

원고를 저술할 때는 실무자 수준에서 필요한 미시적이고 단순한 기

▶▶▶▶

법이나 이야기들은 과감히 생략했으며, 추상적인 개념이나 미사여구도 거의 사용하지 않았다. 즉 사건의 세부사항이 아니라 핵심이 무엇인지를 독자들이 거시적인 입장에서 손쉽게 파악할 수 있도록 했다. 또한 현상을 설명하는 데 그치지 않고, 독자들이 그 사건에서 무엇을 배울 수 있는지 명확히 저술하려고 노력했다. 회계나 재무적인 지식뿐만 아니라 전략이나 마케팅 등 경영 전반의 내용들을 서로 연결해서 독자들이 살펴볼 수 있도록 했다. 기업경영이라는 것이 모든 기능이 유기적으로 서로 얽혀 있는 것이니만큼, 회계라는 기능 하나만 별도로 분리해서 생각할 수 없기 때문이다. 기업의 최고경영자가 되려면 결국 경영의 여러 기능들을 모두 알아야 하기 때문이다.

『숫자로 경영하라』에서도 언급한 이야기지만, 필자는 본서의 내용들이 최고의 경영 지침서라는 〈하버드 비즈니스 리뷰〉보다 더 전문적이고도 구체적이며 독자 여러분들에게 실질적인 도움이 될 것이라고 믿는다. 그만큼 독자 여러분들에게 실제로 도움이 될 수 있도록 이론과 사실을 접목해 설명하려고 노력했다.

본서에 포함된 원고들이 실제 언론에 실렸던 당시와 비교해보았을 때 원고의 내용을 충분히 더 보완해서 독자들이 내용을 명확하게 이해할 수 있도록 했다. 또한 원고에 등장한 설명의 근거가 무엇인지를 알 수 있게 관련 논문들을 주석으로 인용했다. 객관적인 사실과 필자

▶▶▶▶

의 개인적인 의견을 구분해 표시하려고도 노력했다. 각 장의 맨 뒤에는 '회계로 본 세상'이라는 제목의 후기를 추가했다. 원고의 내용과는 약간 차이가 있지만, 원고의 내용 중 핵심적인 사항을 정리한 내용과 필자의 개인적인 생각들을 후기에 적어서 독자들이 살펴볼 수 있도록 한 것이다. 즉 각 장의 본문은 실제 발생했던 사건들이 주로 설명되어 있으며, 후기는 그 사건에 대한 필자의 개인적인 해석이라고 할 수 있다.

　본서는 총 6개의 부로 구성되어 있으며, 각 부는 3장에서 4장 정도의 별도 주제로 구성되어 있다. 그 중 4부와 6부는 다른 부분과 좀 다른 형식이다. 4부는 기업에 대한 내용이 아니라 주식투자에 대한 내용이다. 즉 주식을 어떻게 이해하고 어떤 방식으로 주식투자를 해야 하는지를 설명하는 부분이다. 학문적인 연구결과를 다수 소개하는 형태이므로, 주식투자에 관심 있는 사람들이 읽어보면서 투자법에 대해 이해할 수 있도록 했다. 이 부분은 기존에 국내에서 수없이 저술된 바 있는 주식투자 관련 책들과 질적으로 다른 내용이라고 자부한다.

　마지막 6부는 '쉬어가는 페이지'다. 어려운 경영에 대한 내용이 아니라 필자가 지난 십여 년간 틈틈히 써놓았던 살아가면서 겪어온 재미있는 이야기들 중 두 편을 모아놓은 것이다. 어려운 책을 끝까지 읽

▶▶▶▶

으신 독자분들이 한번 복잡해진 머리를 식히시라는 의미에서 추가한 내용이다.

 마지막으로 본서의 내용을 통해 한국 기업에서 중추적으로 활약하는 많은 기업인 여러분들이 좀더 전문지식을 익힐 수 있기를 바란다. 그 결과 세계 속의 한국 기업으로 더욱 발전할 수 있는 역량을 개발하는 데 도움이 되었으면 하는 것이 필자의 조그마한 소망이다. 또한 부득이하게 실패사례나 널리 알리고 싶지 않은 일이 본서에 등장하는 몇몇 기업 관계자 분들께는 죄송하다는 사죄의 말씀도 이 기회를 빌어 전한다.
 집필 과정에서 국내 기업에 대해서는 최대한 허물을 가리는 방향으로 저술했지만, 관계 당사자가 보기에는 별로 기분이 좋지 않은 내용도 본서에 틀림없이 포함되어 있을 것이다. 어떤 기업을 비난하기 위한 것이 아니라 사례를 통해서 많은 기업들이 여러 교훈을 얻기를 바라는 목적에서 본서가 저술된 만큼 너그러운 마음으로 이해해주셨으면 한다. 또한 필자가 더 많은 사적인 내용들을 알고 있는 경우라도 공개된 자료가 아닌 경우는 본서의 집필에 사용하지 않았다는 점도 강조하고 싶다.

▶▶▶▶

『숫자로 경영하라』와 마찬가지로 본서도 작성 과정에서 많은 고마우신 분들의 도움을 받았다. 필자와 이런저런 인연으로 만나 많은 대화를 나누면서 필자의 좁은 눈을 뜨게 해서 큰 그림을 볼 수 있도록 시야를 넓혀주신 서울대학교 CFO 과정이나 기타 경영자 과정, MBA 과정 동문 분들에게 우선 감사를 드린다. 원고를 읽고 많은 조언을 해준 필자의 아내와 서울대에서 회계학 박사학위를 받고 영국 랭카스터 대학의 교수로 작년에 부임한 최선화 박사, 그리고 하정민, 최한나 기자님께 진심으로 감사를 표한다. 지금도 비좁은 연구실에서 열심히 공부하고 있는 김범준, 김세일, 김영준, 선우혜정, 이준일, 최아름 등 여러 다른 제자들께도 감사를 드린다. 또한 많은 학문적 가르침을 주신 필자의 선배나 동료 회계학 전공 교수님께도 감사를 드린다. 특히 이정호, 곽수근, 황이석 교수님의 가르침이나 격려가 없었다면 본서는 탄생할 수 없었을 것이다. 마지막으로 그동안 성원해주신 독자 여러분들께 다시 한 번 진심으로 감사를 전한다.

녹음이 짙어가는
서울대학교 관악 캠퍼스의 연구실에서
최종학

차례

지은이의 말 _ 숫자경영, 최고의 경영 나침반이다! 6

1 의사결정의 중심에 숫자경영이 있다
경영 의사결정에서 회계지식의 활용

과다한 배당금 지급, 그것이 함정이었다 — 대우건설　20

대우건설 인수 실패의 결과 | 대우건설의 경영 상황과 배당금 지급 | 부채를 통한 자본구조 재조정 | 과도한 배당금 지급의 함정 | 시몬즈 침대의 몰락 | 적절한 배당금은 과연 얼마인가?

M&A 이후 위기극복을 위한 도전 — 두산그룹과 금호아시아나그룹　44

두산그룹의 자회사 매각을 통한 현금확보 | 미래에셋과 IMM 사모펀드의 참여 | 한발 앞서 준비하는 두산그룹의 행보 | 금호아시아나그룹의 생환을 위한 노력

언제 아웃소싱을 해야 할까? — 포스코와 닛산　64

아웃소싱이 유행하는 이유 | GE, 포스코, 닛산의 아웃소싱 사례 | 아웃소싱의 문제점 | 아웃소싱과 자체생산을 결정하는 조건

이익인가, 현금흐름인가? — LG전자   86

사례를 통한 이익과 현금흐름의 이해 | 장기적인 의사결정의 사례 | 기업가치 평가모형
에서의 활용 | 재무제표를 열심히 살펴야 하는 이유

EBITDA 지표가 놓친 것들을 들여다보자   104
— 현대건설과 대우건설

EV와 EBITDA의 의미 | EBITDA의 정의에 대한 혼란 | EBITDA가 탄생한 이유 |
EBITDA와 영업활동으로 인한 현금흐름의 차이 | EBITDA를 이용한 기업가치 평가의 문
제점 | EBITDA가 유행한 이유 | 워런 버핏의 EBITDA에 대한 견해 | 적합한 기업가치 평
가법은?

2 숫자경영으로 금융위기를 극복한다
2008년 세계금융위기와 회계의 중요성

엔론 몰락과 세계금융위기 발발 원인의 유사점   132
— SK E&S, 엔론

미국 최고의 기업으로 각광받던 엔론 | 가스 운송업에서 에너지 거래업으로의 업종전환
| M&A와 신사업 진출을 통한 급속한 성장 | 엄청난 혼란과 투자의 실패 | 막대한 보너
스를 받아 챙긴 직원들 | 자산유동화를 통한 현금조달과 분식회계 | 특수목적법인을 이
용한 분식회계 | 엔론이 파산한 이후 벌어진 일들 | 분식회계를 조장한 평가와 보상 방법
의 문제점 | 분식회계의 결과와 교훈

미국의 금융개혁과 시가평가제를 둘러싼 논란 — 금융기관   166

오바마 대통령의 강력한 금융개혁 정책 | 금융권의 로비와 반론 | 시가평가제도의 내용
과 도입배경 | 왜 시가평가제도가 문제인가? | 평가손실은 어디 갔을까? | 회계기준의 재
개정 움직임 | 회계에 대한 비난과 반론, 그리고 회계의 중요성

자본주의는 몰락의 길로 접어들었는가? — 골드만삭스　　188

골드만삭스의 이익수치, 과연 진짜일까? | 실제 이익과 미래 전망 | 투자은행에 대한 구제금융 투입 논란 | 기업이 망했어도 보너스 지급이 가능한가? | 골드만삭스의 행보와 정부의 규제 | 골드만삭스와 정부의 관계 | 세금회피에 대한 이슈 | 신을 대리한다는 골드만삭스의 자만 | 골드만삭스의 미래 | 모두 함께 살아가는 사회를 위해

3. 숫자경영, 세상과 소통의 시작점이다
시장과의 소통과 기업

설득의 기술, 프레이밍 효과 — 인텔과 애플　　220

공시 분야에서 프레이밍 효과의 활용 | 긍정적인 뉴스는 숫자로, 부정적인 뉴스는 퍼센트로 | 인텔의 펜티엄 연산 오류 사례 | 애플과 스티브 잡스의 사례

기업들이여, 강호동과 이효리를 본받아라!　　238
— 〈1박 2일〉과 〈패밀리가 떴다〉

두 프로그램의 성공비결 | 못생긴 인형과 평범한 사람이 등장하는 화장품 광고 | 동화 같은 기업공시는 이제 통하지 않는다 | 위기상황에서의 대응방법인 CAP 규칙 | 부정적인 뉴스를 공시하지 않는 한국 기업 | 강호동처럼 마음으로 교감하자

어닝 서프라이즈 게임 — 삼성전자와 LG전자　　260

외국 기업들의 어닝 서프라이즈 발표 | 애널리스트의 성향은 '장기적으로는 낙관적' | 어닝 서프라이즈 게임이 유행하는 이유 | 한국의 어닝 서프라이즈는? | 잭 웰치의 반성에서 배워야 할 교훈

사회책임투자 펀드의 숨겨진 진실 — 증권회사　278

사회책임투자 펀드의 역사 | 사회책임투자 펀드의 수익률은 높지 않다 | 성공한 기업만이 사회적 책임을 수행할 수 있다 | 국내 사회책임투자 펀드의 투자 성향 | 개인 및 기업의 의식 전환이 필요하다 | 기업들의 사회적 책임 수행

4 숫자경영, 투자의 근간을 이룬다
주식투자와 회계지식

11월 11일 주가폭락의 숨겨진 내막　300

옵션거래란 무엇인가? | 주식과 옵션의 차이점 | 옵션거래의 결과에서 드러난 엄청난 손실 | 주식과 옵션거래의 숨겨진 내막 | 우리의 반성과 올바른 투자 방법 | 워런 버핏의 투자철학을 배워야 한다

주식가격의 움직임과 내재가치 투자　322

홍길동전자의 주식가격 사례 | 파도모양으로 변하는 주식가격과 투자 | 평균선을 기초로 한 투자방법의 효과 | 주식가격의 형성을 결정하는 내재가치 투자 | 선진국 주식시장과 비교한 한국 주식시장의 특징 | 어떤 투자가 더 좋은가?

주식투자에 손쉬운 왕도는 없다　344

버크셔 해서웨이 vs. 뉴머릭 인베스터스 | 단타거래와 개인 투자자의 심리적 어려움 | 공매도 거래의 수익률 환상 | 워런 버핏의 내재가치 투자 | 헤지펀드 LTCM과 메릴린치의 몰락

버블은 왜 일어났다 반드시 꺼질까? 364

미국 IT 버블의 사례 | 2008년 부동산 버블의 폭발 | 개인의 능력 과신과 버블 | 버블이 왜 위험한가? | 주식투자를 어떻게 할까? | 재무제표와 거시경제에 대한 이해 | 나도 남들과 다르지 않다

5 숫자경영은 과학이다
과학적 연구와 준비가 필요한 이유

분석이냐, 직관이냐? — CJ, 아모레퍼시픽 388

뚜레쥬르는 왜 베트남에 천천히 진출했을까? | 연구분석이 과거보다 중요한 이유 | 일본이 2009년 WBC에서 우승한 이유 | 김영덕 감독과 김성근 감독의 화려한 업적 | 신속한 의사결정 vs. 신중한 의사결정

데이터 확보보다 활용이 관건이다 406
— 아마존과 게임-인터넷업계

정확한 원가계산 시스템의 효과 | 불필요한 고성능 제품의 구입과 파킨슨 법칙 | 비용 절감과 수익 향상을 위한 방안 | 새로운 실험을 통한 수익 향상 방안의 탐색 | 하라 카지노 호텔의 성공 사례

세금을 덜 내는 것이 최선일까? — KFC와 맥도날드 426

적절한 세금을 내야 하는 이유 | KFC와 맥도날드의 중국 진출 사례 | 과세당국과 기업의 숨바꼭질 | 한국 기업들이 배워야 할 교훈 | 국민감정에 대한 고려

회계학 카페
쉬어가는 페이지
6

엔니오 모리코네와 〈미션〉, 그리고 '넬라 판타지아'　　448
'가브리엘의 오보에'의 여운 | 〈남자의 자격〉'하모니'편 | 폴 포츠의 〈One Chance〉 | 여러분, 사랑합니다!

'최후의 만찬', 그 위대한 예술의 이해　　462
예수, 요한, 베드로, 그리고 유다 | '최후의 만찬'에 등장하는 인물들의 속삭임 | 예수를 팔아 부귀영화를 누리는 사람들 | 기적적으로 살아남은 인류의 문화유산

에필로그 _ 숫자경영의 중요성 476

용어 해설 및 찾아보기 480

『숫자로 경영하라 2』 저자와의 인터뷰 486

총 5편으로 구성되어 있는 Part 1에서는 회계지식이 경영 의사결정에 얼마나 큰 영향을 미칠 수 있는지를 보여준다. M&A 이후 대우건설이 겪은 사건들, 위기를 극복하기 위해 두산그룹과 금호아시아나그룹이 행한 조치, 포스코와 닛산의 경영혁신 노력, 이익과 현금흐름의 차이, EBITDA에 따른 의사결정 사례와 각 측정치의 장단점 등을 차례대로 소개한다.

Part 1

의사결정의 중심에 숫자경영이 있다

_ 경영 의사결정에서 회계지식의 활용

과다한 배당금 지급, 그것이 함정이었다
▶▶▶▶ 대우건설 ▶▶▶▶

한국 사회에서 요즘 몇몇 기업들의 과다한 배당이 논란거리가 되고 있다. 주주들을 보호하기 위해 적정한 배당을 주어야 한다는 주장과, 그 반대로 배당보다는 회사의 성장이 먼저라는 주장이 서로 대립되고 있다. 물론 적정한 배당은 지급해야겠지만 어느 정도 수준이 과연 적정한 배당인가에 대해서는 합의된 기준이 없다. 금호아시아나그룹이 대우건설을 인수한 후 발생한 배당과 유상감자의 사례, 하버드비즈니스스쿨 사례로 널리 알려진 미국의 실드 에어의 사례 등을 살펴보면서 이런 논란에 대한 답을 알아보자. 또한 기업이 과연 누구의 것인지에 대해서도 생각해보자.

2009~2010년 동안 금호아시아나그룹은 한국 기업 중 단연 언론에 자주 오르내린 기업으로 꼽힌다. 막대한 돈을 들여 대우건설을 인수하며 재계 순위 상승을 노렸다가 세계금융위기 여파를 맞고 결국 대우건설 인수를 포기하며 큰 어려움에 처했기 때문이다. 금호아시아나그룹은 2006년 무려 6조 원대주당 2만 6천 원의 자금을 동원해 대우건설을 인수했다. 6조 원이라는 막대한 돈이 필요했기 때문에 금호아시아나그룹이 자체적으로 인수자금을 모두 조달한 것이 아니라 여러 재무적 투자자들도 인수 과정에 함께 참가했다.

이때 금호아시아나그룹이 만기가 돌아오는 2009년 말까지 해당 재무적 투자자들에게 지불해야 했던 풋백 옵션 금액만 약 4조 원에 이른다. 2006년 당시의 자세한 상황과 금호아시아나그룹이 풋백 옵션을 어떤 방법을 통해 재무제표에 부채로 표시하지 않고 부채비율을 축소시켰는지에 관해서는 필자의 저서 『숫자로 경영하라』의 '금호아시아나의 대우건설 인수' 편을 참조하길 바란다.

 4조 원을 지불할 형편이 아니었던 금호아시아나그룹은 결국 2009년 말 대우건설의 인수를 포기했다. 대우건설은 산업은행의 손으로 넘어갔다. 당시 산업은행은 금호아시아나그룹과 재무적 투자자들에게 대우건설 주식을 당시 시가에다 50% 이상의 웃돈을 얹은 가격인 1만 8천 원에 우선 매입했다. 시가와 매입가격의 차액은 박삼구 회장 일가의 사재 출연 및 출자전환 등의 방법으로 보충하기로 했다. 산업은행이 적극적으로 나선 덕분에 금호아시아나그룹은 일단 파산의 위기를 넘길 수 있었다. 금호아시아나그룹의 대우건설 인수 포기와 산업은행의 대우건설 인수는 2009년 말과 2010년 초 언론 지상을 장식했다.

 금호아시아나그룹은 금융위기 발발 이후 그룹 전체에 위기가 닥치자 금호렌트카, 금호생명, 금호종합금융 등 여러 계열사의 지분이나 자산을 매각하면서 위기 탈출을 시도했다. 그 사이 금호아시아나그룹 내부에서 경영권 분쟁이 벌어져서 그룹은 크게 셋으로 해체되었다. 금호석유화학은 대우건설 인수를 반대했던 박찬구 회장이, 금호타이어는 박삼구 회장이, 대우건설 인수에 제일 큰 자금을 동원했던 금호산업과 아시아나 항공은 채권단이 공동 소유하는 형태다. 금호타이어의 박삼구 회장은 일단 금호타이어의 경영권을 보장받았다. 하지만 구조조정 등을 통해 회사를 회생시키지 못하면, 채권단이 박 회장의 지분을 매각 처리할 수 있는 상황에 처했다.

대우건설 인수 실패의 결과

이렇듯 복잡한 과정을 거치면서 오랜 역사를 자랑하던 금호아시아나그룹의 위상이 크게 떨어졌다. 흔히 '승자의 저주'라고 부르는 M&A를 통해 규모를 키운 기업이 그 후 상당한 어려움을 겪는 일이 바로 금호아시아나그룹에게 일어난 셈이다. 대우건설을 인수하는 데 자금을 도와줬던 재무적 투자자들도 현재 투자자금을 다 회수하지 못해 많은 피해를 입었다. 2006년 2만 6천 원에 구입한 주식을 1만 8천 원에 산업은행에 팔아야 했기 때문에, 이익은 고사하고 투자자금의 상당 부분을 손실로 처리해야만 했다. 그렇지만 산업은행에서 이 가격에 주식을 구매해준 것만으로도 재무적 투자자들 입장에서는 다행스러운 일이다.

산업은행도 곤란한 상황이다. 시가에다 50% 정도의 웃돈을 주고 대우건설의 주식을 매입했으니 그 차액을 보전하는 일이 쉽지 않다. 박삼구 회장 일가가 사재를 출연한다고 해도 워낙 막대한 돈이라 한계가 있다. 유일한 길은 금호산업이나 대우건설이 재도약해 주가가 크게 상승하고, 적절한 시점에 새 주인에게 매각하는 방법뿐이다. 문제는 세계금융위기의 여파로 국내 건설업계의 상황이 매우 어렵기 때문에 이런 구상이 실제로 실현되기가 쉽지 않다는 데 있다. 산업은행 또한 상당기간 대우건설 문제로 속병을 앓을 가능성이 높다.

금호아시아나그룹 편에서 대우건설의 매입을 자문했던 JP모건의 득실은 어떨까? 일단 JP모건은 금호아시아나그룹이 대우건설을 인수

•• 2005~2010년 사이의 대우건설의 주가 변동

금호아시아나그룹의 대우건설 인수를 앞두고 계속 상승하던 주가가 최고 30,050원까지 올라갔다. 그 이후 추락한 대우건설의 주가는 세계금융위기의 여파로 큰 회복을 하지 못하고 있는 상황이다.

하는 데 성공함으로써 인수대금의 일정 퍼센티지로 정해지는 상당한 성공보수를 받았을 것이다. 하지만 그 수익 때문에 JP모건이 이득을 봤다고 생각하는 것은 단기적인 관점에 입각한 견해일 뿐이다. 그간 JP모건은 한국시장에서 여러 M&A 거래를 성공적으로 중개하면서 이 분야에서 상당한 명성을 쌓았다. 대우건설의 가치평가와 입찰가격을 결정하는 데 있어서도 JP모건이 중요한 역할을 했다. 그 과정이 어쨌든 결과적으로 금호아시아나그룹은 대우건설의 내재가치보다 훨씬 비싼 가격을 지불했으니 자문사의 역할에 의구심을 제기할 수 있는 상황이다.

뿐만 아니라 JP모건은 비슷한 시기에 있었던 한화그룹의 대우조선해양 인수에서 자문사 역할을 담당했다. 한화그룹은 2008년 대우조선해양을 인수하기 위해 무려 6조 원의 입찰 금액을 제시했지만 자금 부족으로 결국 포기하고 3천억 원대의 계약금만 날렸다. 이 두 사건이 JP모건의 장기적 명성에 어느 정도 손상을 줬다고 볼 수도 있다.

대우건설의 경영 상황과 배당금 지급

그렇다면 인수 사건의 당사자인 대우건설은 지금 어떤 상황일까? 대우건설은 2008년 이후 세계적인 금융위기 및 부동산 경기 침체로 어려움을 겪으며 여전히 시장에 매물로 나와 있다. 건설업계가 전반적으로 어렵기 때문에 현재 매물로 나와 있는 건설업체가 다수 있다. 건설업체 중에서도 대우건설은 독보적인 기술력과 명성을 지닌 회사이므로, 경제상황만 나아진다면 다시 새 주인을 찾을 수 있을 것이다.

금호아시아나그룹이 대우건설을 인수한 시기는 2006년, 금호아시아나그룹의 유동성 문제가 시장에 불거진 시기는 2009년 초다. 2006년부터 2008년까지 대우건설 재무제표를 보자. 이 기간 동안 대우건설은 매년 약 1,500억 원대의 배당금을 지급했다. 2007년에는 4,614억 원의 유상감자도 실시했다. 총 8,700억 원이 넘는 이 돈을 모두 금호아시아나그룹이 받아간 것은 아니다. 재무적 투자자라고 불리는 금호아시아나그룹에 경영권을 위임한 다른 주주들이 받아간 몫도 있고, 소액주주들도 배당금을 받았다. 대우건설 전체 주식 중 금호아시아나그룹이 소유한 비율은 약 33% 정도이므로, 금호아시아나그룹이 받아간 금액은 약 2,900억 원 정도로 추산할 수 있다.

과연 그 기간 동안 대우건설의 영업 성적은 어떠했을까? 영업활동으로 인한 현금흐름을 보자. 2006년부터 2008년까지 3년 동안 대우건설은 영업을 통해 약 800억 원 정도의 현금을 잃었다.[1] 대우건설은 영업현금흐름의 적자를 만회하기 위해 2006년과 2007년 동안 비유동자산 등을 처분해 약 1조 8천억 원 정도의 현금을 마련했다. 대표적으로 서울역 앞에 위치한 대우빌딩을 매각했다. 대우빌딩은 현재 리모델링한 후 서울스퀘어로 바뀌었다. 재무제표 중 현금흐름표를 보면 이런 내용을 쉽게 알 수 있다. 자세히 살펴보면 1조 8천억 원의 현금을 마련했음에도 불구하고 대우건설이 이 돈을 회사의 장기적 성장을 위한 투자에는 거의 쓰지 않았다는 점을 알 수 있다.

이 막대한 돈은 어디로 갔을까? 대우건설은 비유동자산을 처분해 마련한 1조 8천억 원 중 1조 7천억 원 정도를 2008년 대한통운을 인수하는 자금으로 사용했다. 즉 배당금으로 사용된 실제 금액은 1천억 원 정도다. 3년간 배당과 유상감자 총액인 약 8,700억 원 중 나머지 7,700억 원 정도는 기존 대우건설이 보유하고 있던 일부 현금이나 현

---

[1] 흥미있는 사실은 같은 기간 동안 대우건설은 총 1조 6천억 원 정도의 당기순이익을 기록했다는 것이다. 이렇게 막대한 당기순이익을 기록하는 동안 영업현금흐름이 −800억 원이라는 사실을 이해하기가 쉽지 않다. 필자는 이 이유에 대해서도 많은 이야기를 할 수 있지만, 그 부분이 본 원고의 주제가 아니므로 더이상의 자세한 논의는 생략하도록 하겠다.

•• 대우건설의 중요 재무정보

(단위 : 억 원)

연도	2006	2007	2008	합계
영업현금흐름	2,940	−2,770	−925	−755
투자현금흐름	−942	8,850	−18,610	−10,702
배당금지급액	848	1,670	1,621	4,139
유상감자액	0	4,614	0	4,614

2007년 투자현금흐름이 8,850억 원인 이유는 건물과 토지 등을 매각해 1조 원 정도의 현금을 마련했기 때문이다. 현금 중 1조 7천억 원이 2008년 대한통운을 매입하는 데 사용되었기 때문에 2008년의 투자현금흐름이 −1조 8천억 원이 된다. 영업현금흐름이 2009년 820억 원으로 약간 증가하기는 하지만, 전체적으로 볼 때 금호아시아나그룹이 대우건설을 경영하는 동안 영업현금흐름은 적자상태다. 투자의 경우 대한통운 매입을 제외한 다른 투자는 별로 없다는 사실을 알 수 있다.

금성 자산을 동원해 마련했고, 모자란 부분은 빌린 자금으로 충당한 셈이다. 부채를 빌려 배당을 지급하고 부채비율을 늘리는 자본구조의 재조정이 이루어졌다는 뜻이다. 꼭 배당 지급 때문만은 아니지만, 결과적으로 현금의 유출이 많이 발생했기 때문에 같은 기간 대우건설의 부채비율은 110%대에서 180%대로 상승했다.

종합해보면 금호아시아나그룹은 대우건설을 인수한 후 신규투자를 거의 하지 않은 상태에서 대한통운을 인수하는 데 소요된 자금 외에도 총 8,700억 원 정도에 이르는 돈을 대우건설에서 유출시켰다. 대한통운을 인수하는 데 들어간 자금까지 합하면 총 2조 5,700억 원이 유출된 셈이다.

부채를 통한 자본구조 재조정

대우건설처럼 부채를 빌려 배당 또는 유상감자를 실시한 후, 이 방식으로 투자금을 회수하는 방법을 '부채를 통한 자본구조 재조정LR ; Leveraged Recapitalization'이라 한다. 빚을 내 마련한 돈으로 주주들에게 돈을 지급하는 형식이기 때문이다. 그 결과 주주들은 자신들의 투자금을 회수할 수 있지만, 해당 회사의 재무구조는 악화되니 회사가 위기에 빠질 가능성이 높다. 인수 기업의 관점에서 보면 이 결정으로 피인수 기업이 위기에 빠지면, 정상적인 상황보다 손쉽게 구조조정이나 사업재편 등을 단행할 명분을 얻게 된다.

때문에 이 방법은 M&A를 통해 회사를 인수한 후 투자자금을 빨리 회수하기 위해 종종 사용된다. "큰 빚을 얻어 아파트를 산 후, 주부들이 대출 통장을 남편에게 주면 잔소리를 하지 않아도 남편이 술·담배를 줄이더라"는 우스갯소리가 있다. 이 우스갯소리가 LR의 구조를 잘 보여준다. 전문용어로 '부채의 길들이기 효과disciplinary role'라고 한다.

물론 항상 M&A 이후에만 부채를 통한 자본구조 재조정이 발생하는 것은 아니다. 대주주가 다른 목적으로 현금이 많이 필요하거나, 회사가 의도적인 구조조정을 해야 하거나, 외부의 경영권 공격을 방어하기 위해서도 부채를 통한 자본구조 재조정을 실시한다. 대주주가 현금이 필요해 다소 과다하게 보이는 배당을 받아가거나 회사가 의도적으로 구조조정을 하는 상황을 상상해보자. 한국에서는 이에 대한 반발이 있겠지만 외국에서는 경영진이 의도적 구조조정의 명분을 만들기 위해 이런 일을 만들기도 한다.

하지만 경영권 공격을 방어하기 위해 이런 일을 하는 사례는 찾아보기 힘들다. 말로는 그럴듯해 보이지만 경영권을 방어하기 위해 LR을 실시한다는 것은 일종의 자살 행위다. 부채를 통한 자본구조 재조정을 마치고 나면 회사가 빚더미에 올라앉기 때문이다. 이런 부실한 회사를 인수할 회사는 거의 없을 테니 경영권은 방어할 수 있을지 모르나 회사는 파산 직전에 몰릴 수 있다. 도둑이 무서워서 미리 집에 불을 지르는 격이다. 한국에서는 법적으로 허용되지 않아 종종 논란이 되기도 하는 LBO Leveraged Buyout, 피인수 회사의 자산을 담보로 돈을 빌려 피인수 회사를 매입하는 행위도 LR의 일종이다.

LR의 대표적 사례로 종종 등장하는 회사가 하버드대의 사례 HBR Case에 소개된 미국의 실드 에어 Sealed Air다. 이삿짐이나 유리제품 포장 등에 사용하는 파손 방지용 비닐 완충재를 만드는 이 회사는 1989년 주가가 45달러일 때 주당 40달러의 배당을 실시했다. 배당의 재원은 전액 은행 대출로 마련했다. 은행 빚을 내 회사의 시장 가치와 맞먹는 대규모 배당을 실시한 셈이다. 이 발표 후에 실드 에어의 주가는 약 10% 상승해 50달러로 올랐다. 실제 배당금을 지급하자 어떤 일이 일어났을까? 배당 전 40달러였던 주가는 10달러 정도로 추락했다. 기존 주주의 관점에서 보면 원래 주가가 45달러였는데 40달러의 배당금을 받은 후 주가가 35달러 빠졌으니 주당 5달러 정도의 이익을 본 셈이다.

실드 에어의 최고경영자는 왜 이런 이상한 결정을 내렸을까? 일단 자신이 대주주였으므로 배당을 통해 상당한 현금을 손에 쥘 수 있었다. 그는 회사를 일부러 위기상황에 빠뜨린 후 보상제도의 변경을 포함한 대규모 구조조정을 실시해 경영 효율성을 향상시켰다. 이후 수년간 실드 에어는 부채를 조금씩 갚아나갔고, 마침내 배당금을 지급하기 이전의 재무상태로 돌아오는 데 성공했다.

과도한 배당금 지급의 함정

HBR Case에서는 실드 에어의 경우를 LR의 성공 사례로 묘사하고 있으며, LR을 적극 권장하는 논조를 취하고 있다. 사실 상당수의 투자은행이나 컨설팅 회사들이 기업들의 최고경영진들에게 실드 에어의 사례를 보여주면서, LR을 하는 것이 도움이 된다고 설득하기도 했다. 하지만 필자는 이런 견해에 동의하지 않는다. 실드 에어의 사례가 지극히 예외적이기 때문이다. 실드 에어의 사례만 본다면 배당을 많이 주는 일이 좋게 보일 수 있다. 하지만 배당의 효과는 그렇게 명확하지 않다. 실드 에어는 상당한 현금흐름을 창출할 수 있는 회사였고, 업종 내에 경쟁자도 별로 없는 안정적인 기업이었다. 대규모 차입을 단행한 시기도 그다지 나쁘지 않았다. 하지만 만약 실드 에어가 1997년의 아시아 경제위기나 2008년의 세계금융위기 직전 이런 정책을 단행했다면 어땠을까? 파산을 면하지 못했을 가능성이 높다.

　빚을 많이 지면 이자 비용에 대한 감세 효과가 있긴 하다. 설사 그렇다고 하더라도 그 작은 이익 때문에 이런 위험한 모험을 함부로 하면 안 된다. 거듭 말하지만 실드 에어의 위험한 모험이 성공했던 이유는 회사 자체가 매년 상당한 금액의 잉여현금흐름free cash flow을 창출하는 안정적이고 수익성이 높은 회사였기 때문이다.[2] 지금 현재도 이 회사는 상당히 수익성이 높은 건실한 회사다.

결과가 성공적이라 해도 이 사태의 이면에서 피해를 본 사람들도 있다. 실드 에어의 종업원들이 대표적이다. 회사가 어려운 형편에 처했으니 복지제도는 축소되고 업무 강도는 세졌을 가능성이 높다. 실드 에어의 직원 모두가 열심히 노력했지만, 여건이 어려워 회사가 위기에 처한 것이 아니다. 단지 대주주의 결정 때문에 종업원들이 피해를 입어야 하는 상황은 한국적 정서에서 볼 때 상당히 논란의 소지가 많은 행위다.

즉 과다한 배당금 지급은 해당 회사가 위기상황이건 아니건 간에 상당한 논란을 야기할 수 있다. LR을 단행해서 성공적인 결과를 얻었다고 해도 마찬가지다. 임직원의 마음을 얻지 못하는 한 임직원을 몰아붙여 얻은 단기적인 재무 성과가 오랫동안 지속될 가능성은 높지 않다. 실드 에어의 사례도 마찬가지다. 대주주의 관점에서 보면 나태한 임직원들의 정신 상태를 바꾸기 위한 충격 요법으로 LR을 사용했다고 주장할 수도 있다.

---

[2] Bae and Simet의 연구('A Comparative Analysis of Leveraged Recapitalization versus Leveraged Buyout as a Takeover Defense', 〈Review of Financial Economics〉, 1998년)에서도 현금흐름이 LBO나 LR의 성공을 결정하는 중요한 요소라고 한 바 있다. 즉 원래 현금흐름이 풍부하고 잘되는 회사가 이런 모험을 해도 성공한다는 뜻이다.

하지만 충격 요법의 효익이 종업원들의 복지로 연결되지 않고 주주들만 주로 혜택을 본다면 종업원의 반발이 불가피하다. 실드 에어는 이런 문제점을 이익 공유제도profit sharing plan 도입 등을 통해 보완했기에 구조조정에 성공할 수 있었다. 즉 제도적인 보완 없이 종업원들에게만 피해가 돌아가는 막대한 배당금 지급 결정은 한국처럼 법보다 인간관계나 의리가 중요한 나라에서는 큰 반발에 직면할 가능성이 높다. 당장 노조가 가만있지 않을 것이다.[3]

페이어Peyer와 쉬브다사니Shivdasani가 LR을 통해 성공한 22개 기업의 실제 사례를 조사한 결과에 따르면,[4] LR 이후 1년간 회사들의 자본적 투자는 산업 내 평균보다 43% 줄어들고, 매출과 자산규모는 각각 21% 감소한다. 자산매각과 규모축소 등으로 현금을 확보해 부채를 상환하는 데 사용하는 것이다. 또한 회사 내에서도 장기적인 회사의 성장보다는 단기 현금흐름에 집중한 의사결정을 하는 것으로 나타났다. 그렇다고 하더라도 회사의 자금을 효율적으로 사용하고, 전술한 바 있는 이자비용의 절세효과와 구조조정, 경영효율화 등의 덕분으로 주식가격이 상승하는 것도 발견되었다. 즉 주주에게는 상대적으로 유리할 수 있다는 결론이다.

---

[3] 이 사례에 대한 이런 구체적인 뒷이야기들은 다음의 논문에 설명되어 있다.
Wruck, 'Financial Policy, Internal Control and Performance: Sealed Air Corporation's Leveraged Special Dividend', 〈Journal of Financial Economics〉, 1994년.
[4] Peyer and Shivdasani, 'Leverage and Internal Capital Markets: Evidence from Leveraged Recapitalization', 〈Journal of Financial Economics〉, 2001년.

그렇지만 이는 LR을 통해 상대적으로 성공한 사례들만을 대상으로 연구해 발견한 것이다. 만약 회사가 LR 이후 3년 이내에 파산하거나 다른 회사에 인수되어 시장에서 사라졌다면, 이들의 연구 표본에 포함이 되지 않았다. 따라서 이런 경우까지 모두 포함된다면 실제 결과는 여기에 보도된 것보다 더 나쁘지 않을까 한다. LR이나 LBO 이후 많은 기업들이 재무적으로 곤란을 겪고 파산했다는 연구결과가 다수 있다.[5] 또한 페이어와 쉬브다사니의 연구도 단기성과에 대한 연구일 뿐이며, 회사가 투자를 하지 않고 규모를 축소한다면 장기적으로 발전하기는 쉽지 않을 것이다. 결국 섣부른 LR이나 LBO는 회사에 득이 될 때도 있지만, 그 위험도 매우 크다 하겠다.

시몬즈 침대의 몰락

LBO나 LR의 폐해를 잘 나타내주는 사례로 한국에서도 유명한 시몬즈 침대를 생산하는 시몬즈 베딩Simmons Bedding사를 들 수 있다. 미국 침대 부문 시장점유율 2위인 이 회사는 1990년대 말 이후 10년 동안 무

---

[5] Denis and Denis의 연구('Causes of Financial Distress Following Leveraged Recapitalization', 〈Journal of Financial Economics〉, 1995년)에서도 약 1/3의 기업이 LR 이후 심각한 재무적 어려움을 겪는다고 보고한 바 있다. 기타 유사한 내용을 보여주는 연구는 다음 논문을 참조하기 바란다.
Halpern, Kieschnick, and Rotenberg. 'Determinants of Financial Distress and Bankruptcy in Highly Levered Transactions', 〈The Quarterly Review of Economics and Finance〉, 2009년.

려 5번이나 주인이 바뀌었다. 새 주인은 모두 금융권의 펀드로서, 자기 자신의 자금은 거의 없이 부채를 동원해 회사를 인수했다. 인수에 성공한 후 회사 돈을 이용해 부채를 갚았으며, 회사 자산을 담보로 부채를 빌린 후 이를 배당으로 받아갔다. 그리고 나서 충분한 이익을 벌어들이자 미련 없이 회사를 팔고 떠났다. 그 결과 시몬스의 부채는 10년 동안 13억 달러로 10배 이상 엄청나게 늘어났다. 다수의 주인들과 거래를 중개한 투자은행들이 이런 과정에서 올린 이익은 총 8억 달러 정도에 이른다. 이런 약탈적인 경영의 결과 시몬즈는 2009년 파산했다. 천 명에 이르는 종업원 중 1/4 정도가 해고되었으며, 대부분의 채권자들도 투자금의 50%가 넘는 막대한 피해를 입었다. 회사가 파산했는데도 불구하고 파산 당시 회사의 주인인 모 펀드는 파산 직전까지 막대한 배당을 받아, 시몬즈를 인수해 전체적으로 7,700만 달러의 이익을 보았다.

물론 시몬즈의 실패가 세계금융위기 직후 발생한 불경기 때문이라고 말할 수도 있을 것이다. 하지만 영업활동을 통해 상당한 현금을 벌어들이는 회사가 영업 때문이 아닌 다른 이유에서 발생한 막대한 부채를 상환하지 못해 파산했다는 사실은 LBO나 LR이 얼마나 위험한 것인지를 잘 나타내준다. 사실 파산 이전인 2005년부터 시몬즈는 계속해서 종업원들을 해고하면서 고용을 줄여왔다. 모두 부채 상환의 압박 때문에 벌어진 일이다.

이런 일이 시몬즈에서만 벌어진 것은 아니다. 미국에서 2009년에 파산한 220개의 회사 중 거의 절반 이상이 이런 유형의 LBO와 관련되어 있다고 한다. 이 통계에는 현재 LBO 후 금융권이 경영하고 있는 회사 및 LBO 이후 금융권이 새 주인에게 회사를 매각한 이후의 경우를 포함한 것이다. 살얼음판을 걷는 것과 같은 LBO나 LR이 얼마나 위험한 것인지 잘 나타내주는 예다.[6]

시몬즈와 비슷한 이유에서 2009년에 파산한 유명한 기업으로는 미국 최대의 카지노 회사인 하라 엔터테인먼트Harrah's Entertainment와 대규모 놀이공원을 운영하는 식스 플래그Six Flags 등을 들 수 있다. 시몬즈 베딩사는 이후 해당 업계 미국 3위의 회사인 썰타Serta 침대 브랜드를 보유한 아레스 매니지먼트Ares Management사에게 팔렸으며, 새 주인의 경영하에 2010년 파산 상태를 벗어날 수 있었다.

적절한 배당금은 과연 얼마인가?

그렇다면 얼마만큼 배당금을 주는 것이 적절할까? 이에 관한 기준은 있을까? 명확한 답은 없다. 1천억 원을 줘도 충분하지 않을 수 있으며, 전혀 주지 않아도 괜찮을 때도 있다. 워런 버핏이 이끄는 버크셔 해서웨이Berkshire Hathaway는 배당금을 전혀 주지 않는다. 애플도 1996년을 마지막으로 배당금을 지급하지 않다가, 2012년에 와서야 배당금 지급

---

[6] 〈뉴욕 타임즈(New York Times)〉의 2009년 10월 4일자 기사 'Profit for Buyout Firms as Company Debt Soared'를 참조하기 바란다.

∙∙ 마이크로소프트의 배당금 지급 성향

회계연도	2005	2006	2007	2008	2009	2010
배당금(백만 달러)	36,966	3,594	4,075	4,628	4,539	5,402
배당성향 (배당금/당기순이익)	301.66%	28.52%	28.97%	26.17%	31.16%	28.80%
주당 주식가격(달러)	24.84	23.30	29.47	27.51	23.77	23.01

2005 회계연도 중(2004년 후반기) 갑자기 보유현금의 거의 절반을 특별배당으로 지급해 배당성향이 무려 300%가 넘었던 마이크로소프트는 그 이후 해마다 일정한 비율 정도의 배당금만 지급하고 있다. 특별 배당금 지급 이전인 2004 회계연도의 배당성향은 21%, 종가는 28.56달러였다. 특별 배당금을 지급한 이후 떨어진 주가는 2010년이 되도록 2004년의 수준에 이르지 못하고 있다.

계획을 발표했다. 마이크로소프트만 계속 일정한 비율의 배당금을 줄 뿐이다.[7] 즉 배당금을 주지 않아도 영업이익으로 창출한 돈을 재투자해 회사의 가치가 계속 상승한다면 여기에 불만을 가질 주주는 별로 없을 것이다. 미래 성장을 위한 재투자가 아니라면 현금을 쌓아두기보다 배당을 주는 것이 더 좋다. 결국 '배당금을 얼마나 주느냐'는 해당 회사의 현실과 투자 기회에 달려 있다. 버크셔 해서웨이는 설립 이후 단 한 번도 배당금을 지급한 적이 없다. 그럼에도 불구하고 워런 버핏에게 투자하지 말고 그 돈으로 배당금을 달라고 따지는 주주는 아무도 없다는 사실을 알아야 한다.

---

[7] 마이크로소프트는 2005 회계연도에 보유하고 있던 현금의 거의 절반을 배당으로 준 적이 있다.

일반적으로는 영업 활동에서 창출한 자금에서 투자에 사용한 자금을 빼고 남는 여유 자금인 잉여현금흐름의 범위 내에서 배당을 결정하는 것이 정상이다. 영업 성과가 좋지 않아 주가가 하락했던 국내 모 기업은 주가를 유지하기 위해 돈을 빌려 배당을 지급하기도 했다. 필자는 이에 매우 놀랐다. 이렇게 하면 잠시 주가를 떠받칠 수는 있어도 본질적인 문제 해결, 즉 영업 성과를 개선하지 못한다면 배당을 아무리 많이 준다고 해도 주가는 장기적으로 하락할 수밖에 없기 때문이다.

미국에서도 배당을 지급하는 기업의 숫자는 1980년대 중반 이후 계속 줄고 있으며, 전체 이익 중 배당으로 지급되는 비중도 계속 줄고 있다는 점은 알아두자. 결국 기업을 계속 성장시켜 주가를 계속 높이거나 현재 주가를 유지하면서 배당을 지급하거나, 어쨌든 주주들에게 적정한 수익을 보장할 정도로만 배당금을 조정하면 된다. 그렇다고 해서 이것이 배당금을 덜 주는 것이 좋다는 의미는 아니다. 잉여현금이 많은 기업에서는 배당금을 주지 않으려고 전문경영인이 일부러 기대수익이 높지 않은 투자안에 투자를 해 오히려 미래기간 동안 기업가치가 감소한다는 연구결과도 있다. 즉 회사가 직면한 투자기회에 따라 적정하게 투자하고, 그래도 남는 현금은 배당으로 지급하는 것이 정답일 것이다. 우리나라는 2000년대 후반 이후 이익 중 배당금으로 지급되는 비율이 20% 초반 정도다. 외국인이 대주주인 몇몇 은행은 50% 수준의 배당률을 보이고 있다.

어떤 회사가 영업 활동을 통해 창출하는 현금은 별로 없는데 보유 자산을 매각하고 강도 높은 구조조정을 통해 배당금의 지급을 늘린다

•• 미국 기업들 중 배당을 지급하는 기업들의 비율

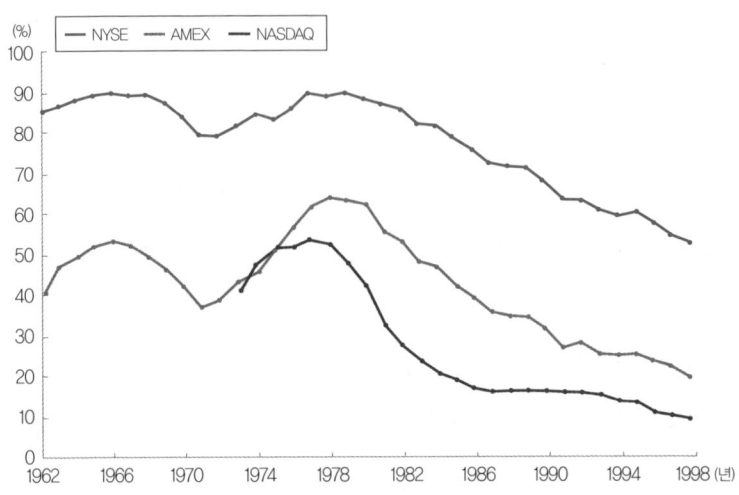

미국 상장기업들 중 배당금을 지급하는 기업들의 비율이다. NYSE, AMEX, NASDAQ의 3개 시장별로 구분해 표시했다.[8] 1980년대 초반을 정점으로 계속해서 배당금을 지급하는 기업들의 비중이 줄어들고 있다는 것을 알 수 있다. 배당금을 지급하는 회사들만 기준으로 살펴보면, 2000년대 중반 기준 전체 이익 중 배당으로 지급되는 비중은 30~40% 정도다. 1980년대 중반에서 1990년대 초반까지만 해도 이 비율은 50~70%에 달했다.

고 해도 마찬가지다. 일단 법적으로는 전혀 문제될 일이 없다. 도덕적 및 윤리적으로 볼 때는 개개인의 사고방식이나 문화, 국가별 차이에 따라 다른 답이 나올 수 있다. 회사의 생존 가능성이 희박해서 회사를 청산하거나 심각한 구조조정을 해야 한다면 청산배당의 성격을 지닌 배당금 지급이 오히려 당연하다. 즉 '얼마의 배당금이 적정하느냐'는 질문에 정답은 없다. 결국 기업 상황, 경영자 개개인의 의사결정과 건전한 판단에 맡길 뿐이다.

개인적인 생각이긴 하지만, 요즘처럼 모두가 공생하는 새로운 자본주의로의 변화를 모색하는 추세에 비춰볼 때 주주만의 이익을 위한 과다한 배당금 지급은 좀 삼갔으면 하는 바람이다. 결국 상대적으로 더 많은 부를 가진 집단인 주주들이 양보해야 하지 않을까. 지금 당장 현금을 받지 않더라도 회사가 그 돈을 투자해 회사를 더 발전시킨다면, 주가가 상승해 미래에 더 많은 부를 벌 수 있으니 현재 시점의 양보가 꼭 나쁜 것만은 아니다. 물론 경영진도 이렇게 해서 사내에 유보된 자금으로 주주들과 직원들을 위해 더 좋은 투자기회를 발굴할 수 있도록 노력해야 할 것이다.

---

8 이 자료의 출처는 다음과 같다.
Fama and French, 'Disappearing Dividend: Changing Firm Characteristics or Lower Propensity to Pay' 〈Journal of Financial Economics〉, 2001년.
2000년대에 들어와서는 이런 추세가 약간 반전해 배당금을 지급하는 회사 숫자가 약간 늘어났다는 연구결과도 있다(Julio and Ikenberry, Journal of Applied Corporate Finance, 2004년). 이 연구에 따르면 전체 미국 제조업체들 중 배당금을 지급하는 회사들의 비중은 2002년까지 지속적으로 감소해 단지 15%의 기업들만이 배당금을 지급했다. 그러다가 2003년과 2004년 동안 이 비중은 20% 정도로 약간 증가했으나, 과거 수치와 비교해보면 아직 배당금을 지급하는 회사들의 비중은 매우 낮다고 할 수 있다. 연구된 바는 없지만, 2008년 세계금융위기 이후에는 배당을 지급하는 회사의 비중이 더 낮아지지 않았을까 추측한다.

회계로 본 세상

우리는 종종 주주들의 이익을 보호하기 위해 적절한 배당을 지급해야 하고, 배당을 더 많이 지급하는 것이 주주를 위한 선진경영기법이라는 이야기를 듣는다. 물론 옳은 이야기다. 그런데 무엇이 적정한 배당인지에 대해서는 다양한 견해가 있다. 또한 여기서 이야기하는 '주주'가 단기적으로 주식을 사고 바로 빠지려는 주주인지, 장기적으로 회사의 성장과 발전을 믿고 투자하는 주주인지 명확히 이해해야 한다. 만약 회사에서 관심을 가지고 있는 주주가 후자라면, 기업의 성장 잠재력을 훼손시키고 기업을 위험에 빠뜨릴 수 있을 정도의 과도한 배당을 줘서는 안 된다.

예를 들어 만약 론스타가 장기적으로 극동건설을 보유하면서 회사를 발전시켜서 매각하기를 원했더라면, 자산을 팔아 영업이익의 160%나 되는 막대한 배당을 받아가지는 않았을 것이다. 필자가 『숫자로 경영하라』에 소개했던 SK그룹과 KT&G의 경영권을 공격한 소버린Sovereign 이나 칼-아이칸Cahl Icahn 펀드의 경우도 동일하다. 이들 펀드들은 모두 배당이나 자사주 매입을 회사에 요구해, 모두 단기간 동안 엄청난 수익을 올린 후 회사 경영진에게 "Thank you"라는 말을 남기고 철수했다. 회사의 경영권이 흔들리는 상황에서 간신히 경영권을 방어한 기존 경영진 입장에서는, 어떻게 해서든지 공격을 무마했어야 했기 때문에 어쩔 수 없는 선택이었을 것이다. 그 결과 당시 이용할 수 있는 거의 대부분의 현금이 배당중가나 자사주를 매입하는 데 사용되었다. 그 덕분에 공격한 측과 타협을 하고 경영권을 지킬 수 있었지만, 장기적으로 회사의 발전을 위해 투자를 할 여력이 당시 남아 있었을 리 없다.

　이런 현상을 보면서도, 아직도 소버린이나 칼-아이칸이 기업의 지배구조 개선을 통한 장기적인 기업가치 향상을 위해 SK나 KT&G 등을 인수하려 했다고 주장하는 사람들이 있다. 어느 주장이 맞는지는 독자들이 판단하기 바란다. 물론 당시 경영권 분쟁이 벌어지면서 주가가 폭등했다. 하지만 그때 주가 폭등으로 돈을 번 사람들은 폭등한 가격에 주식을 팔고 떠난 주주들뿐이다. 기업이 투자할 돈이 없어 성장이 둔화된다면, 장기적으로 주식을 보유하고 있는 주주들이 직접적인 이익을 본 것은 별로 없다.

　값비싼 교훈이기는 했지만, 이런 경험을 통해 한국 기업들이 많은 것을 배울 수 있었다. 덕분에 지배구조가 개선되는 간접적인 효과도 있었고, 국내 기업들의 소액주주에 대한 태도가 바뀌는 계기도 되었다. 따라서 앞으로는 이렇게 쉽게 당하는 일이 많지 않을 것이다.

2011년에는 은행권의 고배당 문제가 논란의 대상이 된 적이 있다. 이런 특수한 경우를 제외하면, 사실 한국 기업들은 배당금을 너무 많이 줘서 문제가 아니라 과다한 현금을 보유하면서 배당금을 너무 적게 줘서 문제인 경우가 더 많다. 소액주주들을 보호하기 위해 주주들이 적정한 투자수익률을 얻을 수 있도록 어느 정도 배당금을 지급해야 한다. 적정한 투자수익률이란 배당금과 주가상승액을 모두 포함한 수익률을 말한다. 연구에 따르면 국내 대기업들은 12~15% 정도, 코스닥 기업들은 16~20% 정도라고 한다. 이 정도의 수익률을 올린다면 주주들도 만족할 것이다. 즉 회사의 장기적인 성장발전과 주가상승을 위해서는 소액주주나 종업원들의 이익과 복지도 모두 고려해야 한다.

적절한 배당금을 지급한다면 이에 알맞게 적정한 주가가 형성될 것이고, 주가가 올라가면 그만큼 경영권 공격을 받을 가능성도 줄어들게 된다. 이와는 반대로, 국내에서 생산은 하지 않고 판매법인만 갖고 있는 외국계 회사의 지사(국내 기업의 해외지사도 마찬가지다)는 이익의 거의 대부분을 배당의 형태로 본국으로 송금하는 것이 지극히 당연한 일이다. 원래부터 그런 목적으로 설립한 회사이며, 판매를 담당하는 지사의 경우는 실제로 새롭게 투자할 금액이 미미할 것이기 때문이다.

그렇지만 일반적인 경우 배당은 영업활동을 통해 창출한 자금에서 적정 수준의 투자를 한 후, 남는 자금인 잉여현금흐름이 있을 때 줄 수 있는 것이다. 앞서 언급한 실드 에어가 과도한 배당을 주면서 LBO를 실시할 수 있었던 것도 매년 충분한 잉여현금흐름이 안정적으로 창출되고 있었기 때문에 가능했다. 잉여현금흐름이 없는 상황에서 자산을 매각하고, 직원 봉급을 깎아서 배당을 주는 것은 회사나 직원들을 종이 위에 적힌 자신의 소유물이나 숫자로만 보는 행위다. 물론 그렇다고 해서 위법은 아니다.

  필자의 주장이 "숫자로 평가하고 그에 따라 경영하라"는 것이지만, 인간을 바라보는 따뜻한 마음과 다 함께 나누겠다는 따뜻한 생각 없이 모든 것을 숫자로만 보고 평가한다면, 한국과 같은 사회에서는 상당한 문제가 생길 것이다. 즉 따뜻한 마음을 가지고 숫자로 경영해야 할 것이다. '자본주의 4.0' 또는 '공생자본주의'라고 불리는 새로운 자본주의체제로의 전환이 모색되고 있는 요즘 이런 따뜻한 마음을 가지고 기업을 경영하는 경영자와 주주들이 더 많이 나오기를 바란다.

M&A 이후
위기극복을 위한 도전
▸▸▸ 두산그룹과 금호아시아나그룹 ◂◂◂

2000년대 후반 재계 서열에 지각변동을 가져올만한 두 건의 큰 M&A가 일어났다. 두산그룹의 밥캣 인수와 금호아시아나그룹의 대우건설 인수다. 인수 이후 세계금융위기가 발발하면서 인수자들은 모두 큰 어려움을 겪었다. 어려움을 타개하기 위해 두 인수자들은 모두 비핵심 계열사 매각 등의 구조조정에 착수한다. 두 그룹의 구조조정 과정을 통해 두 그룹의 차이가 무엇이며, 다른 기업들이 그 과정에서 배워야 할 점이 무엇인가에 대해 살펴본다.

미국과 유럽의 재정위기로 세계경제에 다시 먹구름이 끼고 있다. 경기가 좋지 않은 때는 현금을 확보해 부채를 상환하는 등의 방법으로 고정비용을 줄여야 한다. 우리나라 기업들도 물론 예외가 아니다. 기업들은 비상경영체제를 선언하고 비용절감이나 구조조정, 자회사 매각 등의 계획을 밝히고 있다.

부채를 상환하는 현상을 '디레버리지deleverage 한다'고 표현한다. 레버리지leverage의 원래 뜻은 '지렛대'이지만, 회계상으로는 부채를 의미한다. 부채를 상환하면, 즉 디레버리지를 하면 자산과 부채가 동시에 감소한다. 현금으로 부채를 상황하기 때문이다. 결과적으로 부채의 비율이 낮아진다. 이자 비용을 절약할 수 있고, 회사가 부채를 상환하지 못해 파산할 위험성도 줄어든다.

현금을 확보하기 위한 방법들 중 구조조정이나 자회사 매각을 통한 자금조달은 회사의 사업구조에 상당한 변화를 가져오는 중대한 의사결정이다. 국내 기업들 중 이 분야의 모범이 될만한 기업으로 두산그룹을 꼽을 수 있다. 한때 오비맥주와 두산주류, 종가집김치, 코닥칼라 등의 회사들을 계열사로 보유하던 두산그룹은 두산주류를 제외한 다른 계열사들을 차례로 매각했다.

이렇게 마련한 현금으로 한국중공업현 두산중공업과 대우종합기계현 두산인프라코어를 인수해서 그룹의 사업 포트폴리오를 거의 180도 새롭게 변모시켰다. 만약 두산그룹이 오비맥주와 종가집김치, 코닥칼라를 지금까지 계속해서 보유하고 있었다면, 오늘날의 두산그룹과는 비교할 수 없을 만큼 그 위상이 낮았을 것이다. 이는 마치 다국적 기업 듀폰Dupont이나 GE가 계속해서 새로운 계열사를 매입하면서 기존 계열사를 매각해서 사업 포트폴리오를 바꿔가는 모습과 유사하다.

이런 과정을 거쳐 두산그룹은 중장비 및 플랜트 분야 기업으로 변신했다. 게다가 한 걸음 더 나아가 미국의 건설 중장비 회사 밥캣Bobcat과 관련된 사업부문을 잉거솔랜드Ingersoll-Rand에게서 인수했다. 2007년에 이루어진 이 거래는 무려 51억 달러의 규모다. 거래 당시 국내 기업의 해외 M&A로는 역대 최대였다. 그 결과 두산인프라코어는 건설 중장비 부분에서 세계 6, 7위권에 속하는, 세계 20여 개국에 공장을 가지고 있고 3,600개의 딜러 망을 보유한 거대기업으로 탈바꿈하게 되었다. 당시까지 한국에서는 한 번도 시도하지 못했던 대규모 해외 M&A였다.

이는 두산그룹의 전략적 입장에서 본다면 최적의 거래였다. 두산인프라코어는 국내 및 아시아 시장에서는 어느 정도 영향력을 행사하고 있었지만, 미국이나 유럽 시장에서는 브랜드가 거의 알려지지 않은 상태였다. 그런데 미국과 유럽 시장에서 30%대 이상의 시장점유율을 차지하고 있는 밥캣을 인수하면서 인지도를 높였다. 더군다나 금상첨화인 것이 밥캣과 두산그룹이 생산하는 건설중장비의 종류가 겹치지 않았다. 따라서 두산그룹이 생산한 장비에 밥캣의 브랜드를 달아 수출하는 것이 가능했다. 즉 상당한 시너지 효과를 기대할 수 있는 경우다.

이처럼 전략적인 측면에서 볼 때는 최적의 거래였지만 회계적 측면에서 볼 때는 문제가 있었다. 거래가 이루어졌던 2007년은 미국 부동산 거품이 정점에 올라서 막 꺼지기 직전인 상태였다. 부동산 거품 덕분에 건설장비를 생산하는 밥캣의 이익이 최고 수준을 기록하고 있는 시점이었다. 그런 상황에서 잉거솔랜드가 밥캣을 시장에 매물로 내놓은 것이다. 잉거솔랜드가 밥캣의 매각대금으로 에너지 분야의 회사인 트레인Trane을 인수한 것으로 보아, 잉거솔랜드는 건설자재 분야에서 에너지 분야로 산업 포트폴리오를 재편하려는 의도가 있었던 것으로 보인다. 필자의 입장에서는 알 수 없는 일이지만, 잉거솔랜드가 부동산 시장의 몰락을 예측하고 건설자재 분야에서 철수하려고 판단했을 수도 있다.[1] 어쨌든 두산그룹과 잉거솔랜드는 밥캣의 2006년까지의 이익을 바탕으로 매각대금을 산정했다.

두산그룹의 자회사 매각을 통한 현금확보

두산그룹은 밥캣의 인수대금 51억 달러 중 4억 달러는 보유 자금으로, 10억 달러는 국내에서 차입한 자금으로, 37억 달러는 현지 차입을 통해 조달했다. 그런데 2008년 후반기에 부동산 거품이 터지면서 세계 금융위기가 발생하자 심각한 문제가 생겼다. 밥캣이 내는 이익으로 부채를 갚아야 할 텐데, 부동산 경기가 꽁꽁 얼어붙으면서 건설장비를 생산하는 밥캣 제품에 대한 수요가 급감한 것이다. 그 결과 밥캣은 적자로 돌아섰다.

밥캣을 인수하려고 조달한 부채를 갚기 위해 두산그룹은 전사적으로 중대한 결단을 내렸다. 우선 2008년 말 소주 '처음처럼'을 생산하는 두산주류를 롯데칠성에게 5,300억 원에 매각했다. 오비맥주에 이어 두산주류까지 매각함으로써 술 사업에서 완전히 손을 뗀 것이다. 하지만 이 정도로는 충분하지 않았다. 추가로 자금을 마련하기 위해 두산그룹은 당시까지 알려지지 않았던 혁신적인 자회사 매각 방안을 마련했다. 이 방안은 자금 마련과 두산그룹의 사업 포트폴리오 조정

---

1 잉거솔랜드는 두산에게 실사할 시간을 충분히 주지 않고 상당히 빠른 속도로 거래를 진행해 밥캣을 팔았다. 실사할 시간을 충분히 주지 않는다면 무엇인가 숨기고 싶은 점이 있거나 빨리 매각해야 할 다른 이유가 있을 가능성이 있다. M&A 과정에서 충분한 시간을 가지고 M&A 대상 회사를 철저하게 살펴보는 것은 대단히 중요한 일이다. 두산의 밥캣 인수뿐만 아니라 국내의 몇몇 M&A 사례에서도 실사할 시간을 충분히 주지 않는 경우가 몇 차례 있었다. 심지어는 실사 없이 인수계약이 체결된 적도 있었다. 밥캣의 경우는 잉거솔랜드가 트레인의 인수를 동시에 진행하고 있었기 때문에 서두른 것으로 파악할 수 있어 해당되는 이야기는 아니지만, 충분한 실사 없이 계약을 체결한 경우 중에서 나중에 숨겨진 상당한 부실이 발견된 사례가 있다.

이라는 2가지 목표를 동시에 이루기 위한 것이었다.

두산그룹은 방위산업 전문 업체인 두산 DST, 병뚜껑을 생산하는 삼화왕관, 버거킹과 KFC를 운영하는 SRS, 한국 최초의 훈련기를 만든 한국우주항공산업KAI의 지분을 매각하기로 결정했다. 이처럼 여러 회사를 묶어서 한꺼번에 매각하는 방식을 '자산 묶음asset pooling'을 통한 매각이라고 부른다. 이 방법을 활용하기 위해서 두산그룹은 우선 2,800억 원을 투자해 DIP 홀딩스라는 페이퍼 컴퍼니이름만 있을 뿐 실체는 없는 서류상의 회사를 설립했다. 매각 대금으로 1,500억 원을 받는 것이기 때문에 실제 현금 투자액은 1,300억 정도였다.

이 과정에는 IMM Private Equity와 미래에셋맵스 PEF라는 2개의 사모펀드private equity fund가 참여했다. 이들 두 사모펀드는 공동으로 오딘 홀딩스라는 페이퍼 컴퍼니를 설립하는 데 2,700억 원을 투자했다. DIP 홀딩스와 오딘 홀딩스는 앞에서 언급한 회사 4곳의 지분을 총 7,900억 원에 인수한다. 두산그룹과 두 사모펀드들이 출자한 금액이 5,500억 원2,800억 원+2,700억 원에 불과하므로, 7,900억 원과의 차액 2,400억 원은 DIP 홀딩스와 오딘 홀딩스가 하나은행 등 금융권에서 차입해 마련했다. DIP 홀딩스는 두산그룹에서 분리된 4개 자회사 지분 중 51%를, 오딘 홀딩스는 49%를 보유한다. 51%의 지분을 가지고 있으므로 4개 회사의 경영권은 두산그룹이 계속 행사할 수 있었다.

즉 두산그룹은 2,800억 원이라는 현금을 최초로 DIP 홀딩스에 투자하지만 자회사의 매각 대금으로 모두 7,900억 원을 받았으니, 양 금액의 차이인 5,100억 원 정도를 이런 과정을 통해 조달한 것이다. 이

•• 두산그룹의 구조조정 형태 요약

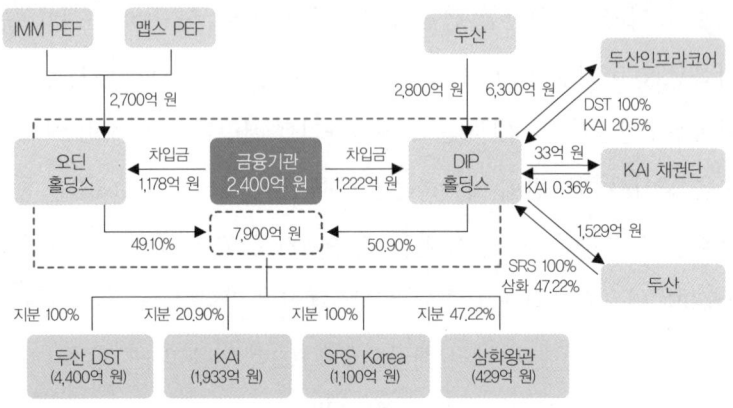

두산그룹은 미래에셋과 IMM PEF와 함께 두산인프라코어에게 자금을 제공하기 위해 혁신적인 거래구조를 개발한다. 현금은 즉시 조달하면서 자회사나 지분 매각은 서서히 이루어지도록 하기 위한 거래구조다.

7,900억 원 중 6,300억 원이 두산인프라코어에 돌아갔다. 경영권을 계속 유지하면서 5,100억 원의 자금을 조달한다는 것은 혁신적인 아이디어였다. 두산그룹 입장에서는 경영권을 유지하는 거래이므로, 당분간 시간을 벌면서 다시 기회를 엿볼 수 있게 된 것이다.

급하게 현금을 마련하기 위해 자회사를 서둘러 매각한다면 제값을 받지 못할 가능성이 상당히 높다. 따라서 거래를 통해 당장 필요한 현금은 조달하면서 서서히 시간을 두고 매수자를 찾고자 하는 거래구조인 셈이다. 두산그룹과 미래에셋 및 IMM의 실무진들이 머리를 맞대고 이런 거래구조를 생각해낸 것이다. 이 거래구조는 자금을 조달하

기 위해 자회사의 매각을 고려하는 다른 많은 기업들이 참고해볼 만하다.²

미래에셋과 IMM 사모펀드의 참여

이 거래에 참여한 미래에셋맵스 PEF는 미래에셋에서 설립한 사모펀드이므로 별도의 설명이 필요 없을 것이다. 2011년 5월에 12억 5천만 달러를 투자해 타이틀리스트 골프공과 풋조이 골프장갑을 생산하는 아큐시네트를 인수한 회사가 바로 미래에셋맵스 PEF이다. PEF에서 인수를 주도하면서, 실제 회사를 경영할 전략적 투자자로 휠라 코리아를 설득해 참여시켜서 유명해진 거래다.³

미래에셋맵스에 비해 IMM이라는 PEF는 일반인들에게는 그리 알려지지 않았다. 하지만 IMM은 국내 PEF 분야에서 1위인 MBK 파트너

---

2 이 거래를 통해 두산그룹의 실제 부채가 조달된 자금 5,100억 원만큼 줄어든 것은 아니다. DIP 홀딩스는 (주)두산의 자회사가 된다. 4곳 자회사의 지분을 팔아 조달한 현금으로 두산인프라코어의 부채를 갚았지만, (주)두산의 자회사가 외부에서 부채를 1,222억 원만큼 빌렸기 때문에 결과적으로 (주)두산의 부채는 늘어난 셈이다. 따라서 두산그룹 전체적으로 볼 때 부채는 5,100억 원과 1,222억 원의 차이만큼만 감소했다. 즉 당시까지만 해도 진정한 의미의 자회사 매각(전문용어로는 'true sale 또는 진성매각'이라고 표현함)이라고는 볼 수 없는 상황이었다.

3 이 거래 역시 타이틀리스트·풋조이 브랜드를 휠라 코리아가 이용할 수 있으므로 전략적 입장에서는 상당한 시너지를 기대할 수 있을 것이다. 휠라 코리아가 불과 1억 달러만을 투자하고 회사를 인수한다. 따라서 나머지 인수 대금 11억 5천만 달러의 부채를 미래 기간 동안 재무적 투자자들에게 갚아야 한다. 이자비용으로만 연 600억 원 이상이 발생한다. 이에 대한 더 자세한 설명은 본고의 주제에서 벗어나므로 생략한다.

스를 바짝 뒤쫓을 정도로 업계에서는 실력을 인정받고 있는 국내 토종 PEF다. 국내 대부분의 PEF들이 국내 또는 외국인 개인 또는 기관 출자자의 대규모 자금을 받아 비교적 순조롭게 사업을 시작한 것에 비해, IMM은 공인회계사 출신인 송인준 대표가 몇몇 기관의 소액자금을 모아 시작한 작은 펀드가 그 시초다. 하지만 설립 후 불과 10년이 지난 지금, IMM은 여러 거래에서 실력을 인정받으면서 다수의 국내 연기금과 기관투자자들을 단골고객으로 확보해 업계의 강자로 뛰어올랐다.

이런 과정을 통해서 조달한 자금을 이용해 두산그룹은 밥캣의 부채 문제를 어느 정도 해결할 수 있었다. 밥캣 인수와 관련해 미국 현지에서 조달한 현지 부채 중 상당 부분을 상환하고 30억 달러 정도의 부채만 남았다. 2008년 당시 두산그룹의 유동성 위기설이 나면서 그룹 계열사들의 주가가 모두 급락하는 홍역을 겪은 두산그룹의 입장에서는 『숫자로 경영하라』 1장, '먼저 맞는 매가 덜 아프다' 참조, 시장의 우려를 어느 정도 불식시킬 수 있게 된 것이다. 하지만 이런 안심은 오래가지 않았다. 미국 경기가 쉽게 회복되지 않았기 때문에 밥캣의 부채를 해결하기 위해서는 더 많은 현금이 필요했다.

그 결과 두산그룹은 DIP 홀딩스와 오딘 홀딩스가 보유하고 있는 회사 4곳 중 일부를 매각하기로 결정했다. 원래 2009년 최초 거래에서는 2012년 8월까지는 서로 합의가 된 경우에만 매각을 하고, 2012년 8월 이후에는 두산그룹과 PEF 양자 중 누구나 Drag-along을 할 수 있는 조항도 포함되어 있었다. Drag-along이란 매입자가 회사를 매입하려고 할 경우 두산그룹과 PEF가 동시에 매각에 의무적으로 공동 참여하거나, 참여하기를 원하지 않는다면 외부 매입자가 제안한 조건대로 한쪽의 지분을 다른 쪽에서 매입해주는 것을 말한다. 2009년 계약 시점부터 따지면 2012년까지 최소 3년의 시간적 여유가 있는 셈이다. 2012년까지 시간을 번 이유는 밥캣을 인수하기 위해 빌린 현지 부채를 2012년부터 상환하기 시작해야 하기 때문이었다.

한발 앞서 준비하는 두산그룹의 행보

이 조항에 따라 두산그룹은 2012년까지는 기다릴 수도 있었다. 하지만 두산그룹은 불황이 지속되고 세계금융위기로 미래의 경영환경이 불확실하다고 판단되자 바로 행동에 돌입했다. 이 점이 두산그룹과 다른 기업들의 차이다. 대부분 기업들은 위험이 눈앞에 닥쳐야만 비로소 어떻게 행동할 것인지 고민한다. 그렇지만 두산그룹은 오랜 구조조정의 경험을 통해 남들보다 한발 앞서 생각하고 행동하는 방법을 배웠다. 그 점이 바로 오늘날 두산그룹을 우뚝 서게 한 동력이다.

우선 2010년 말 병뚜껑 제조회사 삼화왕관의 지분 54%를 유리병 제조업체인 금비에 610억 원을 받고 매각했다. 2011년 1월에는 두산중공업의 자회사인 두산엔진을 상장시키면서 보유주식을 매각해 추가적으로 1,300억 원을 마련했다. 3월에는 두산인프라코어의 중국 자회사인 두산공정기계 중국유한공사의 지분 20%를 미래에셋, IMM, 하

•• 두산인프라코어의 재무상황과 경영성과

재무상황

연도	2008	2009	2010	2011
부채규모(억 원)	33,799	34,977	31,300	41,559
부채비율(%)	219%	273%	238%	246%

경영성과

연도	2008	2009	2010	2011
당기순이익(억 원)	-1,218	-3,111	383	3,138
영업이익(억 원)	3,474	2,253	5,427	3,724
영업활동으로 인한 현금흐름(억 원)	2,044	-6,291	8,043	1,119

두산인프라코어는 세계금융위기와 밥캣 인수의 영향으로 2008년과 2009년 큰 어려움을 겪었지만 그 후 점차 회복되는 모습을 보여주고 있다.

나대투증권 등의 PEF에 매각했다. 앞서 설명한 두산그룹의 2009년 자회사 매각 때 참여했던 팀들이 다시 뭉친 것이다.

이 같은 매각을 통해 조달한 자금은 총 3,800억 원이다. PEF들은 두산공정기계 중국유한공사의 지분을 보유하다가 몇 년 후 회사가 상장될 때 주식을 매각해서 투자금을 회수할 것으로 보인다. 2009년 거래에 포함되었던 4개 회사 중 하나인 SRS는 현재 매각협상이 진행중인 것으로 언론에 보도되었다. 한국우주항공산업KAI은 2011년 6월 증권시장에 상장되었다. 두산그룹은 상장 후 장중에서 일부 주식을 매각해 총 600억 원가량을 마련했다. 결국 4개 회사 중 2개가 이미 매각 되었고, 1개 회사는 매각과정이 진행중인 셈이다. 방산업체인 두산 DST의 경우만 아직 매수자를 찾지 못하고 있는 듯하다.

이런 과정을 거쳐 2011년 말 현재 두산그룹에 남아 있는 부채는 30억 달러순수 부채 23억 달러 및 전환우선주 8억 달러 정도다. 이 부채는 만기가 2012년부터 2015년까지 차례로 돌아온다. 두산그룹은 2011년 말 채권단과 협상을 통해 부채의 차환refinancing 협상을 매듭지었다. 세계경기가 더 악화될지도 모르는 불확실한 상황이므로 여유가 있을 때 미리 협상을 마무리한 것이다. 부채 중 5억 달러는 채권을 발행해 마련한 자금으로 상환을 하고, 1억 달러는 밥캣이 보유한 현금으로 상환한다. 나머지 부채인 17억 달러는 만기가 2015년부터 2017년 사이로 3년 정도 연장되었다. 전환우선주는 두산인프라코어가 그동안 벌어들인 현금으로 전액 매입하기로 했다. 차환 계약 내용도 기존의 2008년 맺은 부채약정보다 두산그룹쪽이 바라는 방향으로 이루어졌다「숫자로 경영하라」, 1장, '적정 부채비율, 과연 얼마인가' 참조.

이 거래가 성사되면 밥캣 관련 부채는 총 23억 달러 정도로 대폭 줄어든다. 2008년부터 계속해서 두산그룹을 괴롭히던 유동성 문제라는 악재를 거의 확실히 불식시키는 계기가 될 것이다. 시장에서도 우호적인 해석이 우세하다. 두산그룹이 밥캣 관련 부채를 차환하기 위해 5억 달러 규모로 해외 채권의 발행을 추진했을 때, 발행금액의 무려 8배에 달하는 신청물량이 쏟아졌다. 많은 외국 기관투자자들이 두산그룹의 앞날을 긍정적으로 보고 있다는 증거다. 물론 남아 있는 부채 23억 달러는 현재 환율로 환산했을 때 2조 5천억 원에 달하는 상당한 규모다. 하지만 두산그룹 계열사들의 현금창출 능력을 미루어보았을 때 앞으로 경제상황이 상당히 나빠지지 않는다면 크게 부담되는 수준은 아니다. 최소한 부채의 만기가 2015년 이후로 미루어졌으므로 몇 년 정도는 부채에 신경쓰지 않고 경영에 집중할 수 있을 것이다. 다른 기업이었다면 훨씬 더 어려움을 겪었을 위기를 두산그룹은 상대적으로 현명하게 잘 헤쳐나온 것이다.

금호아시아나그룹의 생환을 위한 노력

대우건설의 M&A 실패 이후 불어난 부채를 갚지 못해 워크아웃 상태인 금호아시아나그룹도 부채를 상환하기 위해 노력 중이다. 금호아시아나그룹은 2011년 6월 중에 대한통운을 CJ에 매각하는 데 성공했다. 11월 중순에는 자회사를 매각할 계획을 추가로 발표했다. 발표된 계획 내용을 보면 두산그룹의 거래 내역과 상당히 흡사하다. 금호산업이 보유하고 있던 금호고속100%, 서울고속버스터미널 지분39%, 대우건설 지분12%을 함께 묶어서 asset pooling 파는 방식이다. 금호고속은 원래 금호산업의 한 사업부였지만, 매각하기 위해 자회사로 분리했다.

 2012년 1월 IBK투자증권이 PEF를 구성해서 이들 주식을 9,500억 원에 한꺼번에 인수하는 조건으로 협상이 시작되었다. 인수자금 중 30%는 금호산업이 출자하고, 나머지는 금융권 차입과 인수자 PEF가 출자해 충당한다. 이 자금으로 특수목적회사를 설립해 특수목적회사가 앞에서 언급한 지분들을 소유하는 형태다. 9,500억 원을 매각대금으로 받지만 3천억 원을 투자해야 하므로, 실제로 이 거래를 통해 조달되는 자금은 6,500억 원 정도다. 두산그룹이 구조조정한 것을 보고 배워서 금호아시아나그룹도 비슷한 방법을 사용하려고 한다는 점을 알 수 있다.

다만 더욱 구체적인 거래 내용은 아직 알려지지 않은 상황이다. 이 거래 역시 급한 현금은 우선적으로 마련하면서, 앞으로 시간을 두고 매각 대상에 포함된 자산들을 팔려는 목적이다. 금호아시아나그룹이 PEF에 지분을 참여하는 이유는 앞으로 자산을 매각해서 추가적인 이익이 발생한다면 그 이익의 일부도 받아갈 수 있기 때문이다.

금호고속의 지분 매각의 경우, 장차 금호산업이 되살 수 있는 우선매수청구권이 계약내용에 포함되어 있다. 금호고속이 그룹의 모태이자 수익성도 좋으므로 금호산업이 살아나면 되찾아오겠다는 의지를 보인 것이다. 다만 현재 금호산업의 경영상태가 매우 열악하기 때문에 가까운 미래에 되찾아올만한 금전적인 여유를 갖기는 쉽지 않을 것 같다. 하지만 다른 회사의 지분들은 완전히 매각하려는 것으로 보인다.

이 거래가 성공하면 금호산업에 상당한 도움이 될 것이다. 완전 자본잠식 상태에 빠질 수 있는 위기상황에 처한 금호산업 입장에서 볼 때는 어떤 방법을 써서라도 부채를 하루 빨리 상환해야 한다. 금호산업의 부채는 2011년 말 기준 3조 1천억 원, 자본은 전액 잠식된 상태다. 즉 부채가 자산보다 더 많다는 말이다.

●● 금호산업의 재무상황과 경영성과

재무상황

연도	2008	2009	2010	2011
부채규모(억 원)	31,142	75,457	56,375	31,368
부채비율(%)	252%	(자본잠식)	933%	(자본잠식)

경영성과

연도	2008	2009	2010	2011
당기순이익(억 원)	365	-23,341	1,057	-1,375
영업이익(억 원)	1,614	6	-852	293
영업활동으로 인한 현금흐름(억 원)	-633	-1,782	-3,502	1,488

> 금호산업이 재무적으로 심각한 어려움을 겪고 있는 모습을 잘 알 수 있다. 2010년 특히 영업현금흐름이 무려 3,500억 원이 적자이며, 부채비율이 933%를 기록해 회사 운영과 부채상환에 필요한 현금 마련이 꼭 필요한 상황이다. 다만 2011년 영업활동으로 인한 현금흐름이 흑자로 전환한 것은 상대적으로 긍정적인 신호로 볼 수 있다. 영업현금흐름이 흑자라면 영업은 정상적으로 잘 이루어진다는 의미다. 따라서 부채만 줄여서 이자비용을 절감한다면 금호산업은 장차 어려움을 극복하고 회생할 수 있을 것이다.

부채 중 이자를 지급해야 하는 금융부채는 약 1조 7천억 원 규모다. 금호산업은 이자비용으로만 2011년 동안만 무려 1,340억의 현금을 썼고, 그 결과 1,375억의 순손실을 기록했다. 이자비용과 당기순손실 금액이 거의 같은 정도다. 그러니 앞의 거래를 통해 조달한 자금으로 하루 빨리 부채를 상환해야 할 것이다. 3천억 원을 PEF에 출자하면서 매각대금으로 9,500억 원을 받기로 한 만큼, 6,500억 원이 회사에 유입되면 금융부채 중 1/3 이상을 상환할 수 있다. 또한 금호산업이 조만간 유상증자를 실시할 것으로 예측되는 바, 유상증자를 통해 마련된 자금도 부채 상환에 사용해야 할 것으로 판단된다. 이렇게 한다면 이자비용을 대폭 줄일 수 있으므로 회사가 흑자로 전환될 가능성이 높아질 것이다.

이러한 거래가 계획대로 순조롭게 진행된다면 금호아시아나그룹도 조금은 숨을 돌릴 수 있는 여유가 생기지 않을까 한다. 금호아시아나그룹이 위기를 극복하고 하루 빨리 힘차게 날아오를 수 있기를 기원해본다.

회계로 본 세상

두산그룹과 금호아시아나그룹은 세계금융위기가 발발하기 직전에 공통적으로 대규모 M&A를 성사시켰지만, 그 결과 상당한 고통을 겪었다. 두 그룹이 M&A 직후 각종 언론이나 전문가들로부터 극찬을 받았던 것을 돌아보면, 미래를 예측한다는 것이 얼마나 어려운지 잘 알 수 있다. 세계금융위기 이후 두 그룹은 모두 위기를 극복하기 위해 상당한 노력을 해야 했다. 금호아시아나그룹은 금호석유화학이 경영권 분쟁 끝에 그룹에서 분리되어 나가는 아픔까지 겪었다. 두산그룹과 금호아시아나그룹이 구조조정을 통해 현금을 마련해 위기를 극복해 가는 사례를 보면서 다른 기업들이 교훈으로 삼아야 할 점을 정리하면 다음과 같다.

첫째, 회사가 궁극적으로 목표하는 분야와 어울리지 않는 업종의 자회사나 사업부는 분리해서 매각한다. 두산그룹이 식품, 음료 및 이와 관련된 병뚜껑을 만드는 삼화왕관 등의 자회사를 차례로 매각했다. 금호아시아나그룹도 금호종합금융을 우리은행 PEF에 팔았고, 금호렌터카도 2010년 중 KT에 3천억 원 정도에 매각했다. 이렇게 해서 마련한 현금으로 급한 불을 끌 수 있다. 또한 회사가 위기상황이 아니라면, 이런 자금을 사업 포트폴리오를 전환하기 위해 회사가 미래에 진출하고자 하는 분야의 기업을 인수하는 목적으로도 사용할 수 있을 것이다. 어차피 관심이 없는 분야라면 제값을 받을 수 있을 때 파는 것이 더 유리하기 때문이다. 급할 때까지 기다리다 판다면 제값을 받기가 힘들다.

둘째, 매각을 원하지 않는 경우라면 자회사로 분리한 후 상장시키는 과정에서 일부 지분을 매각하거나, 상장하기 전에 일부 지분을 매각해 자금을 조달하는 방법이다. 두산그룹의 두산엔진 상장, 두산공정기계 중국유한공사의 지분 매각 등을 예로 들 수 있다. 금호아시아나그룹도 금호고속을 금호산업의 자회사로 분리해 일부 지분을 PEF에게 매각할 계획이다.

셋째, 경영권을 가지고 있지 않은 경우라면 보유하고 있는 지분을 매각할 수 있다. 두산그룹은 KAI의 지분을 주식시장에서 매각했고, 금호아시아나그룹도 금호산업이 보유한 대우건설 지분을 매각하려는 중이다.

마지막으로, 위험이 닥칠 것으로 예상되면 바로 행동에 돌입해야 한다는 점을 강조하고 싶다. '혹시나' 하는 생각으로 '좀더 기다려보자' 하는 태도가 더 큰 문제를 초래한다. 운이 좋아서 문제가 저절로 해결될 수도 있겠지만, 기업 경영을 운에 맡길 수는 없다.

두산그룹은 문제가 감지되자 부채의 만기가 돌아오기 전에 계획을 세워 자금 마련에 착수했다. 그 결과 쉽지는 않았지만 위기를 무사히 극복할 수 있었다. 그룹의 자금사정을 총괄하는 전문경영진의 경영능력과 판단이 중요하다는 것을 알 수 있다.

이에 반해 금호아시아나그룹은 대우건설 인수와 관련해 차입한 3조 원 가량의 부채와 역시 무려 3조 원에 이르는 회계장부에 기록되지 않은 추가부채인 풋백 옵션의 만기가 돌아오는 2009년 중순이 될 때까지 별다른 가시적인 행동을 취하지 않고 있었다『숫자로 경영하라』2장, '숨겨진 그림자, 풋옵션을 양지로' 참조. 몇몇 자회사를 매각해 자금을 마련하겠다는 이야기가 2009년 초 이후 종종 나오기는 했지만 실제로 거래가 성사된 경우는 거의 없었다. 즉 문제의 심각성을 제대로 인식하지 못했다고 보인다. 그러다가 부채의 만기가 돌아왔고, 그룹이 채권단의 소유로 넘어간 후에도 1년 이상이 지나서야 실제로 금호렌터카나 대한통운을 매각했다.

금호아시아나그룹이 두산그룹처럼 위험에 선제적으로 대비했다면, 그리고 금호렌터카나 대한통운을 2009년 이전에 미리 매각했다면 이런 상황에까지 몰리지 않았을지도 모른다. 하지만 역사에 '만약'이란 가정은 성립하지 않는다. 한국의 다른 기업들이 대규모 M&A 이후 큰 고통을 겪은 두산그룹과 금호아시아나그룹의 사례에서 많은 교훈을 배울 수 있기를 바란다.

본문에서 이미 한 번씩 언급된 이야기지만, 두산그룹과 금호아시아나그룹의 PEF와 함께 페이퍼 컴퍼니 설립을 통한 자산 매각 사례에서

2가지 중요한 점이 있다.

첫째, 이런 과정을 통해 자산을 PEF와 공동으로 설립한 페이퍼 컴퍼니에 매각하면, 우선 급한 현금을 마련해 부채를 상환하는 데 사용할 수 있다. 그후 시간을 두고 자산들의 잠재적 매수자들과 접촉해 자산을 매각할 수 있으므로 제값을 받고 자산을 팔 수 있다. 급하게 시간에 쫓겨 자산을 헐값에 파는 것보다 훨씬 유리하다.

둘째, 만약 처음에 자산을 페이퍼 컴퍼니에 매각했던 가격보다 더 비싼 가격으로 페이퍼 컴퍼니가 해당 자산을 외부에 매각한다면 이익이 발생하게 된다. 이 경우 페이퍼 컴퍼니에 두산그룹이나 금호아시아나그룹이 일정 지분을 가지고 있으므로, 이들은 발생한 이익에 대해서도 일부 효익을 얻을 수 있다.

이 2가지 점이 다른 기업들이 두산그룹과 금호아시아나그룹의 거래구조를 통해서 배워야 할 교훈이라고 생각한다. 또한 현 시점에서 자세한 내용을 언급하기는 곤란하지만, 내가 팔고 싶은 자산이 아니라 팔릴 수 있는 자산을 파는 것도 중요하다고 하겠다.

언제 아웃소싱을
해야 할까?
▸▸▸ 포스코와 닛산 ▸▸▸

세계금융위기 이후 아웃소싱의 바람이 거세다. 마치 아웃소싱이 만병통치약인양 선전되고 있다는 느낌이다. 사실 과거 어려움에 처했던 미국이나 일본의 여러 기업들이 아웃소싱을 통해 수익성을 회복하고 부활한 사례도 있다. 카를로스 곤 사장이 부임한 후 강력한 구조조정 정책을 실시해 회사를 살려낸 닛산 자동차가 그 좋은 예다. 하지만 아웃소싱은 예기치 않은 부작용을 발생시키기도 한다. 아웃소싱을 해야 할 때와 하지 말아야 할 때가 언제인지 사례를 통해 생각해 보도록 하자.

2009년 봄 한국에 소개된 〈슬럼독 밀리어네어slumdog millionaire〉라는 영화의 주인공은 인도 뭄바이의 빈민 청년인 자말 말라ㄲ다. 영화의 줄거리는 '엄청난 상금이 걸린 퀴즈대회에 참가한 자말이 기적적으로 문제를 모두 맞춰 2천만 루피약 6억 원의 상금을 받고 어렸을 때 헤어졌던 연인 라티카도 되찾는다' 는 내용이다. 이 영화는 2009년 아카데미 시상식에서 무려 8개 부문을 휩쓸었고, 전 세계적으로도 총 88개의 상을 수상했다. 필자도 이 영화를 보면서 많은 감동을 느꼈지만, 동시에 인도 빈민가의 비참한 모습을 보면서 깜짝 놀라기도 했다.

영화에서 자말은 불우한 어린 시절을 보내고, 미국 회사의 아웃소싱outsourcing을 받아 콜센터를 운영하는 인도회사에서 차를 나르는 심부름꾼으로 일한다. 자말이 동료의 부탁을 받고 잠깐 동료를 대신해

전화를 받는 장면이 나온다. 전화를 건 미국 고객은 자말과 통화를 하다가 이야기가 잘 통하지 않자 "혹시 인도에서 전화를 받고 있는 거 아니냐"며 화를 낸다. 이에 자말은 "당신 옆 동네에 사는 사람"이라고 둘러대지만, 고객은 화를 내며 매니저를 부르겠다고 말하고 전화를 끊어버린다. 영화에서는 그 이후 상황은 더이상 나오지 않았지만 아마도 전화를 끊은 그 고객은 더이상 해당 회사의 제품을 구매하지 않을 것이며, 주변 사람들에게 해당 회사의 서비스에 관한 불만과 험담을 퍼뜨릴 것이 분명하다. 이 장면은 아웃소싱의 문제점을 잘 나타내 주고 있다.

1990년대 이후 전 세계에 불기 시작한 아웃소싱의 바람은 2008~2009년 금융위기 속에서도 한국 기업들이 상대적으로 선전한 원동력이기도 하다. 비용의 절감을 꾀하는 많은 선진국 기업들이 경쟁력이 부족한 현지 공장의 문을 닫거나 생산과정을 축소하는 대신 부품을 아웃소싱할 목적으로 한국 기업의 문을 두드렸기 때문이다. 잘 알려져 있듯이 한국 제품은 중국 제품보다 가격이 비싸지만 품질은 좋고, 일본 제품과는 품질 수준에서 큰 차이가 나지 않지만 가격이 저렴하다. 한국의 부품기업 중에는 금융위기 때 오히려 호황을 누린 기업들도 다수 있었다.

초기의 아웃소싱은 생산 과정의 일부를 아웃소싱하는, 즉 부품이나 반제품을 외부업체에게서 공급받는 일을 뜻했다. 삼성전자나 LG전자도 1970~1980년대까지 소니, 히타치, 파나소닉 등에 OEM 제품과 부품을 납품하며 오늘날 발전의 기틀을 쌓았다. 세계 최대 스포츠용품

아카데미 상을 8개나 휩쓴 영화 〈슬럼독 밀리어네어〉 이 영화의 주인공은 미국 기업이 인도에 아웃소싱한 콜센터에서 일하는 차 심부름꾼이다. 서양의 기업들이 인도 기업에 대한 아웃소싱을 점차 늘려가면서 인도 경제는 요즘 상당한 성장을 하고 있지만, 아직 극빈상태를 벗어나지 못한 사람들도 상당수 있다.

업체인 나이키Nike는 본사에 의류나 신발 품목에 관한 별도의 생산공장을 두지 않는 것으로 유명하다. 나이키 본사에서는 제품의 개발이나 광고, 회계 등의 업무만 수행하고, 전 세계에 흩어져 있는 하청공장에서 제품을 생산해서 납품을 받는 방식으로 사업을 영위하고 있다. 세계 3대 컴퓨터 업체 중 하나인 델Dell 컴퓨터는 자체 생산공장을 가지고 있긴 하지만, 생산이라기보다는 조립 수준에 가까운 정도의 생산활동만 수행하고 있다. 즉 수많은 납품업체에서 공급받은 부품들을 모아 조립하는 방식으로 제품을 생산한다. 한국의 이랜드그룹도 제품의 디자인과 원재료 공급, 판매망 등은 본사가 담당하지만 제품의 생산은 대부분 외주업체가 담당한다. 아웃소싱은 본사가 생산설비에 큰 자금을 투자할 필요가 없고, 운영 인력도 줄일 수 있어 환경변화에 재빠르게 대응할 수 있다는 장점이 있다.

다음 단계의 아웃소싱이 바로 〈슬럼독 밀리어네어〉에서 등장한 콜센터 아웃소싱이다. 최근의 아웃소싱은 이보다 더 나아가 소프트웨어 연구개발 등을 아웃소싱하는 사례까지 등장했다. 델이나 보잉 모두 인도의 소프트웨어 전문기업들에게 프로그램 개발을 의뢰하고 있다. 인도뿐만 아니라 일본에도 기술개발 전문회사들이 성업중이다. 한국의 고급 엔지니어 중에서도 일본으로 스카우트되어 이런 기술개발 전문회사에서 일하는 사람들이 상당수 있다고 한다. 요즘은 국내에서 단순한 부기업무나 월급계산 등의 업무를 아웃소싱하는 경우도 크게 늘어나고 있다. 미국이나 유럽 회사들도 이런 단순한 업무를 인도에 아웃소싱하는 경우가 증가하는 추세다.

아웃소싱이 유행하는 이유

아웃소싱이 오늘날처럼 유행한 것은 미국 경제가 불경기에 접어든 1980년대 이후부터다. 오일쇼크 전까지 미국 경제는 유례없는 성장을 계속했다. 당시 미국 기업들은 막대한 자금을 투자해 생산시설을 대규모로 확충하고, 자동화 생산시설에서 나온 고품질의 제품을 전 세계로 수출했다. 설비에 대한 막대한 투자 때문에, 생산원가 중 고정원가가 높고 변동원가가 낮은 형태를 띠고 있었다. 즉 고정원가인 생산설비에 대한 감가상각비 비중은 높지만, 변동원가인 제조인력의 인건비는 상대적으로 낮은 형태였다. 이런 구조 아래에서는 일단 판매량만 손익분기점을 넘기면 이익이 급속히 늘어난다. 판매량이 늘어도 고정비는 변동이 없기 때문이다. 생산에 소요되는 총원가_{고정비+변동비}는 판매량이 늘어난 것만큼 크게 늘지 않는다는 뜻이다.

그러다가 석유파동 이후 전 세계에 걸친 불경기 속에 일본 기업들이 급성장하자 미국 기업들이 생산하는 제품에 대한 수요가 급감했다. 수요가 감소해도 고정원가의 비중이 높았기 때문에 제품의 생산원가는 크게 줄지 않았다. 따라서 미국 회사들은 존속이 위태로울 정도로 큰 손실을 입었다. 이 사태를 해결하기 위해 등장한 방법이 바로 아웃소싱이다. 생산설비에 투자를 하지 않는다면 고정원가를 대폭 줄일 수 있다. 아웃소싱을 해서 외부에서 부품이나 반제품을 구매하면, 이때 소요되는 구입비는 고정원가가 아니라 변동원가로 바뀐다. 아웃소싱을 통해 고정원가를 줄이고 변동원가를 늘리는 방향으로 원가구조를 변화시킨 셈이다. 그 결과 손익분기점이 과거보다 훨씬 낮아졌다. 미국 기업의 매출액 자체는 과거 세계 시장을 독점할 때보다 줄었지만, 적은 규모라도 이익을 남길 수 있게 되었다는 뜻이다.

변동원가의 비중을 높인 아웃소싱의 이점은 또 있다. 위기가 닥쳐도 기업이 신속하게 대처할 수 있기 때문에 회사가 큰 어려움에 처할 가능성도 상대적으로 줄어든다. 듀퐁Dupont사는 2008년 중반부터 금융위기의 여파로 수요가 크게 감소하자 납품업체에서 공급받는 수량을 대폭 줄여 회사 전체의 생산량을 낮췄다. 판매량 감소로 듀퐁 자체 생산시설에 투입되었던 직원 중에서도 유휴인력이 많이 생겼기 때문이다. 듀퐁은 이 직원들을 재배치해서 아웃소싱에 맡기던 업무 중 일부를 담당하도록 했다. 재배치된 직원들이 새 업무에 익숙해질 동안에는 단기 비용이 더 발생할 수도 있지만, 회사 전체적으로는 상당한 원가를 절감할 수 있다.

만약 듀퐁이 아웃소싱을 하지 않고 많은 제품이나 부품을 자체 생산에 의존했다면 이처럼 원가를 많이 절감하지 못했거나, 매출 감소로 발생한 대규모 유휴인력을 상당수 해고해야 했을 것이다. 이들 중 경험이 많은 유능한 인력들도 상당수 포함되었을 가능성이 있다. 해고는 당장의 비용절감에는 큰 도움을 줄 수 있어도 장기적으로는 반드시 회사에 좋다고는 할 수 없다.

즉 이런 생산공정의 전환을 통해 환경변화에 따라 기업이 더 재빨리 변할 수 있는 민첩성이 생긴 것이다. 생산설비에 막대한 투자를 해놓는다면 환경이 급변해도 기업이 쉽게 변할 수 없다. 하지만 생산설비에 대한 고정원가 투자를 아웃소싱을 통해 대부분 변동원가로 바꾼다면, 세계금융위기처럼 커다란 파도가 닥쳐왔을 때도 기업이 변동원가의 구성내용을 조정하기가 훨씬 용이하다.

GE, 포스코, 닛산의 아웃소싱 사례

잭 웰치Jack Welch가 GE의 회장으로 재직하고 있던 시절 GE도 대규모 아웃소싱을 통해 원가를 크게 절감했다. 잭 웰치는 자서전에서 '우리 회사의 유능한 인력과 자원을 우리가 잘할 수 있는 일, 가치를 증진시킬 수 있는 일에 사용해야 한다. 우리 회사에서는 뒷마당에 해당하지만, 다른 회사에는 앞마당의 의미가 있는 사업 영역이 있다. 이 뒷마당을 우리 회사에 남겨두지 말고, 이를 잘할 수 있는 다른 회사에 맡겨라. 이게 바로 아웃소싱의 진정한 의미다' 라고 말했다. 미국에서 개인 주택의 앞마당은 대부분 차가 통행하는 길과 보행자 통로에 인접해 있지만 뒷마당은 뒷집과 담으로 막혀 있을 때가 많다. 남들이 보는 앞마당은 누구나 신경을 써서 이쁘게 잘 가꾸지만, 담에 가려져 있는 뒷마당은 관리를 소홀히 하거나 쓰레기를 쌓아두고 잡초가 우거진 상태로 남겨두는 사람들이 많다. 앞마당과 뒷마당이라는 비유는 여기에서 나온 것이다. 우리 회사보다 다른 회사가 더 잘할 수 있는 영역이 있다면, 그 영역을 다른 회사에 맡기라는 의미다.

포스코 역시 잭 웰치의 이 조언을 잘 따른 기업이다.[1] 포스코의 석회소성 공정은 제선제강 분야에 생석회를 공급하는 일종의 부속공정이다. 제철소의 주 생산분야인 제선제강 분야가 아닌 부속공정이므로 경영진은 큰 관심을 기울이지 않았다. 설비도 낡았고, 인력의 추가 배치도 없이 그냥 현상 유지만 하는 상태였다.

그런데 이 공정을 포스렉Posrec이라는 회사에 아웃소싱으로 맡겼더니 놀라운 변화가 생겨났다. 품질이 개선되고, 공정에 혁신이 일어났으며, 고객관리가 향상되었다. 즉 큰 회사의 조그만 비핵심 부서로 남아 있던 공정이 새로운 회사로 독립하자 직원들이 주인의식을 가지고 더 열심히 업무를 수행하기 시작한 것이다. 그 결과 생산성이 대폭

---

[1] 『강한 현장이 강한 기업을 만든다』(허남석과 포스코 사람들 저)를 보면, 포스코가 석회소성 공정을 아웃소싱한 사례가 자세히 나와 있으니 더 구체적인 사항은 이를 참조하기 바란다.

•• 원가 구조에 따른 이익의 차이

① 고정비 비중이 높고 변동비 비중이 낮은 경우

② 고정비 비중이 낮고 변동비 비중이 높은 경우

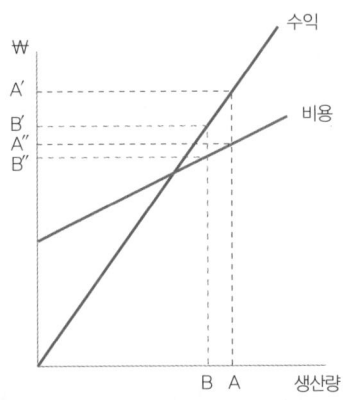
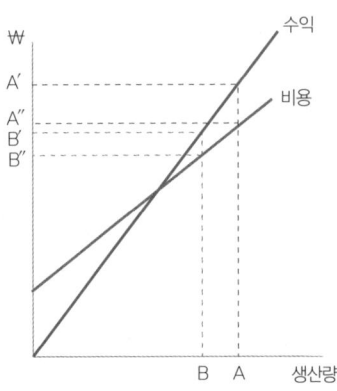

생산량이 A에서 B로 줄어든다면, ①의 경우 수익은 A'에서 B'로, 비용은 A"에서 B"로 감소한다. 즉 수익의 감소폭에 비해 비용의 감소폭이 상대적으로 작다. 하지만 ②의 경우를 보면 수익의 감소폭과 비슷한 정도로 비용이 줄어든다. 따라서 불황기 구조조정을 통해 원가구조를 ①에서 ②의 방향으로 전환시키면 상대적으로 유리하다.

으로 향상되었다. 잭 웰치가 언급한 것처럼 '우리 회사의 뒷마당이었지만 다른 회사의 앞마당'으로 변하자 모두들 새로운 마음가짐으로 업무에 임해서 이런 결과가 나타난 것이다.

사실 기존의 포스코 정규직원을 협력회사로 이전한다면 상당한 반발이 있을 수 있다. 포스코는 이 문제를 해결하기 위해 많은 준비를 했다. 자세한 내용은 주석에서 소개한 책을 참조하기 바란다. 이런 치밀한 준비와 실행 없이 무조건적으로 아웃소싱을 하면 기존 직원들의 반발을 불러일으켜서 오히려 역효과가 생길 수도 있다.

닛산에 부임해 망해가던 닛산을 되살려낸 카를로스 곤 사장 곤 사장은 자체 생산하던 많은 자동차 부품을 아웃소싱해 생산원가를 단기간 동안 무려 20%나 절감했다. 그 결과 닛산은 화려하게 부활할 수 있었다. 곤 사장은 현재 르노-닛산 그룹의 CEO를 맡고 있는 중이다.

현 르노-닛산의 회장인 카를로스 곤Carlos Ghosn은 2000년 다년간의 적자로 구제불능의 위기에 빠져 있던 닛산 자동차의 사장으로 부임한 후 불과 1년 만에 전년도 대비 이익을 약 1조 엔이나 증가시키는 기적을 이룩한 바 있다. 그의 성공 비결로 가장 먼저 언급되는 요인은 곤 회장이 외부에서 영입한 인물이고 외국인이기 때문에 기존 조직의 이해관계와 무관하게 강력한 구조조정을 실시한 점이다. 기존 일본의 전통적인 조직에서는 능력에 관계 없이 호봉에 따라 승진하고, 능력이나 성과에 관계 없이 종신직으로 회사에 근무할 수 있었으므로 무사안일주의가 팽배했다. 그런데 곤 사장이 부임하고 과감하게 정리해고를 단행하자 조직에 놀라운 충격이 가해져 조직이 함께 뛰기 시작했던 것이다.

하지만 외부에서 잘 모르는 성공요인도 2가지가 있다. 하나는 수익 측면, 다른 하나는 비용 측면의 요인이다. 수익 측면에서는 이미 전임 사장의 임기 때부터 개발이 다 끝난 후 곤 회장의 임기가 시작된 직후 출시된 차종들이 크게 히트했다는 운도 작용했다고 생각한다. 이러니 운칠기삼이라는 말이 유행하는 것이리라. 또한 비용 측면에서는 곤 사장은 아웃소싱을 통해 3년 동안 구매단가를 무려 20%나 줄였다. 그래서 붙은 곤 사장의 별명이 '비용 절감자cost cutter'다. 곤 사장은 항상 "구체적인 숫자로 목표를 이야기하고, 실천 내용을 보고하라"고 지시하는 것으로 유명하다. 애매모호한 '열심히 하겠다'라는 식이 아니라, '20% 절감하라'라는 목표를 주고 실제의 수치를 점검하는 식으로 경영을 한 것이다.

아웃소싱의 문제점

그렇지만 아웃소싱이 무조건 만병통치약은 아니다. 과거 기술이 부족한 회사가 전문 기술을 가진 회사에게 기술을 아웃소싱하는 사례가 종종 있었다. 중국 조선소나 한국의 중소 조선소들이 기술이 부족했기 때문에 한국의 선박설계 전문회사들에게 선박건조기술을 아웃소싱했던 것이 좋은 예다. 삼성전자도 휴대전화의 디자인을 이탈리아나 프랑스의 유명 디자이너에게 의뢰한 적이 있다. 1980년대까지 한국의 국민차였던 포니의 디자인도 현대자동차가 외국 업체에게 아웃소싱한 결과물이다. 즉 과거의 아웃소싱은 대부분 생산 과정의 일부나 전부를 아웃소싱하면서도 본사에서 기술을 확보하기 위해 기술개발 투자는 직접 관할하는 형식이었다.
  하지만 최근에는 자체적으로 우수한 기술을 보유하고 있는 몇몇 회사들조차 아웃소싱을 하기 시작했다. 회계·인사·대금회수 업무 등에서도 아웃소싱이 널리 퍼지는 현상은 아웃소싱이 세계 경영의 새로운 대세임을 알려준다.

그렇지만 섣부른 아웃소싱은 예기치 못한 문제를 발생시켜, 오히려 회사에 큰 손해를 끼칠 수도 있다. 몇 가지 예를 들어보자.

첫째, 앞서 설명했던 콜센터 아웃소싱처럼 비용 몇 푼을 아끼려다 더 많은 비용이 들어가는 사례가 발생할 수도 있다. 인터넷 관리 등 일부 IT 업무를 중국 연변에 있는 업체에 아웃소싱하는 한국 업체들이 있기는 하지만, 고객과 직접 접촉하는 콜센터를 외국 업체에 맡긴 한국 기업은 거의 드물다. 반면에 미국에서는 1990년대 말부터 2000년대 초반까지 많은 기업들이 콜센터 업무를 인도의 업체에 아웃소싱했다. 하지만 의사소통이 제대로 되지 않아 고객들의 불만이 쏟아지고, 이 불만이 매출 감소로 이어지자 최근에는 콜센터를 미국으로 복귀시키는 사례가 늘고 있다. 특히 소비자들과 긴밀하게 접촉해야 하는 업종에서 이런 경향이 두드러진다.

예를 들어 2010년 전 세계를 강타한 도요타 자동차의 결함 관련 리콜 문제도 아웃소싱 때문에 발생한 것이다. 철저한 원가절감을 강조하니 부품의 품질이 장기적으로 악화될 수밖에 없다. 도요타는 리콜로 그동안 쌓은 세계 최고 품질의 자동차라는 명성이 땅에 떨어진 것뿐만 아니라, 막대한 비용을 소비했다. 이 사건에 따른 장기적인 매출 손실은 아웃소싱 비용 몇 푼 절감한 것과 비교할 수 없을 만큼 클 것이다. 물론 도요타 자동차는 세계 최고의 기술력을 보유한 회사이니

만큼, 조금만 시간이 지나면 이때 입은 타격을 대부분 회복할 수 있을 것이다.

둘째, 아웃소싱을 하던 납품업체가 경쟁자로 돌변할 수 있다. 과거 유명업체의 납품업체에 불과했던 삼성전자나 LG전자가 소니나 파나소닉을 능가하는 기업이 된 사례가 대표적이다. IBM도 프로세서 칩과 소프트웨어를 각각 인텔과 마이크로소프트에 아웃소싱했다가 큰 실패를 맛봤다. 당시 군소회사였던 인텔과 마이크로소프트는 IBM에 독점적으로 납품하는 과정에서 기술을 개발해 강자로 살아남았지만, IBM은 개인용 PC 사업을 중국 레노보에 매각한 후 철수하는 수모를 겪었다. 처음 아웃소싱을 시작할 때는 납품업체의 기술수준이 높지 않았지만, 납품업체가 십여 년간 한 분야에서 경험을 쌓아 아웃소싱을 준 원래 업체를 능가할 정도의 기술을 축적했기 때문이다. 처음 아웃소싱을 시작할 때는 인텔과 마이크로소프트 못지않게 실력이 뛰어난 경쟁자들이 많이 있었는데, 장기간 동안 독점적으로 제품을 IBM이나 다른 컴퓨터에 납품하다보니 경쟁업체들이 모두 도태되어 거의 독점 수준이 된 것이다. 그러니 이제는 인텔의 프로세서 칩과 마이크로소프트의 윈도우를 대체할만한 경쟁자가 없어진 것이다.

셋째, 일부 생산공정을 아웃소싱해도 공통원가 및 고정원가는 거의 변하지 않는다는 점을 명심해야 한다. 일부 기업에서는 부품을 자체 생산하는 데 필요한 총원가와 외주업체의 납품가격만을 비교한 후, 납품가격이 더 싸면 외주 생산을 결정하는 실수를 범하기도 한다. 문제는 해당 제품의 생산원가 중 고정원가와 회사 전체의 공통원가 중 해당 제품에 할당되었던 원가 부분이 외주를 통해 크게 줄지 않는다면 아웃소싱의 장점이 없다는 사실이다. 아웃소싱이 오히려 손해가 될 때도 있다. 때문에 총원가가 아니라 증분원가incremental cost와 납품가격을 비교해야만 한다. 회계를 잘 알지 못하는 일부 경영자가 이런 실수를 종종 범한다.

예를 들어 자동차 부품 A, B를 제조하는 회사의 총 고정원가는 10억, 생산단위당 변동원가는 A가 10만 원, B가 20만 원이라고 하자. 생산량은 A와 B 모두 1만 개로 동일하고, 판매가는 A는 15만 원, B는 28만 원이라고 하자. 이 경우 고정원가를 매출액에 따라 A와 B에 배부한다면 A에 35%, B에 65% 정도가 배부되게 된다. 그 결과 A의 총 생산원가는 13억 5천 원, B의 총 생산원가는 26억 5천 원이며, 단위당 총 생산원가는 A가 13만 5천 원, B가 26만 5천 원이다. 이렇게 해 계산하면 총 3억 원 정도의 영업이익이 발생한다.

만약 외부의 업체 C가 A제품을 12만 원에 공급할 수 있다고 해서 아웃소싱을 결정한다면, 언뜻 보면 A제품 한 단위당 1만 5천 원씩13만 5천 원-12만 원 이익이 증가할 것으로 생각된다. 하지만 이것은 잘못된 계산이다. 실제로 A제품의 증분원가는 변동원가에 해당하는 10만 원에 불과하다. 따라서 A제품을 아웃소싱한다면 단위당 2만 원씩12만 원-10만 원 손실이 발생하게 된다. 제품 A에게 부과되었던 고정원가가 A를 생산하지 않고 아웃소싱한다고 해도 거의 대부분 계속해서 발생할 것이기 때문이다. 따라서 A를 아웃소싱한다면, 그 과정에서 발생한 유휴인력과 유휴장비로 다른 제품을 어떻게 생산해서 이익을 늘리거나 고정원가와 공통원가를 흡수할 것인지에 대한 분석을 반드시 함께해야 한다.

하버드비즈니스스쿨HBS 사례에 등장하는 미국의 브리지튼 인더스트리를 보자. 브리지튼은 미국 주요 자동차 생산회사에 부품을 납품하던 회사였다. 업계 경쟁이 치열해짐에 따라 성과가 악화되자 이 회사의 경영진은 한국 기업들이면 누구나 다 이름을 알고있는 모 유명 컨설팅 업체에게 컨설팅을 의뢰했다. 경쟁력이 떨어지는 일부 제품을 아웃소싱하라는 것이 컨설팅 업체의 처방이었다. 상당수의 컨설팅 업체는 경쟁력과 시장규모라는 2가지 요소또는 미래전망까지 포함한 3가지 요소를 고려해 경쟁력도 있고 시장규모도 크면 자체생산하고, 경쟁력도 없고 시장규모도 작으면 해당 시장에서 철수하라고 조언한다. 경쟁력은 있지만 시장규모가 작거나, 경쟁력은 없지만 시장규모가 큰 제품일 때 아웃소싱의 처방을 내린다. 그야말로 교과서적인 조언이다.

브리지튼 인더스트리는 이 조언에 따라 자체 생산을 중단하고 아웃소싱을 시작했다. 그 결과 오히려 손실만 더 늘어 회사가 존폐 위기에 처했다. 자체 생산했을 때는 앞의 예에서 언급한 사례처럼 총원가가 아웃소싱 가격보다 높긴 했지만 증분원가는 낮아 별 문제가 없었다. 이 개념을 잘 모르고 총원가와 아웃소싱 가격만을 비교해 아웃소싱을 결정하는 오류를 범한 셈이다. 해당 컨설팅 회사는 전략 컨설팅을 주로 하는 회사여서 회계 지식이 깊지 않았고, 기술자 출신인 브리지튼의 경영진도 마찬가지였다. 그 결과 아웃소싱을 하면 할수록 회사의 수익구조가 나빠지는 것이다. 이를 죽음의 순환과정death spiral에 빠졌다고 이야기한다. 아웃소싱을 해서 원가가 높아지면 수익구조가 나빠져서 제품가격을 더 올리지 않으면 회사가 생존할 수가 없고, 제품가격을 올리면 판매수량이 더 줄어들므로 생산수량이 다시 감소해 결국 생산단위당 원가가 더 높아지는 상황이다.

아웃소싱과 자체생산을 결정하는 조건

필자가 아웃소싱이 만병통치약은 아니라고 강조하는 이유가 여기에 있다. 만약 경기가 회복되어 수요가 증가한다고 가정해보자. 아웃소싱을 통해 변동원가 비중을 높게 만든 기업은 판매량이 늘어나도 상대적으로 이익이 크게 늘어나지 않는다. 반면 설비투자를 많이 한 기업은 상대적으로 변동원가 비중이 낮고 고정원가 비중이 높기 때문에, 판매량이 손익분기점 수준을 넘어서면 이익도 급속히 증가한다.[2] 따라서 어떤 정책을 쓸지는 회사의 사정에 따라 달라지는 셈이다.

즉 호경기에 접어들고 있거나 회사가 독점적이고 안정적인 사업구조를 지녀 자사 제품에 대한 수요가 줄어들 가능성이 낮다면, 아웃소싱보다 자체생산이 유리하다. 당연히 반대의 사례라면 아웃소싱이 유

---

[2] 단지 투자자의 입장에서 주식투자를 하는 경우에도, 동종업계에 속한 기업들의 유형자산, 특히 기계의 비중을 비교해보면 상대적으로 고정원가 비중이 높은 기업인지 아닌지를 추론해낼 수 있다. 이 정보를 이용하면 경기변동에 따라 회사의 업적이 어떻게 변할 것인지 손쉽게 예측할 수 있고, 그에 따라 투자전략을 세울 수 있을 것이다.

리하다. 아웃소싱을 검토하고 있는 제품이나 기술이 첨단기술을 사용하고 있다면 자체생산이 적합하고, 범용기술을 이용하고 있다면 아웃소싱이 적합하다고도 말할 수 있다. 거듭 말하지만 납품가격과 증분원가를 비교하는 일뿐만 아니라 이런 요소들까지 면밀히 고려해서 아웃소싱을 결정해야 한다.

지금 당장은 큰 수익성이 없더라도 회사의 미래를 위해 전략적으로 집중할 분야인지 아닌지도 반드시 따져야 한다. 물론 전략적으로 집중한다고 해서 '밑 빠진 독에 물붓기'처럼 자금을 쏟아넣을 수는 없다. 이런 경우는 미리 '앞으로 몇 년간 얼마까지의 자금을 사용한다'라는 계획을 세우고, 그 한도 내에서만 비용이 들어가더라도 계속 지켜봐야 할 것이다. 만약 예상보다 더 큰 비용을 투자해야 한다면 투자를 계속 수행할 수는 있겠지만, 그런 투자가 기존 사업 부서까지 악영향을 미쳐서 회사 전체가 망할 정도가 되어서는 안 된다. 그러니 '여기까지가 한계'라는 선을 반드시 명확히 그어야 한다.

더욱 큰 문제는 많은 한국 기업들이 비용 문제가 아니라 노사 문제 때문에 아웃소싱을 택할 때가 많다는 점이다. 직원을 한 번 고용하면 회사가 망할 위기상황이 와도 해고하기가 어려우니 어쩔 수 없는 선택인 셈이다. 이 와중에 제품의 수주, 배달, 공장관리, 기술개발 등의 업무만 담당하고 생산은 모두 아웃소싱하는 전문기업들도 하나둘 생겨나고 있다. 예를 들어 동희오토는 기아 자동차에서 경차 '모닝'의 생산을 위탁받아 이런 형태로 제품을 생산한다. 동희오토가 직접 모닝을 생산하는 것이 아니라 감독과 원자재 조달 등의 업무만 수행하고, 생산과정은 과정별로 작은 생산단위로 나눠서 각각 아웃소싱을 주는 형태다. 언론의 보도에 따르면, 동희오토는 생산성도 기아 자동차의 국내 공장보다 상당히 높다고 한다.

특정 제품이나 부품의 생산 전체를 아웃소싱하는 사례는 종종 있지만, 해당 제품의 생산공정을 수십 개로 나눠 각기 다른 협력회사에게 쪼개어 아웃소싱하는 사례는 노사분규 때문에 만들어진 이상한 형태의 아웃소싱이다. 상당수 기업들이 노사문제가 생기면 해당 공정을 담당하는 협력회사를 바꾸는 방법을 택한다. 생산과정에서 약간의 비효율이 발생할 수는 있겠지만, 노사문제를 고려하면 이 방법이 더 낫다고 판단한 듯하다. 노사문제가 현재 상황에서 개선이 되지 않는다면 이런 형태의 생산을 택하는 기업들이 더 늘어날 가능성이 높다. 자동화를 통해 고용인력을 줄이거나 외국으로 공장을 옮겨가는 기업도 많을 것이다.

영화 〈슬럼독 밀리어네어〉에서 주인공 자말은 계속 퀴즈 문제를 맞춰가는 과정에서 수차례 "문제를 맞추는 것이 바로 내 운명This is my destiny"이라고 말한다. 이런 형태의 아웃소싱 가속화가 한국 기업의 운명이 아니길 바란다.

회계로 본 세상

　이처럼 아웃소싱이나 원가계산에서 회계지식은 대단히 중요하다. 또한 회계지식뿐만 아니라 앞으로 해당 분야의 시장이 어떻게 될 것인지에 대한 전문적인 전망을 할 수 있는 선견지명도 중요하다고 하겠다. 따라서 이런 능력을 갖춘 사람이 최고경영진 중에 반드시 포함되어 있어야 할 것이다.

　국내 몇몇 기업에서 실제로 발생했던 사례들을 한번 소개하고자 한다. 노동집약적인 제품을 생산하는 모 기업에서는 직접 노동시간을 기준으로 회사에서 발생하던 공통비를 여러 제품에 배분했다. 이 회사는 생산하는 제품별로 부서가 구분되어 있었고, 성과평가도 부서별로 이루어졌다. 그런데 이런 제도를 실시하다보니 해가 갈수록 점점 아웃소싱의 비중이 높아졌다. 회사 전체적인 공통원가의 수준은 거의 변하지 않는데 아웃소싱이 비중은 계속 높아지는 것이다. 그렇다고 해서 공통원가가 아닌 각 부서별 원가가 절감되는 것도 아니었다. 왜 이런 일이 발생했을까?

대답은 생각보다 간단하다. 직접 노동시간을 기준으로 공통원가를 배분하다보니, 각 부서에서는 직접 노동시간을 줄이려고 노력하게 된다. 이런 경우 부서에서 업무를 거의 대부분 아웃소싱을 줘버리면 직접 노동시간을 대폭 절감할 수 있다. 이런 일이 계속 발생하니 회사 전체적으로 원가는 거의 줄지 않는데 아웃소싱 비중이 계속 늘어나는 결과가 나타난 것이다. 그 결과 제품의 품질수준이나 납기유지 등에서 계속 문제점이 늘어난다.

또 다른 기업의 예를 살펴보자. 이 기업은 생산된 물량을 기준으로 공통원가를 배분하는 원가계산 시스템이 있다. 이 기업이 속해 있는 산업은 경쟁이 치열한 분야로서, 제품의 제조원가 자체는 그리 높지 않았으나 광고선전비나 판촉비 등의 회사 수준의 공통원가 비중이 높다. 따라서 공통원가의 배분방식에 따라 계산한 제품의 원가가 상당히 달라질 수 있다.

이 기업은 치열한 경쟁상황을 타개하기 위해 열심히 신규제품 개발에 집중했다. 신규제품을 개발해 시장에 소개한 초기에는 대부분 판매수량이 별로 많지 않다. 그렇다면 이 제품에 배부되는 공통원가 금액은 별로 없다. 따라서 이런 내막을 잘 모르는 경영진이 보면 이 제품의 수익성이 매우 높은 것처럼 보인다. 따라서 이런 수익성 높은 상품이 개발되었다는 것에 고무된 경영진은 해당 제품을 적극적으로 판촉하라고 판매망을 독려한다. 그 결과 점차 해당 제품의 판매량이 늘어나고, 판매량이 늘어남에 따라 해당 제품에 배부되는 공통원가도 늘어난다. 그러면 해당 제품의 수익성이 점차 감소하는 것처럼 보인다. 해당 제품의 판매량이 기존 제품군들 정도로 증가하면, 해당 제품의 수익성도 기존 제품들과 별로 다를 것이 없어 보인다.

회계나 원가계산을 잘 이해하지 못하는 경영진은 대부분 이런 이유를 알지 못한다. 자신들이 잘못 판단했을 것이라 생각하고, 원가가 낮은 다른 새로운 신제품을 개발해보라고 개발 부서를 다그친다. 다른 신제품이 등장하고, 똑같은 과정을 거치게 된다. 결국 이런 과정이 몇 번 되풀이하다보면 회사에서 생산하는 제품의 숫자만 계속 늘어나게 된다. 그러는 동안 생산과정이 점차 복잡해져 생산의 비효율성이 증대되며, 공통원가는 계속 늘어나게 된다. 새로운 제품을 자꾸 개발해 판매량은 신장하지만 그 신제품이 기존 제품의 판매량을 감소시키는 효과도 있고, 다수의 제품을 생산하고 판매하는 과정에서 생기는 비효율성 때문에 회사 전체적으로는 오히려 손해를 볼 가능성도 높다. 개발 부서나 생산 부서, 판매 부서가 모두들 열심히 일한다고 바쁘지만, 회사 전체적으로는 일을 열심히 하지 않는 것보다도 못한 상황이 발생하는 것이다.

이런 예에서 볼 수 있듯이, 회계지식을 갖추고 회사를 살펴보는 것과 그렇지 않은 것에는 상당한 차이가 있다. 이런 실제 사례들을 보면서, 앞으로 우리나라 기업들도 회계지식을 갖춘 전문가를 더 많이 고용하는 추세가 생겼으면 하는 바람이다. 예를 들어 미국에서는 CFO가 회계사 출신 또는 회계법인에서 컨설턴트로 근무한 경력이 있느냐에 따라 내부통제의 수준이나 각종 회계 및 재무 분야 경영 의사결정의 수준이 달라진다는 연구결과도 있다.[1] 미국의 경우는 회계사 시험에 합격하는 사람이 워낙 많기 때문에, 공인회계사들 중 회계법인보다 일반 기업에서 일하는 사람들의 숫자가 더 많을 정도다. 국내에서도 공인회계사 합격자 숫자가 점점 늘어나고 있으며 회계법인에서 회계사들의 이직 비율이 높은 만큼, 일반 기업들이 앞으로는 회계지식을 가진 전문가들을 고용하기가 점차 용이하게 될 것이다. 따라서 국내에서도 기업들이 재무·회계 시스템을 한 단계 업그레이드할 수 있을 것이다.

---

1 Li, Sun, and Ettredge. 'Financial Executive Qualifications, Financial Executive Turnover and Adverse SOX 404 Opinions', 〈Journal of Accounting and Economics〉, 2010년.

이익인가, 현금흐름인가?

▸▸▸ LG전자 ▸▸▸

많은 경영 관련 서적들이 이익과 현금흐름에 대해 서로 다른 주장을 하고 있다. 현금흐름을 중시하는 경영을 해야 하므로 현금흐름에 따라 경영 의사결정을 내려야 한다는 서적도 있는데, 그 반대로 이익이 더 중요하므로 이익에 따라 경영을 해야 한다는 주장도 있다. 어떤 주장이 더 옳을까? 경우에 따라서는 현금흐름에 따라 의사결정을 내려야 하며, 다른 경우에는 이익에 의존해야 한다. 두 개념의 차이에 대해 공부해보자.

2007년부터 2010년까지 LG전자의 최고경영자CEO를 맡았던 남용 부회장은 많은 혁신을 이루었다. 특히 최고 마케팅 책임자, 최고 구매 책임자 등 주요 임원을 외국인으로 영입한 그의 결정은 많은 사람들을 놀라게 했다. 남 부회장은 2007년 말부터 자신을 제외한 LG전자의 최고경영진C레벨 8명 중 무려 6명을 파란 눈의 외국인으로 채웠다. LS 및 GS그룹과 분리한 후 상대적 침체기를 겪었던 LG전자는 남 부회장이 CEO에 오른 후 화려하게 부활했다. 다른 기업들이 큰 어려움을 겪었던 2008년 후반기부터 2009년까지 제2의 전성기를 누렸다. 물론 그동안 모 컨설팅 회사의 조언에 따라 마케팅에 치중하는 정책을 쓰면서 기술개발을 소홀히 하는 문제가 생겼다. 그 결과 스마트폰의 발전을 따라가지 못해서, LG전자는 2010년 후반기부터 어려움을 겪고 있

LG의 스마트폰 LG전자는 기술개발보다는 디자인이나 마케팅의 시대가 왔다는 컨설팅 회사의 조언에 따라 연구개발비를 축소하는 바람에 단기적 경영실적이 상당히 향상되었다. 하지만 그 결과 스마트폰 전쟁에서 뒤처지게 되어, 그 뒤 이를 극복하기 위해 상당한 노력을 해야만 했다.

는 중이다. 그 결과 남용 부회장도 현직에서 물러났다.

필자는 2009년 Executive-MBA 과정 수업을 진행하던 중 LG그룹 소속 중견간부에게서 남용 부회장이 당시 한 발언의 의미를 해석해 달라는 질문을 받았다. 질문자는 "남용 부회장이 '당기순이익이 적자라도 현금흐름이 흑자라면 그 사업을 진행해야 한다'는 요지의 발언을 하는 걸 들었다. 이를 이익보다 현금흐름에 중점을 두고 사업의 진출이나 퇴출을 결정한다는 뜻으로 해석할 수 있나? 그리고 이 말은 과연 옳은 것인지 궁금하다"고 물었다.

필자는 다른 수강생들에게 이 질문을 어떻게 생각하느냐고 물었다. 그랬더니 "요즘과 같은 불황기에는 현금의 보유가 중요하므로 현금흐름을 보고 경영 의사결정을 내리는 게 맞다"라는 주장과 "아무리 현금흐름이 흑자라도 이익이 적자라면 장기적으로 그 기업을 유지할 수 없다. 이익에 중심을 두고 의사결정을 하는 게 타당하다"는 주장이 맞섰다. 서울대 Executive-MBA 과정에 다니는 학생들 중에는 기업에서 상당한 경력을 쌓은 중견간부들이 많다. 다양한 산업 분야에서 다양한 경력을 가진 분들이 모여 있어 교수에게서 배우는 것 못지않게 학생들 서로서로에게 배우는 것도 많다. 그래서인지 양측이 내세우는 주장도 팽팽하게 맞섰다.

결론적으로 남용 부회장의 발언, 즉 "현금흐름에 따라 사업의 퇴출을 결정한다"는 맞는 이야기다. 다만 남 부회장도 사업 퇴출이라고 밝혔듯 단기적인 퇴출 결정에만 해당되는 이야기다. 사업을 새로 시작하거나 회사를 장기적으로 운영할 때는 현금흐름보다 이익에 중심을 두고 의사결정을 해야 한다. 왜 이런 차이가 생기는지 구체적으로 살펴보자.

사례를 통한 이익과 현금흐름의 이해

어떤 기업이 신사업 진출을 고려하고 있다. 신사업에 진출하기 위해서는 새로 공장을 짓고 기계장비를 구입하는 등 상당한 자금을 투자해야 한다. 이때 공장건설과 기계구입에 투자하는 자금이 5천억 원, 공장과 기계의 수명은 10년이라고 가정해보자. 감가상각비 계산방법으로 가장 많이 쓰고 제일 간편한 정액법을 사용하면, 연간 고정원가인 감가상각비가 대략 500억 원 정도 발생한다. 공장운영을 위한 인건비, 광고비, 기타 판매관리비 등은 모두 변동원가이며 매출액의 20% 정도라고 가정하자.

생산 첫 해에는 이 공장에서 생산된 신제품이 아직 소비자들에게

널리 알려지지 않았기 때문에 상대적으로 수요가 적을 가능성이 크다. 그 결과 매출액이 500억 원 정도라고 가정해보자. 첫 해의 해당 제품의 당기순손실은 500억 원매출액에서 100억 원변동원가, 매출액의 20%과 500억 원고정원가, 감가상각비을 뺀 마이너스 100억 원이다. 문제를 간단히 하기 위해 세금효과를 계산에서 제외하면, 이 회사는 첫 해에 100억 원의 당기순손실을 기록하는 셈이다.

하지만 현금흐름만 보면 이 회사는 첫 해에 마이너스 4,600억 원투자금 5천억 원과 변동원가 100억 원을 합한 5,100억 원에서 매출액 500억 원을 뺀 금액을 기록한다. 즉 현금흐름과 당기순이익이 모두 적자다. 이런 경우는 사업 초기에 대부분 발생한다.

2차 회계연도부터 사업이 본궤도에 오르기 시작해 매출이 1,500억 원으로 증가했다고 해보자. 그렇다면 회사의 이익은 '1,500억 원매출액-300억 원변동원가-500억 원고정원가=700억 원'이다. 현금흐름으로 계산하면 '1,500억 원매출액-300억 원변동원가=1,200억 원'이다. 즉 현금흐름과 이익이 모두 양+이다. 이런 상황이라면 고민할 필요 없이 새 생산라인에서 제품을 계속 생산해야 한다.

2차부터 7차 회계연도까지 유사한 시장환경 속에서 이익과 현금흐름이 모두 양을 기록했다고 가정하자. 그런데 8차 회계연도에 시장환경이 급변해서 이 제품에 대한 수요가 줄었다고 가정해보자. 경쟁회사가 첨단기능의 신제품을 개발해서 시장점유율을 늘리자 해당 제품의 매출액이 다시 500억 원으로 감소했다. 이때 이 제품은 1차 회계연도와 마찬가지로 100억 원의 당기순손실을 기록한다. 하지만 현금흐름은 '500억 원매출액−100억 원변동원가=400억 원' 이다. 즉 남용 부회장이 언급한 것처럼 현금흐름은 양+이지만 당기순이익이 음-인 상황이다.

만약 이 적자가 사업 초창기에 나타났다고 생각해보자. 아직 제품의 수요가 많이 늘지 않았을 뿐이고, 향후 제품의 수요가 증가해서 매출이 늘어날 것으로 예측한다면, 현재 당기순이익이 적자라도 당연히 사업을 계속해야 한다. 그렇지만 앞으로도 계속 매출액이 늘지 않아 당기순이익은 적자지만 현금흐름만 흑자가 될 것이라고 예측한다면 어떻게 해야 할까?

정답은 생각보다 복잡하다. 첫째, 10년의 투자수명 중 8년이 경과했으므로 앞으로 남은 2년 동안의 기간만을 가정해보자. 이런 짧은 시간 동안에는 새로운 투자를 할 필요가 없다. 감가상각비가 많아서 적자를 기록하고 있지만, 공헌이익contribution margin, 매출액−변동원가은 흑자다. 공헌이익이 흑자라는 것은 생산을 계속하는 것이 기업에 유리하다는 뜻이다. '공헌이익' 이라는 이름도 발생한 공헌이익이 고정원가를 회수하는 데 공헌한다는 의미에서 붙여졌다.

감가상각비는 이미 투자가 끝난 공장설비 때문에 발생했으므로 이를 단기 의사결정에서 고려할 필요는 없다. 만약 생산을 전면 중단한다고 해도 감가상각비는 계속 발생한다. 즉 '이 사업을 청산하느냐 유지하느냐' 하는 결정과 관계없이 동일한 금액의 감가상각비가 계속 발생하므로, 감가상각비는 의사결정에서 고려할 대상이 아니다. 이처럼 현재 의사결정의 여부에 관계없이 변하지 않는 비용항목들을 매몰원가sunk cost라고 부른다. 매몰원가에 속하는 항목들은 의사결정시 고려할 필요가 없다.

감가상각비를 의사결정 고려 대상에서 제외하면, 연간 공헌이익은 400억 원이다. 이는 이 기업의 현금흐름 수치와 동일하다. 매출액에서 변동원가를 차감하고 남은 금액이므로 기업의 이익 창출에 공헌한다. 따라서 앞으로 2년간은 계속 현 상태를 유지해야 회사에 유리하다. 남용 부회장이 언급한 이야기가 바로 이런 사례에 해당한다.[1]

장기적인 의사결정의 사례

하지만 이런 단기적인 관점이 아니라 장기적인 관점에서 회사를 경영해나갈 때를 생각해보자. 단 한 번만 설비투자를 해서 그 설비의 수명이 끝나면 해당 산업에서 철수하는 것이 아니라, 수명이 끝나거나 수명 중간에 계속 신규투자를 단행해 해당 산업에 계속 머물러 있는 기업이라면 어떨까? 이때는 신규투자를 결정하기 이전에 투자수명주기 전체 기간 동안의 이익을 계산해야 한다.

만약 이익이 적자라면 애초에 이런 사업을 시작할 필요가 없다. 앞의 사례에서 이익이 적자라도 현금흐름이 흑자라면 사업을 계속해 나가도 좋다고 한 것은 이미 투자가 끝났기 때문에 더이상 투자를 할 필

---

[1] 만약 이익과 현금흐름이 앞으로 모두 음(-)이라고 예측된다면, 당연히 당장 공장의 가동을 멈춰야 한다. 공장을 돌릴수록 손해가 커지는 상황이다.

요가 없는 기업의 사례를 이야기한 것이다. 만일 신규투자를 해야 하는 기업이라면 반드시 이익이 흑자일 때만 새로운 투자를 해야 한다. 투자수명주기 전체를 보면, 매년 이익과 현금흐름의 수치는 다르지만, 전체 수명주기 동안의 금액을 모두 합치면 양자는 같다. 어느 쪽을 보고 결정을 내리건 간에 양자를 이용한 결정이 같다는 뜻이다. 즉 단기적으로 볼 때 투자의 수명주기 내에서 투자가 이미 끝난 상황이라면 현금흐름을 보고 가치평가를 해야 하고, 투자가 이루어지기 전 전체 수명주기를 생각하면 현금흐름과 이익의 차이가 없으므로 양자 중 어떤 지표를 사용해도 무방하다.

하지만 현금흐름에 대한 지나친 과신은 곤란하다. 특히 요즘과 같은 불경기에는 많은 사람들이 갑자기 '현금흐름 중시 경영'을 외친다. 컨설턴트뿐만 아니라 일부 학자들도 이와 유사한 이야기를 한다. 하지만 앞에서 설명한 것처럼, 현금흐름 중시 경영이 반드시 맞는 것은 아니다. 장기적으로 이익을 창출할 수 있는 기업이 제일 좋은 기업이다. 단기적으로만 보면 현금흐름 중심 경영을 할 수 있겠지만, 현금흐름 중심 경영만 하면서 항상 양+의 현금흐름만 가져다주는 투자안을 찾을 수는 없다. 투자안이 집행되려면 초기에 음-의 현금흐름이 반드시 발생하게 된다. 따라서 반드시 처음부터 양+의 현금흐름이 있는 투자만 하려고 한다면, 결국 그런 투자안이 별로 없으므로 신규투자를 거의 하지 못하게 된다. 즉 회사가 장기적인 발전 없이 현상유지만 하는 것이다.

결국 불황이 닥치면 신규투자를 줄이면서 현금흐름 중심으로 경영을 하는 것이 올바른 선택이다. 그렇지 않는 정상적인 경우라면 반드시 현금흐름 중심 경영을 하는 것은 맞는 이야기가 아니다. 신규투자가 거의 없이 양+의 현금흐름만 보이게 경영을 하는 경우는, 예를 들면 단기적으로 회사를 경영하다가 빨리 투자금을 배당 등을 통해 회수한 후 매각하려는 의사가 있는 경우에만 적합한 방법이다. 실제로 외국의 펀드들이 한국의 기업들을 인수한 후 이런 방식으로 경영한 사례들이 종종 있다. 이런 사례들이 있다고 해서 이런 방식이 일부에서 미화시키는 듯이 표현하는 '선진 경영기법'도 아니며, 회사의 장기적 성장과 발전에 도움이 되는 방법은 더더욱 아니다.

기업가치 평가모형에서의 활용

투자안 평가뿐만 아니라 기업가치 평가모형에서도 이익은 중요한 역할을 한다. 현재 업계에서 기업의 가치를 평가하는 방법으로 가장 널리 사용하는 평가방식은 배당할인모형DDM ; Dividend Discount Model이나 현금흐름할인모형DCFM ; Discounted Cash Fow Model이다. 그런데 과거 수십 년간의 실제 자료를 이용해 이 모형을 평가해보면 그 정확성이 매우 낮다. 즉 실제 투자성과나 기업가치 등을 평가할 때 DDM이나 DCFM을 통해서 나오는 수치는 신뢰하기 힘들다.

이에 반해 미래이익의 예측치를 활용해 가치를 계산하는 잔여지분모형RIM ; Residual Income Model이나 RIM을 약간씩 변형한 모형들은 정확성이 매우 높다. 연구결과를 보면 가치평가 수치의 정확성이 DDM이나 DCFM의 최대 2배에 가깝다.[2] 미래의 배당이나 현금흐름을 예측할 때도 마찬가지다. DDM이나 DCFM에서 주로 사용하는 현재의 배당금이나 현금흐름을 이용해 미래의 배당금이나 현금흐름을 예측하는 방식은 별로 정확하지 않다. 현재의 이익을 이용해 미래의 이익을 우선 예측하고, 이렇게 도출한 미래의 이익을 이용해 2차로 미래의 배당정책이나 투자 및 자금마련·상환 정책 등을 고려해서 미래의 배당금이나 현금흐름을 예측하는 방법이 훨씬 정확하다.[3] 미래의 이익을 예측하는 과정에서 미래의 예상 재무상태표나 손익계산서를 만들어야 하고, 그러기 위해서는 미래의 예상 투자계획도 세워야 하기 때문에 더 치밀하게 분석할 수 있다. 따라서 RIM을 사용해 평가한 기업의 가치를 이용해 주식투자를 하면 기존에 널리 알려진 다른 방법들을 이용해 투자를 하는 것보다 더 높은 수익률을 올릴 수 있다.[4]

---

[2] Penman and Sougiannis, 'A Comparison of Dividend, Cash Flow, and Earnings Approaches to Equity Valuation', 〈Contemporary Accounting Research〉, 1998년.
Francis, Olsson, and Oswald, 'Comparing Accuracy and Explainability of Dividend, Free Cash Flow and Abnormal Earnings Equity Valuation Models', 〈Journal of Accounting Research〉, 2000년.
RIM의 창시자는 브리티시 콜롬비아대학 펠섬(Feltham) 교수와 아리조나 주립대학 올슨(Ohlson) 교수다.
[3] 가장 정확한 방법은 이익을 현금흐름 부분과 기타 부분(발생액(accruals)이라고 부른다)으로 구분한 후, 그 각각의 부분을 이용해 미래를 예측하는 것이다. 참고할 수 있는 연구는 다음과 같다.
Dechow, Kothari, and Watts, 'The Relation between Earnings and Cash Flows', 〈Journal of Accounting and Economics〉, 1998년.
Barth, Cram, and Nelson, 'Accruals and the Prediction of Future Cash Flow', 〈The Accounting Review〉, 2001년.
[4] Lee and Myers, 'What is the Intrinsic Value of the Dow?', 〈The Journal of Finance〉, 1999년.

아주 장기간, 예를 들어 약 30년이나 50년치의 예측자료를 사용해 가치평가를 할 때는 양자의 차이가 별로 없다. 장기적으로 보면 현금흐름과 이익 사이에서 회계장부에 기록되는 시점timing의 차이가 있을 뿐, 발생한 현금흐름이나 이익을 모두 합한다면 양자가 같기 때문이다. 하지만 5년에서 10년 정도의 단기 수치만 이용해 가치평가를 한다면 이익을 사용한 모형인 RIM 또는 RIM을 약간씩 변형한 모형들의 정확성이 월등히 높다.[5]

재무제표를 열심히 살펴야 하는 이유

물론 이런 설명이 현금흐름을 무시해도 된다는 뜻은 아니다. M&A, 기업 상장, 신규 주식 및 채권 발행 등이 이루어질 때 많은 기업들이 이익을 높게 기록하는 방향으로 회계처리를 하기 때문이다. 1~2년 이익을 부풀린다면 결국 다른 연도에 가면 부풀린 만큼의 이익이 줄어들

---

[5] 이상의 모형들에 대한 더 자세한 내용과 RIM이나 RIM을 약간씩 변형한 모형들의 우수성에 대한 설명은 다음 세 편의 서적을 참고할 수 있다. 전문적인 내용을 다 설명하기 어렵기 때문에 본고에서는 RIM이 더 우수한 이유에 대한 설명은 대부분 생략했다. 사실 수학적으로 모든 미래에 대한 예측이 명확하다는 가정하에 모형을 풀이한다면 어떤 모형이나 똑같은 결론이 나온다. 하지만 실무적으로 분석을 해보면 RIM이나 RIM의 변형모형에서 더 우수한 결과가 나타난다.
Palepu, Healy, Bernard, and Peek, 〈Business Analysis and Valuation IFRS Edition〉. CENGAGE Learning Business Press, 2010년.
황이석, 『CFO 강의노트』, 서울경제경영, 2012년.
백복현·장궈화·최종학, 『재무제표분석과 기업가치평가』, 박영사, 2011년

기 때문에 전체 이익에는 변화가 없다. 하지만 주식이나 채권을 발행할 시점, 또는 M&A 시점에서 보면 이익이 많아야 실적이 우수한 회사로 보이므로 이럴 때는 현금흐름도 주의 깊게 살펴야 한다. 회계처리 방법을 바꿀 때 이익수치는 변화시킬 수 있어도 현금흐름까지 변화시킬 수는 없기 때문이다. 즉 영업현금흐름 수치와 이익수치를 함께 봐야 한다.

영업현금흐름 수치는 세금이 변할 때만 바뀐다. 재무보고 목적으로 사용되는 회계처리 방법뿐만 아니라 세무보고 목적으로 사용되는 회계처리 방법도 동시에 변화시킨다면, 이익이 많은 기업은 납부해야 할 소득세도 늘어난다. 따라서 회사 입장에서는 세무보고 목적으로 회계처리 방법을 변화시키면 오히려 손해를 본다. 따라서 단기 목적으로 이익을 많이 보고하려는 기업들은 대부분 재무보고 목적으로만 이익을 많이 기록하는 방법으로 회계처리 방법을 변경할 뿐 세무보고 목적으로 회계처리 방법을 변경하지는 않는다. 그 결과 세무보고 이익과 재무보고 이익의 차이가 과거보다 많이 발생한다. 즉 어떤 기업이 이익조정을 하는지 아닌지를 확인하려면 세무보고 이익과 재무보고 이익의 차이를 주목해야 한다.

세무보고 이익이 얼마인지 직접 재무제표에서 확인할 수는 없지만, 연차보고서의 주석사항을 보면 자세한 내용들이 공시되어 있다. 즉 이런 식으로 현금흐름과 기업의 이익을 비교해보며, 단지 재무제표에 보고된 이익이 아니라 현금흐름의 추세를 고려해 미래의 이익을 추정해야 한다.

세무보고 목적으로 회계처리 방법을 변화시키지 않으면서 현금흐름을 바꾸려면 기업의 실질 경영활동 내용이 변해야 한다. 예를 들어 설비투자나 광고선전비, 연구개발비 등을 대폭 삭감하는 방식이다.[6] 이때도 재무상태표, 손익계산서, 현금흐름표를 열심히 살펴보면 해당 기업의 상황을 알 수 있다. 재무제표의 의미를 열심히 공부하고, 각 항목의 변화를 보면서 그 의미를 이해할 수 있는 분석 능력을 쌓아야 하는 이유다.

그럼에도 불구하고 아직까지 많은 사람들이 기업가치나 투자안을 평가할 때 DDM이나 DCFM을 사용한다. 물론 단순한 투자안을 계산할 때는 이 방법을 계속 사용해도 별 문제가 없다. 하지만 최소 수백억 원에서 최대 수조 원이 움직이는 M&A 시장에서도 DDM 같은 단순한 방법이나 EBITDA처럼 더 문제가 많은 방법을 사용한다는 것은 이해하기가 힘들다. 물론 이런 방법들을 보완적으로 사용할 수는 있겠지만, 더 정확하게 가치평가를 하기 위해서는 RIM이나 RIM의 여러 변형모형들을 사용해야 할 것이다.

---

[6] Cohen, Dey, and Lys, 'Real and accrual-based earnings management in the pre- and post-Sarbanes-Oxley periods', 〈The Accounting Review〉, 2008년.
이 방법은 한국 경영자들이 이익을 늘리기 위해서 제일 많이 사용하는 방법이라고 한다. 하지만 이 방법의 효과는 단기적일 뿐이며, 과도한 비용절감은 장기적으로 오히려 기업의 발전에 부정적인 영향을 미친다. 예를 들어 연구개발비를 삭감한 LG전자의 조치가 어떤 결과를 가져왔는지는 본고의 앞부분에 언급한 바 있다. 한국 경영자들의 이익조정 방법의 사용에 대한 설문조사 결과는 다음 논문을 참조하기 바란다.
전성빈·권혜진·김명인·김성혜·이아영, '한국 기업의 재무정보 보고행태: 상장기업 CFO 서베이 결과를 바탕으로', 〈Working Paper〉, 2012년.

DDM이나 DCFM은 배당을 받아서 수익을 올리는 지주회사나, 투자금을 회수하고 해당 기업을 청산하거나 매각해 철수하는 경우에 적합한 방법이다. 이런 경우에는 기업이 벌어들이는 이익의 대부분이 즉시 현금으로 회사에 귀속되기 때문이다. 하지만 기업의 이익과 현금흐름이 일치하지 않는 경우, 즉 대부분의 M&A나 상당히 중요하고 장기간에 걸쳐 투자의사를 결정할 때에는 여러 한계점이 있는 방법이다. 더구나 EBITDA는 이론적인 근거도 없는, 더더욱 문제가 많은 방법이다. 물론 실증적으로 잘 맞지도 않는다.[7]

물론 기업이나 컨설팅 회사에서 근무하는 분들이 대학을 다녔던 10~20년 전에는 DDM, DCFM, EBITDA만을 배웠을 테니 일견 이해는 간다. 또한 아직도 상당수의 많은 책들이 이런 방법들만을 설명하고 있는 상황이다. 하지만 이미 이익 관련 모형의 우수성이 알려진 지 15년 이상이 지났는데도 불구하고 한국에서 이를 사용하는 사람들이 많이 없다는 사실은 매우 아쉽다. 미국에서는 2000년대 이후 이익 관련 모형들을 현업에서 활발히 쓰고 있다. 개개인이 이를 열심히 공부하지 않는다면 이런 시대의 흐름에 뒤쳐질 수밖에 없고, 이는 결국 성과의 차이로 나타난다는 점을 명심해야 한다.

---

[7] EBITDA의 문제점에 대해서는 본서의 'EBITDA 지표가 놓친 것들을 들여다보자' 편을 참조하기 바란다.

회계로 본 세상

앞에서 간단하게 설명한 이익조정의 증거를 쉽게 찾는 방법을 몇 가지 소개하고자 한다. 우선 기업의 외상매출금이나 재고자산이 비정상적으로 급증하지 않는지 살펴보는 것이다. 만약 기업이 이익을 늘리기 위해서 밀어내기식으로 판매를 해 외상매출을 늘린다면 외상매출금이 늘어나게 된다. 또한 필요 이상으로 제품을 생산해 재고자산이 늘어나도 이익이 늘어나게 된다.

왜 그런지 설명하기 좀 복잡하지만 간단히 설명한다면, 제품의 총 고정원가는 생산량이 늘어나도 거의 변하지 않기 때문에 생산량이 증가하면 생산된 단위당 고정원가는 줄어들게 된다. 따라서 결과적으로 생산 단위당 총원가가 감소하게 되어, 매출된 수량에 대한 매출원가가 감소하게 된다. 이 설명이 이해하기 힘들 정도로 어렵다면 안타깝게도 회계공부를 다시 하는 수밖에 없다. 잘 이해가 안 된다면 간단히 비정상적으로 재고자산이 늘어나는 기업은 이익조정을 한 것으로 의

심하면서 조사를 해봐야 한다는 정도로만 이해해도 된다. 물론 매출이 하락해서 재고자산이 늘어나는 경우도 많지만, 매출이 증가하는 경우에도 이익조정 목적으로 재고자산의 비중을 늘리는 경우가 종종 있기 때문이다. 서비스 업종은 전체 원가 중 고정원가의 비중이 상대적으로 높지 않으므로 이익조정 방법으로 외상매출금의 비중을 늘리는 쪽을 더 손쉽게 사용하는데, 고정원가의 비중이 높은 대규모 장치산업이나 제조업쪽은 재고자산을 이용하는 방법도 종종 사용한다. 또한 앞에서 설명한 것처럼 설비투자, 광고선전비, 연구개발비 등의 추세가 어떤지도 잘 살펴봐야 할 것이다.

또 한 가지 손쉬운 방법은 영업활동으로 인한 현금흐름의 추세를 보는 것이다. 영업활동으로 인한 현금흐름은 영업이익이나 당기순이익의 추세와 비슷한 방향으로 흘러갈 수밖에 없다. 만약 영업이익이나 당기순이익은 상당히 많이 증가했는데 영업활동으로 인한 현금흐름은 변함이 없거나 오히려 감소한다면 정상적인 경우가 아니다. 이때는 왜 이런 일이 발생했는지 이유를 살펴봐야 한다.

예를 들어 매출액을 일시적으로 늘리기 위해 외상매출을 늘린다면, 단기적으로는 이익이 증가하지만 현금흐름은 변함이 없거나 오히려 줄어들 수 있다. 늘어난 매출액만큼 더 현금을 사용해서 제품을 만들어야 하기 때문이다. 이렇게 늘어난 외상매출액은, 지금 당장은 아니지만 나중에 가면 그 중 일부가 회수가 되지 않아 대손처리될 가능성도 있다. 즉 오히려 미래 이익은 줄어들 가능성이 있는 것이다. 그러니 늘어난 외상매출에 대해 충분히 대손충당금을 쌓고 있는지도 살펴봐야 한다.

결과적으로 이런 여러 사항들을 모두 살피면서, 회계조정으로 가공된 이익이 아닌 진실된 이익이 얼마인지를 찾아내는 능력이 매우 중요하다. 그렇게 해서 찾아낸 진실된 이익을 사용해서 미래의 이익을 예측하고, 그 예측된 미래의 이익에 따라 현재 기업의 내재가치를 평가해야 하기 때문이다. 단순히 재무제표 중 손익계산서에 보고된 이익수치만을 사용하거나, 재무상태표에 보고된 자산이나 부채·자본의 수치를 그대로 사용한다면 상당히 오차가 발생할 수도 있다. 결론적으로 정확하게 가치를 평가할 수 있는 능력을 키우기 위해서는 다양한 회계처리 방법의 효과를 역산해서 분석해낼 수 있도록 노력해야 한다.

필자는 이 글에서 의도적으로 '이익조정'이라는 용어를 사용했다. 이익조정이란 불법으로 이익을 조작하는 회계부정 또는 이익조작의 경우와 구별된다. 합법적인 범위 안에서 회계기준이 허용하는 여러 회계처리 방법이 존재한다. 이 중에서 어떤 방식을 사용하는지는 기업의 선택에 달렸다. 또한 한 가지 방식을 사용하다가 다른 방식으로 바꾸는 것도 기업의 선택이다. 유형자산을 5천억 원 보유하고 있는 회사가 이 유형자산을 20년 동안 감가상각한다면 연간 감가상각비는 250억 원이 된다. 만약 이 회사가 감가상각 내용년수를 25년으로 바꾼다면 감가상각비는 연간 200억 원으로 줄어든다. 즉 세전이익이 50억 원 늘어나는 셈이다. 이런 내용을 알지 못하면서 단지 이익이 50억 원 증가했으니 회사의 수익성이 많이 개선되었다고 평가한다면, 제대로 된 평가가 될 수 없다.

안타까운 일이지만, 한국의 애널리스트 리포트를 읽다보면 이런 기본적인 내용도 잘 파악하지 못하는 애널리스트들이 상당히 많다는 것을 알 수 있다. 외국도 많이 다르지 않다. 필자가 홍콩에서 근무하고 있던 시절, 홍콩의 지하철회사(MTR이라고 한다)가 주식시장에 상장했다. 이 회사 자산의 거의 대부분은 철도와 역사로 구성되어 있다. 즉 감가상각의 대상이 되는 유형자산이 대부분인 것이다. 그런데 이 회사는 상장하기 직전 연도에 감가상각 내용년수를 무려 100년으로 늘렸다. 그러니 감가상각비가 과거의 몇 분의 일 수준으로 대폭 감소했다. 그래서 막대한 이익의 증가를 보고한 후 증시에 상장했다. 주식을 사겠다는 주문이 몰려들어서 주가가 신속하게 폭등했음은 물론이다. 여기에 불법적인 일은 일어나지 않았다. 감가상각 내용년수를 바꾸는 것은 기업의 자율적인 선택이고 합법적인 것이다. 결국 재무제표를 읽지 못하고 막무가내로 이익이 늘어난 것만 보고 투자를 한 투자자들 자신의 잘못이 아닐까.

EBITDA 지표가 놓친 것들을 들여다보자
▸▸▸▸ 현대건설과 대우건설 ◂◂◂◂

2011년 1월, 치열한 경쟁 끝에 현대상선·현대엘리베이터를 제치고 현대자동차가 현대건설을 인수했다. 현대건설의 인수는 2006년 벌어졌던 대우건설의 인수와 종종 비교된다. 그 내막을 살펴보면서 인수 경쟁이 벌어질 당시 논란의 대상이었던 적정인수가 계산의 근거인 EBITDA 지표에 대해 알아본다. EBITDA가 처음 개발된 배경이 무엇이며, 어떻게 해서 사용이 확산되었는지, 그리고 장단점이 무엇인지와 영업현금흐름과의 차이점에 대해서도 살펴본다.

2011년 1월 현대건설의 인수합병M&A이 우여곡절 끝에 마무리되었다. 당초 5조 5천억 원의 인수금액을 제시한 현대상선·현대엘리베이터에서 현대건설을 인수하는 듯 보였지만, 현대상선은 채권단이 요구한 자금 출처를 증명하지 못해서 우선협상자 지위를 박탈당했다. 그래서 5조 1천억 원의 가격을 제시한 현대자동차가 현대건설을 인수했다. 그 결과 2000년 채권단의 손으로 넘어갔던 현대건설은 무려 10년 만에 새 주인을 맞이했다.

이런 M&A가 일어나면 항상 언론 지상을 장식하는 이야깃거리가 있다. '과연 인수가격이 적당한가'라는 논란이다. 특히 현대건설의 M&A는 동종업계인 대우건설의 M&A와 종종 비교되며 언론에 더 자주 보도되었다.

2006년 금호아시아나그룹이 대우건설을 인수했을 때, 인수가격의 적정성을 측정하는 주요 지표인 EV/EBITDA 비율은 16배 정도라고 언론에 보도되었다. 쉽게 말해 금호아시아나그룹은 대우건설이 영업활동을 통해 벌어들이는 현금의 약 16배를 인수금액으로 지불했다는 뜻이다. 달리 이야기하면, 대우건설이 현재와 같은 EBITDA를 매년 지속적으로 유지한다면 금호아시아나그룹이 인수투자자금을 회수하는 데 16년이 걸린다는 뜻이다. 즉 EV/EBITDA 비율이 낮을수록 상대적으로 저평가된 기업이며 투자자금을 회수하는 기간이 짧다고 해석할 수 있다.

금호아시아나그룹이 대우건설을 인수할 때는 2008년 들어 부동산 거품이 터지기 직전인 2006년으로, EV/EBITDA 비율이 과한 것이 아니냐는 의견이 많았다. 현대건설도 마찬가지다. 금융위기의 후폭풍은 지나갔지만 아직 국내 건설경기는 별로 좋지 못하다. 특히 금호아시아나그룹이 무리하게 대우건설을 인수하려다 결국 소기의 목적을 달성하지 못하고 큰 타격을 입은 직후라서 현대건설도 인수가격이 고평가되었다는 이야기가 많았다. 현대건설의 인수가에 대한 EV/EBITDA 비율도 대우건설의 경우와 비슷한 16배 수준이라고 보도된 바 있다.[1]

---

1 필자가 직접 계산한 바에 따르면, 대우건설과 현대건설 인수가의 EV/EBITDA 비율은 16배보다 약간 적었다. 사람에 따라 EBITDA를 계산하는 방법이 약간 다를 수 있으므로 이런 차이가 생겼을 것이다.

EV와 EBITDA의 의미

이처럼 EV/EBITDA는 실무현장에서 특정 기업 및 주식의 가치를 평가할 때 가장 빈번하게 쓰는 지표다. EBITDA는 이자비용, 세금, 감가상각비, 무형자산 상각비 차감 전 이익Earnings Before Interest, Tax, Depreciation, and Amortization의 약자다. 이 용어는 종종 언론 기사, 각종 경영 및 회계·재무 관련 서적, 기업 실적 보고서, 애널리스트 보고서 등에 등장한다. 특히 시장에 홍수처럼 쏟아져나온 주식투자 관련 책들은 대부분 EBITDA를 소개하고 있다. EV/EBITDA가 저평가된 주식을 발굴할 수 있는 유용한 주식투자 지표라는 설명도 항상 뒤따른다. EV/EBITDA 비율을 분석한 결과, 특정 기업이 저평가된 주식이라며 매수를 강력히 추천한다는 내용도 종종 등장한다. 하지만 필자는 이 지표의 정확한 의미가 무엇인지에 대해 자세히 설명한 기사나 서적을 거의 보지 못했다.

그렇다면 EV는 무엇일까? EV는 기업가치Enterprise Value의 약자로 기업을 인수할 때 필요한 총자금을 의미한다. EV는 기업의 시가총액과 부채총액을 더한 금액에서 현금성 자산을 뺀 값시가총액+부채총액-현금성 자산이다. 이때 시가총액은 인수에 필요한 웃돈프레미엄까지 포함한 가격이다.

현대자동차가 현대건설의 지분을 인수한다면 웃돈을 더한 시가총액 전부를 지불해야 한다. 그런데 현대건설의 지분을 100% 인수하더라도 현대건설이 전부 현대자동차의 재산이 되는 것은 아니다. 현대건설이 가지고 있는 부채를 갚아야 하기 때문이다. 그러니 회사를

•• 대우건설과 현대건설의 인수 전 EV/EBITDA 비율 변화 추세

대우건설				
연도	EV(억)	영업현금흐름	EBITDA(억)	EV/EBITDA(배수)
2002	9,390	2,766	3,451	2.72
2003	20,864	4,507	3,615	5.77
2004	22,624	5,579	4,689	4.82
2005	45,295	2,340	4,676	9.69
2006	63,590	2,945	6,717	9.47

현대건설				
연도	EV(억)	영업현금흐름	EBITDA(억)	EV/EBITDA(배수)
2006	74,469	2,220	4,141	17.98
2007	108,352	2,050	3,844	28.19
2008	63,752	7,757	5,138	12.41
2009	76,885	8,559	4,857	15.83
2010	74,427	5,956	6,198	12.01

대우건설과 현대건설을 인수하기 직전 5년간 각종 지표의 변화추세를 알 수 있다. 특히 EV/EBITDA 지표의 경우 대우건설은 매년 급격히 상승하는 추세를 보인다. 인수 직전 년도를 보면 두 기업 사이에 EV나 EBITDA는 큰 차이가 없지만 영업현금흐름은 현대건설이 2배쯤 크다는 것을 알 수 있다.

100% 소유하기 위한 총금액은 인수가격과 부채총액의 합계액이다. 그런데 현대건설이 보유하고 있는 현금성 자산을 부채를 갚는 데 사용할 수 있다. 그래서 EV를 계산하는 과정에서 부채총액은 더하고 현금성 자산은 빼는 것이다. 이 과정을 통해 얻어진, 즉 회사를 100% 소유하기 위해 필요한 자금이 바로 EV이다.

EBITDA의 정의에 대한 혼란

언론 보도나 EBITDA를 소개하는 책들을 보면 EBITDA를 '기업이 영업활동을 통해 벌어들이는 현금창출 능력을 나타내는 지표'라고 정의한다. 앞서 언급했듯 대우건설의 EV/EBITDA가 16배라면, 대우건설이 영업활동을 통해 벌어들이는 현금의 약 16배가 인수를 위해 지불되었다는 뜻이다.

과연 이 해석은 얼마나 정확할까? 몇몇 책들은 손익계산서에 등장하는 이익정보 대신 EBITDA를 사용해 주식가격의 적정성을 평가하는 이유를 다음과 같이 설명한다. '현재 많은 기업이 채택하고 있는 발생주의_{특정 거래에 따른 자산·부채·자본의 변동을 현금의 수취 여부에 상관없이 해당 거래가 발생한 기간에 반영} 회계처리 방식에서는 기업의 경제적 실질손익을 반영하기 어렵다. 하지만 EBITDA는 경제적 실질이익을 나타내는 지표이기 때문에 훨씬 구체적이고 현실적이다'라고 주장한다.

그런데 주요 재무제표의 하나인 현금흐름표를 살펴보면 '영업활동으로 인한 현금흐름_{OCF ; Operating Cash Flow}'이라는 항목이 있다. 이 OCF의 정의도 EBITDA와 똑같다. 당연히 혼란이 생긴다. 어떻게 다른 개념인 EBITDA와 OCF의 정의가 똑같을까? 무언가 자연스럽지 못한 점이 있다는 뜻이다.

'회계이익이 발생주의라는 가정하에서 계산되기 때문에 기업의 경제적 실질이익을 잘 나타내기 어렵다'는 말은 적절하지 않다. 발생주의는 현금흐름에 포함된 시차 문제를 해결할 수 있기 때문에 기업의 미래 이익창출 능력을 예측할 때 더 효과적인 수치를 제공해준다. 예를 들어 유화업종 기업이 원유가가 더 오르기 전에 원유를 미리 구매해 재고로 저장해뒀다고 가정해보자. 상대적으로 싼값에 원재료인 원유를 구입했으므로, 이 원유를 이용해서 제품을 생산해 판매하면 미래의 이익이 상대적으로 증가할 것이다. 하지만 지금 당장은 더 많은 원유를 구매하느라 현금을 소모했으므로 영업현금흐름은 줄어든다. 즉 영업현금흐름은 이처럼 실제로 현금이 사용되는 기간과 최종적으로 제품이 판매되어 현금이 회사로 유입되는 기간이 일치하지 않는다는 문제점이 있다.

이에 반해 회계이익은 이렇게 시차가 불일치하는 문제점이 거의 없다. 발생주의에 따라 이익을 계산하면, 수익은 제품이 팔린 시기에 매출로 기록하고, 비용도 역시 제품이 팔린 시기에 매출원가로 기록한다. 처음 원유를 구입한 시기에는 비용을 기록하지 않고, 원재료라는 자산 항목으로 기록할 뿐이다. 즉 발생주의 회계이익은 수익과 그 수익을 창출하기 위해 희생된 비용을 같은 시기에 기록한다. 따라서 영업현금흐름만 보면 반영할 수 없는 현금의 수입과 지출의 시점 차이 문제를 해결할 수 있다. 물론 회계이익도 나름대로 다른 문제점이 있으므로, 영업현금흐름과 발생주의 회계이익이 서로 보완적으로 기업의 경제적 이익을 나타내주는 지표라고 하겠다. 회계학계에서 이 분야에 대해서는 이미 상당한 연구가 수행된 바 있다.[2]

EBITDA가 탄생한 이유

EBITDA가 과연 왜 생겼으며 무슨 의미를 지니고 있는지 알아보자. 1980년대 들어 미국 기업을 중심으로 부채를 이용한 기업 인수LBO가 각광을 받기 시작했다. M&A를 중개하거나 자신들이 직접 M&A에 뛰어들던 투자은행이나 사모펀드 등은 피인수회사를 선정할 때 EBITDA라는 개념을 개발해서 사용하기 시작했다.

LBO란 자기자본은 거의 없이 남의 돈을 빌려 특정 기업을 인수한 후, 피인수회사의 자금으로 빌린 돈을 갚는 방식을 말한다. LBO 방식으로 타 회사를 인수한 투자은행이나 펀드는 장기적인 목적에서 회사를 경영하려고 회사를 인수한 것이 아니다. 이들의 관심사는 몇 년 이내로 회사를 비싼 가격으로 되팔아 이익을 얻고 빠지는 데 있다. 남의 돈을 빌려 회사를 샀으므로, 빌린 자금을 최대한 빨리 갚는 것이 급선무다. 따라서 인수한 후 현금의 지출을 최대한 억제하고 남은 현금은 빚을 상환하는 데 사용한다. 빌린 자금을 상환하고 나면 배당 등의 형식으로 투자금을 회수하려고 한다. 그러니 새로운 설비에 투자하기 위해 투자금을 사용할 리가 거의 없다.

이런 상황에서 EBITDA는 이자를 지불하거나 대출금을 상환하고,

---

2 이 분야에 대한 대표적인 연구로는 다음 논문을 들 수 있다. 이보다 더 자세한 내용은 필자의 저서 『재무제표분석과 기업가치평가』의 제4장과 제8장을 참조하기 바란다.
Sloan, 'Do Stock Prices Fully Reflect Information in Accruals and Cash Flows about Future Earnings?', 〈The Accounting Review〉, 1996년.

배당을 지급하기 위해 사용할 수 있는 현금을 기업이 영업활동을 통해 얼마만큼 창출하고 있는지를 알려주는 지표로 쓰인다. 인수 기업이 설비투자를 거의 하지 않는다면, 피인수 기업이 영업활동을 통해 창출한 현금은 거의 모두 대출을 상환하는 데 쓸 수 있다. 이게 바로 EBITDA가 영업활동을 통해 창출된 현금을 계산하는 대용치 proxy가 된 이유다.

여기서 필자가 EBITDA를 영업활동을 통해 창출된 '현금'이 아니라 현금을 추정하는 데 사용되는 '대용치 proxy'라고 표현했음을 주목해주길 바란다. EBITDA는 영업활동을 통해 창출된 현금흐름이 아니기 때문이다. 왜 이런 차이가 생겼는지 알아보자.

EBITDA와 영업활동으로 인한 현금흐름의 차이

1990년대 초반까지는 현금흐름표라는 재무제표를 사용하지 않았다. 대신 재무상태변동표를 썼다. 재무상태변동표는 일정기간 동안 운전자본 유동자산·유동부채이 얼마나 증가하고 감소했는지를 보여준다. 그런데 1980년대 후반부터 회계 분야에서 진행된 여러 연구들은 '기업의 파산 위험을 파악하려면 운전자본의 변동보다 현금의 변화를 살펴보는 것이 더 효과적이다'라는 사실을 보여줬다. 학계의 이런 연구결과에 기반해 1990년대 초반 현금흐름표가 도입되면서 재무상태변동표는 역사 속으로 사라졌다.

현금흐름표는 기업의 현금의 변화를 '영업활동으로 인한 현금흐름', '투자활동으로 인한 현금흐름', '재무활동으로 인한 현금흐름', 이렇게 3가지로 구분해 보여준다. 현금흐름표에 등장하는 '영업활동으로 인한 현금흐름OCF'의 정의는 EBITDA의 정의와 놀랄 정도로 유사하다. 하지만 영업활동을 통해 창출된 현금흐름이라는 사전적 정의에 걸맞는 지표는 OCF다. EBITDA는 OCF의 대용치일 뿐이다.

그렇다면 OCF는 어떻게 계산할까? 공식은 다음과 같다.

OCF = ① 당기순이익 + ② 현금 유출이 없는 비용-감가상각비, 대손상각비 등
− ③ 현금 유입이 없는 수익지분법 이익 등 − ④ 영업자산의 증가재고자산, 매출 채권 등의 증가분 + ⑤ 영업부채의 증가매입 채무 등의 증가분

이때 '①+②−③'의 값이 EBITDA와 대단히 유사하다. 영업자산이나 영업부채 증가분이 매년 비슷하다면 OCF와 EBITDA는 상당히 비슷해진다. 그렇다면 처음 EBITDA를 개발할 때 ④와 ⑤를 제외한 이유는 무엇일까? 영업자산 및 부채에 속하는 항목이 많아 계산이 복잡하다는 이유에서였다. 즉 OCF 대신 EBITDA가 등장한 이유는 회계를 잘 모르는 일반인들도 손쉽게 재무제표로부터 수치를 찾아 간단하게 계산해 사용하도록 도와주기 위해서다.

이제 독자들은 필자가 무엇을 말하려는지 대충 예상할 수 있을 것이다. 결론적으로 '기업의 현금창출능력을 나타내는 지표'라는 사전적 정의에서 보면 OCF는 EBITDA보다 훨씬 우수하다. 이유는 ④나 ⑤

•• 인수 직전 대우건설의 영업현금흐름과 EBITDA의 차이

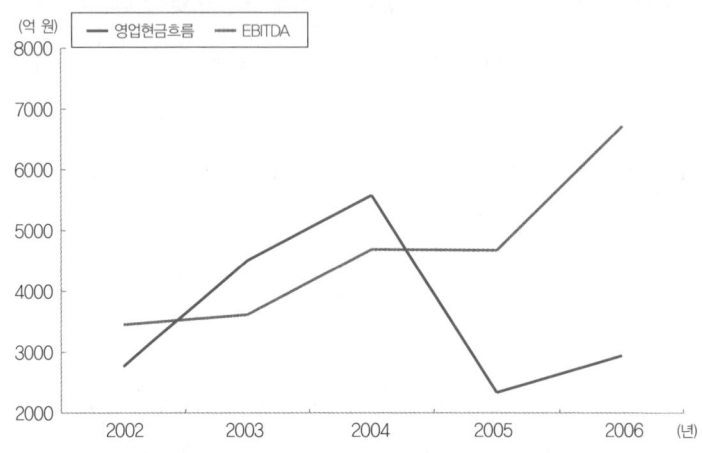

2005년과 2006년의 자료를 보면 영업현금흐름과 EBITDA 사이에 상당한 차이가 발생하고 있다는 것을 알 수 있다. 주로 본문에서 설명한 ④와 ⑤의 합계액에서 큰 차이가 발생하기 때문이지만, 다른 이유들도 이 차이에 영향을 미치고 있다.

의 영업자산이 증가하고 감소하는 정도가 상당히 클 수가 있기 때문이다. 특히 경기침체 때는 많은 기업의 영업활동이 둔화된다. 당연히 재고자산이 쌓이고 현금 회수가 늦어져 매출 채권이 증가할 때도 많다. 많은 현금이 재고나 채권에 묶여 있다는 뜻이다.

반대로 매입 채무가 이와 거의 비슷한 수준까지 증가하지 않는다면, ④나 ⑤의 합계액은 상당히 큰 수치가 된다. 즉 EBITDA에 비해 OCF가 훨씬 작을 수 있다. 때문에 이럴 때는 EV/EBITDA 대신 EV/OCF를 사용해야 훨씬 정확하게 계산할 수 있다.

앞의 공식을 알더라도 많은 일반인들은 현금흐름표가 없다면 다른 재무제표로부터 OCF를 도출하는 일을 무척 어려워한다. 하지만 재무제표에 대한 기본 지식만 있으면 EBITDA는 그리 어렵지 않게 계산할 수 있다. 투자은행이나 사모펀드에서 일하는 사람들은 대부분 회계 전문가가 아니다. 이들이 투자자금을 끌어모으는 투자자들 또한 회계 전문가가 아니다. 양측 모두 회계 전문가가 아니다보니 비전문가도 쉽게 이해하고 계산할 수 있는 새로운 개념이 필요했다. 그게 바로 EBITDA다. 1980년대에는 현금흐름표가 없었으므로, 현금흐름의 대용치로 EBITDA를 개발해 사용한 것이다.

EBITDA를 이용한 기업가치 평가의 문제점

회계학계가 이미 20년 전부터 재무상태변동표 대신 현금흐름표를 사용하고, 영업활동으로 인한 현금흐름이 현금흐름표에 별도로 보고되어 있는데도 불구하고, 아직도 실무에서는 여전히 EBITDA를 쓰고 있다. 그 이유는 관성의 법칙 때문이다. 영업활동으로 인한 현금흐름의 우수성을 학교에서 배우지 못한 많은 사람들이 과거에 배운 대로 EBITDA를 계속 사용하고 있다. 일부 교과서나 주식투자법을 소개하는 책들도 EBITDA의 정확한 의미를 알지 못하면서 똑같은 설명을 되풀이하고 있는 셈이다.

그렇다면 2011년 현재 EBITDA를 사용해 기업가치를 평가하는 것이 왜 문제인지 알아보자. 많게는 수조 원의 자금이 움직이는 M&A 거래에서 인수가격을 정확하게 계산하는 일은 매우 중요하다. 금호아시아나그룹의 대우건설 인수에서 볼 수 있듯 특정 그룹의 존망에 큰 영향을 끼친다고 해도 과언이 아니다. 하지만 이런 중요한 의사결정을 하는데, 아직도 OCF가 아니라 EBITDA에만 의존한다는 것은 큰 문제가 아닐 수 없다.

M&A 거래시 EV/EBITDA 비율만큼 자주 사용하는 지표가 인수가/EBITDA 비율이다. 인수가/EBITDA 비율을 흔히 EBITDA 배수라고 부른다. 주식투자시 특정 기업의 가치를 평가할 때는 주가/주당 EBITDA 비율을 흔히 쓴다. EBITDA를 쓰지 않는 곳을 찾아보기 힘들 정도다.

그렇다면 EBITDA를 사용함으로써 발생하는 문제점은 무엇일까? 첫째, 회사의 가치평가에 상당한 영향을 미치는 영업외수익 및 비용, 특별손익 등을 간과한다. EBITDA는 대부분 영업이익을 바탕으로 계산한다. 이자비용과 세금을 고려하기 전인 영업이익에 감가상각비와 무형자산상각비를 더해서 계산한 수치라는 뜻이다. 따라서 영업이익을 계산할 때 포함되지 않는 영업외수익과 영업외비용, 특별 손익 extraordinary gains and losses이 계산에 포함되지 않는 것이다.

EBITDA의 계산에 포함되지 않는 이런 항목들이 과연 해당 기업의 가치에 영향을 미치지 않을까? 절대 그렇지 않다. 물론 영업이익과 비교하면 기업가치에 미치는 영향력이 크지 않긴 하다. 그렇다고 해서 영업외손익이나 특별손익이 해당 기업의 가치에 영향을 미치지 않는 것은 아니다. 이런 항목들의 금액이 크고, 특히 수익보다 비용항목이 크다면 해당 기업의 가치에 큰 영향을 미칠 수 있으므로 주의해야 한다.

둘째, EBITDA는 OCF에 비해 장부를 조작하기가 비교적 용이하다. OCF는 기업이 실제 경영활동을 변화시키지 않는다면 숫자를 변화시키기 어렵다. 하지만 EBITDA는 장부의 회계처리 방법을 바꾸기만 해도 상당한 차이가 난다. 이런 점은 회계이익도 마찬가지다. 때문에 어떤 기업이 M&A나 신규 상장과 같은 중요한 이벤트를 앞두고 자사의 이익을 늘리는 방식으로 회계처리를 하면 EBITDA도 늘어날 수밖에 없다. 이런 문제점을 해결하려면 EBITDA만 보지 말고 해당 회사의 이익 및 현금흐름의 변화를 함께 분석해야 한다. EBITDA만 봐서는 이런 내용을 자세히 파악하기가 매우 힘들다.

셋째, 재고나 부채가 늘면 EBITDA 수치의 신뢰도가 떨어진다. OCF의 공식에서 보듯 ④나 ⑤가 커지면 EBITDA의 변동폭도 커진다. 특히 매출을 비정상적으로 늘리기 위해 밀어내기 판매 등을 단행하면 EBITDA가 대폭 상승한다. 과잉생산으로 재고자산이 쌓였을 때도 마찬가지다. 과잉생산으로 생산단가를 떨어뜨려 매출원가를 감소시켰으므로 영업이익이나 EBITDA는 증가하지만 해당 회사의 영업현금흐름은 오히려 감소한다.

넷째, EBITDA는 감가상각비를 고려하지 않는다. 투자은행이나 사모펀드가 LBO 방식의 M&A를 단행하면 피인수회사의 설비투자에 현금을 거의 사용하지 않는다. 이럴 때는 기업가치를 평가할 때 감가상각비를 고려할 필요가 별로 없다. 하지만 피인수회사를 중장기적으로 경영할 목적으로 인수했다면 이야기가 달라진다. 이때 감가상각비는 매우 중요한 고려 대상이다. 설비자산의 수명이 다하면 새로운 설비에 투자를 해야 하고, 이는 결국 감가상각비라는 비용으로 인식된다. 따라서 기업의 진정한 가치를 평가하려면 감가상각비도 함께 고려해야 한다.

다섯째, EBITDA 계산에는 이자비용과 세금지급액이 포함되지 않는다. 그런데 이 2가지가 기업가치를 계산하는 데 빠져도 되는 항목일까? 그렇지 않다. 부채가 많은 회사라면 당연히 부채상환과 이자비용이 해당 기업의 가치를 평가할 때 상당한 비중을 차지할 수밖에 없다. 세금도 마찬가지다. 특정 기업의 이익창출 능력은 당연히 세금을 낸 이후의 상태로 계산해야 정확성을 높일 수 있다.

EBITDA가 유행한 이유

EBITDA는 1990년대 중후반 IT 버블이 태동하며 본격적으로 유행하기 시작했다. 이 기간 동안 설립된 지 수년에 불과하고, 설립 이후 단 한 번도 흑자를 내본 적이 없는 많은 기업들이 주식시장에 상장되었다. 상장 직후부터 이들 기업의 주식가격은 엄청나게 상승했다. IT 버블이 꺼진 후에는 대부분의 주식들이 휴지조각으로 변해버렸지만 말이다.

이런 기업에 자금을 투자한 투자은행들은 투자자인 동시에 해당 기업의 상장을 중개하는 역할도 맡았다. 즉 투자은행은 개인 투자자들에게 새로 상장되는 적자투성이의 회사를 사도록 권유해야 했다. 이때 이들이 적극 사용한 지표가 바로 EBITDA다. 적자투성이의 회사라도 이익이나 현금흐름은 적자지만 EBITDA는 흑자일 때가 많기 때문이다. EBITDA가 적자라면 이런 회사는 망하기 직전의 회사다. 많은 투자은행들은 "미국 회계기준GAAP ; Generally Accepted Accounting Principles에 따라 계산한 회계이익은 기업의 가치나 현금창출 능력을 제대로 반영하지 못하는데, EBITDA는 이런 능력을 제대로 반영하는 수치"라는 엉터리 이야기를 하며 개인 투자자들을 끌어들였다. 이익이나 현금흐름은 계속 적자이거나 오히려 상황이 악화되고 있는데도 불구하고 EBITDA가 증가한다는 사실만 홍보하면서 말이다.

이 바람에 IT 버블 당시 EBITDA 외에도 수많은 신조어가 유행했다. EBIDA Earnings Before Interest, Depreciation, and Amortization, EBIDAX Earnings Before Interest, Depreciation, Amortization, and Exploration, EBITD Earnings Before Interest, Tax, and Depreciation, EBITDAL Earnings Before Interest, Tax, Depreciation, Amortization, and special Losses 등이 대표적이다. 온갖 새로운 지표들을 만들어내며 IT 관련 기업의 수익성이 무척 좋다는 식으로 포장한 셈이다.

결국 상장을 앞둔 기업들도 상장 몇 년 전부터 자사의 EBITDA를 늘리기 위해 적극적으로 포장에 나섰다. 매출을 늘리기 위해 판매가격을 비정상적으로 낮추면 대부분 이익이나 현금흐름은 감소하지만 EBITDA는 늘어난다. 그 결과 해당 기업의 진실된 가치는 오히려 악화되고 있음에도 불구하고 투자자들은 EBITDA만 보고 해당 기업에 투자하는 일이 늘어났다.

또한 기업들은 적극적으로 일회성 손실one-time extraordinary charge or write-off을 기록하기 시작했다. 자산의 장부 가치를 대폭 한꺼번에 삭감하는 일회성 손실은 특별 손실로 처리된다. 해당 기업의 당기순이익을 감소시키지만 영업이익을 기반으로 계산하는 당기 EBITDA에는 영향을 미치지 않는다. 이런 방식으로 자산의 장부 가치를 한 번에 줄이면 미래 기간 동안 감가상각비가 줄어 영업이익과 EBITDA가 모두 늘어난다. 하지만 일반 투자자가 EBITDA의 변화만 살펴보고 이런 교묘한 기법을 눈치채기란 어렵다. IT 버블 동안 얼마나 많은 투자자들이 이 때문에 피해를 봤는지 모른다.

워런 버핏의 EBITDA에 대한 견해

세계적 갑부인 워런 버핏은 IT 버블 기간 동안 주요 IT 기업에 거의 투자하지 않은 인물로 유명하다. 그는 그 이유와 관련해 EBITDA를 남용하는 월가에 준엄하게 수차례나 경고했다. 버핏은 "EBITDA에 대해서만 언급하는 경영자를 보면 나는 깜짝 놀란다"라고도 했으며, "감가상각비는 매우 중요하다. 감가상각비를 고려하지 않고 현금흐름과 EBITDA만 고려하는 경영자는 잘못된 의사결정을 내리는 셈이다"라고 거듭 말했다.

오마하의 현인으로 불리는 워런 버핏 세계최고의 투자자라고 불리는 워런 버핏은 EBITDA를 사용해 의사결정을 한다면 부정확한 의사결정을 내리는 것이라고 지적한 바 있다.

투자 활동에 쓴 현금은 시차를 두고 감가상각비로 바뀌어 비용에 반영된다. 버핏의 말은 결국 영업이익이나 당기순이익을 잘 살펴보고 그 기업이 진정으로 돈을 벌 능력이 있는지를 평가해야 한다는 뜻이다. 버핏의 오랜 친구이자 그의 투자회사인 버크셔 해서웨이의 부회장인 찰리 멍거Charlie Munger 또한 비슷한 이야기를 종종 했다.

 필자도 버핏의 견해에 적극 동의한다. 기업의 장기적인 가치는 결국 당기순이익이 결정한다. 순이익의 보조지표가 영업이익과 영업현금흐름일 뿐이다. 장기적으로 순이익을 창출하지 못하는 기업이라면, 이 기업이 아무리 높은 영업이익과 단기 영업현금흐름을 기록한다 해도 투자가치가 낮다. 회계학자들의 오랜 연구결과에서도, 기업가치를 가장 정확히 반영하는 지표는 순이익이라는 결론이 나왔다. 특히 장기투자를 할 때는 이익수치의 유용성이 더욱 커진다.

 물론 현금흐름도 무시하면 안 된다. 현금흐름은 기업의 유동성을 단기적으로 평가할 때 특히 유용하다. 흑자를 기록했음에도 불구하고 현금이 부족해 부채를 상환하지 못하고 파산하는 기업이 종종 있기 때문이다. 즉 장기적으로는 이익에 단기적으로는 현금흐름에 비중을 두고 살펴봐야 재무제표를 올바로 이해할 수 있다. 특히 M&A시 매각 차익의 극대화를 위해 단기이익을 부풀리려는 사례가 많으므로, 반드시 이익과 영업현금흐름의 추세를 같이 고려해야 한다. 이익을 부풀려도 영업현금흐름을 부풀리기는 쉽지 않기 때문이다. 물론 이때도 장기적으로는 영업현금흐름보다 이익을 사용해 해당 기업의 가치를 평가하는 것이 더 정확하다는 점을 잊어서는 안 되겠다.

적합한 기업가치 평가법은?

EBITDA가 지닌 여러 문제점에도 불구하고 여전히 EBITDA를 사용하는 사람들이 많다. 전통적으로 주식 담당 애널리스트들은 적정주가를 예측할 때 주로 주가이익비율P/E 비율을 사용했다. 우선 미래 이익을 예측한 후, '주가는 이익의 12배' 정도쯤으로 미래 주가를 예측하는 것이다. 그런데 P/E 비율은 이익이 상당히 낮거나 적자를 기록한 기업에는 사용하기가 어렵다. P/E 비율을 계산할 때 분모인 이익E이 음수일 때면 결과를 도출할 수 없고, 분모가 양수라도 너무 작으면 결과가 무의미하기 때문이다. 하지만 EBITDA는 음수가 될 때가 거의 없다. 이러니 다른 기업들과 비교하기가 용이하다는 이유에서 최근에는 주식 애널리스트들도 주가 분석에 EBITDA를 많이 사용한다. 심지어 은행에서 대출을 결정할 때나 신용평가회사에서 신용등급을 결정할 때도 EBITDA를 널리 쓸 정도다.

물론 EBITDA는 나름대로 의미 있는 수치다. 하지만 EBITDA가 측정하고자 하는 기업의 현금창출 능력은 현금흐름표에 보고되는 OCF가 훨씬 정확하게 나타낸다. 부채상환 능력을 평가해야만 하는 은행이나 신용평가회사는 더더욱 EBITDA보다 영업현금흐름이나 잉여현금흐름free cash flow에 초점을 맞춰야 한다.

거듭 말하지만 특정 기업의 가치를 정확하게 평가하려면 영업활동으로 인한 현금흐름뿐만 아니라 손익계산서에 보고되는 당기순이익, 영업이익 등도 함께 자세히 살펴봐야 한다. 지면 관계상 소개하지 못했지만 잉여현금흐름도 가치평가를 위해 중요하게 고려해야 할 수치다. 특정 지표 하나만 보고 해당 기업의 가치를 평가하거나 M&A의 적정성을 분석하는 일은 매우 위험하다. 이러니 손쉬운 왕도가 없는 셈이다.

회계로 본 세상

특히 M&A시에는 인수가격의 적정성뿐만 아니라 인수회사가 그만한 돈을 부담할 능력이 있는지도 충분히 고려해야 한다. 자금부담 능력은 인수가격보다 훨씬 중요하다. 설사 좀 비싸게 주고 샀다고 해도 인수기업의 자금사정이 넉넉하다면 투자금액을 회수하는 데 당초 예상보다 한두 해 더 걸리더라도 이를 참아낼 여력이 있기 때문이다. 하지만 반대의 상황에서는 큰 어려움에 처할 수 있다.

대우조선해양 인수에 뛰어들었다가 문제점을 깨달은 한화그룹은 비록 수천억 원대의 계약금을 잃었지만 마지막 순간에 포기했다. 만약 한화그룹이 무리를 해서라도 끝까지 대우조선해양을 인수하려고 했다면 그룹의 존망이 위태롭게 되었을 것이다. 이와는 달리 6조 4천억 원의 대우건설 인수대금 중 불과 4천억 원만 여유자금으로 납부했던 금호아시아나그룹은 M&A에 실패해 큰 타격을 입었다. 현대건설 인수를 위해 경쟁했던 두 기업을 비롯해 대규모 M&A를 고려하고 있는 많은 기업들이 반드시 되새겨야 할 교훈이다.

　이 기준으로 따져본다면, 현대자동차가 현대건설을 인수하게 된 것이 현대상선·현대엘리베이터 입장에서는 오히려 전화위복이라고 생각된다. 만약 현대상선이 막대한 인수자금의 대부분을 외부에서 조달해서 현대건설을 인수했다면, 필자의 판단으로는 현대상선 계열사의 잉여현금흐름을 다 합해도 인수자금으로 빌려와야 할 부채의 이자를 지급할 수 있을지도 확신이 서지 않는 수준이었다. 결국 계열사의 상당부분을 매각하지 않는다면 부채를 갚을 수가 없는 상황이었으며, 본서의 '과다한 배당금 지급, 그것이 함정이었다'에서 설명한 대우건설의 사례처럼 현대건설에서도 상당한 자금이 유출되었을 것이다. 그렇다면 세계경제의 불확실성이 가득한 현 상황에서 현대상선이나 기타 관련사들의 미래가 어떻게 될 것인지 예측할 수 없는 곤경에 직면할 수도 있을 것이다. 만약 무리를 해서라도 현대건설을 인수하려고 한 이유가 현대건설이 보유하고 있는 현대상선의 지분과 관련된 그룹의 경영권 때문이었다면, 협상을 통해 해당 지분을 구입하는 방식으로 타협해 지배권을 공고히 하는 것이 최적의 선택이라고 보인다.

　마지막으로 M&A를 위해서는 인수 후 합병회사가 어떤 시너지 효과를 창출할 수 있는지도 엄밀히 따져봐야 한다. 단순히 인수금액을 적거나 많게 지불했다고 해서 M&A가 성공하거나 실패하는 것은 아니다. 몇 년 전 롯데칠성이 '처음처럼'을 생산하는 두산주류를 인수했던 당시에도 인수가가 고가라는 이야기가 많았다. 금호아시아나그룹의 대우건설 인수 때보다 더 논란이 되었을 정도였다. 이 당시 필자는

『숫자로 경영하라』에 실린 '두산주류 인수가격의 적정성 논란과 EBITDA'라는 글을 언론에 기고해, 가격이 비싸지 않다고 한 바 있다. 인수 후 불과 몇 년이 흐른 지금, '처음처럼'은 시장점유율을 거의 2배 가까이 늘리면서 엄청난 성장을 거듭하고 있다. 강원도에 위치한 경월소주를 두산이 인수해서 시작한 '처음처럼'은 원래 수도권과 강원도 외에는 거의 판매망을 가지고 있지 못했다. 하지만 전국에 산재한 롯데칠성의 막강한 판매조직과 '처음처럼'이라는 히트상품이 잘 결합한 결과로 시너지 효과가 발생, 시장이 자연스럽게 전국으로 확대되면서 매출액이 급격히 늘어난 것이다. 이런 미래의 시너지 효과를 예측할 수 있는 혜안 없이, 단지 과거의 이익만 보면서 인수가가 얼마인지 판단하는 것은 단편적인 사고다.

남녀가 결혼할 때는 모두 아름다운 생활을 꿈꾸며 신혼을 시작한다. 하지만 실제로 함께 살아보면 시너지 효과가 생각했던 것만큼 없다는 것을 알게 되고, 갈등을 겪고 이혼하는 경우도 생긴다. M&A도 마찬가지다. 미국의 연구결과에 따르면, M&A 이후 긍정적인 시너지 효과가 발생하는 경우는 30% 미만이며, 거의 절반 가까운 기업이 오히려 성과가 하락한다고 한다. 따라서 M&A 이후 긍정적인 시너지 효과가 실제로 발생할 수 있을지 명확하지 않다면, 시너지 효과가 없을 것이라 예측하는 것이 정답일 것이다.

더군다나 작은 회사가 큰 회사를 인수한 후, 인수당한 큰 회사의 기술력이나 영업력 덕에 인수한 작은 회사가 시너지 효과를 얻는 경우는 상당히 드물다. 인수한 회사가 점령군 역할을 하는 까닭에 인수당한 회사로부터 배우려고 하지 않기 때문이다. 오히려 인수한 회사의 점령군이 인수 당한 회사로 다수 파견되므로 역효과가 일어날 가능성이 높다. 인수 당한 큰 회사에서 인수한 작은 회사를 무시하고 잘 협력하지 않아서 갈등이 일어나는 경우도 많다. 그 반대로 큰 회사가 작은 회사를 인수한 경우라면, 큰 회사에서 작은 회사로 파견된 인력이 큰 회사의 경험과 기술을 작은 회사에 전해주기 때문에 시너지 효과가 발생할 가능성이 높다. 작은 회사의 임직원도 기꺼이 큰 회사로부터 배우고 협력하려는 자세를 가진다.

이런 기준에 따른다면, 필자의 개인적인 생각이지만 대우건설이나 현대건설의 M&A는 모두 특별한 시너지 효과에 대한 고려 없이 해당 기업 자체의 가치만 보면서 판단하는 것이 옳다고 보인다. 금호산업과 대우건설을 비교해보면 대우건설이 압도적으로 크며, 현대엠코현대자동차그룹의 건설회사와 현대건설을 비교해봐도 압도적으로 현대건설이 크기 때문이다. 이렇게 복잡한 사항들이 많으니 M&A를 종합예술이라고 부르는 것이리라.

TIP EV/EBITDA 비율의 계산법

	A	B	비고
1	주가		KRX 홈페이지
2	주식수		KRX 홈페이지
3	시가총액	= (B1×B2)	
4	단기차입금		재무상태표
5	유동성장기부채		재무상태표
6	사채		재무상태표
7	장기차입금		재무상태표
8	부채 총계	= (B4+B5+B6+B7)	
9	현금및현금등가물		재무상태표
10	단기금융상품		재무상태표
11	단기투자자산		재무상태표
12	현금성자산	= (B9+B10+B11)	
13	EV	= (B3+B8−B12)	
14			
15	영업이익		손익계산서
16	감가상각비		현금흐름표
17	무형자산상각비		현금흐름표
18	EBITDA	=(B15+B16+B17)	
19			
20	EV/EBITDA	= B13/B18	

EV/EBITDA를 계산하기 위해서는 다양한 재무제표 수치 및 주가 관련 정보를 수집해야 한다. 따라서 엑셀(Excel) 시트를 이용해서 EV/EBITDA를 계산하는 것이 편리하다. 앞의 표는 엑셀에서 어떤 연산을 해야 하는지 정리한 것이다.

EV는 기업의 주식을 전부 인수하고 부채를 모두 갚기 위해 필요한 금액을 의미한다. 즉 EV는 시가총액과 부채 총계의 합에서 현금성 자산을 빼서 구할 수 있다. 현금성 자산을 빼주는 이유는 부채를 갚는 데 사용할 수 있는 자원이기 때문이다. 시가총액은 한국거래소(KRX)에서 공시하는 일자별 주가 및 유통주식수 자료를 참고해서 구할 수 있다. 부채 총계는 단기차입금, 유동성장기부채, 사채, 장기차입금 등 부채 항목을 모두 더한 값이다. 이때 부채 항목은 현재가치할인차금, 할인발행차금 등을 제한 순액을 사용한다. 현금성 자산은 현금 및 현금등가물, 단기금융상품, 단기투자자산 등을 더한 값이다. 단기금융상품 및 단기투자자산은 주석 내용을 참고해서 현금화가 용이하지 않다고 판단되면 현금성 자산으로 포함하지 않기도 한다.

EBITDA는 일반적으로 영업이익에 감가상각비와 무형자산상각비를 더해서 구한다. 이때 영업이익은 손익계산서에서 구하지만 감가상각비와 무형자산상각비는 현금흐름표 수치를 사용한다. 손익계산서에도 감가상각비와 무형자산상각비 항목이 있으나, 그 일부가 매출원가 등에 포함되어 있어 현금흐름표 수치가 정확하기 때문이다. EV를 EBITDA로 나누어주면 EV/EBITDA 비율을 구할 수 있다.

그렇지만 다른 책들에서 설명하는 EBITDA를 계산하는 방법과 필자가 설명한 것이 똑같지는 않으므로 주의해야 한다. 본고에서 설명한 현대건설이나 대우건설의 인수대금의 EV/EBITDA 비율이 16배라는 수치는 언론에서 보도한 것으로, 필자가 위에 설명한 방법으로 계산한 수치와는 조금씩 다르다.

총 3편으로 구성되어 있는 Part 2에서는 2008년 세계금융위기와 관련된 여러 사건들을 통해 전문적인 회계지식을 가지고 있는 것이 중요한 이유를 보여준다. 엔론 사건과 세계금융위기가 발발한 원인의 유사점, 시가평가제를 둘러싼 치열한 논란, 금융위기로 초래된 자본주의 체제의 위기에 대해 살펴본다. 또한 자본주의 체제의 유지와 발전을 위해 우리가 어떤 자세를 가져야 할지 생각해본다.

Part 2

숫자경영으로
금융위기를 극복한다
_ 2008년 세계금융위기와 회계의 중요성

엔론 몰락과 세계금융위기 발발 원인의 유사점
▸▸▸▸ SK E&S, 엔론 ▸▸▸▸

미국 서부에 위치한 군소 기업이었던 엔론은 비약적인 성장을 거듭해 불과 10년 만에 미국 기업 서열 5위로 수직 상승한다. 이런 엔론의 비약적인 성장전략에 대해 하버드비즈니스스쿨 교수들뿐만 아니라 각종 저술가들이 극찬을 아끼지 않았다. 하지만 이런 성장은 모래알 위에 이루어졌던 것일 뿐, 2001년 회계분식 사건이 폭로되자마자 엔론은 파산하고 만다. 엔론의 급속한 성장과 파산을 불러온 성과평가제도와 보상제도의 문제점이 무엇인지, 그리고 이런 문제가 재발하는 것을 막기 위해 취한 조치들은 무엇인지 살펴본다.

 2009년 중반 호주 맥쿼리 금융그룹이 한국에서 운영하고 있는 맥쿼리 펀드가 보유한 SK E&S의 주식 49% 중 절반을 SK E&S가 인수 후 소각하며, 나머지 절반은 SK C&C가 인수한다는 뉴스가 보도되었다. 이는 SK E&S가 SK그룹의 지주회사인 SK(주)와 SK C&C의 100% 자회사로 바뀐다는 뜻이다. SK그룹 지배구조의 틀이 확립되는 셈이다. 이 지분 인수로 SK그룹의 지주회사 전환 속도가 더욱 빨라질 전망이며, 경영 투명성 또한 향상될 거라는 기대가 높았다.
 일반인에게는 잘 알려져 있지 않지만 SK E&S는 대한도시가스, 부산도시가스, 충남도시가스 등 국내 8개의 도시가스 회사와 LNG 복합 발전소를 운영하는 종합 에너지 기업이다. 에너지 기업의 특성상 SK E&S는 경기변동에 별로 민감하지 않고 안정적인 이익을 창출하는 특

징이 있다. 2008년 발생한 세계금융위기로 많은 기업들이 2009년 시점에서 재무적 어려움에 빠져 있었지만 SK E&S는 독보적인 재무 안정성을 자랑했다. 당시 자산규모 9천억 원에 금융부채는 300억 원, 부채 비율은 불과 14%에 그쳤기 때문이다. 2008년 영업이익과 당기순이익이 각각 500억 원을 기록할 정도로 수익성도 높았다.

이런 우량기업이 2009년 5월 무려 3천억 원의 회사채를 발행한다고 선언했다. 그 이유가 바로 맥쿼리 펀드에 지불할 인수대금을 마련하기 위한 것이었다. 금융부채가 300억 원, 총부채가 1,300억 원에 불과한 회사에서 3천억 원의 회사채를 발행하는 것이니 부채가 몇 배로 대폭 증가하는 셈이다. 하지만 원래 부채비율이 14%에 불과한 만큼, 이 정도의 부채발행은 회사의 경영에 별다른 영향을 주지 않을 것이다. 영업활동에서 창출하는 현금이나 이익의 금액이 크고 안정적이므로, 부채는 앞으로 수년 이내에 충분히 상환할 수 있을 것으로 보인다.

이 SK E&S의 과거 이름이 바로 SK 엔론Enron이었다. 2001년 엄청난 규모의 회계부정이 적발된 후 파산했던 미국 엔론과 SK그룹이 1999년에 만든 합작회사가 바로 SK 엔론이다. 엔론이 파산한 후 SK의 합작 파트너는 엔론의 후신인 프리즈마 에너지로 바뀌었다. 2006년에는 맥쿼리 펀드가 프리즈마의 지분을 약 3,500억 원에 사들인 후 회사 명에서 엔론을 없앴다. 대신 종합 에너지 및 서비스 기업으로 발전한다는 의미에서 회사명을 에너지Energy와 서비스Service를 합한 SK E&S로 바꿨다. 그후 오늘날에 이르기까지 SK E&S는 비약적인 발전을 이루고 있다. SK그룹의 독자경영이 오히려 더 큰 효과를 발휘하고 있는 것이다.

미국 최고의 기업으로 각광받던 엔론

대부분의 사람들은 2001년 말에 벌어졌던 엔론Enron 사건에 대해 들어본 적이 있을 것이다. 하지만 사람들은 엔론이 분식회계의 결과로 파산했다는 것만 기억할 뿐, 왜 엔론이 분식회계를 했는지에 대해서는 알지 못한다. 엔론 사건을 자세히 살펴보면 우리가 배워야 할 많은 교훈이 등장한다. 특히 기업의 성장전략, 성과평가와 보상제도, 위험관리 등에 대한 내용에서 말이다. 분식회계란 주제는 부차적인 이슈일 뿐이다. 그렇다면 이런 내용들에 대해 구체적으로 살펴보자.

미국 동부에서 조그마한 가스 파이프 라인을 소유하고, 이 라인을 통해 가스를 운송하던 회사인 엔론은 맥킨지 컨설팅의 경영전략 담당 컨설턴트 제프 스킬링Jeff Skilling을 영입한 후 급속도로 성장했다. 파산 직전까지 최고경영자CEO를 지냈던 스킬링은 거의 대부분의 미국인이 알지 못했던 조그마한 가스 운송회사인 엔론을 불과 10여 년 만에 미국 재계 서열 5위의 기업으로 수직 성장시켰다.

이 빠른 성장 때문에 엔론은 여러 경영 서적이나 강의에 빈번히 등장하는 초우량 기업으로 알려졌다. 부시 대통령을 비롯한 공화당과 민주당의 많은 정치인들, 심지어 환경보호 단체들조차 엔론에게서 엄청난 기부금을 받았다. 미국에서 가장 존경받는 기업 10위 안에 뽑혔고, 사회적 공헌을 많이 하는 가장 양심적인 기업 10위 안에 포함된 적도 있다. 최고 MBA 졸업생들이 가장 취업하고 싶은 직장으로도 다수 선정되었다.

엔론의 케네스 레이 전 회장, 제프 스킬링 전 CEO(좌)와 휴스턴의 엔론 본사 빌딩(우)
미국 재계 서열 5위의 거대 기업 엔론은 막대한 회계부정 사건이 내부 제보를 통해 드러난 후 파산했다. 엔론을 감사했던 세계최대의 회계법인이었던 아서 앤더슨도 그 결과 해체되었다.

경영 분야의 베스트셀러 작가인 게리 하멜Gary Hamel은 "마이크로소프트가 컴퓨터 운영체제인 도스DOS를 창조했듯이 엔론은 MOSMarket Operating System, 마켓운영체제를 창조하고 있다"고 극찬했으며, 스킬링이 졸업한 하버드대학 MBA의 교수들은 무려 5편의 엔론 관련 사례를 순차적으로 만들면서 엔론의 성장전략을 학생들에게 가르쳤다. 이렇게 극찬받던 회사가 분식회계 사건이 일어나자마자 순식간에 모래성처럼 무너져내렸다. 지금와서 생각해보면 아이러니하기까지 하다. 그렇다면 어떻게 해서 엔론이 이렇게 초우량 기업으로 불릴 만큼 성장을 할 수 있었는지 비법을 알아보자.

제프 스킬링은 엔론의 발전방향에 대한 컨설팅 업무를 하다가 당시 엔론의 CEO였던 케네스 레이Kenneth Ray의 눈에 띄게 된다. 스킬링의 논리정연한 발전전략 제안에 탄복한 레이는 스킬링을 설득해 엔론의 고위 경영진으로 영입한다. 이때가 1987년이다. 스킬링은 크게 2가지 방법을 이용해서 엔론의 성장을 지휘하게 된다. 첫째는 엔론의 업종을 가스 운송업에서 에너지 거래업으로 바꾸는 사업구조 개편이었으며, 둘째는 새로운 M&A나 합작사업 등을 계속적으로 벌이는 외부적 성장이었다. 그 덕분에 레이와 스킬링은 한때 미국 최고의 경영자로 GE의 CEO였던 잭 웰치 못지않은 칭송을 받았다.[1]

가스 운송업에서 에너지 거래업으로의 업종전환

우선 에너지 거래업 분야에 대해 알아보자. 스킬링은 엔론에 입사한 직후, 자신이 주도해서 설립한 천연가스 거래 사업에 시가평가 회계를 적용해 보상해달라고 주장해 이를 관철시켰다. 시가평가 회계란 당시 금융업종에만 국한되어 사용하던 방식으로, 금융자산의 가격을

---

[1] 엔론에 대한 요약 정리는 박종찬('Enron의 재무회계와 기업지배구조에 관한 사례연구', 〈회계저널〉, 2009년), Benston('Fair-value accounting: A cautionary tale from Enron', 〈Journal of Accounting and Public Policy〉, 2006년), Healy and Palepu('Fall of Enron', 〈Journal of Economic Perspective〉, 2003년), Benston and Hartgraves('Enron: What happened and what we can learn from it', 〈Journal of Accounting and Public Policy〉, 2002년) 등의 연구를 참조하기 바란다. 엔론의 창업부터 파산까지 벌어진 일들에 대한 자세한 내막은 'The Smartest Guys in the Room'(McLean and Elkind, 〈Fortune〉)에 잘 설명되어 있다. 본고의 내용은 이런 논문·저서들의 내용과 기타 필자가 다른 자료에서 자세히 공부한 내용들을 모두 종합한 것이다. 엔론 사건 중 회계법인 아서 앤더슨(Arthur Andersen)의 역할에 대한 설명은 위의 자료들 외에도 Knapp의 저서(〈Auditing Cases〉, Thompson South-Western)에 잘 설명되어 있다.

역사적 원가가 아닌 시가로 평가해 회계장부에 적는 방법이다. 스킬링은 새로운 천연가스 공급계약을 시작하는 시점에서 그 계약으로 미래에 얻게 되는 총이익을 평가해서 그 총이익의 일정부분9%을 보상으로 달라고 요구한 것이다.

예를 들어 설명하면 자동차 회사가 자동차를 만들어 판다고 해보자. 자동차를 기획할 단계에서 앞으로 그 자동차를 생산해 판매하면서 벌 수 있는 이익을 모두 예측해, 해당 자동차의 기획자에게 자동차를 실제로 생산하기 이전에 보상을 달라고 요구한 것이다. 스킬링은 천연가스 거래를 성공시킨 거래 개발자가 회사에 창출하는 이익의 일정부분을 보상받아야 더 열심히 일할 자극이 생긴다며, 이런 방식으로 보상을 해줄 것을 주장한 것이다. 스킬링의 전략구상에 감탄한 레이는 스킬링을 잡기 위해 이러한 주장을 받아들인다.

이런 주장은 언뜻 생각하면 옳아 보인다. 어떤 개인이나 팀이 회사에 큰 공헌을 해 회사가 상당한 이익을 벌어들이게 되었다면, 그 이익의 일정 부분을 보상해주는 것은 당연하기 때문이다. 그런데 문제는 미래 천연가스의 가격을 정확하게 예측하기가 매우 어렵다는 점에 있었다. 대부분의 천연가스 계약은 계약기간이 5년 또는 10년인 장기계약이다. 장기계약으로 해결되지 않는 소규모의 물량만이 매일매일 현물시장에서 거래가 이루어졌다. 석유가격을 살펴보면, 최근 수년간 100달러 이상까지 유가가 상승한 적도 있지만, 20달러까지 폭락한 적도 있다. 천연가스도 석유와 마찬가지다. 이런데 5년이나 10년 이후의 천연가스 가격을 정확하게 예측해 미래이익을 계산한다는 것은 거의 불가능한 일이다. 즉 새로 체결된 10년짜리 천연가스 장기계약이 회사에 얼마나 이익을 가져다줄 것인지는 신이 아닌 한 아무도 알 수 없는 것이다.

이런 상황에서 이익을 예측하는 것은 터무니없을 가능성이 높다. 그런데 이런 터무니없는 예측에 기초해서 보너스를 지급하면 어떤 일이 벌어질까? 나중에 밝혀진 일이지만, 스킬링이나 스킬링이 이끌던 천연가스 트레이더들은 예측을 부풀려 예측된 이익의 9%라는 막대한 보너스를 받아 챙겼다. 앞으로 5년 또는 10년간 회사가 벌어들일 이익의 9%를 지금 현재 시점에 보너스로 지급한다면 엄청난 금액이 된다. 따라서 엔론의 신규사업인 천연가스 트레이더들은 물불을 가리지 않고 에너지 트레이딩 사업에 뛰어들었다. 큰 계약을 한 건 성공시키면 수억 원에서 수십억 원의 보너스를 받을 수 있으니 열심히 일하는 것이 당연하다.[2]

장부상으로 계속 엄청난 이익이 기록되자, 엔론은 천연가스 트레이딩에서 시작해 거래 영역을 전기, 석탄, 석유 등의 에너지 관련 분야로 확대했다. 나중에 가서는 철강, 펄프, 제지, 목재, 화물, 금속, 날씨 등에 대한 파생상품 등 에너지와 관련 없는 부분까지 거래대상이 확

---

[2] 이런 일은 먼 나라 미국에서만 벌어지는 것이 아니다. 필자가 『숫자로 경영하라』에서 소개한 국내 몇몇 보험회사에서 사용하고 있는 보험 모집인에 대한 '선수당지급' 제도가 유사한 경우다. 보험 모집인이 보험계약을 맺을 경우, 총 보험 계약기간 동안 보험 가입자가 납입할 계약금액의 일정 퍼센티지를 보험 계약을 체결한 시점에 선수당으로 보험 모집인에게 지급하는 제도가 선수당 제도다. 이 제도도 엔론의 경우와 유사한 문제점을 발생시켰다.

대되었다. 그런 과정에서 엔론은 금융상품을 제외한 다른 전 분야에서 세계 최고의 트레이딩 회사로 성장할 수 있었다.

M&A와 신사업 진출을 통한 급속한 성장

이제 스킬링이 선택한 둘째 성장방법에 대해 알아보자. 스킬링은 끊임없는 인수합병M&A을 통해 엔론을 성장시켰다. 엔론이 에너지나 기타 다른 파생상품거래 사업만 확장한 것은 아니다. 엔론은 발전소 운영 사업 등의 에너지 관련 주변 사업들에 직접 뛰어들었다. 레이는 이 사업을 레베카 마크Rebeca Mark라는 역시 하버드 MBA 출신인 미모의 여성 임원에게 맡겼다. 엔론 인터내셔널이 담당한 이 사업의 보상구조도 에너지 트레이딩 부분과 동일하게 짜였다. 즉 새로운 거래가 성사되어 계약서를 작성했을 때, 앞으로 그 거래가 실행되어 벌어들일 것으로 예측되는 이익의 9%를 거래를 성사시킨 팀에 보상하도록 한 것이다. 또한 팀원들의 상당수는 스킬링이 일했던 맥킨지 컨설팅 출신의 컨설턴트들로 채워졌다.

그러자 역시 이 업무를 담당한 팀은 전 세계 각국을 돌아다니며 신사업을 엄청나게 확대하기 시작했다. 바로 이때 엔론이 SK와의 합작을 통해 한국에도 진출한 것이다. 다른 경쟁 기업들이 위험문제 때문에 투자를 하지 않던 정국이 불안한 남미나 아시아, 아프리카의 국가들에도 엄청난 투자를 시작했다. 레베카 마크가 주도한 인도의 다볼 지역의 발전소 건설에는 무려 10억 달러가 투자되었다. 게다가 계약이 체결되는 시점에서 이 사업을 성공시킨 팀은 무려 2천만 달러의 보너스를 챙겼다. 역시 엄청난 돈을 보상으로 주니 신사업 팀의 부서원들은 밤낮을 가리지 않고 신사업을 벌이기 위해 일을 했다. 그 결과 수많은 신사업이 시작되었으며, 엔론의 자산규모는 급속히 성장할 수 있었다. 나중에는 기존 사업분야와는 별로 관계가 없는 물water 정수업이나 광대역 통신망 등의 사업에까지 뛰어들었다.

하지만 당시에 극찬을 받고 하버드대학 사례로까지 등장했던 이런 빈번한 M&A나 합작사 설립 등의 성장방법이 과연 올바른 것이었을까? 물론 기업이 빠르게 성장하기 위해서는 내부적인 성장도 좋겠지만, 가끔은 좀더 다른 시야에서 M&A를 통한 외부적 성장을 고려해볼 필요가 있다. 그렇지만 엔론은 일년에도 몇 번씩 M&A를 통해 새로운 회사가 추가되거나 신사업이 시작되었으므로 문제가 불거지게 되었다. 새 조직과 기존 조직이 바뀐 환경에 적응할 시간이 부족했기 때문이다. 조직이 급격히 확대되자 내부통제가 제대로 되지 않는 상황이 된 것이다. 너무 빈번하게 인원이 교체되고 직원의 숫자가 계속해서 늘어나다보니 직원들끼리도 서로 누가 누구인지 모를 정도로 조직이 급속하게 비대해진 것이다.

이런 상황에서는 인수 후 통합PMI ; Post-Merger Integration 작업이 제대로 이루어질 수 없다. 한 개의 회사를 인수한 후, PMI를 생각해볼 겨를도 없이 다른 회사가 또 인수되었으니 말이다. 고위 경영진 스스로가 성장 자체에만 관심을 기울였을 뿐 PMI에는 아무 관심이 없었는데, 별로 멋있게 보이지도 않고 귀찮은 PMI 작업을 앞장서서 책임지고 수행할 중간 관리자가 있을 리가 없다. PMI 작업은 맛있는 요리를 먹은 후 설거지를 하는 것과 비슷하다. 모두들 맛있는 요리를 나누어 먹을 생각만 하지, 그후에 반드시 해야 하는 설거지는 신경쓰지 않고 내팽겨쳐버린 셈이다.

엄청난 혼란과 투자의 실패

심지어는 대금청구 부서의 담당자가 퇴사한 직후 M&A가 일어나자 수개월 동안 대금청구가 이루어지지 않았는데도 회사 내에서 아무도 그 사실을 눈치채지 못한 웃지 못할 일도 일어났다. 그 반대로 서로 일이 중복되어 똑같은 대금을 서로 다른 부서에서 각각 별도로 청구해 청구서가 두 번 발행되는 일도 일어났다. 여러 컴퓨터 시스템들이 통합되지 않아 같은 회사 내에서 서로 다른 시스템이 돌아가고 있었으므로, 부서 간 업무교류나 협력도 쉽게 이루어지지 않았다. 이처럼 엔론은 내부에서 엄청난 혼란과 비효율을 겪으면서 스스로 무너지고 있었던 것이다.

시가평가제도가 엔론 내부에서만 성과평가 및 보상 목적으로 사용되는 데 그치지 않았다는 점에서 문제가 커진다. 1992년 미국 증권거래위원회SEC도 엔론의 요청을 받은 후 금융상품이 아닌 거래에서도 시가평가를 적용해 회계처리하는 것을 허용했다. 그때까지는 금융상품만 시가기준 회계처리가 허용되었을 뿐, 다른 자산 항목들은 원가기준으로 회계처리를 수행했다. 천연가스 거래나 해외에 대한 투자도 금융상품 거래와 본질적으로 같은 것으로 판단했기 때문에 시가평가제를 허용한 것이다.

그 뒤 엔론은 시가평가 회계제도를 사용해 재무보고 목적으로 작성한 재무상태표당시에는 대차대조표라고 부름에 포함된 자산이나, 손익계산서에 보고되는 순이익 수치를 부풀렸다. 2000년 말 기준으로 엔론 자산 중 35% 정도가 시가로 평가되어 있었고, 이 금액은 실제가치보다 약 30~40% 정도 부풀려진 금액이었다고 한다. 시가평가제도를 악용해서 부풀린 가공의 이익에 기초해서 고위 경영진 및 트레이더들은 계속 막대한 보너스를 챙겨갔다. 이들이 받는 보너스는 시간이 지남에 따라 점점 커져만 갔다. 트레이더들은 파생상품의 가치를 부풀려 보너스를 우선 받았고, 그러면 그 부풀린 이익에 따라 경영진도 더 많은 보너스를 받았다. 그러니 경영진이 엄격하게 내부통제를 실시해 장부에 기록된 파생상품의 가치가 부풀려졌는지 감독할 이유가 없었다.

신사업 분야도 마찬가지였다. 신사업을 이끌어간 컨설턴트 출신의 팀은 실무경험이 거의 없이 사업계획을 하는 데만 시간을 사용했을 뿐, 실제로 시작된 사업을 경영하는 데는 관심도 없었다. 거래가 이루어져 실제 발전소를 건설하기 시작한 후의 자금조달과 운영에 대해서는 신경쓰지 않았고, 잘 알지도 못했다. 이들은 정권이 불안한 개도국에 수억 달러짜리 투자를 종종 했는데, 막대한 비용을 투입하고도 실제 발전소가 건설되어 운영된 것은 손꼽을 정도였다. 프로젝트에 쏟아부은 비용은 자산으로 기록했으며, 프로젝트가 중도에 실패로 돌아가도 소요된 비용을 계속 자산으로 회계장부에 남겨두고 손실처리하지 않았다. 도미니카 공화국, 브라질, 필리핀, 인도 등에서 계속 실패했다. 도미니카 공화국에는 약 1억 달러를 투자해서 350만 달러만 회수할 정도였다. 10억 달러를 투자한 인도 다볼 발전소 건설 프로젝트는 한푼도 회수하지 못했다.

막대한 보너스를 받아 챙긴 직원들

하지만 이런 사실이 드러난 것은 계약이 체결된 후 최소 4~5년 이상 시간이 지난 후였다. 1990년대 중반에 이런 사업이 시작되었을 때는 아무도 이런 현실을 깨닫지 못했다. 즉 신사업 팀도 트레이딩 팀과 마찬가지로 장밋빛으로 포장된 낙관적인 가정을 사용해서 미래에 얻게 되는 이익을 부풀렸다. 계속해서 새로운 사업을 벌이니 장부상으로 표시되는 이익은 계속 늘어났으며, 팀원들은 막대한 보너스를 받아 챙겼다. 게다가 내부통제가 제대로 이루어지지 않았기 때문에 대부분의 사람들은 이런 사실을 알지 못했다.

필자는 『숫자로 경영하라』에 실린 '세계금융위기를 초래한 공격적 투자의 근본 원인'이란 글을 통해 비슷한 사연을 소개한 바 있다. 2008년 세계금융위기 직전 월가에서 주택담보부증권MBS나 부채담보

•• 파산 직전까지 엔론의 현금흐름 변동

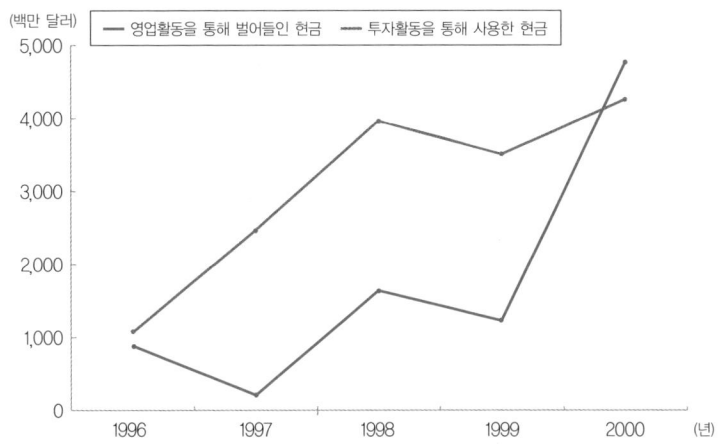

영업활동으로 벌어들인 현금에 비해 투자활동으로 사용한 현금이 대부분의 연도에서 월등히 많다는 것을 알 수 있다. 결국 모자라는 자금을 외부에서 조달해야 하는 상황이다. 영업활동을 통해 벌어들인 현금으로 기록된 금액 중 일부는 분식회계로 부풀린 수치라는 점을 고려하면, 실제 부족한 자금은 양자의 차이보다 더 많았다.

부증권CDO 등을 거래했던 투자은행의 경영진과 트레이더들도 엔론과 같은 방법을 사용해 주택 관련 파생상품의 장부가치를 부풀렸다. 이에 따라 매년 수억 달러에 이르는 천문학적 보너스를 받았다. 때문에 미국의 부동산 파생상품 시장이 폭발적으로 커졌고, 부동산 시장이 무섭게 달아올라 거품이 팽창했던 것이다. 엔론이라는 한 기업이 파산한 원인과 세계금융위기를 초래한 부동산 거품이 발생한 원인이 상당히 유사하다는 사실은 매우 놀랄만하다. 정확한 가치평가와 회계처리가 얼마나 중요한지 알려주는 좋은 예다.

이런 문제점 때문에 엔론의 영업현금흐름과 영업이익 사이에 상당한 괴리가 발생한다. 예측된 이익을 미리 회계장부에 부풀려서 적었기 때문에 이익으로 막대한 금액이 발생하지만, 실제로 회사가 사업을 통해 현금을 벌어들이는 것은 지금부터 수십년 동안 걸쳐서 천천히 발생하는 것이다. 즉 현금은 회사로 아직 들어오지 않은 상황이다. 그런데도 계속 시작하는 신사업에 투자를 하고, 경영진이나 트레이더들에게 막대한 보상을 지급해야 했다. 그 결과 벌어들이는 현금은 별로 없는데, 상당한 현금을 투자나 보너스 지급으로 사용한 셈이다.

자산유동화를 통한 현금조달과 분식회계

엔론은 처음에는 막대한 투자자금을 은행에서 조달했으나, 부채가 상당 수준에 이르자 담보를 제공하지 않고는 더이상 대출을 받을 수 없었다. 그러자 엔론은 자산을 증권화securitization시켜 외부에 매각하는 방법으로 자금을 조달하기 시작한다. 증권securities이란 보유자에게 특정 권리를 부여하는 증서를 말한다. 따라서 증권화란 어떤 자산을 이용해 증권을 만드는 것이다. 자산유동화증권ABS : Asset-Backed Securities은 엔론이 가장 빈번하게 사용한 자금조달 수단이었다. 간단히 말해 자산유동화는 자산을 담보로 제공하고 기업이 미래에 벌어들일 것으로 예측되는 이익을 바탕으로 해서 현재의 현금으로 대출받는 것이다.[3]

이때 등장한 사람이 노스웨스턴대학 MBA 출신인 앤드류 파스토우

Andrew Fastow다. 그는 콘티넨탈 은행의 자산유동화 담당자로 근무하다가 엔론에 입사했다. 자산유동화를 통해 자금을 조달하는 업무를 담당하면서 스킬링의 눈에 들게 된다. 그가 증권화를 통해 엔론에 필요한 자금을 계속 성공적으로 조달하자, 역시 회계나 재무지식이 별로 없었던 스킬링은 파스토우를 전폭적으로 신뢰하고 그에게 CFO 직책을 맡긴다.[4]

파스토우의 지휘하에 엔론은 증권화를 통해 자산의 바닥이 드러날 때까지 미래에서 자금을 빌려왔다. 증권화를 통한 부채가 파산 직전에는 20억 달러가 넘었다. 그 외에도 체이스맨하탄Chase Manhattan 은행 및 CSFBCredit Suisse First Boston Bank, 시티그룹City Group, 메릴린치Merrill Lynch 등과 이상한 거래로 현금을 조달했다. 엔론이 카리브 해의 조세피난처 국가에 설립한 페이퍼 컴퍼니에 천연가스를 장기로 공급하는 계약을 체결하고, 그 계약을 체결한 대가로 선금을 받는 것이다. 그 선금은 앞의 은행들이 페이퍼 컴퍼니에 대출해준 것이다. 그런데 페이

---

[3] 예를 들어 택시회사에서 현금이 필요하다면 보유하고 있는 택시를 매각하면 된다. 하지만 택시를 매각하면 더이상 영업을 지속할 수 없으므로 택시회사는 문을 닫아야 한다. 이때 택시를 매각하지 않고도 현금을 조달할 수 있는 방법이 바로 ABS다. 택시회사가 택시를 운영해서 벌어들이는 미래의 현금흐름의 일부를 담보로 ABS를 발행하면, 이 ABS를 구입한 투자자는 택시회사에서 벌어들이는 현금의 일부를 미래 정해진 기간 동안 수취할 수 있는 권리를 취득하는 것이다. 이때 ABS의 담보물은 택시다. 만약 택시회사가 약속된 현금을 지불하지 않는다면, 택시를 차압한 후 매각하는 방법을 통해 원금을 회수할 수 있다. 즉 ABS는 지금 당장 현금이 필요하므로, 미래에 벌어들일 현금에서 빌려오는 방법인 셈이다.

[4] 그런데 엔론이 파산한 이후 과거 그의 콘티넨탈 은행 동료들은 파스토우가 그렇게 우수하지 않은 평범한 동료였다고 평가했다. 그들은 "파스토우는 거대 기업의 CFO에게 요구되는 회계지식이 없는 사람이다. 수박 겉 핥기 정도의 기술만 있었고, 위험관리 같은 것도 해본 적이 없다"고 하며, "대차대조표의 해석도 못할 정도였다"고도 회고했다. 이 내용은 전술한 'The Smartest Guys in the Room'에 등장한다.

퍼 컴퍼니는 다시 천연가스를 엔론에 공급하는 별도의 계약을 체결한다. 엔론이 페이퍼 컴퍼니에 가스를 팔고, 다시 페이퍼 컴퍼니가 엔론에게 가스를 파는 것이다. 즉 달라진 점은 엔론이 선금을 받은 것밖에 없다. 천연가스는 계속 엔론 내부에서 머무는 것이지 다른 회사로 이전된 적이 없는 것이다.

　이 거래를 마치 천연가스를 사고파는 영업활동인 것처럼 회계처리를 했지만, 거래의 본질을 살펴보면 영업과는 아무런 관계가 없는 차입거래로서 엔론이 은행들에게 돈을 빌린 것이다. 실체가 없는 페이퍼 컴퍼니에 엔론이 천연가스를 보낸 적도 없고, 다시 받은 적도 없다. 그런데 이러한 차입을 마치 영업활동에서 현금을 창출한 것처럼, 즉 영업활동을 통해서 현금을 번 것처럼 기록했다. 파산 직전 이런 금액이 무려 50억 달러에 이르렀다. 이는 엔론이 회계장부에서 부채 50억 달러를 숨기고 있었다는 의미다. 은행들은 이런 거래의 대가로 막대한 수수료를 받았다. 1999년 한해에만 은행이 챙긴 수수료가 2억 3,770만 달러로, 감사보수로 아서 앤더슨이 받은 보수의 10배가 훨씬 넘었다.[5]

---

5 때문에 엔론의 분식회계에는 월가 투자은행의 책임도 있다. 투자은행들은 엔론의 자금이 부족한 상황을 알면서도 이런 거래에 동참해 엔론의 회계부정을 도왔기 때문이다. 법적으로 외국에서 거래한 듯 보이게 만든 이유도 간단했다. 감독당국의 추적을 힘들게 하기 위해서다. 엔론의 분식회계 사건 때문에 회계법인 아서 앤더슨이 비난을 받고 해체되었지만, 금융기관들이 이런 분식회계를 도와주고 벌어들인 돈이 아서 앤더슨이 받은 감사보수의 10배가 넘는다는 사실은 이 사건에서 투자은행의 잘못이 어느 정도인지를 잘 나타내주고 있다.

특수목적법인을 이용한 분식회계

엔론은 또한 특수목적법인SPE ; Special Purpose Entity을 만들어 이 특수목적법인에 부실을 떠넘겨 숨기는 방법을 사용했다. SPE는 엔론의 부실자산을 비싼 값으로 사주고, 엔론이 이익을 보게끔 낮은 가격으로 에너지를 공급하는 방법으로 엔론의 이익을 부풀렸다. 이에 따라 SPE는 막대한 손실을 입었고, 이 손실은 모두 엔론이 지급보증을 해준 것이었다. 하지만 이런 내용을 재무제표에서 숨겼다. 그 대가로 엔론은 SPE의 실제 소유주였던 경영진들에게 수수료를 지급했다. SPE의 경영진은 분식회계를 도와주는 대가로 비밀리에 보수를 받은 것이다. 이런 과정을 걸쳐 파산 직전 장부에서 빠진 우발부채는 모두 139억 달러로, 장부에 기록된 부채인 132억 달러보다 더 많았다.

　이처럼 엔론은 분식회계를 통해 이익이 많다고 투자자들을 속인 후 시장의 기대수준을 초과하는 업적을 발표하는 형식으로 주가를 끌어올렸다. 경영진이 다수의 주식이나 스톡옵션을 보유하고 있으므로 주가를 끌어올리는 것은 큰 관심사였다. 동시에 그 기회를 이용해 사채를 발행해 자금을 끌어들였다. 경영진이 주식을 많이 보유하고 있었으므로, 주가를 떨어뜨릴 가능성이 있는 증자는 거의 고려하지 않고 필요한 자금을 대부분 부채에서 조달한 것이다. 그래서 부채비율이 급속하게 증가하게 된다.

엔론이 파산한 이후 벌어진 일들

이 와중에 내부고발로 분식회계가 탄로나자 엔론은 곧 파산했다. 분식회계를 발견하고 이를 공론화시킨 것은 20년 회계사 경력을 가진 세런 왓킨스Sherron Watkins였다. 그녀는 이 사건으로 내부고발자의 대명사나 정의의 화신으로 널리 알려지게 된다. 그후 분식회계가 밝혀진 지 불과 1년 만에 미국 재계 랭킹 5위의 대기업이 모래성처럼 무너져 내렸다. 이런 분식회계를 총지휘했던 제프 스킬링은 증권사기죄로 무려 25년형을 선고받고 현재 복역중이다. 케네스 레이도 제프 스킬링과 함께 유죄판결을 받았으나, 형이 선고되기 직전에 사망한다. 앤드류 파스토우는 죄를 자백하고 수사에 협력한 대가로 10년형을 선고받았다. 스킬링의 최측근으로 트레이딩 분야를 이끌었던 클리프 벡스터는 재판을 앞두고 자살한다. 나머지 고위 임원들도 대부분 1~6년형을 선고받았다. 분식회계를 통해 부풀린 이익에 대해 받았던 성과급도 대부분 몰수당했다. 인과응보라고 할 수 있다.

    엔론을 감사했던 회계법인 아서 앤더슨의 명예도 땅에 떨어졌다. 아서 앤더슨을 회계법인으로 고용했던 많은 기업들이 잇따라 계약을 파기하자 아서 앤더슨은 명맥을 유지하지 못하고 역시 해체되었다. 아서 앤더슨은 엔론에게서 상당히 많은 돈을 벌었지만, 이 회사가 고의로 분식회계를 눈감아주었다는 증거는 발견되지 않았다. 때문에 미국 대법원도 아서 앤더슨에게 무죄를 선고했다. 하지만 이는 아서 앤더슨에게 죄가 없다는 의미는 아니다. 아서 앤더슨은 엔론 감사에 대한 문서

•• 파산 직전까지 엔론의 경영현황

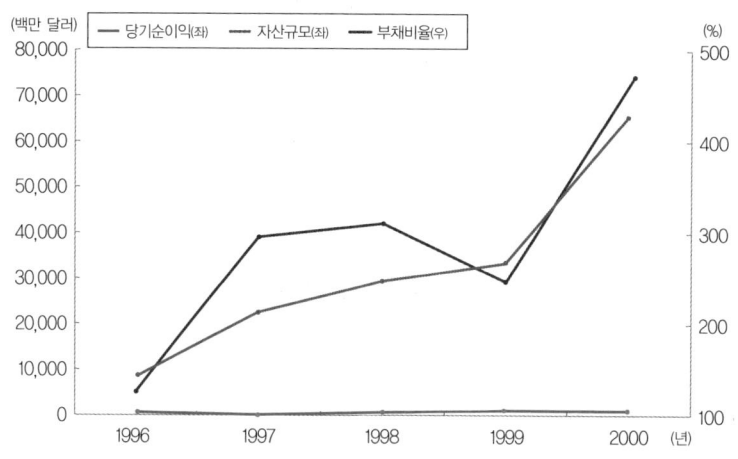

자산규모가 급속히 성장하고 있지만 부채비율도 우려할만한 수준으로 늘고 있는 모습이 보인다. 장부에서 빼버려서 숨긴 부채들이 장부에 기록된 부채보다 더 많았다는 것을 생각하면, 엔론이 파산 직전에 얼마나 위험한 수준이었는지 짐작할 수 있다.

를 파기한 혐의로 미국 검찰의 기소를 받았으나 대법원까지 간 재판에서 무죄 판결을 받았을 뿐이다. 즉 부실감사에 대해 재판을 받은 건 아니다. 이는 많은 경제 범죄 사례와 마찬가지로 '심증은 많으나 물증이 없는 사건'에 해당한다. 따라서 부실감사 혐의에 대해서는 기소조차 되지 않았다. 사실 엔론 사건의 전개과정을 살펴보면 아서 앤더슨 본사는 엔론의 분식회계에 대해 알지 못한 것 같지만, 엔론의 감사를 담당했던 몇몇 회계사들은 분식회계를 알고 있었음이 분명하다. 확실하지는 않지만 분식회계를 도와준 것 같은 정황증거도 있다.

또한 문서 파기는 실무회계 팀의 지시하에서 이루어진 일이 아니라서 앤더슨의 사내 변호사가 지시한 사항이었다. 파기된 문서도 아서 앤더슨의 문서보관규정에 어긋나지 않는 범위 내에서 오래된 과거 문서만 파기했다. 즉 최근 수년간의 감사와 관련된 문서들은 파기되지 않고 남아 있었다. 바로 이 점 때문에 아서 앤더슨은 문서 파기 혐의에 대해 무죄 판결을 받았다. 가장 중요한 점은 대법원의 무죄 선고 전에 아서 앤더슨이 해체되었다는 사실이다. 무죄 선고는 아무 의미가 없었다. 어쨌든 엔론 사건의 결과로 미국 최고 역사를 자랑하는 회계법인도 불과 1년 만에 눈 녹듯이 사라져버렸다.

엔론의 분식회계를 도와준 투자은행들도 이런 혼란에서 피해갈 수 없었다. JP모건 체이스, 시티그룹, 메릴린치 등은 소송에 대한 피해보상금과 정부에 지불하는 벌금 등을 합해 무려 80억 달러 정도의 자금을 지불해야 했다. 미국 최대 법률회사law firm 중의 하나이며, 엔론에 법률자문을 해주던 빈슨 앤 엘킨스Vinson & Elkins도 막대한 금액을 토해냈다.

분식회계를 조장한 평가와 보상 방법의 문제점

앞에서도 언급했듯 엔론의 경영진은 실제 발생한 이익에 기준해 평가와 보상을 받지 않았다. 현재 체결한 계약에 따라 앞으로 회사가 벌어들일 거라고 예측되는 이익을 현재 가치로 평가하고, 그 금액의 일정부분을 보상으로 받았다. 이 기준하에서 경제적으로 합리적인 사람은 계속 새로운 사업을 만들어서 성공적으로 계약을 체결하는 데만 관심을 집중한다. 일단 계약이 체결되어 시작된 사업을 어떻게 운영하건 이는 해당 임원의 평가나 보상에 영향을 미치지 않으므로 관심 밖이다. 이기적으로 들릴지는 모르나 이기적인 동기로 행동하는 것이 인간의 본능이라는 관점에서 보면 이것은 합리적인 행동이다.

보상체계의 이런 문제점 때문에 엔론 경영진은 쉴새 없이 M&A에 몰두하거나 세계 여기저기에 합작법인을 만들었다. 경영진의 관심이 새로운 M&A나 신규사업에만 있는 만큼, 신사업의 실제 경영을 맡은 사람들은 A급 인재가 아니라 B급 인재에 가까웠다. 이 B급 인재조차 합작회사를 경영하는 것보다는 새로운 사업을 추가로 만들 일에만 몰두했다. 이미 시작된 사업을 잘 경영하는 것만으로는 엄청난 보너스를 받을 수 없고, 승진할 기회도 별로 없었기 때문이다. 이런 상황에서 신사업이 성공할 리 만무하다. SK의 경우처럼 합작 파트너가 상당히 우수한 경영능력을 보유한 일부 사례만 성공했을 뿐이다. 엔론이 파산한 후 조사한 결과, 엔론의 신사업은 대부분 손해를 보고 있었다. 조사결과 트레이딩 부서와 신사업 부서가 불과 10년도 안 되는 기간 동안 무려 100억 달러 이상의 손실을 기록했다고 한다. 그런데도 엔론의 최고경영진과 담당 직원들은 이 사업들이 계속 엄청난 흑자를 보고 있다고 회계장부를 조작하면서 보너스를 받아 챙기고 있었던 것이다.

가장 큰 문제점은 신사업의 비용관리가 없었다는 것이다. 실제 발

•• 2000년 8월부터 2002년 1월 사이의 엔론의 주식가격 변동 추세

2000년 8월 90달러까지 올랐던 엔론의 주식은 점점 추락해 2001년 11월 중에는 거의 0 수준까지 떨어졌다. 미국 재계 서열 5위의 대기업이 몰락하는 순간이다. 그 결과 수많은 투자자들이 엄청난 손실을 입었다.

생한 이익이 아니라 계약 시점에 추정한 미래 이익의 현재 가치를 평가해서 경영진의 보상을 결정하니 현재의 이익에 신경 쓸 경영자가 거의 없었다. '얼마의 비용을 쓰느냐'는 문제도 상관하지 않았다. 결국 모두가 '밑 빠진 독에 물붓기'처럼 돈을 펑펑 낭비했다. 파산 직전인 2001년 엔론의 북미 거래본부 한 곳에서만 사용한 비용이 약 7억 달러에 달했다. 게다가 이는 인건비를 제외한 경비였다. 팀의 신입직원까지도 비행기 1등석을 사용해서 출장을 가고, 최고급 호텔의 큰 방에서 숙박을 했으며, 헬기를 전세 내서 현장을 시찰했다. 한 번 출장에 수십

만 달러씩 출장비를 사용했다고 한다. 엔론의 한 직원은 "우리는 날마다 크리스마스를 보냈다"고 당시의 회사 분위기를 전했다. 도덕적 해이가 얼마나 만연했는지를 잘 알 수 있다. 이런 분위기이니 인수하거나 새로 시작한 수많은 사업들이 제대로 경영되었을 리가 없다.

   잘못된 성과평가와 보상 제도가 세계금융위기의 원인이라는 점은 굳이 말할 필요도 없다. 월가 투자은행의 경영진처럼 엔론의 경영진도 이런 결과로 발생한 가공의 이익에 대해 막대한 보너스를 받았다. 엔론의 최고 경영진 200명이 받았던 보수는 1998년 약 2억 달러에서 1999년 4억 달러, 2000년 14억 달러로 수직 상승했다. 파산 직전인 2001년엔 무려 20억 달러에 달했다. 2001년 엔론에는 한국 돈으로 환산했을 때 1,500억 원 이상의 연봉을 받은 임원이 무려 26명이나 존재했다. 평범한 시민은 상상하기조차 힘든 어마어마한 액수다.

분식회계의 결과와 교훈

인간의 탐욕은 끝이 없다. 계속해서 더 많은 돈, 부귀영화, 정치 권력을 위해 끊임없이 달려가다가 결국 충돌하고 마는 폭주 기관차. 이것이 바로 멸망 직전 엔론의 모습이었다.

   이 사태를 통해 우리가 배울 수 있는 교훈을 요약하면 다음과 같다. 첫째, 내부감사 및 내부통제의 중요성이다. 엔론도 형식적으로는 내부감사 제도를 갖고 있었지만 이를 제대로 수행하지 않았다. 파생상품이 워낙 구조가 복잡해 감사인력 중에서 파생상품의 가치를 평가할 만한 사람이 없었다. 그런 능력이 있는 사람이라면 파생상품 트레이딩 부서에서 일하면서 수억 달러의 보너스를 받지 감사 부서에 남아 있을 리도 없다. 이는 감사 부서나 위험관리 부서의 직원에게 적절한 보상이나 승진의 기회가 주어지지 않는다면 이런 악순환이 또다시 등장할 수 있다는 것을 의미한다.

둘째, 철저한 회계 교육의 중요성이다. 파생상품의 수와 종류는 앞으로 점점 더 늘어날 것이다. 2011년 국제회계기준의 도입과 더불어 국내에서도 시가평가 회계제도가 과거의 회계기준보다 더 많이 적용되고 있다. 직원들이 회계처리 방법의 의미를 잘 이해하지 못한다면 정확한 가치평가를 제대로 수행할 수 없다. 엔론의 분식회계를 알아내고 이를 공론화시켰던 셰런 왓킷스가 회계사 출신이라는 점을 생각하면, 이런 전문지식을 갖춘 인력이 회사에 꼭 필요하다는 사실을 명심해야 한다.

셋째, 기업에서는 직원 평가 및 보상 기준을 설계할 때 대단히 세심한 주의를 기울여야 한다. 엔론은 기업의 M&A나 신사업 분야의 진출을 독려하기 위해 계약이 체결되거나 사업이 시작된 시점에서 미래 이익을 추정해서 그 일부분을 성과급으로 지급하는 방법을 택했다. 하버드대학 전략 교수들에게 한때 극찬을 받았던 방법이다. 바로 그 성과평가 제도가 엔론의 성장과 멸망을 순차적으로 불러일으켰다. 이런 성과평가 제도의 장단점을 면밀히 검토해 문제점을 보완하는 방향으로 수시로 제도를 개선해야 한다. 불확실한 미래의 10년 또는 20년간의 이익을 추정해서 현재에 보상을 준다는 것은 터무니없는 행동이다. 성과에 대해 보상을 정확히 해주려면, 지금 큰 계약을 성사시켰을 때 그 계약에 따라 미래 계약이 지속되는 동안 벌어들이는 이익의 일정부분을 해당 연도에 계산해서 지불하면 된다. 즉 보너스를 이익이 실제 발생하는 연도에 지급해야 한다.

넷째, 윤리교육의 중요성이다. 어떤 완벽한 제도를 만든다고 하더라도 인간이 그 제도를 회피해갈 방법은 얼마든지 존재한다. 인간의 마음 자체를 바꾸지 않는 한 이런 일은 끊임없이 계속될 것이다. 사회봉사 활동 참가, 계속적인 윤리교육 등을 통해 직원의 윤리의식을 높이려는 노력이 이어져야 한다.

다섯째, 적정 자본구조의 중요성이다. 엔론은 필요한 자금 거의 대부분을 부채를 이용해서 조달했다. 많은 주식이나 스톡옵션을 보유하고 있던 경영진들이 주가가 하락하는 것을 염려해서 주식을 발행하기보다는 부채를 통해서 자금을 계속 조달한 것이다. 그 결과 부채비율이 치솟아서, 파산 직전인 2000년도 말 기준으로 보면 부채비율이 470%까지 이르렀다. 물론 이는 분식회계를 통해 상당한 수준의 부채를 숨긴 상태에서 계산한 부채비율이다. 이 정도 부채라면 분식회계가 없었더라도 다른 위기가 닥치기만 하면 엔론은 어차피 망했을 것이다. 과유불급이나 소탐대실이란 말이 생각난다. 조금의 손해도 보지 않겠다고 욕심 부리다가는 더 큰 손해를 보는 법이다. 이런 일이 일어나지 않도록 주의해야 할 것이다.

TIP 엔론 연보

1997~2000

1996년 12월	엔론, 제프 스킬링을 이사회 의장 겸 최고운영책임자(COO)로 임명. 제프 스킬링은 케네스 레이 최고경영자(CEO)에 이어 회사 권력 서열 2위 인물로 등극.
1997년 3월	엔론, 엔론 에너지 서비스 출범.
1997년 7월	엔론, 캘리포니아 에너지 시장에 진출하기 위해 포틀랜드 제너럴 일렉트릭 매입.
1998년 3월	캘리포니아 주, 전력시장 규제 완화.
1999년 6월	엔론 이사회, 최고재무책임자(CFO) 앤드류 파스토우가 개인 사업체를 운영할 수 있도록 이사회 규정 변경. 파스토우는 1999년 10월 엔론의 수익을 부풀리고 부채를 감추기 위해 LJM2라는 회사를 설립.
2000년 1월	제프 스킬링, 브로드밴드 부문 창설 발표.
2000년 8월	캘리포니아주에 에너지 부족 사태가 발생해 에너지가격 급등. 엔론은 에너지 위기를 발생시킨 주요 주범으로 비난받음.

엔론의 마지막 해 2001년

1월 20일	케네스 레이와 제프 스킬링이 조지 부시 대통령 취임식에 참석. 두 사람은 취임식 행사에 각자가 10만 달러씩 기부.
2월 12일	제프 스킬링, 엔론 CEO 취임.
4월 17일	엔론, 1분기에 4억 2500만 달러 흑자를 기록했다고 발표.
8월 14일	제프 스킬링, 개인적 이유라고 발표하며 갑자기 사임. 케네스 레이가 다시 CEO에 오름.
10월 8일	엔론, 포틀랜드 제너럴 일렉트릭 매입 4년 만에 노스웨스트 내츄럴 개스에 포틀랜드를 매각하기로 합의.
10월 16일	엔론, 3분기에 6억 1,800만 달러의 적자를 기록했다고 발표.
10월 17일	월스트리트저널(WSJ), 앤드류 파스토우 소유 회사에 관한 보도를 내보냄. 엔론은 직원들의 401(k) 연금 동결. 당시까지만 해도 엔론 직원들이 자사주 매각을 할 수 있었으나 주가가 급락하기 시작함.
10월 22일	미국 증권거래위원회(SEC), 파스토우의 회사에 관한 조사 착수.
10월 23일	케네스 레이 CEO, 직원들에게 "앤드류 파스토우는 최대한 윤리적이고 적법하게 회사를 운영했다"는 서신을 보냄.
10월 24일	앤드류 파스토우 사임.
10월 26~29일	케네스 레이 CEO, 앨런 그린스펀 미 연방준비제도이사회(FRB) 의장·폴 오닐 미 재무장관·도날드 에번스 상무장관에게 도움을 요청.
10월 31일	SEC, 엔론 관련 조사 강도 높임.
11월 8일	엔론, 지난 5년간 총 5억 8,600만 달러의 이익 과대계상 등 총 13억 달러 규모의 분식회계 발표.
11월 9일	다이너지, 90억 달러에 엔론을 매입하겠다고 발표한 후 취소.
11월 29일	SEC, 엔론의 회계법인이었던 아서 앤더슨으로도 수사 확대.
12월 2일	엔론, 파산보호 요청.

엔론 파산 이후

2002년

1월 9일	미국 사법부에서 엔론 사건을 조사하기 위한 특별 태스크포스 구성.
1월 10일	아서 앤더슨이 엔론 관련 서류의 상당 부분을 파기한 사실을 공개.
1월 14일	아서 앤더슨, 엔론 감사를 담당했던 파트너 데이비드 던컨(David Duncan)을 해고.
1월 23일	케네스 레이, 사임 발표.
1월 25일	엔론의 고위임원 클리프 백스터 자살.
3월 1일	검찰 아서 앤더슨을 수사방해(obstruction of justice) 혐의로 기소.
4월 9일	데이비드 던컨이 서류 파기 혐의에 대한 유죄 인정.
6월 15일	1심에서 아서 앤더슨에 대해 유죄 판결 선고.
8월 21일	마이클 코퍼가 앤드류 파스토우에게 상당한 커미션을 주어 사기와 자금세탁을 도운 혐의에 대해 유죄 인정.
10월 2일	앤드류 파스토우, 사기와 자금세탁 혐의로 체포.

2003년

5월 1일	검찰, 11인의 엔론 고위간부와 3명의 연관 인사에 대해 기소.
9월 10일	엔론의 트레이더였던 벤 킬산, 재무제표 조작 혐의 유죄 인정.
10월 30일	엔론의 두 사업부의 책임자였던 데이비드 딜러니, 내부거래에 대한 유죄 인정.

2004년

1월 14일	앤드류 파스토우가 2개의 혐의에 대해 유죄 인정.
2월 19일	제프 스킬링이 35개의 범죄 혐의로 기소됨.

7월 8일   케네스 레이가 11개 범죄 혐의로 기소됨.

2004년 이후
2005년 5월 31일 대법원에서 아서 앤더슨에 대해 무죄 판결.
2006년 5월 25일 제프 스킬링에 대해서 법원이 24년형 선고.
2006년 7월 5일 케네스 레이, 법원 선고 직전 사망.
2007년   최종적으로 16명의 엔론 경영진과 4명의 메릴린치 간부 포함 총 21명이 유죄 판결을 받음.

회계로 본 세상

미국 재계 5위의 회사가 거짓으로 가득찬 모래성 위에 쌓아올린 회사였다는 사실은 놀랄만하다. 엔론의 분식회계 규모는 정확히 집계조차 되지 않는다. 엔론이 파산하기 직전 자체적으로 조사해서 발표한 규모가 15조 원 정도였으니, 실제 규모는 이보다 훨씬 더 클 것으로 예측된다. 저개발국도 아니고, 모든 제도가 잘 정비되어 있고 투명성이나 회계정보의 신뢰성이 높다고 생각했던 미국에서 불과 10년 전에 이런 일이 일어났다는 것은 놀랄만한 일이다. 이런 사태는 역시 망하기 직전 국내 재계서열 5위였던 대우그룹의 경우와 비슷하다.

제프 스킬링을 영입한 이후 10년 동안 엔론이 수백 배의 비약적인 성장을 했는데, 엔론이 멸망한 이후 조사해보니 제프 스킬링을 영입하기 이전부터 벌이고 있던 가스 운송업만 흑자를 보였고, 그후에 추가된 다른 분야 거의 대부분에서 엄청난 적자를 보고 있었는데 아무도 몰랐다는 사실이 믿어지지 않는다. 이러니, '나는 몰랐다'는 대부분의 임원들의 주장은 거짓말일 가능성이 높다.

엔론 사건 이후, 미국 의회는 사건 재발을 방지하기 위해 2001년 사상 최고의 강력한 기업규제 법안인 사베인-옥슬리 법안SOX : Sarbanes-Oxley Act을 통과시켰다. 이후 외부감사 절차, 공시내용 등이 강화되고, CEO나 CFO가 재무제표에 부정이 포함되어 있지 않다는 서명을 연차보고서에 포함하도록 했다. 이는 회계부정이 발견되었을 때, CEO나 CFO가 자신은 회계부정에 대해 몰랐다면서 책임을 회피하지 못하도록 하는 규정이다. 그동안 수차례 일어났던 회계부정 사건에서, 최고경영진이 자신들은 몰랐다면서 부하직원 몇몇에게만 책임을 전가했기 때문에 이런 조항이 마련된 것이다. 엔론의 경우도 CEO였던 케네스 레이나 제프 스킬링이 자신들은 회계부정에 대해 알지 못했으며, CFO였던 앤드류 파스토우를 비롯한 주변 사람들이 자신들을 속였다고 주장한 것과 같은 맥락이다. 우리나라에서도 잘못을 아랫사람에게 돌리는 경우가 과거에 다수 발생했다.

내부통제제도도 대폭 강화되어, 감사인이 내부통제제도의 효과성을 검토하고 기존의 회계감사의견에 추가해 내부통제제도가 제대로 구성되어 있고 운영되고 있는지에 대한 의견을 제시하도록 했다. 엔론의 문제점 중 하나가 내부통제가 제대로 이루어지지 않았던 것이었으므로, 이 문제점을 해결하고자 만든 제도다. 대기업들은 이사회 중 감사위원회에도 회계전문가 사외이사를 의무적으로 포함시키도록 했다. 엔론의 감사위원회에는 회계를 아는 전문가가 없었으므로, 감사위원회가 형식적인 모임만 가졌을 뿐 제대로 된 역할을 수행하지 못했기 때문이다.

　물론 우리나라에도 비슷한 형식의 제도들이 순차적으로 도입되었다. 이런 제도들이 국내에 잘 정착되게 하려면, 언론이나 소액주주들이 내부통제 의견을 면밀히 살펴보고, 사외이사 선임시에도 독립적이고 전문성을 가진 사외이사가 선임되는지 주의 깊게 살펴야 할 것이다. 그렇지 않다면 이사 선임시 과감히 반대표를 던져서 경고 메시지를 대주주에게 전달해야 한다.

　그렇다면 엔론의 경영진이 왜 엄청나 부정을 저지르면서 회사의 주가를 끌어올리려고 했을까? 그 대답은 '돈' 일 뿐이다. 엔론의 경영진은 2000년 말 엔론 전체 주식의 무려 13%에 해당하는 스톡옵션을 보유하고 있었다. 케네스 레이가 보유한 스톡옵션의 가치는 최고시점에서 6억 6천만 달러, 제프 스킬링은 1억 7천만 달러나 되었다. 이 때문에 경영진은 주가를 상승시키는 데 상당한 관심을 기울였다. 당시 회사의 분위기는 주가가 모든 것을 좌우했을 정도였다고 한다. 그러니 무리한 방법을 동원해서 주가를 올리려고 했던 것이다. 주가가 가장 많이 올라갔을 때는 엔론의 주가이익비율PER ; Price-Earnings Ratio이 무려 50배에 달하기도 했다. 주식가격이 당기순이익의 50배였다는 의미다. 평균적인 미국기업들의 PER이 10에서 20을 넘지 않는다는 것을 고려하면 주가가 얼마나 높이 올라갔는지 알 수 있다.

　또한 최고 경영진 200인이 받았던 보수가 파산 직전인 2001년 무려 20억 달러였다. 1인당 평균 1천만 달러120억 원 정도를 받은 셈이다. 몇 억대 연봉을 받는다고 한국에서 부러움을 받는 삼성그룹 임원의 연봉도

이 수치에 비교하면 터무니없이 작아 보인다. 이 정도의 고위임원은 아니었지만 중견간부 역할을 하던 트레이더들이나 M&A를 이끌던 사람들도 수백만 달러씩의 보수를 받고 있었다. 매년 이 정도 돈을 받으니 돈에 눈이 멀어서 물불 가리지 않고 회계부정에 뛰어든 것이다. 탐욕의 끝은 어디일까? 돈만이 모든 것을 해결할 수 있고, 이 정도 보상을 해줘야 유능한 인재를 잡아둘 수 있다는 생각이 옳지 않다는 사실을 엔론의 사례는 잘 보여주고 있다.

엔론 경영진의 도덕성 수준을 나타내는 사례가 한 가지 더 있다. 엔론의 경영진들은 엔론이 파산하기 직전에 위기가 시작되자 자신들이 보유하고 있던 주식의 상당 부분을 팔아치웠다. 케네스 레이의 부인까지도 마지막 순간에 50만 주의 엔론 주식을 팔았다. 그러면서 다른 직원들에게는 퇴직연금을 운용하는 회사를 바꾼다는 명목으로 주식처분을 금지했다. 직원들도 주식을 내다 팔면 주가가 크게 떨어질 것이므로, 이를 막기 위해 거짓말을 한 것이다. 돈에 눈이 멀면 도덕이나 양심이 머리에 떠오르지 않는가 보다. 이것이 탐욕의 끝의 모습이 아닐까 한다.

미국의 금융개혁과 시가평가제를 둘러싼 논란
▸▸▸ 금융기관 ◂◂◂

세계금융위기가 발발한 이후 미국 정계에서는 금융개혁법안을 마련하기 위해 여러 노력을 기울였다. 하지만 금융권에서는 이런 규제 움직임에 대해 강력히 반발하면서, 세계금융위기의 원인이 금융기관의 무분별한 고수익·고위험 파생상품에 대한 투자 때문이 아니라 '시가평가제도'라는 잘못된 회계처리 방법 때문이라고 주장했다. 시가평가제도란 무엇이며, 금융기관들이 시가평가제도를 어떻게 오용하고 있는지 살펴본다. 또한 현 미국 경제위기의 본질이 어떤 원인 때문인지에 대해서도 살펴본다.

　버락 오바마 미국 대통령은 2009년에서 2010년 사이에 연일 금융가를 향해 강경책을 내놓았다. 미국 정부의 구제금융을 받은 회사는 직원 1인당 보너스를 최고 50만 달러까지만 지급할 수 있도록 한 규제가 대표적이다. 금융위기를 불러일으키는 데 일조하고, 구제금융까지 받은 기업에서 자사 경영진 및 파생상품 트레이더들에게 최소 수십만 달러에서 최대 수백만 달러의 보너스를 나눠주자 국민들의 비난이 쏟아졌기 때문이다. 세금으로 만들어진 구제금융이 갑부들을 더 부자로 만들어주는 데 쓰이니 미국인들이 분노하는 것이 이해가 된다. 특히 이번 금융위기의 여파로 실직한 수많은 제조업이나 서비스업 근로자들이 보자면 더욱 기가 막힌 일이기도 하다.

　미국인들은 오바마 행정부의 고위 경제관료들에게도 비난의 화살을 쏟아내고 있다. 현재 미국 경제정책을 총괄하는 경제관료의 상당 수는 골드만삭스 등 투자은행IB ; Investment Bank 출신이다. 이들이 자신들의 친정이나 다름없는 월가를 위해 국민 혈세를 뿌린다는 비판이 많다. 사실 미국과 같은 대표 자본주의 국가에서 정부가 민간기업의 월급 지급액의 한도를 간섭하는 일은 전례가 없다. 하지만 국민들의 불만이 워낙 대단하고 정권 지지율도 하락하자 미국 정부 역시 극단적인 처방책을 꺼내들었다.

오바마 대통령의 강력한 금융개혁 정책

2010년에도 미국인들의 불만은 누그러지지 않았다. 수십 년간 민주당의 텃밭이었던 메사추세츠 주의 상원의원 선거에서 민주당의 거물 후보가 무명의 공화당 신인에게 패했다. 오바마 정권은 이 어려운 상황을 타개하기 위해 금융개혁이라는 이슈를 들고 나왔다. 상업은행의 부채규모를 제한해 자산을 축소하고, 상업은행이 헤지펀드나 사모펀드PEF에 출자하는 일을 금지하며, 자기자본 투자도 엄격히 제한하는 등 새로운 규제안을 2009년 말부터 2010년까지 계속 발표했다.

　이런 개혁안들은 금융회사가 성장보다 안정적인 경영에 집중하도록 만드는 데 초점을 맞추고 있다. 이 정책이 실제로 실시된다면 단기적으로 상업은행의 영업이 위축되는 결과가 나타날 것이다. 이러한 투자자들의 예상을 반영한 듯 새로운 규제안이 발표되자 금융기업들의 주가가 급락했다. 장기적으로 어떤 효과가 발생할지는 아직 명확하지 않다. 세계의 모든 국가들이 미국과 똑같은 규제를 실시한다면, 미국 금융기관과 다른 나라의 금융기관이 동일한 규제하에서 운영되므로 전체적인 금융업의 안정에 공헌할 것이다. 하지만 미국만 이런 제도를 실시한다면, 결국 미국 금융기관들의 손발을 묶는 결과만 나타날 뿐이다. 즉 다른 나라의 금융기관들이 미국 기업을 제치고 미국 금융시장을 잠식할 것이다. 결국 이 규제의 성공 가능성은 얼마만큼 다른 나라 정부가 미국의 규제에 동참해주느냐에 달려 있다. 하지만 다른 나라 정부들은 미국 정부의 이런 주장에 대해 시큰둥하다. 미국 바로 옆에 위치한 캐나다까지도 미국의 요구를 거부했다.

필자는 투자은행이 이번 금융위기의 핵심인데도 불구하고, 미국 정부의 규제가 투자은행이 아니라 상업은행들을 목표로 하고 있다는 점이 의아할 따름이다. 이번 규제의 핵심은 상업은행이 투자은행 업무를 할 수 없게 하는 데 있다. 즉 이번 금융위기에서 살아남은 소수의 투자은행들이 경쟁자 없이 시장을 독점할 수 있도록 도와주는 법안이나 다름없다. 만약 미국 정부의 의도가 성공해서 세계 각국이 상업은행에 대한 규제에 동참한다면, 상업은행들은 예대마진_{예금자들에게서 지급하는 예금에 대한 이자와 대출자들에 받은 이자의 차이} 외에는 다른 수익을 올릴 수단이 별로 없어진다. 어떤 면에서는 은행의 위험이 대부분 사라지는 셈이니, 은행들이 부실화될 수 있는 가능성을 사전에 예방할 수 있다고 볼 수 있다. 하지만 이를 달리 말하면 은행의 성장 가능성도 거의 사라진다는 뜻이다. 그 결과 이 부분에서 일자리가 늘어날 가능성도 별로 없다.

오바바 대통령의 연설 모습 오바마 대통령은 미국 역사상 대통령에 당선된 최초의 유색인종으로서 역사를 새로 쓴 인물이다. 하지만 오바마의 경제팀이 사용한 금융위기의 극복방안이 적절한 것인지에 대해서는 다수의 논란이 제기되고 있다.

또한 상업은행이 예대마진으로 먹고 살아야 한다면 결국 대출이자가 올라갈 가능성이 높다. 그 피해는 소비자층, 특히 은행대출이 많은 저소득층에 집중될 거라는 반론도 만만치 않다. 반면에 은행에 예금을 많이 하는 중산층이나 고소득층은 별다른 차이가 없을 것이다. 이 법안이 통과되어 예금이자가 약간 내려간다고 해도, 어차피 중산층 이상의 계층에서 보면 그 정도 손해는 큰 규모가 아니기 때문이다.

금융권의 로비와 반론

이런 이유에서 미국 금융권은 법안을 반대하기 위해 의회에 치열한 로비를 벌였다. 2010년 7월, 의회를 통과한 최종 법안은 미국 정부가 처음의 강경한 자세에서 상당히 후퇴했다는 것을 잘 보여준다. 일종의 타협의 산물이다. 그 결과 백악관은 좌파에게는 '배신자', 우파에게는 '미국 경제 발전을 퇴보시킨 정권'으로 동시에 비난받고 있다. 미국 금융권과 공화당은 이런 규제가 일반 대중의 인기를 얻기 위한 목적이며, 국가 경제에 도움이 되지 않는다고 주장한다. 스티브 잡스나 워런 버핏 같은 저명 인사들도 이 법안에 반대했다. 이와는 달리 민주당의 일부 강경파나 좌파에서는 새로운 금융위기의 재발을 막기 위해서는 금융기관의 전면 국유화, 또는 국유화나 다름없도록 기업을 규제하는 강력한 법안을 만들어야 한다고 주장한다.[1]

금융권은 또 일반인들이 생각하듯 공격적인 파생상품 판매로 인한 부동산 거품 때문에 금융위기가 발생한 것이 아니라고 말한다. 금융위기의 진짜 원인은 '시가평가제도市價評價制度, mark-to-market accounting'라는 잘못된 회계처리 방법이라고 주장한다. 즉 자신들이 금융위기의 원인이 아닌데, 자신들을 비난하면서 금융업계를 뒤흔들려하는 정부의 정책이 잘못되었다는 논리다. 이들은 '시가평가제도'가 없었다면 금융

---

[1] 필자도 구제금융이 투입된 은행들의 국유화에 찬성한다. 하지만 부실한 은행을 정상화시켜서 다시 외부에 매각할 때까지의 한시적인 국유화를 의미하는 것일 뿐, 마치 과거 공산주의 국가처럼 은행의 전면 국유화를 말하지는 않는다. 필자의 주장은 과거 부동산 시장의 거품 속에서 혜택을 누린 기존 주주나 경영진들에게 경영실패의 책임을 지워서 경영권을 박탈하자는 의미다. 한국에서도 과거 1997년 금융위기 이후 이런 절차를 거쳐 구제금융이 투입된 은행들을 정부가 국영화한 후 나중에 다시 주식을 매각해 민영화한 바 있다. 단, 한국에서는 구제금융 대신 공적자금이라는 용어를 사용한다. 그런데 미국에서는 막대한 구제금융을 투입한 후에도 국영화를 실시하지 않고 기존 주주들과 경영진의 경영권을 그대로 인정해줬다(좀 복잡한 이야기지만, 정부는 은행들이 실시한 증자에 참여해 보통주가 아닌 우선주만을 인수하거나 장기 저리의 자금을 대출해줬다). 즉 정부는 자금만 제공한 이상한 형식이다. 그 결과 경영실패에 책임을 져야 하는 기존 주주들이 계속 회사를 경영하고 있다. 결국 국민들의 세금으로 투입된 구제금융으로 기존 주주들과 경영진들의 부와 신분을 보장해주는 꼴이다. 이 때문에 미국 정부에 대한 비난이 쏟아졌으며, 정치인들과 구제금융이 투입된 은행들 사이의 긴밀한 커넥션이나 정치 헌금 및 로비의 가능성이 제기되었다. 대표적인 투자은행인 골드만삭스가 대통령 선거기간 동안 오바마의 캠프에 무려 100만 달러의 선거자금을 기부했으므로, 이런 논란이 더 크게 일어났다.

위기가 발생하지 않았거나 발생했더라도 '찻잔 속의 미풍' 정도에 그치고 말았을 거라며, 시가평가제도를 없애야 한다고 목소리를 높이고 있다. 벤 버냉키 미국 연방준비제도이사회FRB ; Federal Reserve Board 의장이나 클린턴 대통령 시절의 재무장관이었던 로버트 루빈 등도 이에 동조하며 시가평가제도 완화에 앞장섰다. 회계에 대한 전문적인 지식이 부족한 각종 언론에서도 금융계의 이야기만 듣고 시가평가제도를 비난하는 기사를 다수 쏟아냈다.

시가평가제도의 내용과 도입배경

시가평가제도란 자산의 가치를 시장에서 현재 거래되는 가격인 '시장가격market price' 대로 재무제표에 표시하는 제도다. 과거에는 보수적 원칙에 입각해 자산의 최초 구입가격을 회계장부에 표시하는 '역사적 원가', 그리고 역사적 원가와 시가를 비교한 후 둘 중 더 낮은 가치를 자산의 가치로 사용하는 '저가주의低價主義'가 보충적으로 사용되었다. 그런데 1990년대 이후, 기존의 자산평가 방법이 자산의 가치를 보수적으로 낮게 평가하기 때문에 기업의 재무 상황을 실제보다 나쁘게 보이도록 한다는 불만이 등장했다. 이에 시장에서 평가하는 가격으로 자산가치를 평가하자는 주장이 세를 얻기 시작했다.

아이러니한 점은 애초에 시가평가제도의 도입을 가장 강력하게 주장한 집단이 바로 금융권이었다는 사실이다. 금융기업들은 주식이나 채권, 파생상품 등의 금융자산을 다수 보유하고 있다. 상품의 가치를 평가하기 위해서는 기초자산underlying assets의 시가가 얼마인지가 매우 중요하다. 예를 들어 삼성전자 주식 한 주의 내재가치가 얼마인지를 알려면 삼성전자가 보유하고 있는 자산의 시가가 얼마인지를 알아야만 한다. 이 때문에 금융상품에 대한 투자를 많이 하는 금융권에서는 시가평가제도의 도입을 강력히 주장했다. 시가평가제도를 제일 먼저 채택한 곳도 금융허브가 위치한 영국이 주도해 만든 국제회계기준International Financial Reporting Standards이었다. 시가평가제를 옹호하는 측에서는 의도적으로 '시가평가'라는 용어를 사용하지도 않고, 공정한 가치로 평가하는 제도라는 의미에서 '공정가치평가fair value accounting'라는 용어를 사용한다. 이는 시가를 사용하지 않는 기존의 가치평가 방법들은 공정한 가치가 아니라는 논리가 숨어 있는 용어다.

과거 회계학자들이 시가평가의 이점을 몰라서 보수적 원칙에 입각한 가치평가 방법을 사용해온 것이 아니다. 회계제도에 보수주의가 전면적으로 도입된 것은 1930년대 대공황 이후다. 당시에는 현재처럼 준 법률화된 회계기준이나 의무감사제도가 없었다. 기업이 자율적으로 회계처리 방법을 선택했다. 남녀가 처음 소개받을 때 누구나 파트너에게 잘 보이기 위해 노력하듯, 인간은 누구나 자신의 장점을 과장하고 단점을 숨기려는 본능을 가지고 있다. 기업도 마찬가지다.

당시 기업들은 너나 할 것 없이 어려운 경영상황을 숨기면서 자산과 이익을 부풀려 재무제표에 표시했다. 그러다보니 주가가 기업의 내재가치와 비교할 수 없이 높이 치솟는 거품이 발생했다. 더이상 거

대공황 당시의 모습 대공황의 수습책으로 현재와 같은 공인회계사에 의한 의무감사제도가 도입되고, 회계기준이 제정되었다. 대공황을 계기로 기존의 자유방임주의 체제가 수정자본주의 체제로 변하게 된다. 정부가 치안유지 등의 최소한의 역할만을 수행하며 경제는 개인이나 기업들에게 맡겨두는 시대에서 정부가 적극적으로 경제 문제에 개입하는 시대로 변화한 것이다.

품이 유지될 수 없는 수준에 이르자 주가가 폭락, 대공황이 발생했다. 그 결과 대공황 이후 제도를 정비하는 과정에서 회계법인에 의한 회계감사가 의무화되었다. 자본주의가 유지되기 위해서는 자본시장이 원활히 움직여야 하는데, 대공황 때에는 아무도 재무제표에 보고된 회계수치를 믿지 않았다. 기업이 무슨 소리를 해도 아무도 믿지 않으니 자본시장에서 자본조달을 할 수 없었다. 대부분 모든 기업들의 주가가 거의 휴지조각으로 떨어졌는데도 아무도 사려고 하지 않을 정도였다. 그래서 재무제표를 독립적으로 감사해 재무제표의 적정성을 인증해줄 수 있는 전문가 집단인 회계사의 감사를 의무화시킨 것이다. 이렇게 하면 재무제표의 신뢰성을 어느 정도까지는 확보할 수 있기 때문이다. 이래서 그 전까지는 크게 알려지지 않았던 회계사 집단이 '자본주의의 파수꾼'이라고 불리면서 주목받기 시작했다.

또한 이때부터 보수적 원칙에 입각한 회계기준이 준 법률로도 제정되었다. 즉 보수적 회계기준은 기업이 자사의 성과를 과장하는 일을 제도적으로 억제시키고자 대공황 이후에 마련되어 회계제도를 총괄하는 기본원칙으로 자리잡은 것이었다.[2] 보수적 회계원칙의 탄생의 원인이 바로 대공황이라는 금융위기였던 것이다.

왜 시가평가제도가 문제인가?

시가평가제도하에서는 자산의 시가가 변하면 그 변동액을 그대로 재무제표에 즉시 반영해야 한다. 반면에 기존의 역사적 원가주의 방법하에서는 해당 자산을 처분했을 때나 사용되어 소멸되었을 때 변동액이 재무제표에 반영된다. 그 결과 시가를 사용하면 시가변동이 재무제표에 반영되는 속도가 역사적 원가를 사용할 때보다 빠르다. 이 점이 좋기도 하지만, 가격변동이 심한 때는 재무제표에 표시되는 경영성과의 변동성이 커진다.[3] 공정한 시가가 존재하지 않을 때도 많아서 해당 기업이 표시한 시가를 신뢰하기 곤란하다는 단점도 있다. 즉 시가평가제도는 장점과 단점이 모두 있는 방법이다. 미국은 시가평가제

---

2 사실 보수주의는 대공황 이전부터 존재한 회계의 기본원칙이다. 대공황을 기점으로 보수주의 원칙이 더 강화되고 준 법률화된 것 뿐이다. 보수주의 원칙이 실제 회계에 포함된 것은 르네상스 시대에 복식부기가 역사에서 처음 등장할 때부터다. 당시는 기업의 소유자가 곧 경영자였는데, 기업에 돈을 빌려주는 채권자들을 경영자에게서 보호하기 위한 목적으로 보수주의가 도입되었다.
3 금융권이 아닌 다른 기업 경영자들은 시가평가제도를 도입하면 재무제표에 표시되는 경영성과의 변동성이 증가하며, 실제 경영성과 이외의 다른 요인(예를 들면 환율이나 주가, 부동산 가격의 변동)들이 손익이나 자산가치에 큰 영향을 미치기 때문에 시가평가제도의 도입에 반대했다.

도를 원래 금융상품에 대한 평가에 국한해 도입했다.

미국의 저금리 정책은 클린턴 행정부 시절의 앨런 그린스펀 전 FRB 의장 때부터 시작되었다. 저금리에 기초해 클린턴 정부가 정책적으로 저소득층에 대한 부동산 매입용 대출을 늘리면서 부동산 가격도 급등했다. 그 결과 투자은행이나 헤지펀드가 보유하고 있던 부동산 관련 파생상품의 가격이 치솟았다. 이 때문에 시가평가제도하에서 실현되지 않은 장부상의 평가이익을 재무제표에 기록한 금융기업들은 기록된 이익에 따라 보너스 잔치를 벌였다.

하지만 거품이 폭락하자 해당 부동산에 기초했던 파생상품 자산의 가격이 폭락했고, 이들 자산의 평가손실이 2008년 중반 이후 한꺼번에 회계장부에 반영되었다. 자기자본의 수십 배에 달하는 막대한 부채를 빌려서 공격적으로 부동산 관련 파생상품에 투자했던 투자은행이나 헤지펀드들은 시가평가제도에 따라 막대한 손실을 회계장부에 기록해야 했다. 이 손실이 재무제표에 그대로 반영되면서 순식간에 자본잠식 상태에 빠지고 말았다. 자본잠식 상태에 빠지게 된 이유는 이 금융기업들이 자기자본의 수십 배나 되는 부채를 빌려서 그 돈으로 파생상품이나 부동산, 주식 등의 자산을 대량으로 구입해 보유하고 있었기 때문이다. 즉 자기자본이 회사 규모에 비해 터무니없이 작았기 때문에 상당한 투자손실이 발생하자 바로 손실규모가 자본규모를 넘어서는 자본잠식에 빠지게 된 것이다.[4]

이에 투자은행이나 헤지펀드에 돈을 빌려줬던 채권자들은 돈을 떼일까봐 부채를 차환해주지 않고 회수하기 시작했다. 당연히 부채를 상환할 수 있는 현금이 많이 남아 있지 않았던 금융회사들은 파산 위기에 몰렸다. 황급히 자금을 마련하기 위해 보유하고 있던 자산을 팔아 부채를 갚으려 했고,[5] 거의 모든 금융회사들이 한꺼번에 자산을 팔겠다고 시장에 매물로 내놓으니 자산의 가격은 더 떨어졌다. 즉 이런 과정을 통해서 금융기관들의 손실이 처음보다 더 커진 것이다.

미국 정부는 금융회사의 파산을 막기 위해 막대한 구제금융 자금을 투입해서 현금을 공급했다. 그런데 금융회사들이 이 현금의 일부를 회사를 살리는 데 쓰지 않고 임직원들에게 보너스를 지급하는 데 쓰는 바람에 보너스 파동이 발생했다.

평가손실은 어디 갔을까?

만약 시가평가제도가 없었다면 금융기관들은 이 파생상품을 회계장부에 기존의 장부금액으로 표시하면서 손실을 당분간 숨겨둘 수 있었

---

[4] 세계금융위기의 원인과 전개에 대한 더욱 자세한 내용은 필자의 저서 『숫자로 경영하라』의 제5장을 참고하기 바란다. 본서에서 자세히 설명하지는 않았지만, 금융위기의 시발이 된 부동산 가격 폭등과 폭락을 초래한 여러 원인들 중 가장 중요한 원인은 클린턴 대통령이 실시한 정책이었다. 부채를 상환할 능력이 없는 저소득층에게 주택 구입 자금의 110%를 무조건 대출해줘서 주택을 구입할 수 있도록 한 것이다.

[5] 자산을 팔아 마련한 현금으로 부채를 갚으면 재무제표에 표시되는 부채비율(부채/자본)이 낮아지게 된다. 부채비율의 다른 이름이 레버리지(leverage)비율이다. 따라서 자산을 매각해 마련한 현금으로 부채를 갚는 것을 디레버리지(deleverage, 레버리지를 줄인다는 의미)라고 표현한다. 금융위기 이후 전 세계적으로 디레버리지가 일어나고 있다.

월가에 위치한 투자은행들의 모습 세계금융위기의 결과 세계 5대 투자은행 중 리먼 브라더스는 파산했으며, 베어스턴스는 JP모건 체이스에, 메릴린치는 뱅크 오브 아메리카에 인수되었다. 골드만삭스와 모건스탠리만 독자적으로 살아남았다.

을지 모른다. 금융위기 때 문제가 되었던 MBS나 CDO 같은 파생상품들은 만기가 20년이나 30년 정도다. 시가평가제도를 사용하지 않는다면 만기가 될 때까지는 평가손실이 있더라도 이를 장부에 반영하지 않아도 된다. 바로 이 때문에 금융권에서는 시가평가제도가 금융위기의 원인이라고 주장한다.

만약 시가평가제도가 없었다면, 자산가치가 폭락했더라도 폭락한 가치를 회계장부에 손실로 반영할 필요가 없다. 회사가 자본잠식 상태에 있는 듯이 보이지 않는다는 뜻이다. 회계에 대한 지식이 많지 않고 자세한 내막을 모르는 채권자들이 부채를 회수할 가능성도 적고, 주주들도 이런 내막을 모르므로 주가가 폭락할 가능성도 적다. 그러니 자산을 황급히 매각할 필요도 없었고, 금융기관들이 황급히 자산을 매각하지 않았다면 자산가격이 그렇게 많이 폭락하지 않았을 것이기 때문에 금융위기가 일어나지 않았던지, 일어났더라도 소규모 미풍에 그쳤을 것이라는 주장이다. 리먼 브라더스의 파산에 시가평가제도가 큰 영향을 미쳤다는 주장도 있다.

이에 금융기관들은 각국 정부에 강력한 로비를 했다. 각국 정부는 2008년 4분기부터 회계기준을 변경, 시가평가제도나 원가주의제도 중 기업이 자율적으로 한 가지 방법을 선택해 사용하는 일을 허용했다. 이 정도보다는 덜했지만 미국도 2009년 1분기에 시가평가제도의 일부 완화를 허용했다.

제도의 변경이 허용되자 유럽에 위치한 대다수의 금융기관이 시가 사용을 중지하는 방식으로 회계처리 방법을 변경했다. 금융위기 동안 금융기관들이 입은 손실은 대략 최대 4조 달러에 이른다고 한다. 2010년 시점에서 볼 때, 그 중 대략 1조 5천억 달러에서 2조 달러 정도가 이런 방식으로 회계장부에 숨겨 있다고 학자들은 추정한다. 즉 겉으로 보이는 금융위기는 이제 끝난 듯 하지만, 아직 숨긴 부실이 다 표면에 드러나지 않은 상태다.[6] 이러니 아직까지도 어느 국가나 큰 기업 하나가 어렵다는 소식만 보도되어도 금융기업들의 주가가 전 세계적으로 계속 출렁거리고 있는 것이다. 안타깝지만 필자는 금융위기가 완전히 끝나려면 앞으로 최소한 수년은 더 기다려야 할 것으로 생각한다.

---

6 피치터(Fiechter)의 연구('Reclassification of Financial Assets under IAS 39: Impact on European Banks' Financial Statements', 〈Accounting in Europe〉, 2011년)에 따르면, 2008년 4분기 동안 유럽의 대형 금융기관 219개 중 76개가 회계처리 방법을 변경했다. 이를 통해 시가평가제 적용을 중지한 자산의 규모는 총 83억 유로에 이른다. 이는 2007년 말 현재 이들 금융기관의 자본규모의 131%에 해당하는 막대한 규모다.

회계기준의 재개정 움직임

현재 미국에서는 다시 시가평가제도를 강화하겠다는 회계제도 개편안을 재무회계기준위원회Financial Reporting Standards Board가 2010년 5월에 제안한 상태다. 현재의 회계제도는 좀 과장해서 이야기하면 선택적으로 시가평가를 택할 수 있도록 해 합법적으로 분식회계를 허용해주는 안이라고도 할 수 있기 때문에 이를 바꾸자는 주장이다. 물론 이 개편안에 대해 금융권은 이구동성으로 반대의 목소리를 내고 있다. 그렇지만 이런 추세를 볼 때 세계 회계기준의 대세가 역사적 원가주의나 저가주의에서 시가주의로 바뀌고 있다는 것은 확실하다. 앞으로 시가주의가 정착되기 위해서는 시가주의의 적용을 기업에서 선택할 수 있도록 하는 것이 아니라 모두가 동의할 수 있는 공정한 시가를 의무적으로 모두가 적용하도록 하는 것이 필요하다.[7]

반대로 유럽에서는 금융권의 주장을 더 수용, 회사가 원하는 방향으로 회계처리 방법을 선택하는 방식이 논의되고 있다. 하지만 이렇게 한다면 평가이익이 생길 때는 시가평가제도를 사용하고, 평가손실이 생길 때는 시가평가제도를 사용하지 않는 문제가 틀림없이 생길 것이다. 회계정보를 사용하는 채권자나 주주 등 정보 이용자의 권리

---

[7] 이런 추세에 대한 근거는 다음 논문을 참고하면 된다.
Mosso, 'Transparency Unveiled: Financial Crisis Prevention through Accounting Reform', 〈Accounting Horizons〉, 2010년.

를 어떻게 보호할지 궁금하다. 재무회계의 목적은 회계정보 이용자들에게 회사의 정확한 정보를 제공해 자본시장이 원활하게 움직이도록 하는 데 있기 때문이다. 만약 채권자나 주주들이 재무제표를 믿지 못한다면, 자본시장이 제대로 돌아갈 수 없다. 즉 회계기준을 완화하는 게 당장은 기업에 이익인 것처럼 보여도, 자본시장 전체의 신뢰도가 하락하면 장기적으로 기업도 손해를 입을 수밖에 없다. 그렇지만 대부분의 사람들이나 정치인들은 먼 미래에는 관심이 없다. 당장 눈앞에 보이는 떡이 더 크게 보이고, 거기에서 표가 나오기 때문이다.

결국 원론적이기는 하지만 이런 문제점을 극복하기 위해서는 투자자, 기업, 경영자 모두 회계를 열심히 공부해서 서로 다른 회계처리 방법을 사용할 때 나타나는 회계숫자의 의미 차이를 간파할 실력을 갖추는 수밖에 없다. 따라서 정확하게 가치평가를 할 수 있는 회계지식이 앞으로 더욱 중요해질 것이다. 기존 기업회계기준보다 회계처리 방법을 기업이 자율적으로 선택할 수 있는 자율성이 더 높은 국제회계기준IFRS ; International Financial Reporting Standards이 이제 국내에서 사용되게 된 만큼, 이 문제는 매우 중요하다.

미국과 유럽의 관점 차이 때문에, 전 세계적으로 회계기준을 하나로 통일하려던 움직임도 주춤하다. 미국은 국제회계기준보다 훨씬 엄격한 독자 회계기준을 사용하고 있다. 유럽과 미국은 회계기준을 통일시키기 위해 최근 몇 년간 대화를 지속적으로 해왔지만, 최근 들어 시가평가제도에 대한 의견이 일치하지 않는 문제 등으로 지지부진한 상태다. 미국은 IFRS를 사용하면 기업들이 자의적으로 회계숫자를 왜 곡할 가능성이 높기 때문에, 현재보다 더 엄격한 회계기준을 제정해야만 IFRS를 받아들이겠다고 이야기한다.

회계에 대한 비난과 반론, 그리고 회계의 중요성

회계제도가 금융위기의 원인이라는 일부의 주장은 터무니없는 과장이다. 오히려 금융권이 회계제도를 희생양으로 삼아 자신들에게 쏟아지는 비난을 잠재우려고 한다는 느낌이다. 시가평가제도가 도입되지 않았더라면 이렇게 급격하게 전 세계가 경제위기를 맞이하지는 않았을지도 모른다. 거품이 터지는 시기를 좀더 늦췄을 수도 있을 것이다. 하지만 언젠가 거품은 터지기 마련이다. 학술적인 연구결과도 이런 주장을 뒷받침하지 않는다.[8] 제대로 회사를 경영하지 못한 자신들의 잘못을 시인하기보다는 애꿎은 회계제도를 비난하는 것은 참으로 뻔뻔한 모습이다. 회계는 경영상황을 투명하게 보여주는 거울일 뿐인데, 거울이 경영상황을 흐릿하게 보여줘서 사람들이 경영상황을 잘

---

8 이런 논란에 대한 더 자세한 학술적인 연구결과는 다음 논문들을 참고하기 바란다.
Badertscher, Burks, and Easton, 'A Convenient Scapegoat: Fair Value Accounting by Commercial Banks During the Financial Crisis', 〈The Accounting Review〉, 2012년.
Ball, 'Don't Blame Messenger…or Ignore the Message', 〈IGM Forum〉, 2008년.
Laux and Leuz, 'Did Fair Value Accounting Contribute to the Financial Crisis?', 〈Journal of Economic Perspectives〉, 2010년.
Laux and Leuz, 'The Crisis of Fair Value Accounting: Making Sense of the Recent Debate', 〈Accounting, Organization and Society〉, 2009년.

알 수 없도록 했으면 금융위기가 일어나지 않았을 것이라는 주장인 셈이다. 결국 경영을 잘못한 자신들은 잘못이 없다는 말이다.

리먼 브라더스나 메릴린치, 베어스턴스처럼 금융위기 동안 망한 미국의 초대형 투자은행들의 채권자들은 또 다른 초대형 금융기관들이었다. 망한 투자은행들이 재무제표를 시가평가제가 아니라 원가주의에 따라 작성하고 있었다고 해도, 채권자인 다른 초대형 금융기관들이 겉으로 표시한 재무제표만 보고 이 투자은행들에게 부채의 상환을 요구하지 않았을 것이라는 주장은 터무니없다. 재무제표를 어떻게 작성했던 간에 이들 투자은행들의 당시 상황을 동업자인 다른 금융기관들이 몰랐을 수는 없을 것이다.

오바마 대통령이 어떤 새로운 제도를 도입하건 개혁이 성공하기까지 많은 험난한 장애물이 놓여 있다. 가장 큰 장애물은 바로 우리 자신의 '탐욕'이다. 인간의 탐욕은 문명의 발전을 이루어온 원동력이지만, 바로 그 탐욕이 거품을 불러일으킨다. 거품이 일어나야 그 과정에서 돈을 버는 사람들이 나오기 때문이다. 이 탐욕 때문에 어떤 규제 제도가 도입되더라도 제도를 교묘하게 피해가려는 노력이 계속될 것이다. 쫓고 쫓기는 싸움이 끝없이 계속되는 셈이다. 사실 이 개혁법안이 정말로 미국인들에게 도움이 되는지도 불확실하다. 오히려 반론의 목소리가 더 높다. 다른 국가들이 동참하지 않는 상황에서 미국의 금융기관들만 발목을 쥘 수는 없기 때문이다. 오바마 대통령의 인기도 예전 같지 않다. 학자들의 의견도 나뉘어 있다. 오직 신만이 정답을 알지 않을까?

회계로 본 세상

2010년 초 오바마 대통령의 강력한 주도로 의료보험 개혁법안이 미국 의회를 통과했다. 미국 같은 선진국에서 2010년까지 전 국민 의료보험이 없었다는 사실은 놀랄만하다. 이런 제도가 진작에 마련되지 못했던 이유는, 한국과 달리 미국에는 일할 수 있는 능력이 있어도 직업을 갖지 않고 정부 보조금만으로 살아가고 있는 사람들이 너무 많기 때문이다. 그러니 일하는 국민들이 좀더 세금을 내서 이런 사람들에게 의료 서비스까지 추가로 제공하는 것에 대한 반대 감정이 상당했다.

만약 의료보험제도가 미국 경기가 좋은 상황에서 실시되었다면 반대가 적었을 수 있다. 하지만 문제는 현재 미국 정부의 재정상황이 매우 어렵다는 것이다. 의료보험 때문에 매년 최소 약 3천억 달러의 예산이 소요될 것으로 예측된다. 그런데 의료보험에 대한 자금을 사용하지 않아도 미국 정부의 지출은 정부 세수의 50% 이상을 초과하는 상황이었다. 쉽게 설명하면, 소득은 100원인데 빚을 내어 160원쯤 쓰면서 살아가는 형편이었다. 경제불황에 접어들어 세수는 줄어드는데 정부가 구제금융과 복지지출의 확대로 재정지출을 급속히 늘렸기 때문이다. 그러다보니 미국 정부는 빚더미에 올랐다. 미국이 달러를 마구 찍어내어 사용하다보니 전 세계적으로 달러화의 가치가 지속적으로 하락하고 있다. 게다가 달러로 거래되는 원자재나 농산물 가격이 치솟는 인플레이션이 발생하고 있다.

이런 재정 불균형의 문제를 두고 미국 내에서는 정부지출의 감축을 주장하는 측과 증세를 주장하는 측으로 나뉘어 치열하게 대립하고 있다. 필자의 개인적인 견해로는 이 둘을 한꺼번에 다 해도 막대한 재정적자 문제를 전부 해결할 수는 없을 것으로 보인다. 일반 개인이나 가정, 국가 모두 씀씀이를 갑자기 거의 절반 수준까지 줄인다는 것은 불가능에 가깝다. 절약한다고 해봐야 10% 줄이기도 쉽지 않다. 대폭 줄인다면 오바마 대통령이 집권 후 실시한 여러 복지정책들을 대부분 철폐해야 한다. 그런데 오바마 자신이 실시한 정책을 자신의 임기중에 폐지한다면 스스로 잘못을 인정하는 셈이니, 그러기가 쉽지 않다. 결국 약간 지출을 감소시킬 수는 있지만, 대폭적인 감소는 어려울 것이다. 그렇다면 모자라는 부분은 세금을 올려 해결해야 한다.

그런데 문제는 미국의 세율이 경쟁 국가들과 비교할 때 낮지 않다는 데 있다. 재정적자 문제를 모두 해결하려면 소득세율을 현재의 30%대 중반 수준에서 50% 정도로 올려야 한다. 그런데 미국과 인접해 있는 복지국가 캐나다의 소득세율은 40% 중반이다. 이러니 국민들에게 돌려주는 복지혜택은 캐나다보다 훨씬 못하면서 세율을 캐나다보다 더 높인다면 중산층이 들고 일어나는 시민불복종 운동이 일어날 수도 있다. 현재 미국에서 벌어지고 있는 일종의 시민운동이라고 할 수 있는 티파티tea party 조직이 주장하는 바가 바로 '증세반대'다. 이들이 반反 오바마 대통령 운동의 선두에 나서서, 2010년과 2011년 실시된 중간선거에서 민주당은 60여 년 만에 최대의 참패를 당하고 말았다. 미국 국민들의 증세에 대한 우려가 얼마나 높은지 짐작할 수 있다. 이러니 오바마 대통령 임기 초기에는 압승을 자신하던 2012년 말에 있을 대통령 선거도 어떤 방향으로 진행될지 모를 정도가 되었다.

결국 재정지출 축소와 증세가 다 어려우니 진퇴양난의 상황에 몰린 셈이다. 그렇다고 하더라도 만약 아무런 조치도 취하지 않고 이런 재정적자 상황이 지속된다면, 달러화의 가치가 계속 떨어질 것이다. 그런 상황이 장기간으로 지속된다면, 언젠가는 달러화의 가치가 휴지가 되어 아무도 달러를 받지 않는 상황이 올 수도 있다. 바로 미국이 망하는 순간이다.

그런데 이런 미래를 뻔히 알면서도 지금 당장 재정지출의 축소나 증세를 하면 경기가 악화되고, 그 결과 표가 떨어지므로 상당수의 정치인들이 서로 눈치만 보면서 문제의 해결을 미루고 있는 상황이다. 결국 한국이나 미국이나 똑같이 대다수의 정치인들은 국가의 미래보다 자신의 정치적 욕심을 더 내세우고 있다는 것을 알 수 있다.

과거 1997년 한국이 겪었던 금융위기를 생각해보자. 당시 은행부채를 통해 조달한 자금으로 대규모 투자를 했던 대기업들이 1997년부터 부채를 갚지 못해 파산 위기에 몰렸다. 결국 살아남기 위해 일부 자산이나 사업부, 또는 회사 전체를 매각해 부채를 갚는 디레버리지가 일어났다. 이렇게 제 살을 도려내는 아픈 상처를 입은 후 간신히 살아난 것이다. 마지막까지도 디레버리지를 하지 않고 다른 방법을 통해 위기를 모면하려고 했던 몇몇 기업들은 파산했다. 예를 들어 대우그룹은 자산매각이 아니라 성장을 통해 위기를 극복하려고 했다. 수출을 더 많이 해서 빠른 성장을 통해 빚을 갚을 수 있을 것이라는 판단은 결국 실패로 돌아갔다. 요즘 돈을 더 써서 성장을 해야 경제위기를 해결할 수 있다고 주장하는 몇몇 외국의 정치인들이 이런 예를 좀 배웠으면 하는 바람이다.

하고 싶은 것이 많더라도 모두 할 수 없다면, 선택과 집중을 해야 한다. 아무리 정부나 정치인이 돈을 쓰고 싶은 곳이 있더라도, 소비는 자신의 능력 범위 내에서 해야 한다. 소득이 없는데 지출만 늘린다면, 그 부담은 고스란히 빚으로 국민들에게 돌아오는 것이다. 지금은 빚을 내서 돈을 쓰니 좋은 것 같지만, 몇 년 후 빚을 갚을 때가 돌아오면 결국 다른 부분에서 정부 지출을 줄여 갚아야만 한다. 한국의 몇몇 정치인들도 이런 단순한 사실들을 제발 좀 깨닫기를 바란다.

자본주의는 몰락의 길로 접어들었는가?

▸▸▸▸ **골드만삭스** ◂◂◂◂

'월가를 점령하라(Occupy Wall Street)'라는 이름의 시위가 전 세계를 휩쓸고 있다. 특히 미국과 유럽에서 금융권에 대한 반감이 상당한 상황이다. 이런 논란의 중심에 있는 회사가 세계 최대의 금융회사 골드만삭스다. 본 장에서는 세계금융위기의 발발부터 시작해서 골드만삭스를 둘러싸고 발생했던 여러 사건들에 대해 정리했다. 골드만삭스에 대한 비난뿐만 아니라 미래를 예측해서 미리 대비하는 골드만삭스의 강점에 대해서도 배울 수 있다. 또한 최근 화두가 되고 있는 '자본주의 4.0'이라는 시대조류의 역사적 배경과 모두 다 함께 살아가는 사회를 위해 우리가 해야 할 일에 대해 생각해본다.

2008년과 2009년 동안 세계금융업계는 금융위기의 여파로 상당히 어려운 시간을 보냈다. 그런데 2009년 후반기 들어 세계 제1의 투자은행인 골드만삭스Goldman Sachs가 세계를 2번 놀라게 했다.

첫 번째 뉴스는 2009년 2분기 흑자가 무려 34억 달러에 이른다는 소식이다. 시장의 이익 예측치를 2배나 초과한 수치다. 불과 수개월 전 100억 달러라는 엄청난 세금융 자금이 골드만삭스에 투입되었는데, 얼마 지나지 않아 역사상 최대의 분기실적을 올렸다니 놀라는 게 당연하다. 이에 많은 사람들이 금융위기가 거의 끝나고 투자은행업계가 부활하고 있다는 희망적인 의견을 내놓기 시작했다.

두 번째 뉴스는 골드만삭스의 2009년 직원 1인당 연봉의 평균이 2008년의 36만 달러보다 2배 이상 증가한 77만 달러에 이를 것이라는 내용이었다. 직원 1인당 연봉이 한국 돈으로 9억 원 정도라니 어마어마하다. 이 뉴스에 전 미국은 발칵 뒤집어졌고 엄청난 논란이 벌어졌다.

골드만삭스를 둘러싼 논란은 크게 2가지다. 첫째, 골드만삭스의 이익이 이렇게 많은 게 과연 사실이냐에 대한 의심이다. 둘째, 무려 100억 달러의 구제금융을 받은 회사가 총 합계 80억 달러에 이르는 막대한 연봉을 직원들에게 지급하는 것이 도덕적으로 올바른 일이냐는 논란이다. 골드만삭스를 둘러싼 두 논란을 차례로 살펴보자.

골드만삭스의 이익수치, 과연 진짜일까?

우선 골드만삭스가 이런 놀랄만한 이익을 기록한 일이 과연 사실일까? 회계장부에 그렇게 기록되어 있으니 이익수치 자체는 사실이다. 문제는 어떤 과정을 거쳐 이 숫자가 탄생했느냐 하는 점이다. 여기에는 3가지 놀라운 회계비법이 숨어 있다.

첫째, 골드만삭스는 회계연도를 변경해 일부 손실이 2009년도 장부에 반영되지 않도록 했다. 원래 골드만삭스의 회계연도는 12월부터 시작한다. 즉 2008 회계연도는 2007년 12월에 시작해 2008년 11월에 끝나고, 2008년 12월부터는 2009 회계연도가 시작한다. 그런데 골드만삭스는 2009 회계연도부터 회계기간을 변경, 2009 회계연도의 시작일을 2009년 1월로 만들었다. 즉 2008년 12월 한 달이 2008 회계연도와 2009 회계연도 어느쪽에도 속하지 않도록 빼버린 셈이다. 이 미아

뉴욕에 위치한 골드만삭스 본사의 모습 세계 제1의 투자은행인 골드만삭스는 금융위기를 무사히 극복하고 살아남았다. 하지만 최근 골드만삭스를 둘러싼 여러 논란들이 제기되고 있는 상황이다.

가 된 2008년 12월 한 달 동안 골드만삭스는 무려 13억 달러의 세전 손실을 기록했다. 물론 이런 사실은 2009년 1분기 보고서에 주석사항으로 자세히 공시되어 있다. 또 회계기간을 바꾸는 일도 합법이긴 하다. 그런데 대부분의 투자자들이 주석사항은 고사하고 분기나 연차보고서 자체를 읽지 않으니 이런 내용에 대해서는 잘 알지 못한다.

둘째, 미국 금융당국이 회계기준을 개정한 2009년 1분기부터는, 미국 기업들은 금융자산을 시가평가 방식으로 적용해 발생한 평가손익은 이익계산에 포함시키지 않아도 된다. 이에 따라 일각에서는 골드만삭스 역시 개정된 회계기준에 따라 자산가치가 하락한 금융자산, 특히 부동산 관련 파생상품들의 평가손실을 상당 부분 반영하지 않았을 거라고 추측한다. 골드만삭스가 내부자료를 공개하지 않았기 때문에 외부인들은 회계장부에 반영되지 않은 평가손실이 정확히 얼마인지 알 수 없다. 이것이 골드만삭스가 부실을 숨기지 않았겠느냐고 의혹을 보내는 사람들이 생기는 이유다.

당초 골드만삭스의 경영진은 금융위기가 발생할 가능성을 미리 예견하고, 그전에 가장 위험한 파생상품들을 대부분 다른 금융기관에 매각했다. 그 덕분에 골드만삭스는 월가 투자은행 중 금융위기의 악영향을 비교적 덜 받았다. 필자는 골드만삭스가 과거부터 철저하게 시가평가 회계기준을 적용해왔으므로 회계처리 방법의 변경을 통해 부실을 숨기고 있을 가능성은 낮다고 추측한다. 오히려 골드만삭스는 보유 자산의 상당 부분을 매우 보수적으로 처리했을 가능성이 높다.

셋째, 미국 정부가 AIG에 투입한 구제금융의 일부가 골드만삭스에도 지급되었다. AIG는 부동산 관련 파생상품에 대한 일종의 보험인 CDS(Credit Default Swap, 신용디폴트스왑)를 다른 금융기관들에게 팔았다. 그런데 이들 파생상품이 부실화되면서 AIG는 정부에서 받은 구제금융 850억 달러의 대부분을 CDS 계약에 따른 보험금을 지급하는 데 사용했다.[1] AIG가 정부에서 받은 850억 달러 중 130억 달러가 골드만삭스가 AIG에서 받은 돈이다. 만약 AIG가 구제금융을 받지 못했다면 AIG는 이 대금을 골드만삭스에 지급하지 못했을 것이다. 이때 골드만삭스는

---

[1] CDS는 파생상품에 대한 보험이라고 할 수 있다. 세계금융위기가 일어나 금융권이 보유하고 있던 파생상품들이 거의 휴지조각이 될 정도로 가치가 폭락했다. 따라서 그 파생상품에 대한 보험인 CDS를 판매한 AIG가 파생상품의 대금을 대신 물어주게 된 것이다.

130억 달러 중 일부분을 손실처리할 수밖에 없었을 것이다. 하지만 AIG에서 돈을 받았기 때문에 이런 위험도 사라졌다.

실제 이익과 미래 전망

만약 AIG에 구제금융을 투입하지 않았다면 골드만삭스는 과연 얼마를 손실처리해야 했을까? 일부에서 주장하듯 130억 달러의 대부분을 손실처리했을 가능성은 낮다. 다른 금융기관과는 달리 골드만삭스는, CSA Credit Support Annex, 신용보강계약라고 부르는 일종의 담보를 AIG에서 거의 대부분 제공받고 있었다. CDS 계약 자체에 신용등급이나 경제상황이 변할 때마다 추가 담보를 요구하는 내용이 들어있었다는 뜻이다. 이런 부가조건이 많았다는 점은 골드만삭스가 그만큼 위험관리를 잘했다는 의미다.[2]

즉 AIG의 구제금융이 없었다 해도 만약 AIG가 파산했다면 골드만삭스는 담보를 매각해 채권의 상당 부분을 회수할 수 있었다는 결론이 나온다. 필자는 130억 달러의 1/3 정도가 실제 골드만삭스의 손실에 가까운 수치일 것으로 추측한다. 확보한 담보를 공매 등을 통해 매

---

[2] 골드만삭스는 AIG와 CDS 계약을 맺고 있었으며, AIG에서 CDS 계약에 따라 가치가 하락한 파생상품에 대한 보험금을 지급받았다. 따라서 개인적인 추측이기는 하지만, 해당 파생상품을 회계장부에 실제 가치보다 높게 부풀려서 기록할 필요는 거의 없다고 생각한다.

각한다면 원래 가격보다 1/3 정도의 싼 가격에 매각할 가능성이 높기 때문이다.

3가지 요인을 종합해보면, 필자는 골드만삭스의 2009년 장부에서 빠진 손실이 40억 달러를 조금 웃돌 것이라고 예상한다. 회계기간의 변경을 통해 장부에 반영되지 않은 2008년 12월 손실 13억 달러, AIG에서 받은 CDS 관련 손실 약 30억 달러를 합친 금액이다. 일부 언론이나 비판가들은 CDS 관련 손실이 100억 달러, 시가평가회계제도의 적용 중지를 통한 금액이 30억 달러를 넘을 걸로 예상하기도 한다. 하지만 이는 상당한 과장이 포함된 수치라 생각한다.

골드만삭스의 2009년 1분기 이익 18억 달러, 2분기 이익 34억 달러의 합계인 52억 달러는 필자가 추정한 40억 달러보다 약 10억 달러 정도 많다. 즉 회계기간 변경, AIG에서 받은 CDS 관련 손실, 시가평가회계제도의 적용 중지라는 3가지 요인을 감안해도 골드만삭스가 흑자 전환에 성공한 것은 주지의 사실이다. 과거 골드만삭스가 기록했던 흑자보다는 적은 금액이지만 어려운 경제형편에서 이 정도의 실적을 거둔 일도 대단하다.

장기적으로 볼 때도 골드만삭스는 다른 투자은행보다 훨씬 유리한 고지를 점유하고 있다. 경쟁자인 다른 투자은행들이 대부분 망하거나 인수당했기 때문이다. 잘 알려진 대로 이번 금융위기 동안 월가 5대 투자은행 중 살아남은 회사는 1~2위인 골드만삭스와 모건스탠리뿐이다. 리먼 브라더스와 베어스턴스는 파산했고, 메릴린치는 뱅크 오브 아메리카로 넘어가 역사 속으로 사라졌다. 최근 미국에서 추진되고 있는 상업은행에 대한 규제 방침에 따르면, 앞으로 상업은행들이 투자은행 업무를 수행하기가 상당히 어려워진다. 따라서 금융위기 동안 살아남은 골드만삭스와 모건스탠리는 거의 미국 시장을 독점하게 된 셈이다. 물론 외국의 경쟁업체들이 남아 있기는 하다.

투자은행에 대한 구제금융 투입 논란

골드만삭스는 1분기 흑자 전환을 발표하자마자 바로 50억 달러를 성공적으로 증자했다. 회사가 흑자전환해서 상당한 이익을 올렸다고 홍보하면서, 그 기회를 이용해 증자를 한 것이다. 골드만삭스는 증자해 조달한 자금으로 미국 정부에서 받은 구제금융 자금을 상환하겠다고 발표했다. 골드만삭스는 이 외에도 세계 2위의 거부인 워런 버핏의 투자회사 버크셔 해서웨이에서 50억 달러를 투자받았다. 2008년 11월에 받은 구제금융 100억 달러를 상환할 자금을 2009년 4월까지 모두 마련한 셈이다.

2008년 미국 정부가 월가 투자은행에 구제금융을 투입하기로 결정할 때 미국민들의 불만은 대단했다. 야당인 공화당 의원은 물론이요, 일반 국민들의 불만은 폭발할 지경이었다. 원래 공화당은 철저한 자본주의 원칙에 따른 경제운영을 강조한다. 망할 가능성이 높은 기업은 정부가 이를 구제하기보다는 시장경제 원리에 따라 망하도록 남겨두는 방식을 선호하는 것이다. 그 반대로 회사가 경영을 잘한 결과 돈을 많이 벌었다면, 그 회사 직원들이나 주주들이 혜택을 누리게 하자는 게 공화당이다. 민주당의 경제운영 원칙도 공화당과 대동소이하다. 다만 공화당에 비해서는 사회적 약자인 저소득층이나 이민자 등을 더 배려하는 편이다.

모두가 알다시피 투자은행은 사회적 약자가 아니다. 금융위기 직전인 2007년 골드만삭스의 직원 1인당 평균 연봉은 66만 달러였다. 이는 미국인의 1인당 평균소득인 4만 5천 달러의 15배다. 즉 투자은행에 근무하는 사람들은 미국의 최상류층에 가깝다. 이런 투자은행을 도와주기 위해 세금으로 마련한 자금을 무려 7천억 달러약 840조 원나 투입했으니 미국민들이 화가 날만도 하다.[3]

미국 정부가 구제금융을 통해 투자은행을 지원하려면 의회의 승인을 받아야 한다. 2008년 가을, 미국 정부가 이를 처음 시도했을 때 의회는 이를 부결했다. 여당인 민주당 의원들 중 일부도 법안에 반대했다. 정부가 부랴부랴 설득에 나서서 구제금융의 엄정한 집행과 회수를 약속한 후에야 간신히 법안을 통과시킬 수 있었다.

그런데 몇몇 투자은행이 이런 과정을 거쳐 받은 구제금융으로 고위 경영진에게 수백만 달러의 막대한 보너스를 지급한다는 소식이 알려지자 미국민들은 크게 반발했다. 오바마 정부도 곤란한 입장에 빠졌다. 미국 자동차업계의 경영난으로 실직한 수만 명의 공장 근로자들

---

[3] 이는 2008년 지급된 1차 구제금융을 말하는 것이며, 2009년에도 추가로 2차 구제금융 자금 7천억 달러가 지급되었다.

의 연봉은 불과 4~5만 달러 정도다. 제너럴 모터스GM나 크라이슬러는 거의 도와주지 않으면서 투자은행 업계에 막대한 돈을 붓는 이유가 뭐냐며 제조업 근로자들이 시위를 했다. 이들은 "대통령을 만들어줬더니 우리를 배반하고 부자들 편을 든다"고 오바마를 비난했다.

이에 미국 정부는 투자은행의 총수들을 불러모아 직원들에게 보너스를 지급하지 말라고 압력을 가했다. 하지만 이들은 일제히 반발했다. 이들은 직원과의 계약 조건에 따라 보너스를 지급해야 하고, 보너스를 지급하지 않으면 직원들이 회사에 대한 소송도 불사할 태세라고 읍소했다. 결국 정부의 압력에도 불구하고 대부분 투자은행들은 보너스를 규정대로 지급했다. 한국에서는 기업의 총수가 정부의 압력에 저항한다는 게 아직은 상당히 어렵다. 하지만 미국에서는 법적으로 문제가 없으면 정부가 어떤 압력을 가해도 통하지 않는다.

기업이 망했어도 보너스 지급이 가능한가?

회사가 파산 지경인데도 막대한 보너스를 지급할 수 있었던 이유는 무엇일까? 바로 평가와 보상체계의 잘못 때문이다. 평가와 보상체계가 회사 전체의 손익이나 장기적인 측면을 고려하지 않고 개별 부서나 개인별 손익, 단기이익만 중시했기 때문이다. 파생상품 트레이더는 시장에서 팔릴만한 파생상품의 대략적인 구조에 대한 아이디어를 가지고 금융공학자에게 해당 파생상품을 설계하도록 지시한다. 이

트레이더는 판매한 상품에서 발생하는 이익에 비례해 보너스를 받는다. 판매된 상품이 1억 달러의 이익을 회사에 가져다준다고 가정하면 트레이더 및 관련자들은 그 이익의 10%인 1천만 달러를 보너스로 받는다.

문제는 이 이익이 단 한 번의 거래로 발생하는 것이 아니라 파생상품의 존속기간 동안 서서히 발생한다는 점이다. 더구나 2008년 금융위기의 주범인 부동산 관련 파생상품은 그 존속기간이 무려 20~30년에 이른다. 때문에 그 이익이 미래에 실제로 발생할지는 아무도 알 수 없다. 이익을 계산하는 데 사용된 수치는 모두 미래에 대한 예측치일 뿐이다. 하지만 트레이더의 보너스는 분기별 업적 집계가 끝나는 다음 분기 또는 연말에 곧바로 지급해야 한다.

만약 미래에 대한 예측이 틀렸다면 어떤 일이 일어날까? 이번 금융위기 동안에는 1억 달러의 이익을 기대했던 파생상품이 5억 달러의 손실을 끼친 예가 허다했다. 하지만 잘못된 예측에 기초해서 막대한 보너스를 받았던 파생상품 트레이더가 과거에 받은 보너스를 회사에 반환해야 한다는 규정은 없었다. 이런 제도상의 허점 때문에 투자은행 직원들은 미래나 회사의 이익은 전혀 생각하지 않고 자신의 단기 보너스를 극대화하기 위해 행동했을 가능성이 높다. 평가와 보상제도를 설계할 때 미래에 발생할 수 있는 불확실성이나 위험을 충분히 고려하지 않았기 때문에 이런 사태가 발생한 셈이다.

개인별 성과평가제도에도 문제가 많았다. 개인별로 성과를 평가하는 일은 당연하다. 하지만 성과평가를 한 후에 보상액을 결정할 때는 부서 전체의 성과나 회사 전체의 성과도 고려 대상에 포함해야 한다. 개인별 성과보다 회사 전체의 성과가 더 중요하다는 것은 주지의 사실이다. 그럼에도 불구하고 보상체계는 회사의 성과가 아니라 개인이나 부서별 성과에만 연동되어 있었으니, 회사가 망해가는데도 계약에 따라 수백만 달러의 보너스를 받아야 한다고 주장하는 직원들이 다수 생겨났다. 어제까지 같이 일했던 옆 자리의 동료는 실직 위험에 처했는데도 말이다.

한국적인 사고방식으로 보면 이를 이해하기 힘들 수도 있다. 하지만 대부분의 미국 사람들은 계약은 꼭 지켜야 하는 약속이라고 생각한다. 이런 사고 체계가 뿌리박힌 미국 사람에게는 오히려 법적 계약으로 명시된 사항임에도 불구하고 온정주의를 내세워 자신의 이익을 챙기려하지 않는 행동이 더 이해하기 어려울 수 있다.

하지만 금융위기를 거치면서 평균적인 한국인들과 비슷한 생각을 하는 미국인들도 늘어났다. 상당수의 미국인들이 투자은행의 이런 행태에 대해 노골적으로 적개심을 표현하고 있으니 말이다. 이번 사태가 벌어질 동안 각 투자은행들은 직원들에게 회사 로고가 찍힌 티셔츠를 입지 말고, 회사 로고가 찍힌 노트나 비품들을 밖에서 사용하지도 말며, 외부인과의 접촉도 되도록 피하라는 등의 지침을 배포했다. 투자은행 업계에 대한 일반 미국인들의 불만이 어느 정도였는지를 쉽게 짐작할 수 있다. 2011년 가을, 전 세계를 들썩이게 한 반㈜ 월가 시위 '월가를 점령하라 Occupy Wall street' 또한 이런 투자은행 업계에 대한 분노가 폭발하면서 일어났다.

골드만삭스의 행보와 정부의 규제

이런 불만 때문에 미국 정부는 황급히 구제금융을 받은 금융기관은 직원들에게 50만 달러 이상의 보너스를 지급할 수 없다는 법률을 마련했다. 사회주의 국가가 아니고서야 개별 기업의 직원 보너스가 얼마인지 정부가 간섭할 일이 아니다. 하지만 상황이 상황이니만큼 당황한 미국 정부는 갑자기 이런 법률을 만들 수밖에 없었다. 이에 월가 CEO들은 2009년 3월 오바마 대통령을 만난 자리에서 이 규제를 없애달라고 건의했다. 골드만삭스의 CEO인 로이드 블랭크페인Lloyd Blankfein이 특히 앞장섰다. 하지만 정치적으로 곤란한 입지에 있었던 오바마 대통령은 이 요청을 일언지하에 거절했다.

그러자 골드만삭스는 증자를 통해 마련한 자금으로 정부에서 받은 구제금융 자금을 상환하겠다고 선언했다. 구제금융을 받은 회사는 보너스 한도의 규제 대상이므로, 구제금융을 상환한 후 직원들에게 보너스를 자유롭게 지급하겠다는 뜻을 내보인 셈이다. 그러자 미국 정부는 다시 심한 비난에 직면했다. 국민들은 골드만삭스가 정부의 구제금융을 상환하지 못하게 하라고 주장했다.

사실 골드만삭스가 정부에서 직접 받은 자금은 100억 달러이지만 간접적으로 받은 혜택은 더 크다. 정부에서 AIG에 지급한 구제금융 중 골드만삭스로 흘러들어온 자금 130억 달러, 정부의 지급보증으로 빌린 자금 280억 달러 등 얼추 계산해도 간접 혜택이 400억 달러가 넘는다. 따라서 골드만삭스를 비판하는 쪽에서는 이런 자금도 모두 정

골드만삭스의 CEO 로이드 블랭크페인 유태인 이민자 출신 부모 밑에서 역경을 극복하고 성공해 CEO 자리에 오른 입지전적인 인물이다. 현명한 판단력으로 금융위기를 무사히 극복했지만, 지나치게 자신만만한 태도와 금전적인 가치만을 추구하는 몇몇 언행으로 비난의 대상이 되기도 했다.

부에게 돌려줘야만 골드만삭스가 보너스 규제를 피할 수 있게 하라고 정부를 몰아붙였다.

  이에 미국 정부는 일정 조건을 충족한 금융기관만이 구제금융을 상환할 수 있도록 허락하겠다고 밝혔다. 2009년 6월 말 미국 정부가 발표한 규정에 따르면, 골드만삭스를 제외한 다른 모든 금융기관들은 앞으로 수년간 구제금융을 상환할 수 없다. 하지만 골드만삭스는 이 조건을 다 충족하고 있었기 때문에 골드만삭스를 고의적으로 봐주는 것이 아니냐는 의심이 쏟아져 나왔다.

  특히 5년 이상 장기 무보증 채권을 일정 규모 이상 발행한 경험이 있어야 한다는 조항이 문제로 등장했다. 이 규제가 발표되기 불과 10일 전, 골드만삭스가 바로 이 조항에 딱 맞는 채권을 발행해 규제 조건을 정확히 충족시켰기 때문이다. 이에 일각에서는 골드만삭스가 미국 정부의 규제가 어떤 식으로 바뀔지까지 사전에 알고 있었다는 의혹을 제기했다. 그랬기 때문에 불과 10일 전에 기준을 맞출 수 있었다는 것이다.

이 와중에 골드만삭스의 모 임원이 기자들과 대화하는 도중 "당신들이 보기에 그 정도 보너스가 큰돈처럼 보이지만 우리 입장에서 보면 별로 큰돈이 아니다", "우리는 열심히 일했으므로 그 정도 보너스를 받을만한 자격이 충분히 있다"라는 이야기를 했다. 이 발언은 미국인들의 분노에 기름을 부었다. 전 미국에서 반대 여론이 들고 일어난 것이다. 설사 이 말이 사실일지라도 일반인이 듣기에는 상당히 거북한 이야기가 아닐 수 없다.[4]

골드만삭스와 정부의 관계

이에 따라 골드만삭스에 대한 비판의 목소리는 점점 더 커져만 갔다. 미국의 금융정책을 담당하는 대부분 당국자들의 친정이 골드만삭스라는 사실은 이런 의혹을 더욱 키웠다. 금융위기 초기 미국의 금융정책을 진두지휘한 헨리 폴슨 재무장관은 잘 알려진 대로 골드만삭스의 전 CEO 출신이다. 골드만삭스에 대한 직접적인 관리를 담당하는 뉴욕 연방준비제도이사회FRB의 윌리엄 더들리 총재, 스티븐 프리드먼 전 이사회 의장도 모두 골드만삭스의 고위간부 출신이다. 이 때문에

---

[4] 필자는 골드만삭스 직원들이 일반인들의 상상을 초월할 정도로 열심히 일한다는 것은 잘 알고 있다. 하지만 필자의 입장에서 보더라도 이런 발언은 상당히 문제가 있어 보인다. 그러니 이때 실직하거나 경제적으로 어려움을 겪고 있던 수많은 미국인들이 이런 발언을 어떻게 받아들였을지는 보지 않아도 명백하다.

세계금융위기로 경쟁 투자은행들이 사라진 후 골드만삭스에게까지 위기가 닥쳤을 때 미국 정부가 비로소 구제금융을 투입했다는 음모론까지 등장했다.[5]

뿐만 아니라 2008년부터 미국 정부가 마련한 7천억 달러의 구제금융을 집행하고 있는 닐 캐시카리 재무부 차관보도 정부에 들어오기 직전까지 골드만삭스에서 일했다. 워싱턴에 입성하기 전 캐시카리는 골드만삭스 샌프란시스코 지사의 부사장으로 근무하며 인터넷 보안기업의 창업 자문 역할을 주로 맡았다. 그랬던 그가 천문학적 규모의 구제금융을 감독하는 업무를 맡자 적절치 않은 인사라는 비판이 많았다. 게다가 그는 1973년생으로 2008년 임명 당시 35세에 불과했다.[6]

물론 골드만삭스에서 근무했던 사람들이 유능한 수재들이기 때문

---

[5] 골드만삭스가 위험에 빠지기 전까지 미국 정부는 다른 투자은행들이 파산하거나 인수하는 동안 "구제금융은 없다"면서 불개입 원칙을 천명하고 있었다. 하지만 골드만삭스조차도 위험해져서 파산위기에 빠진 순간에 구제금융을 투입하기로 결정했다. 미국 정부의 구제금융을 처음으로 받은 회사는 보험회사 AIG이다. AIG가 정부에서 받은 구제금융 중 상당 부분인 130억 달러가 CDS에 대한 보험료로 골드만삭스에게 지불되어 골드만삭스는 파산위기에서 벗어났다. 이런 이유에서 경쟁자들이 망할 때까지 기다렸다가 골드만삭스를 살리기 위해 구제금융을 투입했다는 음모론이 제기되고 있는 것이다. 물론 다른 관점에서 보면 AIG가 무너진다면 보험업계와 투자은행들이 다 무너질 것이며, 골드만삭스가 무너진다면 상업은행들에게도 큰 피해가 오는 상황이었다. 따라서 미국의 금융 시스템이 전면붕괴될 수도 있었으므로 구제금융을 투입하기로 한 것이라고 이해할 수도 있다.
[6] 금융회사들의 직책에는 약간의 거품이 있다. 닐 캐시카리가 임명 전 골드만삭스 샌프란시스코 지사의 부사장(vice president)이기는 했지만, 실제로 한국 회사에서는 부장급에 가까운 직책이다. 또 그의 직책은 금융 관련 업무가 아니라 IT 관련 업무였다. 따라서 금융 분야에 대해서는 큰 전문지식이 없는 인물로 보였다. 그런 닐 캐시카리가 이 직책을 맡게 됨에 따라 이 인사가 적절한지에 대해 상당한 논란이 있었다. 그가 총 7천억 달러에 달하는 구제금융의 총책임자가 되자 '7천억 달러의 사나이' 라는 다소 비아냥 섞인 별명이 붙은 이유다. 그는 2009년 12월부터 세계 최대의 채권투자업체인 핌코(PIMCO)로 자리를 옮겨서 근무하고 있다.

에 이런 중요한 자리에 앉았다는 주장도 일리가 있다. 하지만 규제 대상 기업에서 근무하던 사람이 거꾸로 규제 당국자가 되는 일이 드문데, 유독 골드만삭스만 이런 일이 빈번하다는 것은 좀처럼 납득하기 어렵다. 사람들이 골드만삭스를 '거버먼트정부 삭스Government Sacks' 라고 비판하는 이유도 여기에 있다. '오비이락' 이라는 속담이 생각난다.

골드만삭스가 과거에 공화당 정부와도 긴밀한 관계를 유지했지만, 지난 대선 때는 오바마 대통령쪽에 상당한 자금을 기부했다는 사실도 논란의 대상이 된다. 골드만삭스가 오바마 대통령쪽에 기부한 선거운동 자금은 무려 100만 달러다. 힐러리 클린턴도 45만 달러를 받았다. 골드만삭스는 대통령 선거기간 동안 오바마 대통령쪽에 기부한 전체 기부자 중 2위에 해당한다.[7] 부시 행정부 시절 회계부정 사건으로 파산했던 엔론 임원들이 부시 선거운동 캠프에 기부한 자금이 15만 달러 정도였다. 그런데 엔론 사건이 일어나자 부시가 이런 기부금을 받았기 때문에 엔론을 뒤쪽에서 도와주었다는 정치적 비난이 다수 제기되었다. 15만 달러와 100만 달러를 비교해보면, 오바마 대통령쪽에서 받은 선거자금이 얼마나 많은 규모인지 짐작할 수 있다.

---

[7] 골드만삭스 외에도 미국의 많은 금융기관들이 오바마 캠프에 상당한 선거자금을 기부했다. 전통적으로 공화당쪽 지지성향이 많은 금융계에서 오바마를 돕고 나섰다는 것이 흥미롭다. 대통령 선거 당시 리먼 브라더스, JP모건 체이스, 시티그룹, UBS, 모건스탠리, 크레딧 스위스 등이 오바마 캠프에 기부한 돈은 총 100만 달러가 넘는다.

세금회피에 대한 이슈

일각에서는 골드만삭스가 2008년 납부한 법인세가 1,400만 달러에 불과하다는 점까지 들먹이며 골드만삭스를 비난하고 있다. 정부에 세금은 내지 않으면서 혜택만 엄청나게 받았다는 비난이다. 실제 1,400만 달러는 골드만삭스가 2008년 기록한 이익의 10%에 불과하다. 골드만삭스 CEO의 2008년 연봉과 비교하면 1/3에도 못 미친다. 이렇게 세금을 적게 낸다는 것은 한국에서는 상상도 못할 일이다.

이런 비난에 대해 골드만삭스는 이익이 대부분 해외의 조세피난처 국가에서 발생했기 때문이라고 밝혔다. 즉 미국 본토에서 벌어들인 이익은 거의 없다는 주장이다. 실질적인 거래는 미국에서 이루어졌더라도 법적 계약이나 거래는 조세피난처에서 이루어진 것처럼 서류를 만들었을 것이라고 추측된다. 조세피난처 국가들의 대부분은 카리브해에 위치한 조그마한 섬나라다. 골드만삭스가 그런 나라에서 상당히 큰 영업을 해서 돈을 벌어들일만한 개연성은 거의 없다. 머리 좋은 수재들이 모여 법망을 빠져나갈 방법들을 궁리한 것이리라.

그렇다고 하더라도 사업이 서류상으로 그런 나라에서 이루어진 것이라면, 장부상으로는 세금을 낼 이유가 없다. 이는 미국의 세법이 불충분해서 생긴 현상이다. 미국이건 한국이건, 기업이건 개인이건 세금을 덜 낼 방법을 찾는 것은 경제적으로 합리적인 행동이기 때문이다. 세금회피에 대한 사회의 비난은 충분히 이해는 가지만, 이 문제로 골드만삭스를 처벌할 근거는 없다. 문제는 이에 대한 적절한 대응책을 마련하지 못하는 감독당국에게 있다. 이 문제 때문에 미국이 세법까지 바꿀지는 두고 볼 일이다. 어쨌든 미국은 지금 세법을 개정하기 위해 다양한 노력을 하고 있다.

비난이 지속되자 미국 정부는 골드만삭스가 독점금지법을 위반했는지에 대해 조사하겠다고 발표했다. 불황 때 미국 정부가 기업에게 독점금지법을 적용하는 일은 상당히 드물다. 미국 정부 역시 면피하기 위해 흠잡을 내용을 찾고 있다는 비판에서 벗어나기 어렵다. 더군다나 골드만삭스가 경쟁업체들과의 치열한 경쟁을 통해 독점적인 입지를 구축한 것이 아니라, 금융위기 여파로 경쟁업체 세 곳이 거의 동시에 망하는 바람에 독점이 된 상황이다.

신을 대리한다는 골드만삭스의 자만

이 사건 후에도 골드만삭스는 2차례 더 세계적인 화제를 제공했다. 우선 골드만삭스 CEO 블랭크페인이 2009년 말 영국에서 한 기자회견을 보자. 블랭크페인은 "골드만삭스가 자금이 필요한 기업들에게 필요한 자금을 조달할 수 있도록 도와주고, 일자리를 창출하며, 국가 경제가 발전할 수 있도록 도움이 되는 일을 한다"는 이야기를 했다. 이 와중에 그는 "신이 창조한 우리 몸에서 피가 몸의 각 구성 부분에 영양분을 공급하는 것처럼 골드만삭스는 기업들의 생존에 필요한 자금을 공급"하고 있으므로, 골드만삭스가 "신의 일을 대신하고 있다We are doing

God's work"고 말했다. 이에 전 세계 많은 사람들이 "자신의 회사를 신God에 비유하다니 오만하기 그지없다"며 골드만삭스와 블랭크페인을 비난했다. 금융권에 대한 국민의 불신과 분노가 상당히 높은 가운데서 한 이 발언은 불붙은 집에 기름을 붓는 격이다. 영국의 유명 경제일간지 〈파이넌셜 타임즈Financial Times〉는 '신이 골드만에게 주는 훈계From God to Goldman'라는 사설을 실어 골드만삭스를 비난할 정도였다. 사설의 핵심 요지는 '오만하게 행동하지 말고 부끄러운 줄 알라'는 것이었다.

두 번째 사건은 2010년 초 미국 정부가 골드만삭스를 사기 혐의로 기소한 것이다. 모기지 자산을 담보로 한 부채담보부 증권CDO을 판매하면서 중대한 내부거래 정보를 공개하지 않았다는 혐의다. 골드만삭스는 헤지펀드 업자인 존 폴슨이 운영하는 헤지펀드 폴슨 앤 코Paulson & Co.와 함께 일부 CDO를 골라 다른 금융기관들에게 금융위기 직전에 팔았다. 그런데 동시에 골드만삭스는 CDO의 가치가 폭락할 것이라고 예측하고, CDO에 대한 다수의 보험CDS을 구입했다. 한편에서는 우수한 상품이라면서 고객들에게 팔고, 다른 한편으로는 그 상품의 가격이 폭락할 것에 대비해서 보험을 들었다는 것이다. 이런 중요한 정보를 공개하지 않았으므로 이 거래가 사기성을 띠고 있는 거래라는 것이 미국 정부의 기소내용이다. 즉 골드만삭스가 CDO가격이 폭락할 것을 예상했으면서, 그런 예상을 밝히지 않고 반대 방향으로 움직이는 상품을 고객에게 팔았다는 것이다.

이 보도를 읽으면서 필자는 미국 정부가 정부에 대한 비난을 잠재우고자 억지로 트집을 잡는다는 느낌을 받았다. 예를 들어 주식을 거

거리에 서서 금융권에 대한 분노를 표출하는 미국 시민들의 모습 금융위기로 고통을 겪고 있던 미국 시민들이 "1%의 사람들이 99%의 부를 독점한다"면서 '월가를 점령하자'라는 이름의 시위를 시작했다. 이 시위는 곧 전 세계로 확산되었다. 그 결과 '자본주의 4.0'이라고 부르는 사회 전체의 공동선을 추구하는 새로운 형태의 자본주의를 모색해야 한다는 반성이 요즘 제기되고 있다.

래할 때 파는 쪽에서는 앞으로 주식가격이 하락할 것이라고 생각하기 때문에 팔고, 사는 쪽은 그 반대로 주식가격이 앞으로 올라갈 것이라고 생각하고 주식을 산다. 그 결과로 주식거래가 이루어진다. 그후 주가가 50% 폭락했다고 해보자. 매수자가 가격이 떨어질 주식을 속여서 판매했다고 매도자를 고소할 수 있을까? 만약 주식에 대해 아무것도 모르는 사람이 매도자의 강권으로 주식을 구매한 경우라면, 고소가 성립할 수도 있다. 한국의 키코KIKO 관련 소송에서 키코를 구입했다가 피해를 입은 중소기업들이 판매한 은행들을 대상으로 복잡한 키코상품의 구조를 잘 이해하지 못하고 구매했으니 불완전판매에 해당한다고 고소한 것과 같은 논리다. 대부분의 중소기업에서는 파생상품의 복잡한 손익구조를 이해할만한 전문인력이 없을 것이기 때문이다.

하지만 골드만삭스의 상황에는 이 논리를 대입하기가 곤란하다. 골드만삭스에서 CDO를 구입한 고객들은 미국과 유럽의 다른 대규모 금융기관들이기 때문이다. 이들 기관들은 다년간 수많은 CDO상품 거래를 해왔던 만큼, 전문인력이 없거나 복잡해서 CDO상품에 어떤 위험이 있는지 몰랐다는 이야기를 할 수가 없다. 이런 전문가들이 CDO가 어떤 상품인지 모르고 구입했으니 사기성 거래라고 주장하는 건 앞뒤가 맞지 않는다. 그렇다면 앞으로는 주식이나 금융상품의 판매자가 미래에 가격이 떨어질 것이라고 판단한다면, 상품을 팔아서는 안 된다는 이야기인가?

물론 내부정보에 접근할 수 있는 대주주가 보유한 주식을 판다면 모든 정보를 정확히 공개해야 한다. 이런 경우도 아니고 보유하고 있는 금융상품을 판 것인데 사기라는 주장은 논리적으로 맞지 않다. 개인적인 견해이지만, 마치 프로권투 시합에서 진 선수가 상대방 선수가 더 강한 것을 모르고 시합을 해서 졌으니 시합이 무효라고 주장하는 것과 비슷하다. 그렇다고 골드만삭스가 잘했다는 뜻은 절대 아니다.

골드만삭스의 미래

어쨌든 미국 정부는 강력한 금융규제제도가 의회의 심의를 받기 직전 상황에서 골드만삭스를 기소했다. 골드만삭스도 말도 안 되는 기소라고 주장했지만, 전반적으로 골드만삭스를 비난하는 여론이 워낙 높았기 때문에 몸조심을 해야 했다. 미국 정부와 의회를 기분 나쁘게 만들어 강력한 금융규제법안이 의회를 통과해 실시된다면 더 큰 손해를 볼 수 있기 때문이다. 따라서 처음의 강경한 자세와는 반대로 피해자인 다른 금융기관들에게 5억 5천만 달러를 물어주고 타협하는 선에서 문제를 해결했고, 그 사건의 피해자였던 다른 대형 금융기관들과 함께 금융규제법안의 통과를 저지하기 위해 의회를 설득하고 로비하는 데 힘을 기울였다.

골드만삭스와 함께 CDO를 금융위기 직전 팔아치웠던 헤지펀드 폴슨 앤 코는 당시 6개월 만에 10억 달러 이상의 이익을 벌어들였다. 가격이 떨어질 것이라고 모두 베팅을 해놨던 것이다. 대단한 이익률이 아닐 수 없다. 그렇다면 이 이익률이 계속 지속되고 있을까? 그렇지 않다. 2009년과 2010년까지 폴슨 앤 코는 매달 1억 달러 정도의 손실을 기록했다. 금융위기에 벌었던 이익을 거의 다 잃어버린 셈이다. 공격적인 헤지펀드들은 '모 아니면 도' 식의 과감한또는 무모한 도박을 즐겨한다. 도박이 제대로 맞으면 엄청난 돈을 벌고, 맞지 않으면 큰 손해를 볼 수 있다. 일반 주식투자와는 차원이 다른 위험이다.

세상에는 참 똑똑한 사람들이 많다. 어떤 규제가 있더라도 그 규제를 피해가는 방법을 고안해낸다. 많은 논란에도 불구하고 골드만삭스가 아직까지 살아남았다는 점만 봐도 골드만삭스의 우수함을 알 수 있다. 한때 세계 최대 금융회사로 막강한 위용을 자랑했던 씨티그룹은 아직도 적자를 기록하며 생존을 위해 몸부림치고 있다. 메릴린치를 인수한 뱅크 오브 아메리카도 아직 헤매고 있다. 이런 상황에서 골드만삭스는 나홀로 금융위기를 극복하는 실적을 기록했다는 점에서 높이 평가해줄만하다.

실제 골드만삭스의 이익이 증가한 3가지 원인 중 회계연도 변경을 제외한 두 요인, 즉 CDS 관련 손실과 시가평가 회계제도의 적용 중지는 다른 투자은행들에도 해당하는 사안이다. 이로 인해 일부 손실들을 회계장부에서 뺐을 가능성이 높은데도 불구하고 다른 투자은행들은 아직 어려움을 겪고 있다.

또한 필자의 개인적인 견해로는, 2007년부터 부동산 시장의 폭락을 예견하고 관련 파생상품을 대부분 팔거나 보험에 가입한 골드만삭스 임원들의 능력에 찬사를 보내고 싶다. 미래의 시장이나 산업이 어떻게 변할지를 미리 예측하고, 그에 따라 철저히 대비하는 능력을 갖추는 것이 바로 CEO의 역할이 아닐까. 이런 CEO의 통찰력 때문에 역사와 전통을 자랑하던 다른 투자은행들이 파산했는데도 골드만삭스는 자리를 굳건히 지키고 있는 것이다.

모두 함께 살아가는 사회를 위해

하지만 아무리 능력이 뛰어나다고 하더라도 수단과 방법을 가리지 않고 돈만 좇는다는 세상의 평판도 좀 생각해보기를 바란다. 골드만삭스는 2008년 세계금융위기가 발발한 원인 중 하나인 파생상품 판매를 주도한 몇몇 투자은행들 중 하나다. 즉 금융위기의 주범인 셈이다. 골드만삭스 입장에서는 당시 경제적으로 합리적인 의사결정을 내려서 파생상품에 투자를 했고, 그 뒤에도 현명하게 판단해서 파생상품을 금융위기 직전에 처분하거나 보험을 구입해 위기를 헤쳐나왔다고 주장할 것이다. 물론 골드만삭스의 주장도 옳다.

그렇지만 사회에 대한 책임이나 다른 사람에 대한 배려 없이 돈만 아는 회사라는 평판이 지속되는 한 기업의 지속가능한 성장은 어렵다. 많은 국민들이 직업을 잃고 경기가 어려워져 힘든 상황에서 사람들이 골드만삭스를 포함한 금융권에 대해 왜 분노하고 있는지를 알아야 한다. 2012년 초 골드만삭스의 한 전직 임원이 골드만삭스를 퇴사하면서, 회사가 고객들을 '멍청이'라고 부르며 고객들의 돈을 어떻게 더 빼앗을 것인가만 궁리한다는 비난을 제기한 적도 있다. 약간 과장된 측면도 있는 듯 하지만, 그래도 이런 이야기가 나돌 정도라면 골드만삭스의 문화에 문제가 있는 것은 분명하다.[8]

불법적인 일은 한 적도 없고 모든 것이 합리적인 의사결정의 결과라고는 하지만, 그렇다고 하더라도 사회 전체적으로 엄청난 혼란을 불러일으키면서 그 과정에서 자신들은 돈을 버는 행동은 바람직하지 않다. 결국 사람들이 모여서 살아가는 사회는 똑같다. '모두 함께 살

---

8 물론 이런 이야기들은 모두 골드만삭스 미국 본사에 해당한다. 한국에서 골드만삭스는 사회의 구성원으로, 한국의 법과 문화에 따라 사업을 영위하고 있다. 국내에서 몇몇 문제를 일으켰던 외국계 금융기관과는 달리 골드만삭스가 한국에서 사회문제를 발생시켰던 적은 없었다는 것을 강조하고 싶다.

아가는 사회'를 만드는 것이 장기적으로 골드만삭스에게도 도움이 될 것이다. 왜 요즘 많은 기업들이 기업의 사회적 책임을 강조하는지도 생각해봐야 할 것이다.

골드만삭스는 2011년 초 회사운영에 대한 쇄신안을 발표했다. 수단과 방법을 가리지 않고 돈만 좇는다는 오명을 벗어나기 위한 자구책이다. 투명한 정보의 공개와 고객과 주주의 이익을 보호하기 위한 방안들이 포함되어 있다. 이런 방안들이 잘 지켜져서 앞으로 골드만삭스가 다른 사람을 배려할 줄 아는 따뜻한 기업으로 재탄생하기를 바란다.

600여 년 전 고려 말 충신 최영 장군이 남긴 이야기를 마지막으로 글을 맺도록 하겠다. 최영 장군은 "황금을 보기를 돌같이 하라. 황금에 욕심이 많으면 옳고그름의 판단이 흐려지고 백성을 괴롭히게 된다"고 했다. 우리도 황금에 대한 욕심 때문에 옳고그름의 판단이 흐려지고, 그 결과로 다른 사람에게 피해를 끼치지는 않았는지 반성해보자. 합법적일지라도 윤리적으로는 문제가 있는 행동은 얼마든지 있다. 비록 세계금융위기의 원인 중 하나가 될 정도로 큰 사고를 일으키지는 않았지만, 우리 주변에는 이렇게 다른 사람들에게 피해를 끼치면서 자신들의 이익만을 추구하는 사람들이 다수 있다. 이런 사람들도 골드만삭스나 금융계를 둘러싼 논란을 한번 읽어보고 자신의 행동을 반성할 필요가 있을 것이다.

회계로 본 세상

2011년 말 전 세계에서 '월가를 점령하라' 라는 이름의 시위가 일어났다. 금융위기 후 실업자가 된 기성세대들이나 대학교를 졸업하고도 일자리를 구하지 못한 젊은이들이 불만의 목소리를 표출했다.

이 시위를 바라보는 미국 정치권의 견해는 애매하다. 공화당은 금융업계나 부자들에 대한 비난은 해결책이 없는 '비난을 위한 비난' 이며 사회갈등을 일으킬 뿐이라며 싸늘한 눈초리를 보냈다. 민주당은 금융위기 이후 구제금융을 주도하며 골드만삭스 및 금융계를 적극 지원해온 입장이라 역시 껄끄러운 처지다. 정치권의 지원을 얻지 못했으므로 이 시위는 별다른 반향을 얻지 못하고 실패로 돌아갔다.

하지만 이런 목소리가 일단 잦아들더라도 불경기가 장기화되어 많은 실업자들이 계속 일자리를 얻지 못한다면 얼마든지 다시 시위가 일어날 수 있다. 새 시위는 2011년의 시위와는 비교할 수 없이 격렬할 것이다. 그 결과로 자본주의 체제가 심각한 타격을 입을 수 있다. 특히 청년 실업률이 20%를 넘어 30%에 육박하는 다수의 유럽 국가들에서는 이럴 가능성이 실제로 존재한다.

자본주의 체제가 현재까지 발전해온 이유는 공산주의 체제의 장점을 받아들여 계속 변해왔기 때문이다. 반면에 타협을 거부하고 기존 체제를 고수하던 공산주의 국가들은 대부분 역사 속으로 사라졌다. 중국도 말로만 공산주의 국가일 뿐 실제 경제정책은 자본주의에 더 가깝다. 아직도 공산주의 체제를 고수하는 북한이나 쿠바의 경제·정치상황이 어떤가를 보면 '어느 체제가 더 우수한 체제인가?'라는 질문에 대한 답은 명백하다.

제1차 세계대전 이후 대공황이 벌어지자 정부가 적극적으로 나서서 시장에 개입하는 '수정자본주의 체제자본주의 2.0'가 시작되었다. 하지만 1970년대 이후 석유파동과 함께 다시 불황이 시작되자 개인의 사적이윤 추구를 강조하는 '신자유주의자본주의 3.0'가 대세로 등장했다. 사적이윤을 추구하는 동기 때문에 개인들은 열심히 일하게 된다. 모두들 열심히 일하면 더 부자가 되고, 개인이 부자가 되면 사회, 나아가서는 국가가 더 부자가 된다는 논리다.

그런데 신자유주의 논리에는 한 가지 부작용이 있다. 만약 경제가 성장하면 전체 파이의 크기가 늘어나기 때문에 다른 사람의 몫이 줄어들지 않아도 내가 열심히 일하면 내가 받는 몫이 커지므로 문제가 없다. 하지만 경제 성장이 멈추면 문제가 생긴다. 전체 파이의 크기는 변하지 않았는데, 내가 열심히 일한 대가로 더 큰 몫을 받는다면 그만큼 다른 사람의 몫이 줄어들기 때문이다. 이런 일이 반복된다면 경쟁에서 뒤처지는 사람들의 몫이 계속 줄어들어 계층 간의 불평등이 커진다. 그 결과 뒤처진 사람들의 불만이 쌓이게 된다. 현재 미국과 유럽에서 발생하는 사회불안이 바로 이런 이유 때문이다.

이 문제를 어떻게 해결해야 할까? 경제가 다시 성장하고, 그 결과 신규고용이 창출되어 낙오된 사람들이 일자리를 찾으면 된다. 하지만 지금 세계경제의 추세를 보면 당분간 그럴 가능성은 희박하다. 특히 기술 발달로 이른바 '고용 없는 성장'이 계속될 경우 양극화 문제는 더욱 심각해질 것이다.

그렇다면 남아 있는 유일한 해결책은 대타협뿐이다. 이 추세가 바로 현재 화두가 되고 있는 '자본주의 4.0' 또는 공생자본주의를 말한다. 결국 현 세대 또는 부모 세대에서 열심히 일해서 부를 축적한 사람들이 조금 더 양보해야 한다. 내가 열심히 일한 만큼 대가를 충분히 받지 못하는 것 같아도 조금 양보해서 사회에서 뒤처진 사람들에게 일할 수 있는 기회를 제공해야 한다. 그러지 않는다면 정말로 혁명이 일어나서 자본주의 체제가 무너질 수도 있다. 만약 자본주의 체제가 무너지고 공산주의와 유사한 체제가 들어서면 어떨까? 심각한 사회적 혼란이 발생하는 것은 물론 장기적으로 과거 동유럽이나 소련, 북한이나 쿠바와 같은 길을 걸을 수밖에 없다. 그렇다면 모두가 불행해질 뿐이다.

지금 우리나라에서 논란이 되고 있는 동반성장이나 상생 관련 이슈도 이런 관점에서 생각해야 한다. 소비자들은 대기업이 시장에서 철수해 경쟁이 줄어들면, 선택의 폭이 줄어들고 과거보다 낮은 품질의 제품을 더 높은 가격으로 구입해야 할 가능성이 있으니 피해를 보게 된다. 따라서 이런 정책이 실시되면 사회 전체적으로는 효용이 단기적으로 줄어들 수 있다. 하지만 그렇다고 하더라도 일부 부의 재분배 효과가 있기 때문에 체제 유지와 후속 세대의 행복을 위해서는 이런 양보가 필요하다. 동반성장이라는 이야기가 경제 논리에 맞지도 않고 비효율적인 것도 사실이지만, 이렇게 해서라도 일자리 창출이나 소득 재분배를 하지 않는다면 장기적으로 사회 전체에 더 큰 불행이 닥칠 수도 있기 때문이다.

또한 대기업만 비난하지 말고 소비자인 나 자신도 고통을 분담하겠다는 생각을 해야 한다. 우리 모두가 '나부터 대기업에서 파는 통 큰 피자나 반 값 치킨을 마다하고 동네 영세상인이나 재래시장에서 물건을 사겠다'는 생각을 하지 않는다면, 대기업에게 양보만을 요구하는 일은 별다른 큰 효과가 없을 것이다. 대기업의 양보로 시장을 차지하게 될 몇몇 중소기업들도 자기 몫을 늘릴 뿐, 늘어난 몫을 다른 이웃을 위해 나눠주려고 하지 않을 테니 말이다. 즉 남을 배려하고 기꺼이 내 몫을 나눠주겠다는 마음을 사회 구성원 모두가 가져야 한다. 내 몫은 절대 주지 않고 남에게만 양보하라고 모두가 주장하면 어떻게 일자리가 창출되거나 빈부격차 문제가 해소될 수 있겠는가. 정규직이 양보하지 않으니 비정규직 문제가 쉽게 해결되지 않는 것이 바로 그 예다. 이러니 모든 문제를 단숨에 해결할 수 있는 만병통치약은 존재하지 않는 법이다.

총 4편으로 구성된 Part 3에서는 기업이 각종 공시나 정보의 제공을 통해 시장, 투자자 또는 소비자와 긴밀하게 소통하는 방법, 사회적 책임을 수행한다는 사회책임투자의 실체를 알아본다. 시장과 소통하는 인텔과 애플의 사례, 강호동이나 이효리가 인기가 있는 이유, 그리고 어닝 서프라이즈 게임을 하는 기업들의 사례를 통해 소통의 중요성을 이해할 수 있다.

Part 3

숫자경영, 세상과 소통의 시작점이다

_ 시장과의 소통과 기업

설득의 기술, 프레이밍 효과

▸▸▸▸ 인텔과 애플 ◂◂◂◂

똑같은 일이라도 바라보는 관점에 따라 얼마든지 다르게 해석할 수 있다. 심리학 분야에서는 이를 프레이밍 효과라고 부른다. 기업들은 시장에 정보를 공시할 때 이 프레이밍 효과를 이용한 방법을 종종 사용한다. 프레이밍 효과를 이용해서 기업에게 유리한 방향으로 정보를 포장해 전달하는 것이다. 프레이밍 효과 외에도 인텔이나 애플의 사례를 통해 고객이나 소비자의 눈높이에 맞는 경영을 실시하는 일의 중요성에 대해 알아본다.

미국 코미디언인 조지 칼린George Carlin은 "똑같이 물이 담겨 있는 컵을 보면서 물이 반이나 들어있다고 생각하는 사람도 있고, 물이 반밖에 없다고 생각하는 사람도 있다. 나는 컵이 너무 크다고 생각한다"는 유명한 말을 남겼다. 같은 사물이라도 바라보는 관점에 따라 얼마든지 달라질 수 있다는 이야기다. 이런 현상을 심리학에서는 '프레이밍 효과framming effect, 틀 또는 구조화 효과라고 번역함'라고 부른다.

심리학에서 프레이밍 효과를 설명하는 재미있는 이야기가 있다. 예를 들어 병에 걸려 수술을 앞두고 있는 환자가 의사에게 얼마나 살 수 있는지 물었다. 의사가 "지금까지 이 수술을 받았던 환자들은 100명 중에서 70명이 수술 후 10년은 더 살았습니다"라고 이야기하면 환자는 아마도 비교적 안도하면서 기꺼이 수술을 받는다고 한다. 하지만 반대로 "100명 중에서 30명이 10년 이내에 죽었습니다"라고 이야기하면 불안에 떨며 수술을 망설일 가능성이 높다고 한다. 철저히 따져보면 100명 중 70명이 산다는 것은 30명이 죽는다는 것과 같은 내용이다. 하지만 같은 내용이라도 표현하는 방법에 따라 환자의 반응이 정반대로 바뀌는 것이다.

사실 이 프레이밍 효과는 심리학 분야에서 알려진 지 매우 오래되었다. 또한 많은 경제학이나 심리학 서적에서 기업들이 프레이밍 효과를 마케팅에 유용하게 사용할 수 있을 것이라고 소개한다. 앞서 소개한 의사와 환자의 사례는 수많은 심리학 책뿐만 아니라 최근 행동경제학behavioral economics을 다룬 경제학 책들과 뇌과학neuroscience 책에도 등장한다.[1] 하지만 이런 책들은 프레이밍 효과가 있다는 사실만 설명해줄 뿐, 실제로 프레이밍 효과가 마케팅 분야에 의도적으로 사용되었던 사례를 소개하지는 않고 있다. 필자도 그런 사례를 본 기억이 별로 없다. 일단 짧은 시간 내 마무리해야 하는 TV 광고에서는 이런 내용을 구구절절 말하기 힘들다는 한계가 있다. 또 TV 광고는 청각보다

---

[1] 행동경제학과 뇌과학을 결합해 요즘은 뇌경제학(neuroeconomics)이라는 분야도 생겼다. 개인들이 내리는 비합리적인 경제적 의사결정을 심리학적인 요인, 특히 뇌의 특성으로 설명하는 분야다. 행동경제학과 함께 행동재무학(behavioral finance)이란 용어도 종종 사용되고 있다. 경제학은 일반인들의 경제적 의사결정을 모두 다루는 포괄적인 개념이며, 이 중 주식시장이나 투자 등의 분야에 한정해 더 깊이 있는 연구를 수행하는 것이 행동재무학이라고 할 수 있다. 실제로 행동경제학자로 책자나 언론에 소개되는 교수들 중 과반수는 경제학과가 아닌 경영대학의 재무·금융 전공 교수들이다. 회계 분야에서도 현실에서 발견되는 현상을 심리학적인 접근방법을 통해 설명하려고 하는 경향이 있는 것처럼, 다른 사회과학 분야에서의 지식도 심리학적인 접근방법으로 풀어보려고 하는 경우가 요즘 상당히 늘어나고 있는 추세다.

시각 효과가 더 크기 때문에 미묘한 표현의 차이로 시청자의 반응을 불러일으키기가 어렵다. 이런 이유 때문에 대화법이나 협상론 등의 분야에서 상대방을 설득하기 위한 대화의 기술로 프레이밍 효과가 주로 소개되곤 한다.

그런데 기업 활동 가운데 프레이밍 효과가 가장 널리 사용되는 영역은 놀랍게도 회계 분야다. 숫자를 다루는 영역인 회계 분야에서 설득의 기술이라고 할 수 있는 프레이밍 효과가 널리 사용된다는 사실을 믿기 힘들지도 모른다. 프레이밍 효과가 자주 사용되는 영역은 기업이 여러 뉴스를 외부에 전달하는 '공시公示'다.

공시 분야에서 프레이밍 효과의 활용

공시에서 프레이밍 효과가 활용되는 이유를 살펴보자. 프레이밍 효과 중에 숫자 그 자체와 퍼센트로 표현한 숫자가 가져오는 효과의 차이점에 대한 부분이 있다. 예를 들어 "100명 중 70명은 수술 후 10년을 더 살았습니다"라고 말하는 것과 "70%의 사람들이 수술 후 10년을 더 살았습니다"라고 말하는 것은 큰 차이가 있다. 숫자 그 자체를 들은 사람들이 퍼센트로 표현한 숫자를 들은 사람보다 더 강한 인상을 받는다고 한다. 즉 긍정적인 뉴스라면 뉴스를 들은 사람은 더 긍정적인 인상을 받게 되고, 반대로 부정적 뉴스라면 더 부정적인 인상을 받게 된다는 뜻이다.

 필립 즈바이크의 책 『Your money and your brain』 행동재무학이나 뇌경제학 지식을 일반 사람들이 알기 쉽게 풀이한 책이다. 사람들이 재무적 의사결정시에 흔히 저지르는 실수를 설명하면서, 의사결정을 개선하기 위한 여러 방법들을 소개한다.

    심리학자 폴 슬로빅Paul Slovic은 이런 현상에 대해 "만약 당신이 10명 중 한 명만 게임에서 이기거나 질 거라고 이야기하면, 그 이야기를 들은 사람들은 바로 그 한 사람이 누구일까를 생각한다. 그리고 그 게임에서 이기거나 진 그 한 사람이 자신이라고 생각하면서 자신을 그 한 사람과 동일시하게 된다"고 설명했다. 반면에 "게임을 한 사람 중 10%가 승자가 될 것이다"라고 이야기하면, 이 말을 들은 사람들은 심리적으로 게임에서 승리할 확률이 낮다고 느끼게 된다.[2]

    더욱 구체적인 예는 기미히코 야마기시Kimihiko Yamagishi의 연구에서 나타난다. 그는 사망자 1만 명 가운데 1,286명이 암으로 죽는다는 숫자를 사람들에게 보여준 후 암이 일어날 확률이 얼마인지 적게 했다. 이

---

2 필립 즈바이크(Philip Zweig)의 책 『Your Money and Your Brain』에서 재인용했다.

때 사람들은 암에 걸려 사망할 확률이 24% 정도라고 평가했다. 그런데 퍼센트로 같은 내용을 설명했을 때_{즉 1만 명 중 12.86%의 사람들이 암으로 죽는다고 설명했을 때} 사람들은 확률이 13%일 것이라고 평가했다. 같은 내용을 어떻게 표현하느냐에 따라 암의 위험성을 상당히 다르게 평가하는 것이다. 24%와 13%의 차이는 매우 크다. 한마디로 보통 사람들의 인지과정이 합리적이지 않다는 이야기다.[3]

긍정적인 뉴스는 숫자로, 부정적인 뉴스는 퍼센트로

기업들은 뉴스를 공시할 때 이와 같은 심리학적 지식을 적극 이용한다. 미국의 통계를 보면 기업들이 자발적으로 공시하는 정보의 양과 빈도가 지속적으로 증가하고 있다. 이 중 가장 중요한 미래 이익에 대한 예측치 공시를 보자.[4] 통계를 보면 2000년대 초반 미국의 기업들은 연간 약 3천 개 이상의 이익예측치를 공시했다. 통계에 포함되지 않은 공시들이 있을 것이므로 실제 수치는 이보다 훨씬 더 많을 것이다.

이익예측치의 공시는 대략 ① "우리 회사의 올해 주당순이익은 2달

---

[3] Yamagishi, 'Consistencies and Biases in Risk Perception: I. Anchoring Process and Response-range Effect', 〈Perceptual and Motor Skills〉, 1994년.
[4] 과거의 실적공시나 지분변동 공시처럼 해당사항이 발생하면 꼭 해야 하는 의무적 공시를 제외할 때, 기업이 선택적으로 할 수도 있고 하지 않을 수도 있는 자발적 공시(voluntary disclosure) 내용 중 가장 중요한 것이 미래 이익 예측치에 대한 공시다. 주석 7번에서 설명할 허스트(Hirst) 등이 수행한 2007년 연구에 따르면, 기업이 공시하는 전체 예측치들 중 약 71%가 이익에 대한 예측치다.

러 정도로 예상된다"라는 형식의 구체적인 수치point를 주는 공시, ② "1.7에서 2.3달러 사이로 예상된다"는 형식의 범위range를 주는 공시, ③ "최소최소 2달러 정도일 것이다"라는 최소값이나 최대값을 주는 공시, ④ "이익이 상당히 증가할 것이다" 또는 "형편이 어려우니 이익이 감소할 것이다"라는 식으로 구체적인 수치 없이 방향qualitative statement만 알려주는 공시 등 4가지 형식으로 구분된다. 4가지 형식 중 ①의 구체적인 공시가 약 20% 정도이며, ②가 약 30%를 차지한다.[5]

그런데 통계치를 자세히 살펴보면 기업들은 회사에 유리한 뉴스를 공시할 때 ①의 형태를 매우 적극적으로 활용한다. 반대로 회사에 불리한 뉴스를 공시할 때는 ①보다는 ②나 ③, ④의 형태를 많이 쓴다.[6] 즉 부정적인 뉴스를 자발적으로 공시하기는 하지만, 뉴스를 정확하게 공시하지 않고 애매하게 포장해서 공시한 시점에 부정적인 효과가 주식가격에 반영되는 정도를 줄이려고 하는 것이다. 특히 공시 내용에 포함된 부정적인 뉴스가 이익에 미치는 정도가 클수록 공시의 형태가 구체적이지 않다.

또 이익예측치를 공시할 때 '어려운 상황을 극복하기 위해 어떤 노력을 하고 있다' 든가 '이익은 비록 적지만 다른 지표들은 좋다'는 식으로 이익이 적은 이유를 희석할 수 있는 다른 정보를 함께 공시한다.

---

[5] Baginski, Hassell, and Kimbrough, 'Why Do Managers Explain Their Earnings Forecasts?', 〈Journal of Accounting Research〉, 2004년.

[6] Kasznik and Lev, 'To Warn or Not to Warn: Management Disclosures in the Face of an Earnings Surprise', 〈The Accounting Review〉, 1995년.

주의가 분산되도록 해서 이익예측치의 공시가 미치는 부정적인 효과를 줄이려고 하는 것이다. 이런 이유에서 유리한 뉴스를 공시할 때보다 불리한 뉴스를 공시할 때 공시하는 정보량이 늘어난다. 연구결과에 따르면 공시되는 정보량이 증가할 때 공시의 신뢰도도 높아진다고 한다.[7]

하지만 반대로 주가에 긍정적인 영향을 미칠 수 있는 공시라면 되도록 ①의 형태를 선택한다. 동시에 공시되는 다른 정보도 별로 없다. 공시를 본 투자자들이 이익예측치에만 집중할 수 있도록 하는 것이다. 또는 다른 정보를 함께 공시하더라도 '수요가 증가할 것' 이라든지 '새로운 혁신을 통해 원가의 절감이 예상된다' 는 식으로 이익예측치가 높은 이유를 설명하는 정보를 공시한다. 부정적인 뉴스를 공시할 때와는 반대로 이익예측치 뉴스를 뒷받침하는 방향의 소식을 몇 가지 덧붙이는 것이다.[8]

이러한 사실들을 종합해보면 기업들이 공시를 할 때 프레이밍 효과를 활용하고 있다는 것을 알 수 있다. 기업들은 공시를 접한 투자자들이 자사가 의도한 방향대로 반응하도록 공시에 포함되는 정보의 내용과 양을 조정하는 것이다.[9]

---

7 Hirst, Koonce, and Venkataraman, 'How Disaggregation Enhances the Credibility of Management Earnings Forecasts', 〈Journal of Accounting Research〉, 2007년.
Hutton, Miller, and Skinner, 'The Role of Supplementary Statements with Management Earnings Forecasts', 〈Journal of Accounting Research〉, 2003년.
8 Baginski, Hassell, and Kimbrough, 'Why Do Managers Explain Their Earnings Forecasts?' 〈Journal of Accounting Research〉, 2004년.

이런 내용의 지식은 더 넓은 범위의 기업 활동에서 활용할 수 있을 것이다. 특히 홍보 부서나 협상 부서에 있는 사람들은 꼭 알아야 할 내용이다. 광고 부서에 있는 사람들도 "70%의 소비자가 우리 회사의 제품을 최고로 뽑았다"라고 하기보다는 "10명 중 7명의 사람들이 우리 회사의 제품을 최고로 뽑았다"라고 광고하는 것이 더 효과적이라는 사실을 알아야 한다. 반대로 "임상실험 결과, 불과 1% 정도의 소비자들만 우리 약품을 사용하고 부작용을 겪었다"라고 표현하는 것이 부정적인 뉴스 효과를 약화시키는 데 더 효과적이다.

인텔의 펜티엄 연산 오류 사례

프레이밍 효과를 이해하지 못하고 공시를 잘못해서 낭패를 당한 사례가 있다. 1994년 세계 최대 컴퓨터용 반도체 제조업체인 인텔Intel은 펜티엄 칩이라는, 당시 기술로는 혁신적인 제품을 내놓았다. 이 칩을 장

---

9 본고에서 설명한 심리적 이유 외에도 기업들이 ①~④의 공시형태를 선택하는 이유에 영향을 미치는 경제적인 원인은 무엇이냐에 대한 연구도 있다. 이에 관심이 있다면 다음 세 논문을 참조하기 바란다.
Baginski and Hassell, 'Determinants of Management Forecast Precision', 〈The Accounting Review〉, 1997년.
Bamber and Cheon, 'Discretionary Management Earnings Forecast Disclosures" Antecedents and Outcomes Associated with Forecast Venue and Forecast Specificity Choices', 〈Journal of Accounting Research〉, 1998년.
Choi, Myers, Zang, and Ziebart, 'The Roles that Forecast Surprise and Forecast Error Play in Determining Management Forecast Precision', 〈Accounting Horizons〉, 2010년.

착한 IBM 호환기종의 컴퓨터는 날개 달린 듯 팔려나갔다. 그런데 그 직후 토마스 나이스리Thomas Nicely라는 수학 전공 전문대학 교수가 이 칩에서 작은 연산 오류를 발견했다. 이 내용이 알려졌을 때 인텔의 창업자이자 최고 경영자인 앤드류 그로브Andrew Grove는 별것이 아니라고 무시했다. 인텔 내부의 공학자들이 개발 초기부터 그 사실을 알고 있었고 별일 아니라고 상부에 보고했기 때문이다. 그러자 화가 난 나이스리 교수는 이 사실을 언론에 적극 알렸다. 언론이 보도하기 시작하면서 이 사실이 소비자들에게 널리 알려졌다.

논리적으로 설득하면 사람들이 자신의 의견에 동의할 것이라고 생각한 그로브 회장은 언론에 열심히 모습을 보이며 여론 수습에 나섰다. 그때 그가 사용한 표현이 "발견된 오류는 90억 번을 연산할 때 불과 한 번 일어나며 일반 사용자들은 2만 7천 년에 한 번 정도 경험할 수 있는 사소한 오류"라는 것이었다. 그러고 나서 그는 "수학자나 물리학자처럼 중요한 수학 연산을 반복해서 사용하는 사람들이 컴퓨터를 가져오면 펜티엄 칩을 새것으로 교환해주겠다"고 발표했다. 그로브 회장이 계속해서 이런 식의 표현을 사용하자 역효과가 나타나기 시작했다. 논쟁에 전혀 관심이 없던 사람들도 인텔을 맹비난하고 나선 것이다.

소비자들의 반발이 커진 이유가 정확히 무엇인지는 분명하지 않다. 하지만 필자는 소비자들이 90억 번에 한 번이라는 숫자에 주목하면서 그 한 번이 꼭 자기 자신일 것이라고 믿게 되었을 가능성이 높다고 생각한다. 이것이 바로 프레이밍 효과다. 역사에 '만약'이라는 가정은

앤드류 그로브(좌)와 스티브 잡스(Steve Jobs, 우) 인텔의 설립자이자 CEO였던 앤드류 그로브와 애플의 설립자이자 CEO였던 스티브 잡스는 모두 대단한 성공을 이루었지만 소비자의 기호를 무시했다가 큰 곤혹을 치른 경험이 있다.

통하지 않는다지만, 만약 그로브 회장이 이 내용을 0.00000000001 정도의 확률로 오류가 일어날 것이라고 표현했다면 실제와 같은 주의집중 효과가 없었을 수도 있다. 그 정도 확률이면 일반 소비자들은 0이 몇 개 있는지 기억도 못할 것이며, 오류의 가능성이 거의 없다고 판단했을 것이다.[10]

그로브 회장이 수학자나 물리학자에게만 컴퓨터 칩을 교체해주겠다고 한 것도 상당한 반발을 불러왔을 가능성이 높다. 사람들은 누구나 자신에게 별로 필요없는 것이라도 남들만 새것으로 교환해준다는데 불쾌해한다. 배고픈 것은 참아도 배 아픈 것은 못 참는다고 하지 않는가.

---

[10] 하지만 이 사례를 프레이밍 효과와 결합해 설명한 경우는 아직 필자가 본 적이 없다는 것을 밝힌다. 즉 이 부분은 당시 소비자의 반응이 악화된 이유에 대한 필자의 독자적인 해석이다.

그로브 회장이 언론에 출연한 이후 인텔에 대한 소비자 불만은 오히려 급속도로 높아졌다. 인텔은 펜티엄 칩을 장착한 컴퓨터의 문제가 해결될 때까지 판매를 중단하겠다는 발표를 하기에 이르렀다. 위기상황에 몰리자 1994년 12월 19일 인텔은 문제가 시작된 지 불과 한 달 만에 모든 펜티엄 칩을 교체해주겠다고 발표했다. 이 사건으로 인텔은 무려 5억 달러의 교체 비용을 소모해야 했고, 이후로도 오랫동안 소비자를 무시하는 기업이라는 오명을 쓰고 있어야 했다. 이런 낙인에서 벗어나기 위해 이후에 부담한 잠재적인 비용도 상당한 수준에 이를 것이다.

애플과 스티브 잡스의 사례

전화위복이라고 해야 할까. 인텔은 이 위기상황을 겪으면서 중요한 교훈을 깨닫게 된다. 바로 '소비자는 왕'이라는 사실이다. 이 사건을 두고 일부에서는 컴퓨터 하드웨어를 생산하는 기술 중심의 완고한 기업이 소비자와 이해관계자들로 시야를 넓히는 계기가 되었다고 해석하기도 한다. 이전에는 기술만 중시하고 기술자를 우선시했지만, 이후로는 더욱 종합적인 관점에서 사물을 보게 된 것이다.

기술자는 논리와 숫자에 강하다. 하지만 소비자들은 논리적이지 않고 감정적이며 변덕이 심하다. 게다가 자신의 기분이 나빠지는 것은 참지 못한다. 이 사건은 1987년 세계 반도체 생산업계에서 불과 10위권 정도였던 인텔이 오늘날 독보적인 자리를 차지할 정도로 성장할 수 있었던 비결 중 하나라고 봐야 할 것이다. 그로브 회장도 이 사건 이후로 소비자 반응을 예측하는 데 많은 시간을 할애하게 되었다고 회고한 바 있다.

이와 비슷한 예로 애플과 2011년 말 사망한 고 스티브 잡스의 경우를 들 수 있다. 애플의 창립 멤버였던 스티브 잡스는 독선적인 경영과 아집으로 1985년 회사에서 쫓겨난 바 있다. 이 당시 스티브 잡스는 '최고의 기술'을 개발하겠다는 신념 외에 고객이나 다른 동료들에 대해서는 아무런 관심이 없었다. 소비자가 원하는 제품이 아니라 자신이 원하는 최신기술을 개발하는 것만 추구했다. 하지만 엄청난 돈을 투입해 개발해낸 첨단 제품들이 연이어 시장에서 외면당하면서 애플은 망할 위기에 처했다. 1980년대에 나와 거의 팔리지 않은 5만 달러5천500만 원짜리 PC 등이 그런 예다. 이를 문제 삼은 이사들이 반란을 일으켰고, CEO인 스티브 잡스는 쫓겨나고 말았다.

하지만 그 후 잡스는 픽사Pixar를 경영하면서 '소비자 눈높이'를 배우게 된다. 만화영화를 만드는 픽사는 주 고객인 어린이의 눈높이를 맞추지 못하면 성공할 수 없다. 컴퓨터 그래픽을 완성도 높게 구사할 수 있는 첨단기술도 필요하지만, 아이들이 좋아할만한 재미있는 시나리오를 골라 그 눈높이에 맞는 영화로 만드는 것이 더 중요하다. 이런 경험을 거친 후 2000년 다시 애플의 CEO로 복귀한 잡스는 첨단기술이 아니라 기존의 기술을 결합해, 간단한 제품이지만 소비자 눈높이에 맞는 여러 신제품을 개발했고, 오늘날 애플의 최전성기를 이

끝었다.

물론 기술도 중요하다. 하지만 기술 못지않게 중요한 것이 소비자나 투자자의 눈높이를 맞추는 것이다. 만약 스티브 잡스가 픽사에서 교훈을 배우지 못했다면 오늘날 애플의 성공은 불가능했을 것이다. 내 기준이 아니라 듣는 사람의 눈높이에서 바라보는 자세는 공시뿐만 아니라 다른 많은 분야에서도 꼭 필요하다.

회계로 본 세상

한국 역사를 살펴봐도, 선조가 임진왜란 직전 일본에 파견한 2명의 사신 중 서인이었던 황윤길은 "도요토미 히데요시가 침략을 준비하고 있다"고 했지만, 동인인 김성일은 그 반대로 "도요토미 히데요시가 조선을 침략하겠다고 한 이야기는 허풍일 뿐이며, 그는 조선을 침략할 만한 위인이 못 된다"고 보고를 한 바 있다. 똑같은 인물을 만나고 온 후에 보고가 정반대로 달라진 것이다. 이에 선조를 비롯한 조정 대신들은 김성일의 보고를 믿고 아무 대비를 하지 않는다. 이런 선택을 한 이유가 역사에서 이야기하는 대로 당시 당파싸움 중 권력을 잡고 있던 동인 김성일의 말을 따랐기 때문일 수도 있지만, 알려지지 않은 다른 이유가 있을 수도 있다. 전쟁에 대비하려면 힘들고 번거로운 일이 많지만, 전쟁에 대비하지 않는 방법은 간단하다. 아무 일도 하지 않으면 된다. 따라서 당시 집권층이 편한 방법을 택했을 수도 있다.

이처럼 그 시점에서 자신들에게 더 유리하고 편안한 소리에 더 쉽게 귀를 기울이는 것이 인간의 본성이다. 이것도 인간이 종종 범하는 비합리적인 의사결정 과정의 사례 중 하나다. 예를 들어 회사가 잘나갈 때는 문제점을 이야기하는 소리가 귀에 들어오지 않는다. 그래서 바로 회사가 잘나간다고 생각되는 시점과 회사 조직 내부에 심각한 문제가 생기는 시점이 동일한 것이다. 유명한 경영전략 강사이며 저술가인 짐 콜린스Jim Collins가 그의 베스트셀러 책인 『좋은 기업을 넘어 위대한 기업으로Good to Great』에서 세계 최고의 기업이라고 뽑은 11개의 기업 중 거의 절반이 책이 저술된 후 불과 6년 이내에 망해버렸거나 거의 망할 뻔한 위기에 봉착해 있다는 이야기를 들어보았는가? 자신의 예측이 엄청나게 빗나간 것을 변호하기 위해 짐 콜린스가 2009년 다시 쓴 책이 『위대한 기업은 다 어디로 갔을까How the Mighty Falls』다. 이 책에서 언급한 위대한 기업이 몰락한 이유가 바로 이것이다.[1]

    이런 비합리적인 의사결정이 일어나지 않게 하기 위해서는 전문가 집단이 여러 가능한 시나리오를 검토하고, 각 시나리오에 따라 서로 다른 행동방안을 준비해놓아야 한다. 그런데 사회현상을 바라보면 종종 너무 과잉대비를 하는 경우도 보인다. 세칭 'Y2K'라고 불렀던, 1999년에서 2000년으로 넘어가면서 컴퓨터들이 일제히 오작동을 해서 잘못하면 핵전쟁이 일어날 것이라고 하던 사건이 있었다. 수백만 명이 죽을 수 있다고 말했던 2009년에 발병한 '신종 플루'도 있다. 지금 와 생각해보면, 당시 소프트웨어 업계나 제약 업계 등의 관련 업체들이 시장을 키우기 위해서 위기의 심각성을 과장해서 표현했을 수도 있다. 그렇지만 당시에는 누구나 정확한 정보가 없었기 때문에 모두 과잉대응을 한 것이다.

그렇다면 위기에 빠질 가능성이 있을 때 대응을 하지 않는 것이 더 좋은 방법일까? 아니면 과잉대응일 수도 있지만 적극적으로 준비하는 것이 옳을까? 명확한 답은 없다. 하지만 필자의 개인적인 견해로는 가능성이 있다면 사전에 준비를 하는 것이 옳다. 만약 임진왜란 당시에 무능한 집권층이 황윤길의 주장을 믿고 조금이나마 사전에 미리 전쟁에 대비했다면, 임진왜란의 피해는 좀더 줄일 수 있지 않았을까 한다. 만약 율곡 이이의 주장대로 십만양병을 했다면 전쟁의 양상은 크게 달라졌을 것이다.[2]

손쉬운 예를 들기 위해 역사 속의 흘러간 이야기를 했지만, 지금 현재의 상황을 생각해보면 과거보다 더 많은 준비를 해야 한다고 할 수

---

[1] 숫자로 명확히 표현되는 회계에서는 숫자가 잘못되었다면 변명할 방법이 없다. 이와 달리 엄청나게 예측이 틀린 책을 쓰고 그 예측이 틀린 이유에 대한 변명을 또 다른 책으로 출판하는 것을 보면 저술가나 컨설턴트는 참 말을 잘한다는 생각이 든다. 성공하거나 실패하거나 모두 말로 애매하게 정당화시키니 말이다. 인터넷을 뒤져보면 『좋은 기업을 넘어 위대한 기업으로』에 감동받았다는 격찬의 글이 다수 등장한다. 사실 필자가 보기에는 '비전을 가지고 조직을 이끌라', '적합한 인재를 뽑아서 적소에 배치하라', '고객과 상품, 사업에 집중하라', '열정을 가지고 일해라' 등 이 책에 등장하는 이야기는 아주 훌륭하다. 하지만 도대체 어떻게 해야 비전을 가지고, 적합한 인재를 뽑아 적소에 배치할 수 있는지에 대한 구체적인 이야기는 없다. 이와 비슷한 유형으로 『초우량 기업의 조건(In Search of Excellence)』(톰 피터스 제)과 『성공하는 기업들의 8가지 습관(Build to Last)』(짐 콜린스 제) 등이 있다. 이 책에서 소개한 우량기업들 중 상당수도 책이 저술된 후 수년 이내에 파산하거나 위기에 처한 바 있다. 이런 책들에 소개된 초우량 기업들은 대부분 책이 쓰이기 직전 일정 기간 동안 대단한 성장을 거둔 기업들이다. 놀랄만한 성장을 하기 위해서는 상당한 위험을 감수하는 과감한(=무리한) 투자가 계속되어야 한다. 이런 투자가 성공으로 돌아가면 위대한 기업으로 분류되지만, 이런 과정을 통해 급속도로 성장하다가도 투자 하나만 실패하면 바로 무너질 수 있다는 평범한 진리를 이 저자들은 잘 알지 못하는 듯하다. 성장은 자기 분수에 맞는 규모 내에서 하는 것이 정답이다. 또는 한두 번 정도는 위험을 무릅쓴 투자를 할 수도 있겠지만, 그런 투자를 반복적으로 해서는 안 된다. 그래서 금융위기 이후 '지속가능 성장'이라는 주제가 회자되는 것이다.

있다. 과거가 상대적으로 안정적인 시대였다면, 이제 우리는 과거와는 차원이 다른 급변하는 환경에 직면해 있다. 글로벌 경쟁이 점점 치열해지며, 10년 주기로 경제위기가 닥쳐오고, 패러다임을 바꾸는 신기술이 속속 등장하며, 에너지원은 점점 고갈되어가고 있는 추세다. 이런 사건들을 아무런 준비 없이 무방비상태에서 맞이한다면 기업의 생존 자체가 위험할 것이다. 따라서 비용의 낭비처럼 보일지 몰라도, 평상시에 꾸준히 가능한 시나리오를 검토하면서 대응방안을 마련해 놓는 것이 더 정답이지 않을까 한다. 또한 소비자들이 변덕스럽다고, 내 기술을 알아주지 않는다고 불평하기보다는 소비자의 눈높이에서 내가 무엇을 잘못했는지 생각해봐야 할 것이다.

---

2 사실 율곡의 '십만양병설'의 사실 여부는 학자들 사이에서 논란이 되고 있다. 후대에 제자들이 선조 등 당시의 집권층을 비판하기 위해 지어낸 주장이라는 이야기도 많다. 유성룡이 지은 『징비록』을 읽어 보면, 당시 조선이 10만은 커녕 1만도 양병할만한 형편이 되지 않았던 점은 분명하다.

기업들이여, 강호동과 이효리를 본받아라!

▸▸▸▸ 〈1박 2일〉과 〈패밀리가 떴다〉 ◂◂◂◂

이효리가 등장하던 〈패밀리가 떴다〉와 강호동이 등장하던 〈1박 2일〉이라는 프로그램은 솔직담백한 출연자의 모습을 시청자들에게 보여줌으로써 큰 인기를 끌었다. 기업 경영에서도 솔직한 모습으로 고객에게 다가가는 것은 매우 중요하다. 바비 인형을 만드는 마텔사나 화장품 회사인 도브의 경우도 솔직하고 친근한 광고 캠페인으로 큰 인기를 끌었다. 기업이 위기 상황에 직면했을 때도 솔직히 소통하는 자세는 매우 중요하다. 2011년 개인정보 유출사건을 겪었던 현대카드의 경우를 통해서도 그 예를 살펴볼 수 있다.

2000년대 중반 이후 매주 일요일 저녁이면 시청자들은 텔레비전 앞에 모여들었다. 우선 SBS의 〈패밀리가 떴다〉를 보고, 바로 채널을 돌려서 KBS의 〈1박 2일〉을 시청하는 사람들이 전국에 수백만 명은 되었다. 〈패밀리가 떴다〉와 〈1박 2일〉은 케이블 TV 어느 채널에서는 항상 재방송이 되고 있을 정도로 인기가 많은 프로그램이다. 이쯤 되면 단지 방송 프로그램 정도가 아니라 새로운 문화를 창조하는 이정표라고 할 수 있다. 이 프로그램을 촬영했던 장소는 곧 명소가 되어 관광객들이 몰려든다. 지방자치단체들도 이 두 프로그램의 촬영을 유치하기 위해 적극적으로 경쟁에 뛰어들었다.

그렇다면 이 두 프로그램은 도대체 무슨 이유에서 이렇게 인기가 있었을까? 2010년 초 시즌 2가 시작하면서 출연진이 대거 바뀌었지만 그 전까지 〈패밀리가 떴다〉에는 이효리와 유재석 등이 등장하고, 〈1박 2일〉에는 강호동과 이수근 등이 등장했다. 이들은 다른 프로그램에 등장하는 왕자나 공주 같은 꽃미남이나 꽃미녀가 아니다. 섹시한 이미지로 처음 연예계에 등장했던 이효리는 〈패밀리가 떴다〉에서 전혀 다른 사람으로 나온다. 억척스러운 주부처럼 온갖 요리를 하고, 진흙탕에서 뒹굴면서도 승부를 위해 경쟁하고, 다른 여자 연예인이 게스트로 등장하면 질투도 한다. 유재석은 어떤가? 허름한 츄리닝 바지를 입고 말을 더듬으면서 진행을 한다. 약간 비실비실하면서 실수도 종종 한다. 다른 사람을 배려하는 모습도 있지만, 은근히 놀리는 장면도 자주 나온다.

〈1박 2일〉의 강호동과 이수근도 별반 다르지 않다. 누구나 다 아는 쉬운 구구단 문제도 자주 틀려서 밥을 굶기도 하고, 경쟁에 이기기 위해 남을 적극적으로 방해하는 심술궂은 모습도 보인다. '나만 아니면 돼' 하는 이기적인 모습도 보이고, 속이 아프다고 화장실에 달려가기도 한다. 동료들에 대해 고자질도 한다.

두 프로그램의 성공비결

그럼에도 불구하고 우리는 매주 〈패밀리가 떴다〉와 〈1박 2일〉을 보면서 울고 웃는다. 지난 2010년 2월 〈패밀리가 떴다〉 시즌 1이 종료해서 기존 멤버들이 빠지고 새 멤버들로 시즌 2를 시작한다고 하니 인터넷 게시판에 한동안 난리가 났을 정도다.¹ 〈1박 2일〉도 시청자들이 참여하는 프로그램을 기획하자 참여하고 싶다는 신청 사연이 수만 건이나 쏟아졌다. 하지만 그 결과 불과 백여 명만이 선발되어 참여할 수 있었다. 이들 모두를 카메라에 담으려고 하다보니 KBS는 수백 명의 스태프들을 총동원해 〈1박 2일〉 '시청자 투어' 편을 찍어야 했다. 행복한 고민이 아니었을까? 〈겨울연가〉나 〈꽃보다 남자〉, 〈아이리스〉, 〈선덕여왕〉에서 최고의 인기를 누리고 있는 선남선녀들이 등장해서 멋진 연기를 펼쳐도 〈패밀리가 떴다〉와 〈1박 2일〉처럼 문화의 한 조류가 될 만큼 큰 영향을 미치지 못했다. 도대체 어떤 점이 이런 차이를 만들었을까?

그것은 〈패밀리가 떴다〉나 〈1박 2일〉의 이효리나 강호동, 그리고 다른 등장인물들이 나 자신 또는 친근한 우리의 이웃처럼 행동하기 때문이다. 멋진 왕자님이나 공주님이 드라마에 등장했을 때, 우리는 그 드라마를 열심히 볼 수 있지만 그 등장인물을 현실 속의 인물이라고 생각하지 않는다. 〈아이리스〉의 이병헌이나 김태희는 내 주위에 없는 사람이며, 내가 아무리 열심히 노력한다고 해도 가까이 할 수 없는 그림의 떡이다. '전지현보다 여자친구가 좋은 이유'라는 모 휴대전화 회사의 광고가 한때 젊은층에게 인기를 끈 이유도 이와 비슷하

---

1 흔히 이야기하는 젊은 아이돌 스타들이 대거 등장했던 〈패밀리가 떴다〉 시즌 2는 인기를 끌지 못하고 6개월도 못 되어서 막을 내렸다. 그러고 나서 다시 유재석이 등장하는 프로그램으로 대체되었다. 이 점이 바로 필자의 주장을 뒷받침하는 증거가 아닐까 한다.

〈1박 2일〉(좌)과 〈패밀리가 떴다〉(우) 두 프로그램은 출연진들의 솔직한 모습을 그대로 보여줌으로써 시청자들의 공감을 불러 일으켜 큰 성공을 거두었다. 기업들도 이런 솔직한 모습을 고객이나 투자자들에게 보여줘야 한다. 이제는 진실성이 각광받는 시대다.

다. 이 선남선녀들은 멋있어 보이기는 하지만 '가까이 하기에는 너무 먼 당신' 임이 분명하다.

물론 우리는 이런 영웅들에 열광한다. 그렇지만 그런 영웅들의 이야기가 너무 자주 반복되다보면 식상해진다. 그때 나타난 이효리와 강호동의 인간적인 모습, 아침에 잠이 안 깨 화장도 안 한 얼굴로 눈을 비비면서 뛰쳐나오는 수수한 모습을 보면서 우리는 동질감을 느끼는 것이다. '아, 이효리와 강호동도 우리와 똑같은 사람이구나', '우리와 똑같이 밥을 먹고, 치열하게 경쟁하고, 남의 성공에 배 아파하고, 남의 아픔에 울어주기도 하는 인간이구나' 하면서 동병상련의 정을 느낀다. 유재석이나 강호동, 이수근 같은 유명한 사람들이 평범한 동네 사람들과 어울려서 일을 하고, 쇼핑을 하고, 시골의 할머니와 할아버지를 위해 공연을 하고 대화를 나누는 모습을 보면서 인간적인 정까지 느끼게 된다. 그것이 바로 〈패밀리가 떴다〉와 〈1박 2일〉이 성공한 비결이다. 바로 진실성을 내세운 프로그램이기 때문에 성공한 것이다.

방송 프로그램과 연예인 이야기를 이렇게 장황하게 하는 이유는 이것이 우리 기업들에 시사하는 바가 크기 때문이다. 소비자들의 기호도 〈1박 2일〉을 좋아하는 시청자와 다르지 않다.

못생긴 인형과 평범한 사람이 등장하는 화장품 광고

'마텔Matell' 사가 만드는 바비 인형은 전 세계에서 가장 많이 팔린 인형이다. 필자의 딸도 어렸을 때 '치어리더 바비', '백설공주 바비' 등 바비 인형을 여러 개 산 뒤 드레스를 따로 구입해 갈아 입히면서 놀곤 했다. 바비는 금발머리에 오똑한 코, 팔등신 체구인 서양 최고의 미인이다. 아이들은 바비 인형을 가지고 놀면서 바비와 자신을 동일시했을 것이다. 즉 바비는 동화 속에 나오는 공주님 같은 존재다.

그런데 최근 들어 바비 인형의 시장점유율이 예전 같지 않다. 바비 인형의 아성을 무너뜨리기 시작한 것은 놀랍게도 1980년대에 등장한 '양배추 인형cabbage doll'과 1990년대에 등장한 '아메리칸 걸american girl' 시리즈 인형이었다. 양배추 인형은 양배추처럼 얼굴이 뚱뚱하고 못생겼다. 아메리칸 걸 시리즈의 인형들은 동네에서 흔히 볼 수 있는 평범한 얼굴이다. 아메리칸 걸 시리즈 인형은 백인 미녀만이 아니라 남미계 이민자, 흑인, 미국 인디언 등 다양한 인종의 사람들이 인형으로

바비 인형(좌)과 아메리칸 걸 인형(우) 공주처럼 아름다운 바비 인형에 비해 아메리칸 걸 인형들은 평범한 모습이다. 하지만 소비자들은 평범한 아메리칸 걸 인형을 점점 더 사랑하고 있다. 이웃집 친구처럼 친근한 모습에 더 끌리는 것이다.

등장한다. 이런 인형들에 아이들이 열광하기 시작한 것이다. 더이상 자신이 넘볼 수 없는 미인 인형만을 가지고 노는 것이 아니라 자신과 비슷하거나 자신보다 못한 인형을 더 좋아하기 시작한 것이다.

물론 아직까지도 아메리칸 걸 인형의 매출액이 바비 인형을 앞지르지는 못했다. 하지만 그 격차는 계속 줄고 있다. 이런 기세에 놀란 마텔사는 마침내 1998년 아메리칸 걸 시리즈 인형을 만드는 플레전트Pleasant사를 거액을 주고 M&A해 자회사로 삼았고, 회사의 이름도 아메리칸 걸로 바꿔버렸다.

현재 아메리칸 걸사는 인형뿐만 아니라 아메리칸 걸이 주인공으로 등장하는 그림이나 소설책, 인형의 옷을 본딴 의류를 판매하는 등 다양하게 사업영역을 확장하고 있다. 아메리칸 걸의 주인공들은 이제 단순히 인형이라는 존재를 뛰어넘어 독특한 성장 스토리까지 가지고 있는 캐릭터로 변모했다. 아메리칸 걸 주인공들 중 하나가 다른 도시로 이사간다는 이야기가 나오자, 해당 도시의 사람들이 이사가지 말라는 청원을 회사에 적극적으로 전개해 화제가 되었던 적도 있다. 실존하지 않는 가공의 인물이 그림책의 스토리상에서 이사를 가는 것일 뿐인데도 말이다.

화장품 회사인 도브Dove도 소비자의 이러한 심리를 광고에 적용했다. 엄청난 광고료를 받는 최고의 미녀들이 등장하는 화장품 회사의 광고들은 여심을 자극한다. '저 화장품을 바르면 나도 저만큼 예뻐질 거야' 하는 마음을 불러일으키는 것이 바로 세계 어느 나라에서든지 최고의 미녀가 화장품 광고에 등장하는 이유다.

그런데 도브는 2004년 갑자기 'Real Beauty진짜 미인' 시리즈 광고를 통해 평범한 여성들을 광고모델로 등장시켰다. 이들은 대부분 광고회사의 사진작가가 영국 런던의 길거리에서 만난 여성들이었다. 할머니가 주인공으로 등장하는 광고도 나왔다. 날씬한 모델이나 배우가 나오는 광고가 아니라 평범한 이웃의 여인이 나오는 광고를 만든 것이다. 도브는 이 광고에 등장하는 평범한 여인들을 '도브의 미녀들Dove Beauties'라고 부르면서, 자연스러운 아름다움이 제일 아름다운 것이라고 주장했다. 광고에서 도브는 빼빼 마른 미인보다 자연스럽고 건강한 몸매가 더 좋다면서, '자신의 몸을 존중하자'라고 했다.

이 시리즈 광고는 전 세계적으로 상당한 인기를 끌어, 도브의 매출액과 인지도를 한 단계 끌어올릴 정도로 큰 반향을 불러일으켰다. 즉 미녀에 식상한 사람들은 이제 미녀가 아닌 우리 주변의 보통 사람들에게 더 크게 반응하는 것이다. 평범한 이웃 주부가 나타나서 하는 이야기를 더 신뢰하게 된 것이다. 도브는 1급 여배우를 광고모델로 내세우지 않아서 수십억 원 이상의 광고비를 절약했으며, 또한 매출액도 신장하는 1석 2조의 효과를 누렸다. 이에 더해 도브의 광고는 2008년쯤부터 마케팅 과목 대학교재에 사례로 등장할 정도까지 되었다.

동화 같은 기업공시는 이제 통하지 않는다

이렇듯 '솔직 담백한 평범함'과 '진실성'에 더 반응하는 사회 인식의 변화를 상당수 국내 기업들은 따라잡지 못하는 것 같다. 기업들의 공시 경향이 이를 여실히 보여준다. 아직도 많은 기업들이 앵무새처럼 '신기술 개발', '신사업 투자', '이익의 증대예상', '새로운 혁신' 등을 이야기한다. 하지만 투자자들은 그런 기업의 공시를 잘 믿지 않는다. 천편일률적으로 모두 '매수' 의견만 발표하는 애널리스트들의 투자 보고서도 그대로 믿는 사람이 드물다.[2]

동화 속의 왕자님 같은 완벽한 남자 주인공과 천사 같은 마음씨와 미모를 가진 여자 주인공이 등장하는 드라마가 사실이 아니라는 것을

---

2 애널리스트들이 발표하는 이익예측치에 대한 이야기는 『숫자로 경영하라』의 '애널리스트의 보고서를 믿어야 할까?' 편을 참조하기 바란다.

시청자들이 아는 것처럼, 기업들이 발표하는 이런 멋진 뉴스들이 모두 사실은 아니라는 것을 투자자들도 잘 알기 때문이다. 따라서 기업들이 계속 주가에 긍정적인 영향을 줄 수 있는 뉴스들을 공시해도 투자자들은 그 내용에 크게 신경 쓰지 않는다. 어느 정도 과장이 포함되어 있을 것이라고 미리 짐작하고 발표한 뉴스 내용 중 반만 믿는다고 한다. 따라서 아무리 긍정적인 뉴스가 있어도 기업의 주가는 실제 가치보다 저평가된다. 반대로 부정적인 뉴스가 있다면 투자자들은 실제 상황은 발표된 것보다 더 나쁠 것이라고 추측한다. 그러니 주가는 더 떨어진다. 소위 '코리안 디스카운트'가 생기는 이유다.

투자자들의 신뢰를 회복하기 위해서는 어떻게 해야 할까? 해답은 간단하다. 주가에 부정적인 영향을 미칠 수 있는 뉴스도 투자자들에게 적극적으로 알려야 한다. 즉 이효리와 강호동이 그러하듯이, 기업이 자신의 장점과 단점을 솔직하게 투자자들에게 적극적으로 알려준다고 투자자들에게 인식되어야 비로소 투자자들이 기업의 공시를 신뢰한다. 단지 실적만 공시하는 것이 아니라, 구체적으로 실적이 변한 이유가 무엇이며 앞으로의 사업계획이 어떻다는 등의 자세한 설명이 필요하다. 특히 부정적인 뉴스가 있을 경우, 투자자의 우려를 잠재우려면 더욱 적극적으로 나서야 한다.

오마하의 현인 워런 버핏도 솔직하게 자신의 잘못을 시인하는 것으로 잘 알려져 있다. 2008년에는 어떤 실수로 얼마만큼의 투자금을 손해보았는지 주주총회에서 시시콜콜하게 설명할 정도였다. 워런 버핏은 내가 주주라면 알고 싶었을 정보들을 주주들이 묻기 전에 자발적으로 제공하라고 하면서, 주주총회에서 주주들의 질문에 대답하느라 무려 5시간 동안이나 문답시간을 가졌다. 70대 할아버지가 열정적으로 주주들과 5시간씩 대화하는 모습을 상상해보라. 그만큼 솔직하고 투명한 경영을 하기 때문에 투자자들이 그를 신뢰하는 것이다.[3]

위기상황에서의 대응방법인 CAP 규칙

커뮤니케이션 방법에 대한 책들에서는 위기상황에서의 커뮤니케이션에 대해 다음과 같이 이야기한다. 현재상황의 요약과 반성, 피해자에 대한 안타까움의 표시 등의 내용 care and concern이 약 30%, 앞으로 이런 일이 재발하는 것을 방지하거나 피해자에 대한 보상 등을 위해 취할 행동 action에 대한 설명이 약 60%, 그리고 마지막으로 이런 종류의 사건에 대한 기업의 철학이나 기본원칙들 perspective, 소비자를 가장 중요하게 생각하는 기업이라는 등에 대한 언급이 10% 정도 포함되어야 한다고 한다. 이를 간단히 CAP 규칙이라고 부른다.[4]

따라서 단순한 부정적인 실적 공시가 아니라, 앞으로 어떤 구체적

---

[3] 이에 반해 한국 기업들의 주주총회는 10여 분을 넘기지 않고 후다닥 끝나는 것이 일반적이다. 워런 버핏의 회사인 버크셔 해서웨이가 주주총회를 여는 시기에 회사가 위치한 오마하에서는 축제가 벌어진다. 전 미국과 심지어는 세계 각국에서 수많은 사람들이 몰려와서 며칠간 한바탕 잔치를 벌이고, 워런 버핏의 이야기를 경청하고 돌아간다. 바로 이런 주주와의 적극적인 소통을 한국 기업들이 배워야 할 것이다.

[4] 이 분야의 내용 작성에 여러 조언을 주신 김호(더랩에이치 대표) 님께 감사를 표한다.

인 행동계획action plan을 실천해서 실적을 개선하겠다는 등의 자세한 내용의 설명이 필요하다. 이런 내용들이 공시에 포함되기 때문에, 미국의 경우 부정적인 뉴스를 공시할 때 공시하는 정보의 양이 긍정적 뉴스를 공시할 때보다 상당히 늘어난다고 한다.[5] 즉 실적이 부진한 이유를 설명한 후, 이익은 부진하지만 수요가 점차 늘고 있다던가 실적을 개선하기 위한 비용을 절감하기 위한 노력을 시작했다는 등의 구체적인 설명을 추가하는 것이다.

이렇게 투자자들과 적극적으로 소통할 때 기업의 투명성이 높아지고, 그 결과로 투자자들은 기업을 신뢰하게 된다. 그 결과 기업의 자본비용이 낮아진다. 쉽게 표현하면, 기업이 더 낮은 이자율로 자금을 차입할 수 있고, 배당을 적게 지급해도 주가가 하락하지 않는다는 의미다. 공시의 양과 질이 자본비용에 영향을 미친다는 것을 보여주는 연구는 이미 다수 수행된 바 있다.[6]

그렇지만 회사가 외부와 소통할 때 CAP의 규칙에 따르는 것이 아니라 자기변명만 한다면 오히려 역효과가 날 수 있다. 2010년 초 미국에서는 도요타 자동차의 액셀러레이터가속페달 결함에 대한 불만이 다수 제기되면서 청문회가 열렸다. 이때가 도요타 자동차의 결함이 판명되어 전면적인 리콜이 결정되기 바로 직전인데, 도요타의 사장은 청문

---

5 Hutton, Miller, and Skinner, 'The Role of Supplementary Statements with Management Earnings Forecasts', 〈Journal of Accounting Research〉, 2003년.
6 Botosan, 'Disclosure Level and the Cost of Equity Capital', 〈The Accounting Review〉, 1997년.

회를 앞두고 대규모 기자회견을 했다. 이때 그는 "심려를 불러일으켜서 죄송하다"라는 말만 계속해서 되풀이했을 뿐, 도요타의 잘못은 전혀 없다고 잘라 말했다. 이 기자회견은 도요타에 대한 미국 시민들의 반감을 폭발시켰다.

언론은 청문회에서 도요타 자동차의 결함으로 가족을 잃은 생존자가 눈물을 흘리며 증언하는 모습, 그리고 도요타 사장이 도요타는 아무런 잘못이 없다고 강하게 주장하는 모습을 함께 보여줬다. 도요타는 기자회견 후 불과 1달도 안 되어 전면적인 리콜을 실시했으며, 엄청난 금액의 벌금을 미국 정부에게서 통보받았다. 강력한 자기변명이 오히려 시민들의 감정을 악화시켜서 역효과가 난 셈이다. 이런 사례는 구체적인 CAP 원칙에 따른 체계적인 소통이 중요하다는 것을 잘 말해준다. 소비자들은 용서를 구하는 모습에 동정을 느끼지만, 강하게 자기잘못을 부인하는 모습에 분노를 느끼는 것이다.

비슷한 예로 세계금융위기 동안 파산한 리먼 브라더스의 경우를 들 수 있다. 상황이 악화되고 있던 2007년 12월 말 리먼 브라더스는 갑자기 미모가 출중한 불과 43세의 여성 에린 캘런Erin Callan을 파격적으로 승진시켜 CFO로 임명했다. 문제는 그녀가 CFO 직책을 맡을만한 회계나 재무지식이 많지 않은 변호사 출신이라는 점이었다. 월가 최고의 직책에 오른 여성인 그녀가 점차 악화되어가고 있는 리먼 브라더스의 전면에 나서자 언론의 관심이 쏟아졌다. 그녀는 리먼 브라더스에 아무런 문제가 없다면서 긍정적인 발언들을 쏟아냈다. 2008년 초 2007년 4분기의 업적발표 기자회견을 마치자 수개월간 하향곡선을

도브의 '진짜 미인' 시리즈 광고 사진 모습 도브는 평범한 사람들을 광고에 등장시켜서 자연스러운 아름다움이 제일 아름다운 것이라는 메시지를 소비자들에 알리려고 노력했다. 그 결과 적은 비용으로 큰 성공을 거둘 수 있었다.

그리던 회사의 주가가 15%나 오르기도 했다. 하지만 그런 노력도 잠시, 그녀의 낙관적인 설명은 모두 허구임이 수개월 만에 드러났다. 비난이 빗발치자 그녀는 2008년 6월, CFO 직책을 맡은 지 불과 6개월 만에 회사를 사임할 수밖에 없었다. 그 직후 리먼 브라더스는 파산했지만, 개인투자자들은 그녀에게 법률 소송까지 제기했다.

이런 과정을 돌아보면 전문 지식은 부족하지만 말 잘하고 아름다운 여성을 전면에 내세웠던 리먼 브라더스의 속셈이 뻔히 드러나보인다. 진실이 결여된 거짓 커뮤니케이션과 공시의 결과가 어떻게 되는지 잘 보여주는 사례다. 거짓말을 통해 주가가 떨어지는 것을 불과 몇 개월 정도 막는다고 해도, 이런 거짓말은 곧 세상에 알려지기 마련인 것이다.

부정적인 뉴스를 공시하지 않는 한국 기업

그러면 한국의 실상은 어떤지 알아보자. 한국 기업의 공시행태에 대한 연구를 보면, 2000년대 한국 기업의 공시내용 중 긍정적인 뉴스가 55%로 과반수이고, 부정적인 뉴스는 12%에 불과하다고 한다. 나머지는 중립적인 뉴스다.[7] 그렇다면 미국은 어떨까? 미국도 1980년대 초반까지는 현재의 한국과 별다른 차이가 없었다. 즉 기업들이 공시하는 뉴스의 대부분이 긍정적인 뉴스였다. 기업들은 긍정적인 뉴스가 있는 경우, 연차보고서나 분기보고서를 발표할 때까지 기다리지 않고, 주가를 끌어올릴 목적으로 뉴스가 생기자마자 시장에 빨리 발표했다.[8]

하지만 1980년대 후반부터 이런 추세가 점점 변해 부정적인 뉴스의 비중이 늘어나기 시작했다. 1990년대 말에는 오히려 부정적인 뉴스를 공시하는 경우가 더 많아졌다. 모든 기업은 아닐지 몰라도, 상당수의 미국 기업들은 이제 뉴스의 내용이 긍정적이든 부정적이든 중요한 뉴스가 있으면 투자자에게 적극적으로 이를 알리는 것이다.[9]

---

[7] 이 통계는 서울대 이병희 박사(현 마카오대학 교수)의 학위논문(2009년) 'Essays on the Intraday Market Response to Corporate Disclosure subject to Regulation Fair Disclosure'에서 인용한 것이다. 이병희 박사는 공정공시제도에 따라 공시되는 정보들을 수집해 분류하는 작업을 했다. 그 결과를 살펴보면, 공시되는 뉴스들 중 긍정적인 뉴스가 약 55%, 중립적인 뉴스가 25%, 부정적인 뉴스가 12%, 분류할 수 없는 뉴스가 8%이다. 공시된 내용 중 대부분(72%)은 이익이나 매출액 등 회계정보의 공시이며, 두 번째로 많은 공시내용은 미래사업 계획에 대한 것(18%)이다. 세 번째가 미래 매출액이나 이익등의 예측치에 대한 공시다. 즉 공시내용의 대부분이 회계정보와 관련된다.

[8] Pownall and Waymire, 'Voluntary Disclosure Credibility and Securities Prices: Evidence form Management Earnings Forecasts, 1969-73', 〈Journal of Accounting Research〉, 1989년.

물론 중요한 뉴스를 알리지 않거나 거짓말을 한다면 철저한 법적 책임을 져야 하는 미국의 법률적 환경도 이런 추세에 공헌을 했을 것이다. 따라서 보수적인 입장에서 부정적인 뉴스를 더 자세히, 그리고 자주 공시하는 것이다. 오히려 연말이나 기말이 가까워올수록 실제 상황보다 더 부정적으로 이익에 대한 예측정보를 공시하는 경우가 증가하는 경향도 있다. 부정적인 뉴스를 공시해 시장의 기대를 미리 낮춰서, 나중에 실제 업적이 공시되었을 때 시장의 기대에 미달하는 업적이 발표되지 않도록 미리 준비하는 것이다.[10] 미국은 현재 공시내용 중 부정적인 뉴스가 50% 이상, 긍정적인 뉴스가 30% 정도다. 그래서 투자자들이 기업을 신뢰하고, 기업이 하는 말을 믿고 투자를 결정하는 것이다.

인간관계도 똑같다. 자기가 똑똑하다며 잘난 체만 하는 사람을 우리는 좋아하지 않는다. 텔레비전의 대담이나 토론 프로그램에서도 자신이 해당 주제에 대한 전문가도 아니면서 출연자의 말을 수시로 끊

---

9 Baginski, Conrad, and Hassell, 'The Effects of Management Forecast Precision on Equity Pricing and on the Assessment of Earnings Uncertainty', 〈The Accounting Review〉, 1993년.
Choi, Myers, Zang, and Ziebart, 'The Roles that Forecast Surprise and Forecast Error Play in Determining Management Forecast Revision', 〈Accounting Horizon〉, 2009년.
Skinner, 'Why Firms Voluntarily Disclose Bad News?', 〈Journal of Accounting Research〉, 1994년.
10 Matsumoto, 'Management's Incentives to Avoid Negative Earnings Surprise', 〈The Accounting Review〉, 2002년.
Richardson, Teoh, and Wysocki, 'The Walk-down to Beatable Analyst Forecasts: The Role of Equity Issuance and Insider Trading Incentives', 〈Contemporary Accounting Research〉, 2004년.

고 자신의 주장을 강하게 내세우는 진행자들이 있다. 특정 견해에 유리한 방향으로 토론을 몰고 가려고도 한다. 일부 매니아 팬이 생기기는 하지만 보통 사람들은 그런 진행자를 마음속 깊이 좋아하지 않는다. 똑똑하지 않고 실수도 종종 하지만 남의 말을 경청하고, 출연자의 말에 같이 마음 아파 눈물을 흘리거나 흥분하기도 하는 오프라 윈프리가 최고의 대담 프로그램 진행자로 인정받는 이유가 바로 이것이다. 〈무릎팍 도사〉를 진행하던 강호동도 바로 이런 유형이다.

강호동처럼 마음으로 교감하자

〈무릎팍 도사〉를 보면 사람들이 마음속 깊이 숨겨놓은 이야기들을 잘 말하는데, 강호동은 인간적인 교감을 통해 이런 이야기들을 이끌어낸다. 그래서 불과 몇 사람이 출연해서 한 시간 이상 대화만 나누는 이 프로그램이 인기를 끈 것이다. 현재 강호동이 잠정적으로 은퇴했기 때문에 〈무릎팍 도사〉는 종영했지만, 이경규와 한혜진 등이 진행하는 비슷한 유형의 대담 프로그램 〈힐링캠프〉가 인기를 끄는 이유도 비슷하다.

가끔 토론 프로그램을 보면 자기가 잘났다고 일방적인 주장만 하면서 서로 논쟁을 벌이다 출연진들이 서로 기분만 나빠진 상태에서 끝나는 경우도 상당수다. 이럴 거면 대담이나 토론을 왜 하는지 이해가 잘 안 된다. 오히려 사회자가 나서서 싸움을 부추기는 꼴이다. 필자는 남들 말싸움하는 것을 보려고 텔레비전을 시청할 만큼 한가하지 않다.

너무 잘나서 바늘 하나 들어갈 틈이 없는 깐깐한 사람보다는, 가끔은 실수도 하며 같이 노래도 부르고 춤도 추면서 술은 잘 못마시더라도 밤 늦게까지 자리에 함께 남아 고민거리를 나눌 수 있는 사람을 더 사랑한다. 즉 우리는 너무 잘난 사람보다 약간 결점이 있는 보통사람, 또는 결점을 극복하고 성공한 사람을 마음속으로 더 사랑한다.

한국 기업들도 이제 이런 사회의 추세를 정확히 알고 경영에 적극 반영해야 하지 않을까? 물론 왕자와 공주처럼 기업의 이미지를 심을 수 있는 능력이 있는 기업이라면 그럴 필요가 없다. 하지만 그렇지 않은 대다수의 기업들은 이런 역발상의 지혜도 한번 생각해봐야 할 것이다. 모든 기업이 다 장동건이나 이병헌이 될 수 없으며, 김연아나 김태희를 자사의 모델로 삼을 수는 없기 때문이다. 대한항공이나 아시아나항공 같은 명품 항공사도 있지만, 저가 항공사로 성공한 기업도 있다는 것과 비교할 수 있다. 성공의 길이 꼭 하나뿐인 것은 아니다.

회계로 본 세상

물론 이효리와 강호동도 모든 것을 다 프로그램에서 보여주는 것은 아닐 것이다. 그들도 숨기려고 하는 것이 틀림없이 있을 것이다. 하지만 이효리와 강호동처럼 상대적으로 솔직한 연예인들도 드물다는 점을 강조하기 위해 이들을 예로 들어 설명했다. 마케팅 분야에서도 '진정성 마케팅' 이라고 해서, 이런 추세가 점점 증가하고 있다.

결론적으로 우리나라 기업들은 좀더 솔직해져야 한다. 물론 솔직해지기가 어렵다. 기업에 관한 부정적인 뉴스를 솔직하게 공시한다면, 우선 주가가 떨어질 것이므로 이런 전략을 선택하기가 힘들다. 또한 본고에서 설명한 것처럼 사람들은 부정적인 뉴스가 공시되면 '빙산의 일각' 만 공개하고 실제 뉴스는 더 나쁠 것이라고 생각하기 때문에, 주가반응이 더 크게 일어나게 된다. 따라서 부정적인 뉴스를 적극적으로 공시하기가 힘들다.

하지만 바꾸어 생각하면, 부정적인 뉴스는 지금 공시하지 않아도 시점의 차이가 있을 뿐 조만간 시장에 알려지게 된다. 예를 들어 금년도의 이익이 감소할 것이라고 시장에 미리 알리지 않는다 하더라도, 어차피 시간이 흘러 연차이익이 공시되는 시점이 되면 진실은 알려진다. 따라서 어차피 시장에 알려질 일이라면 숨기면서 시간을 끄는 것보다는 미리 알리는 것이 더 좋다. 어느 정도 시간이 필요하겠지만, 해당 기업이 모든 뉴스를 다 적극적으로 알려서 시장과 소통하려는 기업이라는 것이 널리 알려진다면, 기업의 이미지도 높이고 자본비용을 줄이는 효과가 있기 때문이다. 요즘 같은 시대에 부정적인 뉴스를 영원히 숨긴다는 것은 거의 불가능하다. 잠깐 숨길 수는 있겠지만, 조금만 시간이 지나면 인터넷이나 SNS 등을 통해 결국 다 알려지게 된다.

따라서 숨길 수 없는 뉴스라면 내가 먼저 알리는 것이 좋다. 예를 들어 과거에 정확하게 이익예측치를 공시한 기업이 다시 이익예측치를 공시하면 주가반응이 커진다는 연구결과도 있다.[1] 주식시장에서 신뢰할만한 기업이 뉴스를 공시하므로 더 크게 반응하는 것이다. 또한 필자의 연구에서도 현재의 주가는 현재의 실제 이익 및 미래의 예측 이익들이 종합되어 결정되는데, 공시를 많이 더 정확하게 하는 기업의 미래 예측치가 현재 주가에 반영되는 정도가 높아진다는 것을 발견했다.[2] 이런 발견에서 유추해보면, 기업이 현재 어려운 상황이지만 미래

---

[1] Rogers and Stocken, 'Credibility of Management Forecasts', 〈The Accounting Review〉, 2005년.

전망이 밝다면, 미래 전망에 대해 적극적으로 공시해 투자자들과 소통하는 것은 더욱 중요하다고 하겠다. 그러기 위해서는 미리미리 해당 기업이 솔직한 기업이라는 평판을 쌓아놓아야 하는 것이다.

이런 내용과 관련 있는 마케팅 분야의 재미있는 연구결과를 하나 소개하도록 하겠다.[3] 46개 종류의 총 214개 제품에 대해 13년간의 자료를 이용해 분석해본 바에 따르면, 한 제품의 객관적인 품질이 실제로 변할 때, 소비자들의 그 제품의 품질에 대한 인식이 바뀔 때까지는 상당한 시간이 필요하다고 한다. 냉장고는 7년, 타이어는 10년이나 걸렸는데, 소비자들이 자주 사용하는 컴퓨터나 아기 기저귀 등은 3년이 걸린다고 한다. 이는 평균적인 수치이며, 실제로 품질이 나빠지는 것을 소비자가 인식하는 데는 이보다 짧은 기간이, 그 반대로 품질이 좋아지는 것을 소비자가 인식하는 데는 더 긴 기간이 걸린다고 한다. 적극적으로 광고나 홍보를 많이 하는 기업, 그리고 잘 알려진 브랜드일수록 그 기간이 짧아진다고 한다. 물론 이것은 미국의 연구결과다. 필자의 개인적인 견해이지만, 말이 많고 인터넷 활용이 보편화된 한국에서는 걸리는 시간이 더 짧지 않을까 한다. 특히 부정적인 뉴스는 온 한국을 들끓게 하는 데 하루면 충분하다.[4]

---

2 Choi, Myers, Zang, and Ziebart, 'Do Management EPS Forecasts Allow Return to Reflect Future Earnings? Implications for the Continuation of Management's Quarterly Earnings Guidance', 〈Review of Accounting Studies〉, 2011년.
3 Mitra and Golder, 'How Does Objective Quality Affect Perceived Quality? Short-Term Effects, Long-Term Effects, and Asymmetries', 〈Marketing Science〉, 2006년.

이런 내용을 보면 오랜 기간 동안 자세하고 빈번한 공시, 시장과의 끊임없는 소통을 통해 회사의 명성을 쌓아놓는 일이 필요하다는 것을 알 수 있다. 시장의 인식은 단기간에 바뀌지 않는다. 처음에는 부정적인 뉴스를 빨리 공시하는 것이 싫겠지만, 그런 행동이 계속 누적되어 수년이 지난다면 틀림없이 그 효과가 나타날 것이다. 2011년 개인정보 유출사건에 대해 즉각적으로 사과하고 용서를 구한 현대카드 정태영 사장의 반응과, 비슷한 시기 전산망 마비사건을 겪었던 농협의 늦장 대응과 CEO의 "나는 전산을 모르니 잘못한 것이 없다"는 식의 피해 고객들에 대한 태도를 비교해보면 답을 알 수 있을 것이다.

---

4 이런 예로 참고할만한 재미있는 사례들이 다음 논문에 실려 있다.
Park, Cha, Kim, and Jeong, 'Managing Bad News in Social Media: A Case Study on Domino's Pizza Crisis', 〈Working Paper〉, 2012년.

어닝 서프라이즈 게임

▸▸▸ 삼성전자와 LG전자 ◂◂◂

기업들이 시장의 예측치를 초과하는 업적을 속속 발표하면서 금융위기의 여파를 다 회복했다는 성급한 전망까지 나오고 있는 상황이다. 시장의 예측치란 애널리스트들이 발표한 이익예측치를 말한다. 미국의 경우 현재 2/3 이상의 기업들이 시장의 예측치를 초과하는 업적, 즉 양(+)의 어닝 서프라이즈(earnings surprise)를 발표하는 추세다. 이런 현상이 나타난 이유가 무엇인지, 그리고 주류 재무학자들이 생각하는 것처럼 시장은 합리적이고 효율적인지에 대해 알아보자.

세계적인 경기 불황에도 불구하고 한국 대표 기업들의 실적 선전이 두드러지고 있다. 삼성, LG, 현대 등 한국의 간판 기업들은 2009년 2분기에 놀랄만한 분기 실적을 발표하며 한때 1,000까지 떨어졌던 종합주가지수를 1,500선 위로 끌어올렸다.

삼성전자는 2009년 2분기₄~6월 매출이 1분기보다 13% 증가한 32조 5천억 원, 영업이익은 무려 436% 늘어난 2조 5천억 원을 기록했다고 밝혔다. LG전자의 2분기 매출도 1분기보다 10% 증가한 14조 5천억 원, 영업이익은 20배 넘게 증가한 1조 1천억 원을 기록했다. 현대자동차의 2분기 영업이익도 1분기보다 4배 이상 증가했다. 쟁쟁한 경쟁업체인 노키아, 소니, 도요타 등이 여전히 실적 부진에 시달리고 있는 상황에서 나온 우수한 성적이라는 점에서 더욱 돋보였다.

실적 발표 직전 증권가에서 발표한 전망치를 보자. 삼성전자의 영업이익 예상치는 1조 2천억 원, LG전자의 영업이익은 9천억 원 수준에 불과했다. 기업의 실제 실적이 시장예측치를 초과한 현상을 어닝 서프라이즈earnings surprise라고 표현한다. 반대의 상황을 어닝 쇼크earnings shock라고 부른다. 그런데 실제 미국에서는 어닝 쇼크라는 용어를 쓰지 않는다. 'shock'이란 단어의 원래 의미는 '깜짝 놀란다'다. 즉 실적이 예상보다 매우 좋아 깜짝 놀랄 수도 있기 때문에 실적이 나쁘다고 무조건 'shock'라는 표현을 쓰는 것은 적합하지 않다. 미국에서는 실적이 예상보다 좋으면 양+, positive의 어닝 서프라이즈, 그 반대는 음-, negative의 어닝 서프라이즈란 용어를 사용한다.[1]

이 두 용어는 1990년대 초반 회계학계에서 처음 쓰기 시작했다. 이후 학교를 졸업하고 금융계로 뛰어든 애널리스트들이 보고서를 만들면서 미국에서는 1990년대 후반부터 널리 퍼지기 시작했다. 국내에서는 2000년대 초반부터 쓰기 시작해, 현재 애널리스트 보고서나 각종 언론 매체 등에 광범위하게 등장하고 있다.

기업이 실적을 발표하기 전에 금융시장은 이미 해당 기업의 이익 수준에 대한 기대치를 내놓는다. 그 기대는 해당 기업의 주가에 이미 반영되어 있다. 예를 들어 삼성전자의 영업이익에 대한 기대치가 1조 2천억 원 정도였다면, 삼성전자가 실제 이런 실적을 발표해도 삼성전

---

[1] 즉 어닝 쇼크라는 표현은 국내에서만 존재하는 한국식 영어표현이라는 점을 알아야 한다.

LG의 여의도 쌍둥이 빌딩(좌)과 삼성의 강남 사옥(우) 삼성과 LG 등 국내 대기업들은 세계경제위기의 여파로 전 세계가 어려움을 겪는 상황에서도 위기를 슬기롭게 극복하고 시장의 기대를 초과하는 수준의 업적을 올린 바 있다. 이런 기업들 덕분에 우리나라는 상대적으로 세계적 위기상황에서도 큰 어려움을 겪지 않았다.

자의 주가에는 이미 이 내용이 반영되어 있어 주가가 오르거나 내리지 않는다. 하지만 삼성전자는 시장의 기대를 월등히 뛰어넘는 2조 5천억 원의 영업이익을 발표했다. 때문에 이 차이를 반영해 삼성전자의 주가는 더욱 상승한다. 반대로 기업이 시장의 기대치보다 낮은 수준의 이익을 발표하면, 실제 이익과 금융시장 기대치의 차이를 반영해 주가가 하락한다.

때로는 전분기 대비 이익이 줄었음에도 불구하고 업적발표시 주가가 상승할 때도 있다. 이익이 전분기 대비 감소했지만 금융시장의 기대치보다는 높아서 양+의 어닝 서프라이즈가 나타나기 때문이다. 반대로 이익이 증가했어도 음-의 어닝 서프라이즈가 나타나 주가가 하락할 때도 있다.

외국 기업들의 어닝 서프라이즈 발표

양+의 어닝 서프라이즈를 보고하는 기업들이 한국에만 많은 것은 아니다. 2009년 2분기 미국 기업들의 실적 발표 상황을 보도록 하자. 자동차 업계 빅 3 중 유일하게 구제금융 지원을 받지 않은 포드 자동차는 7월 말에 2009년 2분기에 주당 21센트총 6억 달러 손실을 기록했다고 발표했다. 이 발표가 있기 직전에 집계한 월가 애널리스트들의 예상치는 50센트 손실이었다. 포드 자동차는 시장예상치보다 훨씬 우수한 성과를 발표한 셈이다. 3M도 월가 전망치는 주당 94센트 흑자였지만, 실제 발표한 주당 영업이익은 1.2달러였다. AT&T, 맥도날드 등도 월가 예상을 뛰어넘는 양의 어닝 서프라이즈를 발표했다.

세계금융위기 여파로 도산을 걱정하던 기업이 넘쳐나던 것이 엊그제 일이다. 불과 몇 개월 만에 상황이 변한 걸까? 2009년 8월 초까지의 집계에 따르면, 2분기 실적을 발표한 미국 기업의 약 75%가 0 또는 양의 어닝 서프라이즈를 발표했다. 그렇다면 양의 어닝 서프라이즈를 기록하는 기업들이 많다는 것이 경기회복의 징후일까? 미국 연구에 따르면, 1980년대 중반의 통계를 보면 기업의 실제 실적이 애널리스트의 실적전망치와 정확하게 일치하거나 더 높은 비율즉 어닝 서프라이즈가 0이거나 양인 비율은 40% 정도였다. 하지만 1980년대 중반 40%였던 이 비율이 1990년대 초반 50%를 넘어섰다. 1990년대 말에는 70%까지 상승했다. 2000년대에 들어와서는 무려 80% 이상으로 뛰어올랐다. 즉 애널리스트들이 발표하는 실적예상치가 기업들이 추후에 발표하는

이익보다 낮은 상황이 대부분이라는 것이다.[2]

왜 애널리스트의 실적예상치가 이렇게 비관적으로 변했을까? 이는 애널리스트들이 상당히 낙관적인 예측 정보를 내놓고 있다는 통상적인 믿음과는 완전히 다른 이야기다. 필자가 쓴 『숫자로 경영하라』의 '애널리스트의 보고서를 믿어야 할까?'라는 글에서 자세히 설명했듯이 국내 애널리스트들이 발표하는 실적전망치나 투자 추천 의견들은 외국에 비해 상당히 낙관적이다. 2008년 한해 동안 국내 애널리스트들이 발표한 투자 추천 의견은 매수가 84%, 중립이 16%, 매도가 0%였다. 미국은 이 비율이 각각 40%, 40%, 20% 정도다.

물론 미국에서도 한국처럼 정도가 심하지 않다 뿐이지 '매수' 의견이 '매도' 의견보다 많긴 하다. 낙관적인 투자 의견과는 달리 월가 애널리스트들의 실적전망치가 비관적이라는 사실은 얼핏 보면 잘 이해되지 않는다. 왜 이런 현상이 발생한 것일까?

애널리스트의 성향은 '장기적으로는 낙관적'

애널리스트들은 기업의 실적전망치를 연도나 분기별로 한 번만 발표하지 않는다. 기존에 발표한 실적전망치를 수정하는 보고서를 계속

---

[2] Brown and Caylor, 'A Temporal Analysis of Quarterly Earnings Thresholds: Propensities and Valuation Consequences', 〈The Accounting Review〉, 2005년.

해서 내놓는다. 올해 이익뿐만 아니라 향후 1년, 3년, 5년 후의 실적 전망치를 발표하기도 한다. 이 예상치를 분석해보면, 애널리스트들이 발표하는 장기적인 이익 전망은 매우 낙관적임을 알 수 있다. 특히 예측하는 기간이 길어지면 길어질수록 낙관적인 성향이 더욱 뚜렷해진다.

이 이익전망치를 잘 살펴보면 재미있는 점을 발견할 수 있다. 애널리스트들이 매년 초에 발표하는 해당 연도 실적전망치는 비교적 낙관적이다. 하지만 이 예측치가 시간이 지나면서 점점 낮아지기 시작한다. 4분기에 발표되는 전망치를 사후에 평가해보면 오차가 거의 없이 정확할 때가 많다. 하지만 4분기 말 이후에 나오는 예측치는 실제 실적보다 오히려 낮을 때가 많다. 즉 예측치가 비관적으로 바뀌는 셈이다. 1년 동안 애널리스트들은 낙관적인 예측치에서 출발하기 시작해 점점 예측치를 낮추는 일을 하고 있는 것이다. 나중에는 아예 비관적으로 변한다. 회계학계에서는 이 현상을 '이익 예측치를 점점 낮춘다 walk down'고 표현한다.[3]

이런 현상이 일어나는 이유는 다음과 같다. 장기적으로 기업은 낙관적인 정보를 흘려야 하는 동기가 있다. 그래야 기업의 자금조달이나 거래 등이 용이하기 때문이다. 하지만 단기적으로는 금융시장의 예상치에 부합하거나 초과하는 성과를 달성해야만 시장의 반응이 좋

---

[3] Matsumoto, 'Management's Incentive to Avoid Negative Earnings Surprises', 〈The Accounting Review〉, 2002년.

다. 시장예상치보다 못한 음의 어닝 서프라이즈를 기록하면 주가가 폭락하기 때문이다.

주가가 폭락하는 이유는 『숫자로 경영하라』의 '먼저 맞는 매가 덜 아프다' 라는 글에서 설명한 '전망 이론 prospect theory' 때문이다. 주류 경제학이나 재무학 이론에 따르면 투자자들은 이용할 수 있는 모든 정보를 고려해 합리적으로 의사결정을 내린다. 하지만 현실에서 투자자들은 시간이나 능력이 부족해서 이용할 수 있는 모든 정보를 사용해 의사결정을 할 수가 없다. 의사결정은 대부분 1~2개의 중요한 정보에 초점을 맞춰서 이루어진다.

회계학자들의 연구결과를 살펴보면 주식시장에서 투자자는 모든 정보를 다 고려하기보다는 일정한 준거점을 기준으로 기업의 성과를 평가한다. 그 준거점이 바로 애널리스트들의 실적전망치다. 준거보다 실제 이익이 높으면 투자자의 효용이 증가하고, 그보다 이익이 낮으면 반대로 효용이 감소한다. 문제는 효용증가곡선의 기울기보다 효용감소곡선의 기울기가 더 크다는 사실이다. 쉽게 설명하면, 이익이 생겼을 때 효용이 증가하는 정도보다 손실이 생겼을 때 효용이 감소하는 정도가 2배 정도 더 크다는 것이다. 때문에 개인들은 가능하면 이익을 늘리기보다는 손실을 회피하는 데 초점을 맞춰 의사결정을 내리는 경향이 있다.

따라서 기업들은 애널리스트의 예측치에 부합하거나 예측치를 초과하는 수준의 이익을 발표하려 애쓴다. 현재 미국 기업 중 음의 어닝 서프라이즈를 발표하는 기업의 숫자가 20% 미만에 불과한 이유가 여기에 있다. 대부분의 기업들이 0 또는 양의 어닝 서프라이즈를 발표하는 셈이다. 그러니 2009년 2분기에 미국 기업들이 속속 양의 어닝 서프라이즈를 기록한 사실을 경기회복의 지표라고 해석한 일부 언론의 기사는 잘못된 것이다.

물론 미국 경기가 거의 바닥권에 진입하고는 있지만, 주식시장의 호황과 실물경제의 회복은 완전히 다른 이야기다. 아직 실물경제가 회복될 기미는 뚜렷하게 보이지 않고 있다. 더군다나 75%의 기업들이 양의 어닝 서프라이즈를 기록했다는 사실이 경기 회복의 지표는 더더욱 아니다. 75%는 2000년대 평균치와 비슷하기 때문이다.

어닝 서프라이즈 게임이 유행하는 이유

음의 어닝 서프라이즈를 피하기 위해 기업들이 할 수 있는 방법은 크게 3가지다. 첫째, 미리 애널리스트나 시장에 부정적인 뉴스를 적극 알려 시장의 기대수준을 낮춰놓는다. 둘째, 애널리스트들이 발표한 실적전망치를 살펴본 후, 이보다 약간 높은 수준의 이익이 달성되도록 이익을 조정한다. 이익을 조정한다는 의미는 합법적인 테두리 안에서 이익을 약간 변경시킨다는 뜻이다. 분식회계와는 완전 다른 의미이니 오해 없길 바란다. 지출규모를 손쉽게 변경할 수 있는 광고선전비나 연구개발비를 줄여 이익 목표를 달성하는 것이 대표적인 방법이다.[4]

마지막으로 이익의 정의를 변경하는 방법이 있다. 한국에서 애널리스트들의 실적전망치는 회계기준에 따라 계산한 당기순이익이나 영업실적전망치를 의미한다. 하지만 미국에서 실적전망치는 회계기준이 아니라 기업의 자체 기준에 따라 계산한 영업이익이다. 이를 가假이익pro-forma earnings, 비非 회계기준이익non-GAAP earnings 등의 용어로 표현한다. 애널리스트들도 이 이익을 예측한다.

기업들은 자신들이 발표하는 가이익이 회계기준에 따라 계산된 이익보다 기업의 가치를 더 잘 반영하는 수치라고 주장한다. 그렇지만 외부 투자자들은 실제 이 가이익이 어떻게 계산되었는지를 잘 모른다. 회계학자들의 연구를 보면 대부분의 기업이 발표한 가이익은 실제 회계기준에 따라 계산한 영업이익보다 많았다. 즉 회계기준에 따라 계산한 영업이익에다 영업외수익 중 일부를 더하고, 영업비용에 해당하는 상당수의 항목들은 빼버리는 형식으로 계산하는 셈이다. 즉 기업들은 가이익 계산에 포함되는 항목들을 임의로 선택함으로써, 발표한 가이익이 애널리스트들의 실적전망치에 부합하거나 초과하도록 조정하고 있다.[5]

이게 바로 80% 이상의 기업들이 애널리스트들의 실적전망치와 부

---

[4] 다음 연구에 따르면, 한국 기업들은 지출규모를 손쉽게 바꿀 수 있는 비용항목들을 변화시키는 방법을 가장 손쉽게 이익을 조정할 목적으로 사용한다.
전성빈·권혜진·김명인·김성혜·이아영, '한국 기업의 재무정보 보고행태: 상장기업 CFO 서베이 결과를 바탕으로', 〈Working Paper〉, 2012년.
[5] Bradshaw and Sloan, 'GAAP versus the Street: An Empirical Assessment of Two Alternative Definitions of Earnings', 〈Journal of Accounting Research〉, 2002년.

합하거나 초과하는 이익을 발표하는 이유다. 학술지에 실린 내용에 따르면, 1997년까지 마이크로소프트MS는 42개 분기 중 41번, HBO는 28분기 연속으로 애널리스트의 예측치에 부합 또는 초과하는 이익을 발표했다.6 MS가 무려 10년 동안 항상 자본시장의 목표를 초과달성하는 실적을 발표했다는 뜻이다. 상식적으로 생각해서 위에서 설명한 방법들을 사용하지 않는다면 10년 연속 자본시장의 기대를 뛰어넘는 성과를 달성하는 것은 거의 불가능하다는 점을 누구나 알 수 있을 것이다. 정상적인 상황에서 금융위기도 닥쳐오고 9·11 테러도 일어나는데 어떻게 항상 목표를 초과달성할 수 있겠는가.

한국의 어닝 서프라이즈는?

하지만 대다수의 투자자들은 어떻게 해서 0이나 양의 어닝 서프라이즈가 생겼는지 거의 신경을 쓰지 않는다. 단지 서프라이즈가 있느냐 없느냐에만 반응할 뿐이다. 때문에 이런 투자자들이 존재하는 한 기업들은 계속해서 양의 어닝 서프라이즈를 만들기 위해 노력할 것이다. 미국의 금융감독 기관은 이런 행태를 '어닝 서프라이즈 게임'이라고 부르면서 이를 막기 위해 많은 노력을 했다. 하지만 별다른 소용

---

6 Bartov, Givoly, and Hayn, 'The Reward to Meeting or Beating Earnings Expectation', 〈Journal of Accounting and Economics〉, 2002년.

GE의 전 CEO 잭 웰치 GE의 성공적인 발전을 이끌어 최고의 경영자로 각광받은 잭 웰치는 기업의 본질적인 가치상승을 위해 노력하지 않고 어닝 서프라이즈 게임을 하는 경영자들을 비판했다.

이 없었다.

한국에서는 다행히도 아직 이런 현상이 나타나고 있지 않다. 그렇지만 미국처럼 상당수의 투자자들이 어닝 서프라이즈가 양이냐 음이냐에 따라 투자를 판단한다. 앞서 말했듯이 2분기 실적을 발표한 삼성전자나 LG전자가 모두 양의 어닝 서프라이즈를 보고하자 주가가 급상승했다. 하지만 투자자들이 애널리스트의 예측치를 판단 근거로 사용하는 정도가 미국보다 낮다보니 기업들의 어닝 서프라이즈가 양이냐 음이냐에 크게 신경 쓰는 한국 투자자는 많지 않았다. IR_{Investor Relation, 기업설명} 부서의 역할이 미국처럼 중요하지 않고, 주가와 기업 경영자의 보상 체계가 연관된 정도도 상대적으로 낮아 경영진이 상대적으로 주가에 신경을 덜 쓴다는 점도, 한국에서는 아직 이런 현상이 미국처럼 강하게 나타나지 않은 이유가 될 것이다.

필자의 연구에 따르면 한국 기업 중 양 또는 0의 어닝 서프라이즈를 보고하는 기업은 36% 정도에 불과했다. 80%가 넘는 미국의 절반에도 미치지 못하는 수치다. 하지만 특별히 주가를 부양해야 하는 동기가 있는 기업들만 따로 조사해보면 이 비율이 상당히 올라간다. 즉 한국에서도 일부 기업들은 이런 방법을 이용하고 있는 셈이다.[7]

또한 한국 애널리스트들의 실적전망치는 지나치게 낙관적이다. 물론 미국처럼 연초와 연말을 비교해보면 실적전망치가 점점 낮아지는 walk down 현상이 나타나지만, 그래도 낮아지는 정도가 별로 크지 않다. 실제 이익을 발표하기 직전까지도 계속 낙관적인 예상치를 고수하는 애널리스트들이 많다는 의미다. 때문에 한국에서는 삼성전자나 LG전자 같은 대기업이 양의 어닝 서프라이즈를 발표하는 상황이 매우 드물게 나타난다. 따라서 투자자들은 애널리스트의 보고서를 해석할 때 이 점을 명심하고 주의해야 한다.

잭 웰치의 반성에서 배워야 할 교훈

2008년 말 많은 언론들은 제너럴 일렉트릭GE의 전 회장이었던 잭 웰치가 세계금융위기에 대해 발언하면서, 자신이 설파한 주주중심의 경영 방식이 잘못이라는 말을 했다고 보도했다. 하지만 이는 잘못된 해석이다. 잭 웰치는 주주중심의 경영이 잘못되었다고 하지 않았다. 주

---

7 남혜정·최종학, '기업의 위치와 음(-)의 이익 예측오차 회피 성향 사이의 관계', 〈경영학연구〉, 2009년.

주중심의 경영을 한다면서 주가를 부양하기 위해 어닝 서프라이즈 게임을 하는 것은 잘못이라고 말했을 뿐이다. 또 주가상승은 경영 전략을 잘 실행한 결과로 나타날 뿐, 주가를 올리기 위해 경영 전략을 짜는(이 말은 어닝 서프라이즈 게임을 한다는 것을 의미한다) 일은 매우 잘못된 것이라고 비판했다.

웰치는 기업을 잘 경영해서 주가를 부양해야지, 주가를 부양하기 위해 기업의 본질 가치와는 관련없는 다른 일을 하는 것은 완전히 본말이 전도된 사안이라는 점을 강조하고 싶었던 것이다. 앞에서 언급한 방법 등을 이용해 양의 어닝 서프라이즈를 보고하려 애쓰는 경영자들이 귀담아들어야 할 충고다.

필자는 전 세계 경영자나 투자자들이 모두 잭 웰치의 반성에서 교훈을 얻어야 한다고 생각한다. 최선의 방법은 모두 열심히 공부해서 이런 머니 게임에 속지 않는 방법을 터득하는 것이다. 그렇다면 속이려고 하는 사람도, 그런 시도도 저절로 없어질 것이다.

회계로 본 세상

전통적인 재무학 이론에서는 효율적 시장가설에 따라 주식시장에서 합리적인 시장가격이 형성된다고 가정한다. 과연 그럴까? 시장에는 다수의 투자자들이 있다. 이 중에는 충분한 지식을 갖추고 합리적으로 투자하는 사람도 있겠지만, 그런 지식 없이 단지 소문이나 감에 따라 투자하는 사람이 더 많다. 우리나라에는 특히나 이런 사람들이 많은 것 같다. 또한 충분한 지식을 갖춘 사람도 이용할 수 있는 모든 정보를 합리적으로 분석해 투자를 할까? 전업 투자자가 아니라면 바쁘게 살아가는 직장인들이 모든 정보를 수집해서 이를 다 분석한다는 것은 매우 힘들다. 따라서 이런 일은 이론에서는 가능할지 몰라도 현실에서는 일어나기 힘든 상황이다.

따라서 투자자들은 대부분 몇 가지의 정보에만 관심을 갖고, 이 정보를 기준으로 투자를 결정한다. 회계학자들이 연구한 바에 따르면, 투자자들이 주식투자를 할 때 가장 주의 깊게 고려하는 정보는 다음과 같은 3가지다. 첫째, '적자냐 흑자냐'다. 둘째, 이익이 전분기1년 전 동일분기와 비교해서 '증가했느냐 감소했느냐'다. 셋째, 어닝 서프라이즈가 '양+이냐 음-이냐'다. 매우 단순한 것 같지만 투자자들의 투자 행태를 분석해보면 이 3가지 기준이 투자자들의 투자형태에 상당한 영향을 미친다는 것을 알 수 있다. 따라서 모든 이용가능한 정보를 반영한 합리적인 가격이 형성된다고 자신 있게 이야기할 수 없는 상황이다.

앞에서 설명한 전망이론의 논리처럼, 투자자들은 이 3가지 투자 준거점benchmark을 기준으로 삼아, 해당기업의 이익이 이 준거점을 달성하느냐 못하느냐에 따라 상당히 다른 반응을 보인다. 예를 들어 주당 순이익이 1원 적자일 때와 1원 흑자일 때의 차이가 실질적으로는 거의 없는데도 불구하고 주가반응은 매우 다르다. 전망이론에서 제시한 것처럼 투자자들은 손해를 보는 경우에 더 민감하게 반응한다. 따라서 주당 순이익이 1원 흑자일 때는 주가가 별로 변동이 없다면, 1원 적자일 때는 주가가 상당히 떨어지게 된다. 즉 준거점이 투자의 기준점이 되는 상황이다.

미국의 경우를 보면 과거에는 주가에 미치는 영향이 이 3가지 준거점 중 첫째나 둘째가 상대적으로 더 강하고, 셋째가 제일 작았다. 하지만 이런 추세가 1990년대 이후로 점점 변하기 시작했다. 상대적으

---

1 Brown and Caylor, 'A Temporal Analysis of Quarterly Earnings Thresholds: Propensities and Valuation Consequences', 〈The Accounting Review〉, 2005년.

로 셋째 준거점인 어닝 서프라이즈가 점점 중요시된 것이다.[1]

　이는 자본시장에서 투자자들에게 요약된 정보를 제공하는 중개기관 역할을 하는 애널리스트들의 영향이 1990년대 이후 점점 세진다는 증거다. 즉 투자자들이 애널리스트가 제시한 예측치를 투자의 준거점으로 삼고 투자하는 경향이 점점 늘어나고 있다는 의미다. 생활에 바쁜 투자자들을 대신해서 투자 대상 회사에 대한 여러 자료를 분석해 주는 일을 하는 애널리스트들의 업무가 점점 중요시되면서, 투자자들이 애널리스트의 분석정보를 이용한다는 뜻이다. 따라서 앞의 글에서 설명한 것처럼 기업들이 애널리스트가 발표한 이익예측치를 초과하는 이익수치를 발표하기 위해서 애쓰는 현상이 발생하는 것이다.

　한국의 경우 아직까지는 셋째보다는 앞의 2가지 준거점이 더 큰 영향력을 발휘하고 있는 것으로 보인다. 한국 경영자들은 첫째를 가장 중요한 준거점으로 생각한다.[2] 하지만 추세를 생각해보면, 결국 앞으로 한국에서도 어닝 서프라이즈의 영향이 점점 커지리라는 것을 쉽게 짐작할 수 있다. 따라서 기업이 양+의 어닝 서프라이즈를 보고하기 위해 노력할 것이라는 점도 쉽게 알 수 있다. 그렇기 때문에 어떻게 해서 양의 어닝 서프라이즈가 보고되었는지를 재무제표나 애널리스트의 이익예측치 변화 추세를 종합적으로 볼 수 있을 정도의 혜안을 길러야 할 것이다. 손쉽게 주식투자를 할 수 있는 비법 같은 것은 존재

---

2 전성빈·권혜진·김명인·김성혜·이아영, '한국 기업의 재무정보 보고행태: 상장기업 CFO 서베이 결과를 바탕으로', 〈회계저널〉, 2012년.

하지 않는다.

주식투자를 하고는 싶은데 전문지식이 없다면, 주식투자의 전문가에게 맡기는 것도 좋은 방법이다. 즉 소문이나 감으로 투자하기보다는 펀드에 가입하거나 전문투자 대행기관을 찾으라는 소리다. 펀드를 고를 때는 단기간 동안의 수익률이 얼마인지가 아니라 적어도 3년이나 5년 정도의 수익률을 보고 비교평가해야 한다. 운이 좋다면 단기간 동안의 수익률이 높을 수 있다. 하지만 장기간 수익률이 좋기 위해서는 결국 실력이 뛰어나야 한다. 또한 한 개의 펀드가 아니라 그 회사에서 운용하는 다수 펀드의 수익률을 모두 종합해 비교해야 한다. 몇몇 회사에서는 펀드를 서로 다른 이름으로 작게 쪼개놓는 경우가 많기 때문에, 제일 우수한 펀드 하나의 수익률은 높더라도 다른 펀드들의 수익률이 낮은 경우가 종종 있다.

또한 앞에 '기업들이여, 강호동과 이효리를 본받아라!'라는 글에서 이야기한 것처럼, 증권사나 금융기관들도 얄팍한 눈속임이나 마케팅이 아니라 진정성과 실력을 갖추고 고객들과 소통하도록 노력해야 한다. 그래야 증권사나 금융기관을 믿고 투자하는 사람들이 더 늘어날 것이다.

사회책임투자 펀드의 숨겨진 진실

▶▶▶ **증권회사** ▶▶▶

사회적 책임에 대한 관심이 뜨겁다. 투자 분야에도 사회적 책임을 수행하거나 환경보호를 우선시하는 기업들에 투자를 하면 고수익을 올릴 수 있다는 선전과 함께, 다수의 증권사에서 사회책임투자 펀드를 최근 내놓고 있다. 그런데 이런 펀드들이 기존의 다른 펀드들에 비해 더 고수익을 올릴 수 있을까? 이런 주장들이 과연 올바른 것인지 알아보고, 또 사회적 책임을 수행하는 기업의 역할에 대해 생각해본다.

녹색성장green growth에 대한 관심이 뜨겁다. 환경위기 또는 자원위기로 대변되는 현재의 상황을 극복할 수 있는 대안으로 제시되는 것이 바로 녹색성장이다. 녹색성장은 온실가스와 환경오염을 줄이는 지속가능한 성장이며, 녹색기술과 청정 에너지로 성장을 위한 동력을 확충하고 일자리를 창출할 수 있다고 한다. 정부는 이미 2020년까지 녹색성장을 위해 수십조 원의 자금을 투자하겠다고 선언했으며, 기업들도 녹색성장 분야의 투자를 늘려나가겠다고 발표하고 있다. 예를 들어 현대기아 자동차는 2015년까지 이산화탄소 배출량을 줄일 수 있는 그린카 개발을 위해 4조 원을 투자한다고 발표했다. 하이브리드 차량은 벌써 시내에서 가끔 볼 수 있을 정도다. 포스코 같은 철광석이나 무연탄을 대량으로 사용하는 회사도 자원소모를 줄일 수 있는 신기술

개발에 적극 나서고 있다. 조선회사들이나 기타 대기업들도 최근 풍력이나 태양광, 원자력 발전이나 전기를 덜 소모하는 LED 등의 업종에 투자하겠다고 발표하고 있다. 삼성그룹도 이 분야에 대한 대규모 투자계획을 발표한 바 있다.

이런 추세는 앞으로 산업 전체의 패러다임을 바꿀 것으로 예측된다. 이미 이런 추세가 한국뿐만 아니라 전 세계적으로 일어나고 있는 만큼, 한국이 주도적으로 나서서 기술개발에 전념해 앞으로 열릴 큰 시장의 주도권을 쥐자는 전략이다. 금융기관들도 이 기회를 놓치지 않고 있다. 녹색성장을 추구하는 기업에 투자하는 펀드들을 만들어 녹색펀드, 그린펀드, 에코펀드 등의 이름으로 시장에서 판매하고 있다. 이런 펀드들은 크게 사회책임투자SRI ; Socially Responsible Investment의 일종이다.

사회책임투자란 기업의 재무적 성과만이 아니라 인권, 환경, 노동, 자연보호 등 다양한 사회적 성과를 고려해서 투자하는 방식, 즉 지속가능한 투자sustainable investment를 목표로 하는 행동을 말한다. 사회책임투자에서는 투자수익률이 아무리 높아도 술·담배·무기 등을 만드는 기업, 환경을 오염시키는 기업, 지배구조가 건전하지 못한 기업, 윤리경영을 하지 않는 기업에는 투자하지 않는다. 또는 반대로 지배구조에 약간의 문제가 있는 기업의 주식을 취득해 지배구조를 개선하고 회사의 가치를 개선한 후 매각을 목표로 하는 펀드도 있다. 사회적 책임을 다하는 기업들은 다른 기업들에 비해 장기적으로 더 건실하게 성장할 것이므로, 이러한 기업에 투자해야 투자수익률과 사회공헌이라는 두 마리 토끼를 한꺼번에 잡을 수 있다는 의미다. 언론에서는 간단하게 '착한 투자' 라고 부르기도 한다.

사회책임투자 펀드의 역사

선진국의 사회책임투자 역사는 50년이 넘는다. 사회책임투자가 보편화된 미국에서는 전체 펀드 시장의 약 10% 정도를 사회책임투자가 차지하고 있다. 골드만삭스는 환경Environmental, 사회Social, 지배구조Governance를 합한 ESG라는 기준을 세워 기업의 사회적 책임 수행 여부를 평가하는 척도까지 만들었다.

한국에서 사회책임투자가 등장한 것은 2001년 삼성투자신탁이 '에코펀드' 라는 펀드를 도입하면서부터다. 하지만 이 에코펀드는 큰 성과를 거두지 못하고 곧 잊혀졌다. 사회책임투자가 본격화된 시기는 2004~2005년경이다. 당시 많은 증권회사들은 앞다퉈 사회책임투자 펀드를 출시했다. 당시 한 유명 증권회사의 임원은 "사회공헌에 충실한 기업들은 단기적으로는 비용지출이 늘지만, 길게 보면 브랜드 인지도가 상승하고 고객 충성도가 높아져 기업가치가 올라간다" 면서 "이런 기업들은 사고 위험성이나 낮은 투명성 등의 리스크는 줄어드는 대신 투자수익률은 높아지는 경우가 많다. 해외에서도 지속 발전 가능한 기업들의 주가가 장기적으로 성과가 더 좋다는 점이 증명되고 있다" 라고 강조했다. 금융위기 때문에 2007~2008년쯤 잠시 주춤했던 사회책임투자는 요즘 들어 녹색펀드나 환경펀드라는 이름으로 다시 각광받고 있다.

사회책임투자 펀드의 수익률은 높지 않다

그렇다면 사회책임투자의 투자수익률이 일반 투자보다 높다는 말은 과연 사실일까? 이론적으로 볼 때 사회책임투자 펀드는 일반 펀드에 비해 투자에 여러 제약조건들이 붙어 있다. 따라서 펀드 매니저가 투자할 종목을 선정할 때 일반 펀드에 비해 쉽지 않다. 투자수익률이 높아 보이는 기업이라 해도 사회책임투자의 조건에 부합하지 않으면 투자할 수 없기 때문이다. 결과적으로 투자할만한 기업의 수가 적은 것이다. 때문에 이론적으로는 사회책임투자 펀드의 투자수익률이 일반 펀드보다 높기가 힘들다.

일단 사회적 책임을 고려하지 않고 투자 우선 순위를 1위부터 10위까지 정한 다음, 이 10개의 종목에 투자를 하는 일반펀드가 있다고 가정하자. 다른 편에는 1위부터 10위의 10개 기업 중 사회책임투자 펀드의 운용 원칙에 부합하지 않는 4개의 기업을 제외한 뒤, 11위부터 20위까지의 기업 중 기준에 부합되는 4개 기업을 차례대로 선정해 총 10개 기업에 투자하는 사회책임투자 펀드가 있다. 두 펀드의 수익률을 비교하면 당연히 전자가 높을 수밖에 없다. 우연히 처음에 고른 1위부터 10위까지 기업들이 모두 사회책임투자의 조건에 부합하는 기업들일 때만 두 펀드의 투자수익률이 같아진다. 하지만 그럴 가능성은 매우 낮다.

실제 상당수 해외 연구결과들은 사회책임투자와 일반 투자 사이에 수익률 차이가 없거나 오히려 사회책임투자의 수익률이 약간 낮다고 보고하고 있다.[1] 일부 연구는 사회책임투자의 수익률이 더 높다고 주장하기도 하지만 소수 의견일 뿐이다.[2] 물론 어느 특정 시점에서 사회책임투자 펀드가 다른 펀드들보다 수익률이 높을 수도 있다.

많은 국내 증권회사들은 '자사의 A 펀드가 투자수익률 1위'라는 광고를 내보낸다. 이것이 거짓말은 아니다. 수익률을 계산하는 특정 시점부터 다른 특정 시점까지 기간을 아주 묘하게 선정하거나 비교대상이 되는 펀드의 조건을 까다롭게 정하면 해당 펀드의 수익률이 1위인 시기가 있기 때문이다. 물론 그 시기는 매우 짧다. 이런 식의 측정 방법을 동원하면 어떤 펀드도 수익률이 1위일 때가 한 번쯤은 온다. 일부 회사들은 똑같은 이름을 가진 펀드를 작게 나누어서 1형, 2형, 3형이나 A형, B형, C형 등의 형식으로 다수 운용하기 때문에, 그 중 하나

---

[1] Gregory, Matatko, and Luther, 'Ethical Unit Trust Financial Performance: Small Company Effects and Fund Size Effects', 〈Journal of Business, Finance, and Accounting〉, 1997년.
Mallin, Saadouni, and Briston, 'The Financial Performance of Ethical Investment Funds', 〈Journal of Business, Finance, and Accounting〉, 1995년.
McWilliams and Siegel, 'Corporate Social Responsibility and Financial Performance: Correlation or Misspecification', 〈Strategic Management Journal〉, 2001년.

[2] Derwall, Guenster, Bauer, and Koedijk, 'The Eco-efficiency Premium Puzzle', 〈Financial Analyst Journal〉, 2005년.
Orlitzky, Schmidt, and Rynes, 'Corporate Social and Financial Performance: A Meta-analysis', 〈Organization Studies〉, 2003년.
주석1의 내용과 종합해 생각하면 상대적으로 엄밀한 인과관계에 대한 통계분석을 수행하는 회계분야의 연구들은 대부분 사회책임투자의 수익률이 높다는 것을 발견하지 못한 반면, 단순한 상관관계만 본 연구들은 사회책임투자의 수익률이 더 높다는 것을 발견한 경우가 있다.

가 특정 기간 동안 1위를 할 때도 다반사다. 물론 이때 해당 증권사는 자사의 모든 펀드 수익률이 1위인 듯 포장하기도 한다.

사회책임투자의 투자 우수성을 주장한 연구결과도 이런 몇몇 증권 회사의 행태와 다를 바 없다. 예외적인 상황에서 단기간 내 사회책임투자 펀드의 업적이 우수한 적은 있지만, 장기간에 걸쳐 비교해보면 사회책임투자 펀드의 성과가 일반 펀드와 크게 다를 수 없다. 시장 전체의 변화만을 따라가는 수동형passive 펀드와는 약간 차이가 날 수도 있지만, 시장에서 기업분석을 통해 적극적으로 주식을 사거나 파는 능동형active 펀드와 비교하면 거의 비슷할 수밖에 없다.

성공한 기업만이 사회적 책임을 수행할 수 있다

사회적 책임을 실천하는 기업의 주가, 수익성, 성장성 등이 일반 기업보다 높다는 연구결과도 있다. 하지만 이는 해당 기업이 사회적 책임을 잘 실천한 결과가 아니라, 애초에 수익성과 성장성이 높은 기업들이 사회적 책임까지 잘 실천했기 때문에 나타나는 현상일 가능성이 높다.[3] 즉 본말이 전도된 셈이다. '곳간에서 인심 난다'는 말이 있듯이, 실제 수익성과 성장성이 높은 기업은 사회적 책임을 수행할 여력

---

3 Waddock and Graves, 'The Corporate Social Performance-Financial Performance Link', 〈Strategic Management Journal〉, 1997년.

도 크다. 생존에 급급한 기업이 사회적 책임을 수행할 여력이 있겠는가. 전설적 경영자였던 잭 웰치 전 GE 회장이 "성공한 기업만이 사회적 책임을 수행할 수 있다"고 강조한 이유도 여기에 있다.[4]

한국 기업도 마찬가지다. 유한양행이 어려운 이웃을 돌보거나 장학금을 많이 기탁한다고 해서, 한국지역난방공사가 장애인을 많이 고용한다고 해서, 소비자들이 일부러 유한양행 약을 구매하거나 지역난방공사가 난방을 공급하는 동네로 이사를 가지는 않는다. 또한 OCI나 태웅의 주가가 높은 것은 이들 회사가 사회적 책임을 잘 수행해서가 아니라, 이들 기업의 업종이 미래에 발전할 가능성이 높은 그린에너지 분야에 속해 있기 때문이다. 다른 기업보다 높은 수익을 올릴 가능성이 크고, 꾸준한 성장을 통해서 주주들의 부를 증가시켜주기 때문에 주가가 높다는 뜻이다. 그린펀드나 에코펀드의 투자대상이 되는 기업이기 때문에 주가가 오른 것이 아닌 것이다.

일각에서는 사회책임투자 펀드들이 증가하면서 이런 펀드의 자금이 사회적 책임을 수행하는 일부 기업들에 집중해 몰리기 때문에 해당 기업의 주가가 더욱 올라간다는 주장도 내놓는다. 하지만 이는 어불성설이다. 장기적으로 주가란 기업의 내재가치 변화에 따라 움직이

---

[4] 역설적인 이야기이지만, 엄청난 분식회계가 드러난 후 파산했던 엔론은 파산하기 직전까지 매년 사회공헌활동을 하는 데 상당히 노력했다. 따라서 엔론은 미국에서 가장 존경받는 기업 랭킹 10위권 안에 해마다 포함되었다. 엔론의 CEO였으며 회계부정을 주도했던 케네스 레이는 부친이 성직자였으며, 자신도 열심히 종교생활을 한다는 사실을 대외활동중에 강조하곤 했다. 종교 모임에 참석해 강연도 다수 수행한 바 있다.

는 것이지, 자금의 수요나 공급에 따라 움직이는 것이 아니다. 물론 단기간에 상당한 투자자금이 소수의 기업으로 몰리면 해당 기업의 주가가 올라갈 순 있다. 하지만 시간이 지나면 이렇게 해서 생긴 주가의 거품은 결국 꺼지고, 주가는 내재가치 수준으로 수렴할 수밖에 없다. 특히 펀드들이 이익을 실현하기 위해, 또는 펀드 환매사태시 투자자들에게 돌려줄 현금을 마련하기 위해 해당 기업의 주식을 매도할 때가 오면, 이런 펀드들의 경우 한꺼번에 다수의 매도물량이 쏟아져 나오므로 주가가 하락하는 게 자명하다.

예를 들어 2009년 후반부터 2010년까지 벌어졌던 국내 주식시장의 펀드 환매사태 당시, 소수 종목에 집중투자하는 것으로 알려졌던 몇몇 펀드들의 수익률이 다른 펀드들보다 상대적으로 낮았던 이유가 바로 이것 때문이다. 이들 펀드들은 주식을 구입할 때도 상당한 자금을 동원해 소수 주식만을 집중적으로 구입하므로, 이들 주식의 가격을 상승하게 만들어 수익률에 허수가 생기게끔 한다.

국내 사회책임투자 펀드의 투자 성향

사회책임투자 펀드의 성과에 관한 국내의 연구결과는 어떨까? 사회책임투자 펀드의 업적이 매우 우수하다는 기사가 신문에 종종 나왔다. 하지만 필자는 이들 펀드의 업적이 낮다는 기사를 본 적이 거의 없다. 특히 2000년대 중후반에는 공식 이름보다는 이 펀드를 주도하는 모

대학 교수 이름으로 널리 알려진 특정 사회책임투자 펀드가 어떤 회사의 주식을 매입하고, 해당 펀드의 운영자들이 주주총회 등에서 어떤 활약을 벌이는지 등의 이야기가 종종 언론에 보도되곤 했다. 이 펀드의 수익률이 매우 높다는 홍보조의 이야기도 같이 보도되었다. 이런 보도는 사실을 오도할 수 있어 위험하다. 일반 투자자들이 사회책임투자의 투자수익률이 정말로 높다고 생각하기 쉽기 때문이다.

그렇다면 진실은 어떨까? 2007년 발표된 김희림의 서울대 석사학위 논문 'The Socially Responsible Funds in Korea'과 증권정보 제공업체인 에프앤가이드FnGuide의 분석결과 등을 보면 사회책임투자의 허상이 잘 드러난다. 에프앤가이드가 2008년과 2009년 중반 두 차례에 걸쳐 설정액 50억 원 이상, 운용기간 1년 이상의 펀드의 성과를 모두 종합해 분석한 결과도 사회책임투자 펀드들의 평균 수익률은 일반 펀드들과 비슷하거나 낮았다. 김희림의 연구결과도 유사한 내용이다. 사회책임투자 펀드들의 평균 수익률은 종합주가지수 수익률과 차이가 없었다. 앞에서 설명한 펀드도 실제 수익률은 시장 평균수익률보다 낮다는 진실이 언론에 조그마하게 보도된 바 있었다.

사회책임투자 펀드에 포함된 개별 종목을 살펴보면 더욱 놀라운 사실이 드러난다. 에프앤가이드와 김희림의 연구 모두 사회책임투자 펀드들의 투자종목들이 일반 성장형 펀드의 투자종목과 아무런 차이가 없었다고 분석했다. 사회책임투자 펀드들이 말로만 사회책임을 우선하는 기업에 투자하겠다고 했을 뿐, 실제 이를 지키지 않았다는 뜻이다. 노사문제 때문에 해마다 문제를 일으키고 있는 기업이나 지배구조로 문제를 일으킨 기업들도 투자를 받은 기업 리스트에 포함되어 있다니 허탈할 뿐이다. 가장 놀라운 점은 선진국에서 사회책임투자 펀드가 절대 투자해서는 안 되는 기업으로 손꼽히는 담배회사, 주류회사, 방위산업체까지 투자종목에 포함되어 있었다. 즉 '무늬만 사회책임투자'였던 것이다.[5]

이 연구결과는 우리나라에서 사회책임투자가 제대로 자리 잡으려면 오랜 시간이 필요하다는 것을 뜻한다. 많은 사회책임투자 펀드들은 자신들의 구체적인 투자종목을 선정하는 기준을 밝히고 있지 않다. 투자자들은 자신들이 투자한 펀드의 운용방법에 대해 알 길이 없다. 결국 사회책임투자 펀드들은 투자자들을 속여 투자자금을 마련한 후 사회적 책임과 아무 관계가 없는 기업들에 자신들의 뜻대로 투자했을 뿐이다. 이는 상당수 증권회사와 펀드 운영자들의 각성이 필요하다는 점을 일깨워준다. 사회책임투자를 통해 엄청난 수익률을 올리는 듯 과장광고를 하거나, 투자목적과 관계 없는 다른 곳에 투자를 하는 것은 명백한 도덕적 해이다. 이러면서 어떻게 사회적 책임에 대해 이야기할 수 있는지 의아할 따름이다.

---

5 필자가 이런 글을 쓴 것은 담배회사나 주류회사, 방위산업체가 사회적 책임을 수행하지 않는다는 의미가 절대 아니다. 다만 외국에서 사회책임투자 펀드와 기타 펀드를 구분하는 기준으로 사용되는 것이 이런 기업들이 펀드에 포함되어 있느냐 아니냐이기 때문에 그 내용을 설명한 것 뿐이다. 후술되어 있지만, 필자의 개인적인 견해로는 사회공헌에는 종업원에 대한 공헌, 주주에 대한 공헌, 그리고 양질의 제품을 저렴한 가격으로 만들어서 소비자에게 공급하는 것 또한 모두 포함된다. 따라서 어떤 업종에 속해 있느냐가 사회적 공헌을 하는 기업으로 판단하는 기준이 되어서는 안 된다고 생각한다.

개인 및 기업의 의식 전환이 필요하다

투자자들의 인식도 대폭 달라져야 한다. 사회책임투자 펀드에 가입한 투자자들은 해당 펀드에 가입한 목적이 사회에 대한 공헌이라는 점을 명심해야 한다. 사회책임투자를 통해 다른 투자보다 더 큰 수익을 올리겠다는 목표를 가졌다면, 애초에 이 펀드에 투자해선 안 된다. 두 마리 토끼를 좇는 일이 그렇게 쉽겠는가? 하나 잘하기도 힘든 세상에서 둘 다 잘한다는 것은 불가능에 가깝다. 투자자들은 자신의 투자 목표가 수익성과 사회공헌 중 어느 곳에 있는지부터 명확히 규정해야 한다.[6]

필자는 기업이 할 수 있는 최고의 사회공헌은 소비자에게 양질의 제품을 싸게 공급하면서 일자리까지 창출하는 것이라고 생각한다. 좋은 품질의 제품이나 서비스를 생산해서 소비자에게 공급하면서 종업원에게 합당한 보수와 혜택을 주는 기업이 최고의 사회공헌을 하는 기업이다. 여기서 종업원이란 자신의 회사뿐만 아니라 관련되는 다른 회사들, 납품업체의 종업원까지 포함한 개념이다.

예를 들어 불량한 제품을 구입해 피해를 본 고객이나 대기업의 강

---

[6] 본 원고의 내용과 다른 분야지만 관련되는 내용이 있어서 하나 소개하고자 한다. 마케팅 분야의 대가 알 리스(Al Ries, 『마케팅 전쟁』의 저자)도 "두 마리 토끼를 모두 잡기는 쉽지 않다. 제일 잘할 수 있는 하나에만 집중하라"라고 이야기한 바 있다. 마케팅할 때도 제품의 여러 특징을 동시에 소비자에게 알리려고 한다면 제대로 전달이 안 된다는 뜻이다. 한 가지 제일 중요한 특징이면서 소비자의 욕구에 부합되는 특징을 잡아서 집중적으로 알려야 된다는 이야기다.

압으로 납품가가 깎인 협력업체라면, 연말에 불우이웃을 위해 해당 회사의 임직원이 연탄을 나르고 김장을 담근다는 보도를 보더라도 그 회사의 사회공헌에 감동받을 일은 절대 없을 것이다. 즉 기업의 본업인 사업에 정당한 방법으로 충실하는 것 자체가 사회공헌이다. 거기다가 주주들에게도 합리적인 이윤을 창출하고, 국가에도 적정한 세금을 납부하는 것도 훌륭한 사회공헌이다.

즉 봉사활동이나 자선사업을 많이 하는 것은 사회공헌에서 부차적인 문제다. 물론 불량한 제품을 생산해서 소비자들에게 해악을 끼치거나 공해를 유발하는 행동 등을 해서는 안 될 것이다. 하지만 경영을 잘못해 회사가 파산해서 실업자가 생긴다면 이것이야말로 불량한 제품을 생산하는 것이나 공해 유발 못지않을 만큼 사회에 심각한 해악을 끼치는 행위다. 필자는 경영을 자선사업과 동일시하는 일각의 의견에 동의할 수 없다.

물론 경영을 통해 번 돈으로 자선사업을 열심히 수행하는 훌륭한 기업가들도 다수 있다. 하지만 기업의 목표가 자선사업이 아니라는 점은 분명히 명심해야 한다. 이러니 사회공헌을 이야기할 때 사회에 대한 봉사활동이나 기부만 이야기할 것이 아니라, 그런 금액과 함께 회사가 소비자와 종업원, 그리고 주주들이나 국가에 기여하는 바도 함께 포함해서 더 크게 생각해야 한다는 것이 필자의 주장이다. 훌륭한 제품을 싸게 생산해 소비자들에게 공급하고, 충분한 이익을 올려 종업원들에게 합당한 보수를 돌려주며, 정부에 세금을 납부해 정부가 국민을 위해 사용하도록 하는 것도 훌륭한 사회공헌이다.

물론 진정으로 사회책임투자를 수행하는 펀드가 있다면, 설사 그 펀드의 수익성이 다른 펀드보다 약간 낮더라도 그 펀드에 투자하는 사람은 반드시 있다. 자연과 후손을 개인의 이익보다 먼저 생각하는 사람들은 우리 주변에도 얼마든지 있지 않은가. 우리 사회의 성숙도나 사회적 책임에 대한 관심이 점점 증가한다는 사실을 감안하면, 사회책임투자 펀드에 투자할 사람은 상당히 많으리라 생각한다. 증권업계는 지금이라도 무늬만 사회책임투자라는 환상에서 벗어나 정도正道 경영을 택해야 한다. 또한 앞으로 사회책임투자 펀드 분야에서만이라도 제대로 펀드들이 운용목적을 지키고 있는지 평가하는 기준이 만들어져야 한다고 생각한다.

기업들의 사회적 책임 수행

기업들도 사회적 책임의 수행에 더 많은 관심을 기울이고, 동시에 사회적 책임 수행에 대한 목적도 명확히 해야 한다. 사회에 공헌하기 위해 사회적 책임을 수행해야지, 자사의 활동을 홍보해서 단기적인 이익을 취하려고 사회적 책임을 수행하는 것이 아니다. 물론 사회적 책임을 수행하다보면 장기적으로 회사의 긍정적인 이미지를 형성하는 데 도움을 준다. 내부적으로도 조직의 단합과 만족도 향상 등의 효과가 있다. 즉 사회적 책임의 수행은 정당한 이익을 얻기 위한 과정이며, 비용감소의 요인도 된다. 하지만 단기적으로 사회적 책임을 다하고 있다는 이미지를 이용해서 곧바로 직접적인 이익을 얻으려 하면 안 된다.

자사의 공정무역을 홍보하는 기업들을 보자. 후진국의 가난한 생산자에게 공정하게 제값을 주고 제품이나 원료를 구매하기 때문에 더 원가가 높다는 것이 이런 회사들의 주장이다. 따라서 이런 회사의 제품들은 동종업계의 경쟁 제품보다 가격이 10~20% 이상 비싼 경우가 많다. 많은 소비자들은 자신이 이 제품을 구매한 혜택이 후진국에 있는 가난한 생산자에게 돌아갈 것으로 기대하며 비싼 값을 지불하는 것을 마다하지 않는다.

하지만 현재까지 알려진 사실들을 살펴보면, 비싼 가격의 거의 대부분을 제3세계에 위치한 생산자가 아니라 유통업자가 취하는 사례가 상당수였다. 불우이웃을 돕자고 기부를 했더니, 기부금 중 상당수를 기부단체를 운영하는 유지비에 쓰는 형국이다.[7] 물론 이 경우 불우이웃에게 돌아가는 몫도 일부 있으므로 기부를 멈추면 안 될 것이다. 그렇지만 이런 현상을 보면, 정말로 후진국의 가난한 생산업자를 돕기 위해 사회적 책임을 수행하자고 외치는 것인지, 기업이나 개인의 단기간 이윤창출을 위해 그런 소리를 하고 있는 것인지 마음이 씁쓸해지는 때가 종종 있다.

물론 상당수의 공정무역 제품은 이런 일과 관련이 없으리라 믿는다. 하지만 일부 업자의 몰지각한 행동으로 공정무역의 대의가 훼손

---

[7] 코드 우드먼, 『나는 세계일주로 자본주의를 만났다』, 갤리온, 2012년.

된다는 점이 안타깝기 그지없다. 한국사회에 널리 알려진 유명한 시민단체나 사회봉사단체 중에서도 이런 일을 하는 경우가 가끔 있다. 기업이나 개인들이 좋은 목적으로 기부한 기부금의 상당부분을 단체의 운영비나 인건비, 판공비, 연수비 등의 명목으로 자신들을 위해 쓰는 것이다. 기업들을 대상으로 협박이나 무리한 청탁을 하기도 하고, 단체의 힘을 이용해 개인적인 사리사욕을 취하기도 한다. 그러면서도 자신들은 선한 의인인 양 언론에 수시로 모습을 보인다. 이처럼 세상에는 한꺼풀만 벗겨내 뒤쪽을 쳐다보면 전혀 다른 세계가 존재하는 경우가 있다. 그렇다고 해도 우리가 사회공헌 활동을 멈춰서는 안 되지만, 이런 모습을 보면 정의가 무엇인지 고민하게 된다.

 이재연도 사회책임 경영에서 가장 주의해야 할 점이 활동의 진정성이라고 설명한 바 있다.[8] 진정한 마음으로 사회책임 활동에 나서지 않는다면 그로 인한 역효과가 더 크다는 뜻이다. 우리 모두 명심해야 할 금언이다.

---

8 이재연, '사회적 책임경영의 3가지 덫', 〈동아 비즈니스 리뷰〉, 2009년.
 참고로 이재연의 글에서 언급한 사회책임 경영을 할 때 명심해야 할 나머지 2가지 사항은 사회책임 활동의 수행을 적극적으로 홍보하라는 것과, 조급한 마음을 버리고 장기간 효과가 나타나는 것을 기다리라는 것이다. 사회책임 활동이나 투자는 결코 그 효과가 단기간에 나타나지 않는다. 조급한 마음을 버려야 한다는 점은 우리가 가슴 깊이 새겨야 할 교훈이라 하겠다.

회계로 본 세상

세상에는 현란한 말솜씨를 뽐내는 사람들이 많지만, 그런 말의 진실성을 믿기가 힘든 세상이다. 하지만 숫자를 보면 진실이 드러난다. 본고도 숫자를 통해 드러난 숨은 진실을 밝히는 글이다. 사회책임투자 펀드의 수익률이 알려진 것만큼 높지 않으며, 펀드의 투자대상인 기업들도 반드시 사회책임을 잘 실천하는 기업들이 아니라는 것이 본 글의 핵심이다.

증권사만 이런 행동을 하는 것이 아니다. '사회를 위해 일한다'는 간판을 내세우면서 뒤에서 자신의 이익을 챙기는 '사회책임 비지니스'를 하는 사람들이 점점 늘어나고, 이런 사람들이 마치 진정 훌륭한 사람인 것처럼 상당수의 국민들은 오해를 하고 있다. 안타까울 뿐이다. 그렇다고 모든 사회사업가가 이런 행동을 한다는 뜻은 전혀 아니니 오해 없기를 바란다. 다만 진짜로 사회를 위해 일하는 사람과 사회를 위해 일한다는 흉내만 내면서 자신의 사리사욕을 챙기는 사람들을 구별할 수 있도록 우리들이 주의할 필요가 있다는 점은 강조하고 싶다. 그런데 진정한 의미에서 사회적 책임을 수행하는 사람들은 조용히 숨어서 일을 해 널리 알려지지 않는 데 반해, 사회책임 비즈니스를 하는 사람들은 큰 소리를 치면서 앞에 자주 나서니 오히려 더 유명해지고, 더 훌륭한 사람처럼 존경도 받게 된다. 이런 유명세를 바탕으로 정치 쪽으로 옮겨가는 사람들이 계속 나오고 있다. 이런 모습을 보면, 처음부터 정치적으로 나서기 위한 입지를 마련하기 위해 사회적책임 활동을 디딤돌로 이용한 듯하다.

　자선사업을 얼마나 열심히 하느냐가 사회적 책임을 수행하느냐의 평가기준이 되어서는 안 된다는 것이 필자의 주장이다. 그런데 대다수의 사람들은 기업의 사회적 책임 수행이라는 말을 자선사업과 동일시하는 경향이 있다. 우리는 사회적 책임 수행이라는 말의 의미를 더 크게 생각해야 할 것이다.

　좀 과장해서 이야기하면, 만약 국민 모두가 사회공헌을 자선사업과 동일시한다고 했을 때, 기업이 올린 세전이익 전부를 자선사업을 위해 써버리면 법인소득세를 내지 않아도 될 것이다. 그렇다면 자선사업에 대한 기부금액은 대폭 늘어날 것이므로 해당 기업은 사회공헌을 최고로 많이하는 기업으로 극찬을 받을 것이다. 하지만 그 결과, 정부는 세금을 걷을 수 없으므로 자선사업보다 더 중요한 인프라 구축이나 국가조직을 운영하는 데 필요한 자금을 마련할 수가 없다. 이러니 '자선사업만 사회공헌을 의미하는 것은 아니다' 라는 소리를 이해할 수 있을 것이다.

자선사업에 상당히 많은 공헌을 하는 것으로 잘 알려진 유명한 모 미국 기업인의 경우, 자신이 경영하는 기업들에서는 종업원들을 쥐어짜면서 조세피난처 국가에 자회사를 설립하는 방식으로 이익을 이전해 국가에 납부하는 세금은 상당히 줄이고 있다고 비난하는 소리도 있다. 이런 사례도 자선사업의 액수가 꼭 사회공헌은 아니라는 말을 이해할 수 있도록 해준다.

일부에서는 한국 기업들이 돈만 알고 사회에 대한 공헌을 하지 않는다고 비난하면서 미국 기업들을 본받으라고 이야기한다. 하지만 이는 오해에서 비롯된 것이다. 실제로 필자가 주장하는 사회공헌이라는 범위에 비춰보면, 한국을 이끌어가는 것은 기업들이다. 한국전쟁 이후 모든 것이 파괴된, 세계에서 가장 낙후된 후진국에서 시작해서 오늘날의 부강한 나라를 이끌어왔으니, 한국의 기업과 기업가들은 세계에서 유래가 없는 엄청난 사회공헌을 해온 셈이다. 그 과정에서 몇몇 부정이나 비리가 발생한 적도 종종 있었지만, 그래도 한국사회의 발전에 가장 크게 공헌해 온 집단은 정치인, 학계, 언론, 시민단체가 아니라 바로 기업과 기업인들이다. 물론 자신들과 소속 기업의 이익을 위해 일하지만, 그 과정에서 국가에 대한 공헌도 늘어나는 것이다. 기업들이 모든 것을 다 잘한다는 칭찬은 아니지만, 그래도 객관적으로 기업의 공헌을 인정해줘야 한다.

그렇지만 이런 광의의 사회공헌이 아니라 실제로 봉사활동이나 기부금 정도의 협의의 사회공헌만을 생각해본다고 하더라도, 우리나라 기업들의 사회공헌 수준은 미국이나 기타 유럽 선진국 기업들의 평균적인 수준보다 더 높다는 통계가 있다. 쉬운 예를 든다면, 우리나라에 있는 외국계 기업들의 사회공헌이 국내 기업들보다 상당히 낮은 수준이라는 이야기는 매년 수차례 언론을 통해 보도되고 있다. 그런데도 대부분의 국민들이 그 반대로 알고 있는 이유는 기업들이 홍보를 잘하지 못해서일 것이다.[1]

    기업들은 얼마만큼 지속적으로 자신들의 활동을 사회에 알리려고 노력해왔는지 한번 반성해봐야 할 것이다. 단순간에 될 일이 아니다. 이는 개별 기업 차원의 일만이 아니므로 전경련이나 상장회사협의회 같은 단체에서도 적극적으로 나서야 할 것이다.[2] 또한 앞에서도 필자가 계속 강조한 것처럼, '진정성'을 가지고 사회공헌을 해야 할 것이다.

---

[1] 다만 개인들의 기부나 봉사활동 정도는 우리나라보다 미국이 훨씬 더 금액이나 참여도가 높다. 이러니 우리나라의 개인들도 앞으로 더 열심히 이런 활동에 나서야 할 것이다.

[2] 우리 국민들에게 사회공헌을 제일 많이 하는 기업이 어디냐고 물어보면 대부분 유한킴벌리나 유한양행을 떠올린다. 유한킴벌리는 '우리강산 푸르게 푸르게' 캠페인을, 유한양행은 설립자 고 유일한 박사의 '사회공헌'을 강조하는 캠페인을 벌이고 있다. 그런데 이 두 기업은 십여년 전에도 거의 똑같은 캠페인을 벌였다. 수십년 동안 같은 주제로 캠페인을 반복했기 때문에 국민들이 그 내용을 잘 알고 있고, 이 두 기업을 친근하게 생각한다. 그러니 누구에게 물어도 거의 이구동성으로 사회공헌을 잘하는 기업으로 이들을 언급하는 것이다. 불과 몇 달 정도 '사회공헌'을 주제로 광고를 내다가 사장이 바뀌면서 광고 주제를 다른 것으로 바꿔버린다면, 소비자들은 그런 내용을 기억하지 못한다. 결국 헛된 광고비만 낭비하는 셈이다. 이러니 사회공헌 활동을 알릴 수 있도록 장기간 동안 꾸준히 노력해야 할 것이다.

총 4편으로 구성된 Part 4에서는 회계지식을 이용한 주식투자 방법에 대해 설명한다. 손쉬운 투자기법을 설명하는 다른 많은 주식투자 관련 서적들과는 달리 주식투자가 얼마나 어려운 것인지를 논리적인 추론과 과학적 연구결과를 통해 알 수 있다. 또한 주식시장에서 주가의 움직임과 가격의 형성, 버블의 발생 등에 대한 원인과 올바른 투자방법에 대해서도 공부할 수 있다.

Part 4

숫자경영, 투자의 근간을 이룬다

_ 주식투자와 회계지식

11월 11일 주가폭락의
숨겨진 내막

한국의 파생상품시장은 세계 제1의 규모를 자랑한다. 그런데, 과연 이 사실이 우리가 자랑스럽게 생각해야 하는 일일까? 지난 2010년 11월 11일 폐장 직전 도이치 뱅크가 정상적인 하루 거래량의 20~30%에 해당하는 무려 1조 8천억 원의 주식 매도물량을 쏟아냈다. 그 결과 주식가격은 순식간에 50포인트나 폭락했다. 그런데 그보다 더 큰 피해는 옵션시장에서 일어났다. 옵션상품에 투자했던 와이즈 자산운용은 900억 원, 토러스 투자자문은 500억 원의 손실이 발생한 것이다. 옵션시장이란 무엇이고, 올바른 투자방법이란 어떤 것인지 생각해본다.

지난 2010년 11월 11일 주식시장은 평상시와 다름없이 지나가고 있었다. 1967에서 시작된 코스피 지수는 장중 거의 변동 없이 하루가 흘렀다. 그런데 시장이 폐장되기 불과 10분 전인 오후 2시 50분 무렵, 도이치 뱅크가 정상적인 하루 주식 거래량의 20~30%에 해당하는 무려 1조 8천억 원 정도의 주식 매도물량을 쏟아냈다. 포스코 30만 주, 현대차 66만 주, 현대중공업 18만 주, 삼성생명 21만 주 등 대형 우량기업들의 주식을 시장에 대거 매도한 것이다. 이 매도사태의 여파로 코스피 지수는 단 10분 만에 50포인트나 폭락했다. 10분 만에 시가총액의 3% 정도가 사라진 것이다. 코스닥 시장도 마찬가지였다. 이 사건은 국내 주식시장에 큰 충격을 줬다. 시장에서는 이를 '도이치 뱅크의 매물폭탄'이니, 11월 11일을 빼빼로 데이라고 부른다고 해서 '빼빼로 데이의 대학살'이라고 이름 붙였다.

사실 기관 투자자나 개인 투자자를 떠나서 언제 또는 얼마만큼의 주식을 사고파는지는 투자자들의 자유의지에 달려 있다. 다만 주식을 파는 입장에서는 되도록 비싼 가격으로 주식을 팔려고 하기 때문에 대규모의 물량을 한 번에 매도하기보다는 시간을 두고 천천히 매도하는 것이 정상이다. 한꺼번에 많은 물량을 팔려고 하면 수요보다 공급이 너무 많아서 가격이 일시적으로 떨어지는 것이 일반적이기 때문이다. 그렇다고 하더라도 만약 정말 급박하게 주식을 팔아서 현금을 마련해야 하는 이유가 있다면 가격이 떨어지는 것을 감수하고도 팔 수 있을 것이다.

언론 보도에 따르면 도이치 뱅크가 보유한 물량을 다 판 것이 아니라 몇 개의 헤지펀드들이 보유한 물량을 청산한 것 같다고 한다. 실현 가능성은 희박하지만 헤지펀드를 청산한 시점이 11월 11일인데, 최후의 순간까지 주식을 보유하고 있다가 팔았을 수도 있을 것이다. 하지만 아무리 급박하다고 하더라도, 무려 1조 8천억 원의 물량을 약속이나 한 듯이 여러 헤지펀드가 한꺼번에 같은 시점에 시장에 쏟아낸다는 것은 우연의 일치로 보기 어렵다. 결국 어떤 모종의 계획이 있지 않았을까 하는 의심이 생긴다.

이런 일이 발생한다는 것 자체가 아직 한국 주식시장의 기반이 튼튼하지 못하다는 것을 나타낸다. 만약 시장에 시장 참가자가 충분히 존재한다면 한 기관에서 보유하고 있는 주식을 매각한다고 해도 주식시장이 출렁거릴 정도로 주가에 큰 변화가 생기지는 않을 것이다. 주식투자가 더 보편화되어서 한국 주식시장의 거래물량이나 거래금액이 더 커져야만 이런 문제가 생기지 않을 것이다.

또한 일시적인 투매로 주가가 폭락한다는 것은 사실 부차적인 문제일 뿐이다. 주가에는 일시적인 거품이나 폭락이 항상 있기는 하지만, 장기적으로 보면 내재가치 근처로 돌아가기 마련이다. 따라서 일시적으로 도이치 뱅크의 물량 때문에 주가가 폭락한 것일 뿐이라면, 조금만 더 기다리면 주가는 정상적인 수준으로 되돌아올 것이기 때문이다.

옵션거래란 무엇인가?

그런데 더욱 심각한 문제는 장이 마감된 뒤에 드러났다. 옵션거래를 통해 엄청나게 피해를 본 경우가 속속 알려진 것이다. 이 내용은 상당히 복잡하기 때문에 우선 옵션거래가 무엇인지를 설명하도록 하겠다. 미래기간 동안 주식의 가격이 상승할 것으로 예상되면, 미래시점에서 해당 주식을 미리 정해진 가격에 사는 권리를 콜옵션call option, 그 반대로 미래기간 동안 주식의 가격이 하락할 것으로 예상되면 미래시점에서 해당주식을 미리 정해진 가격에 파는 권리를 풋옵션put option이라고 부른다.

예를 들어보자. 개인 투자자인 김철수 씨가 삼성전자 주식의 현재 가격이 50만 원이지만 6개월 이후에는 70만 원으로 상승할 것으로 예측한다고 가정해보자. 하지만 삼성전자 주식 1만 주를 보유하고 있는 이영희 씨는 그 반대로 6개월 후에도 삼성전자의 주식은 계속해서 50만 원 정도일 것이라고 생각하고 있다. 이 경우 김철수 씨는 이영희 씨를 설득해 6개월 후의 시점에서 삼성전자 주식을 50만 원에 1만 주를 사는 계약을 맺을 수 있다. 그 계약을 위해 김철수 씨는 아주 작은, 예를 들어 총 매매대금의 1% 정도 50만 원×1%×1만 주=5천만 원의 비용만 현재 옵션의 비용으로 지불하면 된다. 이 경우 김철수 씨는 미래에 주식을 사는 계약을 맺었으니 콜옵션을, 이영희 씨는 주식을 파는 계약을 맺었으니 풋옵션을 구입한 셈이다.

6개월 후에 주가가 김철수 씨의 예상과 같은 방향인 60만 원 정도로 상승한다면, 김철수 씨는 옵션계약에 따라 주당 50만 원인 총 50억 원에 삼성전자 주식을 이영희 씨에게서 매입해 시장에 60억 원에 되팔 수 있다. 즉 옵션 비용 5천만 원을 지출해 10억 원을 번 셈이니 엄청난 수익률을 올린 것이다. 만약 삼성전자의 주식가격이 더 많이 상승해 70만 원까지 올라갔다면, 비용은 5천만 원으로 변하지 않지만 수익은 20억 원이 된다.

그런데 그 반대의 경우도 얼마든지 일어날 수 있다. 6개월 후의 주식가격이 만약 40만 원으로 떨어졌다면, 주당 50만 원에 주식을 매입해 40만 원에 팔아야 하기 때문에 김철수 씨는 10억 원의 손실을 부담해야 한다. 주식가격이 더 떨어진다면 손실은 급격히 더욱 커질 것이다.

이런 과정에서 이영희 씨는 김철수 씨와 반대 입장이다. 주식가격이 떨어진다면 김철수 씨가 손해보는 만큼 이영희 씨는 똑같은 금액을 벌 수 있으며, 그 반대로 주식가격이 오른다면 김철수 씨가 버는 금액 만큼을 이영희 씨가 손해본다. 여기서 양자의 손실과 이익을 모두 합하면 0이다.

주식과 옵션의 차이점

위에서 설명한 것처럼 옵션거래에서는 1원의 이익을 올리는 사람이 있다면, 반드시 1원의 손실을 보는 사람이 있기 마련이다. 즉 도박과 같은 구조다. 이런 경우를 전문용어로 제로섬게임zero sum game이라고 한다. 물론 일부에서는 주식시장이 도박과 같다고 하는 경우가 있다. 하지만 주식시장은 도박과는 그 성격이 약간 다르다.

  예를 들어 주가가 오르는 것을 예상하지 못하고 주식을 판다면, 파는 사람은 주식을 계속 보유하고 있는 것보다 돈을 덜 번 것이지만 금전적인 손해를 본 것은 아니다. 당연히 그 시점에서 주식을 산 사람은 돈을 번 것이다. 그 반대로 주가가 떨어질 것을 예상하고 주식을 판다면 판 사람은 주식을 계속 보유하고 있는 것보다 손해를 덜 본 것이며, 그런 예상을 하지 못하고 주식을 산 사람은 손해를 더 많이 본 것이다. 즉 주식시장에서는 매수자나 매도자의 손익이 대부분 같은 방향으로 발생하게 된다. 이익이나 손실의 크기에만 차이가 있는 경우가 대부분이기 때문이다.

  물론 주식시장에서도 아무런 연구 없이 무조건 주식을 골라 사고판다면, 이는 도박과 거의 다름없는 행위라고 할 수 있다. 누구나 쉽게 알고 있는 것이지만, 도박을 매우 자주 하는 도박꾼들 중에서 돈을 버는 사람은 거의 없다. 도박하는 장소를 제공하는 사람, 즉 주식시장으로 말하자면 이런 주식거래를 중개하는 증권회사나 증권거래소만 돈을 벌 것이다.

그런데 앞에서 필자가 설명한 것이 정확한 것은 아니다. 이영희 씨의 입장에서는 이미 삼성전자의 주식을 보유하고 있었고, 만약 이영희 씨가 미래기간 동안 주가가 떨어질 것이라고 예상한다면, 풋옵션을 구매하는 것은 지극히 합리적인 행동이다. 따라서 이런 경우에는 도박이 아니다. 또한 이영희 씨가 원래 이 삼성전자 주식을 45만 원에 구매했다고 가정해보자. 이영희 씨가 풋옵션 계약에 따라 이 주식을 6개월 후에 김철수 씨에게 50만 원에 팔아야 하는 시점의 주가가 60만 원이라면 이영희 씨는 매입가와 비교해볼 때 주당 5만 원의 이익$=50만 원-45만 원$을 올리는 셈이다. 물론 시가인 60만 원과 비교하면 주당 10만 원을 더 벌 수 있는 기회를 놓친 것이니 손해나 다름 없지만, 실제적으로 회계적인 입장에서 손해를 본 것은 아니다. 결과적으로 이 거래를 통해 이영희 씨는 주당 5만 원, 김철수 씨는 주당 10만 원$=60만 원-50만 원$의 이익을 본 셈이다.

그 반대로 6개월 후 시점의 주가가 40만 원으로 떨어진다면 이영희 씨는 주당 5만 원의 손실$=40만 원-45만 원$, 김철수 씨는 10만 원$=50만 원-40만 원$의 손실을 보는 셈이다. 이런 거래구조는 주식의 거래구조와 비슷하다. 즉 한쪽이 이익을 봤을 때 다른 한쪽은 똑같은 금액의 손실을 보는 것이 아니다. 옵션의 비용은 미미하므로 이런 논의에서 고려하지 않았다.

그런데 이런 경우는 옵션을 거래한 양 당사자 중 최소 한쪽이 옵션의 기초가 되는 자산underlying asset, 이 예의 경우에는 삼성전자의 주식이 된다을 보유한 상태에서 옵션거래를 했다. 만약 콜옵션과 풋옵션을 주고받은 양 당사자가 모두 삼성전자의 주식을 보유하고 있지 않다면, 이 경우는 한쪽의 손실이 다른 쪽의 이익과 바로 연결되는 제로섬게임으로 도박과 같은 성질의 거래가 된다.

사실 옵션거래는 여기 설명한 것 이상으로 복잡하고 매수권리나 매도권리를 포기하는 경우도 존재한다. 그렇지만 본고에서는 옵션의 기본적인 개념을 설명하는 데 그치도록 하겠다. 더 자세한 내용은 파생상품 관련 서적을 참조할 수 있을 것이다.

옵션거래의 결과에서 드러난 엄청난 손실

옵션이 거래되는 한국의 파생상품시장은 세계 1위의 거래량을 자랑할 정도로 비정상적으로 비대했다. 이는 도박을 좋아하는 한국사람들의 특성이 일부 반영된 것으로 보인다. 앞에서 설명한 것처럼 옵션시장에서는 현재 돈이 별로 없어도 얼마든지 풋옵션이나 콜옵션을 거래할 수 있다.

앞의 예에서 본 것처럼 김철수 씨는 비용으로 단 5천만 원만 부담하고 6개월 후에 주가가 60만 원으로 상승한다면, 50억 원에 주식을 모두 구입해 60억 원에 시장에 되팔 수 있다. 실제로는 50억 원도 필요 없다. 주식을 매수한 즉시 시장에 모두 되판다면 옵션 비용 5천만 원을 투자해 10억 원을 벌 수 있는 것이다. 그렇기 때문에 많은 사람들이 옵션시장에서 과감한 도박을 벌이는 것이다. 50억 원의 현금을 동원할 수 있는 사람은 별로 없지만 5천만 원 정도를 동원할 수 있는 사람은 얼마든지 있기 때문이다.

문제는 5천만 원밖에 없는 사람이 옵션을 구입한 후, 미래의 주가가 예측한 방향과 반대로 흘러갔을 때 발생한다. 예를 들어 삼성전자의 주가가 40만 원이 된다면 김철수 씨는 10억 원의 손실을 보게 된다. 그런데 김철수 씨가 보유하고 있던 현금은 원래 옵션을 구입하는 데 사용한 5천만 원뿐이었다면 어떻게 될까? 6개월 후 김철수 씨는 10억 원을 결제할 자금이 없으므로 파산 상황에 놓이게 된다. 이런 파산 상황을 막기 위해서 한국을 포함한 세계 각국에서는 법으로서 결제대금(본 예제의 경우에는 50억 원)의 상당 부분을 보유하고 있는 개인 또는 기관에만(옵션 증거금이라고 부른다) 옵션거래를 허용하고 있다.

그런데 11월 11일 사건이 일어난 후 알려진 사실을 보니, 와이즈 자산운용은 이런 규정을 무시하고 옵션 증거금 범위를 벗어나 주가상승에 과감하게 베팅을 했다고 한다. 하지만 와이즈 자산운용의 예측과는 반대로 주가가 폭락하자 자본금이 140억 원에 불과한 와이즈 자산운용은 하루 동안 무려 900억 원의 손실을 입었다. 와이즈 자산운용에는 900억 원을 지불할 돈이 없으므로 이 거래를 중개한 하나대투증권

금융감독원(좌)과 증권거래소(우) 전경 증권거래소의 선물시장본부에서 옵션거래를 담당한다. 빼빼로 데이의 대학살 때문에 금융감독원은 엄중한 조사를 실시했다. 또한 제도의 보완책을 마련하고 있는 중이다.

이 그 대금을 모두 물어주었다.

토러스 투자자문도 500억 원의 손실이 발생했다고 한다. 2010년 12월이 되자 토러스 투자자문은 이 문제를 둘러싸고 투자자들과 소송 사태에 직면하게 되었다. 토러스 투자자문은 자금의 운용규모가 크므로 파산할 정도는 아니라고 하더라도, 장차 운용자금의 유출 등 후유증이 심각할 것이다. 금융감독원이 잠정 집계한 기타 국내 증권사들의 손실규모는 약 1,500억 원대 정도로 파악되었지만, 누구나 쉬쉬하고 있는 상황이라서 정확한 금액은 아직 알려지지 않았다.

이런 일이 발생한 이후에 관계 당국이 와이즈 자산운용과 하나대투 증권 및 여러 자산운용사나 투자자문사를 대상으로 규정을 제대로 지켰는지 지키지 않았는지 조사했다고 한다. 하나대투증권은 내부통제제도나 위험관리제도가 제대로 작동하지 않은 데 대한 내부적인 조사도 별도로 수행되었을 것이다. 결과에 따라서는 일부 사람들이 책임을 지고 문책을 당하거나 벌금을 물 것이며, 감옥에 가게 될 수도 있을 것이다. 물론 잘 알려지지는 않았지만, 그 반대로 돈을 번 사람들도 틀림없이 존재한다. 언론 보도에 따르면 소액을 투자했다가 500배의 돈을 번 사람도 있다고 한다. 승자와 패자의 명암이 극명하게 갈리는 순간이다.

주식과 옵션거래의 숨겨진 내막

이제 관점을 달리해서 도이치 뱅크를 통한 외국계 자본의 주식투매가 이 대규모 옵션사태와 어떻게 관련되어 있을지 생각해보자. 사실 1조 8천억 원의 주식을 급매한 외국계 자본이 주식거래를 통해 벌어들인 원화수익은 그렇게 많지 않을 것으로 예측된다. 해당 자본들이 한국 주식을 매수할 시점에서부터 11월 11일까지 주식이 그렇게 크게 많이 오르지 않았기 때문이다. 그렇지만 그 기간 동안 원화절상이 상당히 되었다는 점을 생각하면, 원화절상을 한 만큼 달러화로 투자된 자금에는 추가적인 수익이 생기므로 그래도 20% 정도 수익이 발생했을 가능성이 높다. 헤지펀드들은 대부분 자기자본은 별로 없이 부채를 빌려서 투자를 하므로, 20%의 수익률이라면 이자를 지급할 것을 고려해도 괜찮은 편이다.

그런데 만약 이 자본들이 사전에 치밀한 계획을 세우고 11월 11일에 청산되는 옵션을 대량으로 구매한 후, 11월 11일 시점에서 주가를 일부러 떨어뜨리기 위해 주식을 매도했다면 어떨까? 언론에 보도된 바에 따르면, 도이치뱅크에서 관리하는 자금의 매수차익잔고보유하고 있는 현물주식 금액는 2010년 6월에는 474억 원이었으며, 7월에는 2,800억 원 정도였다. 그러다가 갑자기 8월에 1조 원, 10월에 1조 5천억 원이 되었다가 11월 11일에는 1조 8천억 원으로 급격히 증가한 것이다. 게다가 이 주식을 갑자기 11월 11일 단 10분 사이에 모두 팔아치워버렸다. 물론 이렇게 보유주식액이 급격히 증가한다면, 자기 돈이 아닌 남의 돈을 빌려서 투자하고 있는 헤지펀드의 경우에 언젠가는 빌린 대금을 상환하기 위해서 주식을 매각해야 할 것이다. 문제는 정상적인 경우라면 서로 다른 여러 펀드들을 청산한 시점이 모두 일치할 수는 없을 것이다. 따라서 무엇인가 다른 배후가 있지 않을까 하는 의심을 하게 된다.

만약 여러 세력이 공모해 의도적으로 주식을 사모으는 동시에 옵션도 구매하고, 옵션이 만기되는 시점에서 모아놓은 주식을 한꺼번에 매도해 주식가격을 폭락시킨다면 옵션거래를 통해서 상당히 많은 돈을 벌 수 있을 것이다. 앞에서 설명한 것처럼 미미한 옵션구입 비용만 지불하고 나서 옵션을 구입한 후, 이런 사건이 벌어지면 수백 배의 돈을 한꺼번에 벌 수 있기 때문이다. 주식거래를 통해 벌어들인 20%대의 수익은 옵션거래를 통해 벌어들일 수익에 비하면 아무것도 아니다. 이러니 주가를 조작할 가능성이 상당히 높은 것이다.

바로 이런 이유에서 금융감독원은 실제 주식거래가 이루어진 도이치 뱅크의 홍콩지점에 직원을 파견해 주가조작 여부에 대한 조사를 했다고 한다. 실제로 어느 정도 공모가 있었다는 것이 밝혀진다면, 이런 일이 재발하는 것을 막기 위해서라도 상당히 엄중한 징계가 내려질 것으로 추측된다.[1]

우리의 반성과 올바른 투자 방법

우리가 반성해야 할 점은 왜 이런 일이 발생했느냐는 것이다. 앞에서 우리나라의 파생상품시장의 규모가 전 세계 1위라고 설명한 바 있다. 주식시장규모는 미미한데, 그 주식시장의 부속시장이라고 할 수 있는 파생상품시장이 이렇게 불균형적으로 큰 것은 실제 기본자산앞의 예에서 설명한 삼성전자 주식을 보유하지 않고 옵션거래를 하는 사람이 비정상적으로 많기 때문이다. 기본자산을 보유했다면 자산가치 변동의 위험을 회피하기 위해 옵션거래를 할 이유가 충분히 있다. 외환거래를 하는 기업들이 환율을 헤지하기 위해 파생상품을 사거나 파는 경우와 마찬가지다.

만약 기초자산을 보유한 사람이 헤지할 목적으로 옵션을 거래한다

---

[1] 그렇지만 이 사건이 쉽게 결말 날 것으로 보이지는 않는다. 도이치뱅크나 관련 헤지펀드가 쉽게 굴복하지 않을 것이기 때문이다. 과거 사례를 보면, 이런 사건이 발생하면 해당 기업들은 대부분 '김앤장' 같은 국내 최고의 로펌을 선임해서 법률 싸움을 시작한다. 로펌 소속의 고위 판검사 출신 파트너들이 적극적으로 움직이며, 또한 규제기관의 관련 직원들을 거액의 연봉으로 스카우트한다. 이런 식으로 지루한 법률 싸움과 관련 기관에 대한 접촉이 몇 년간 계속되고, 결과적으로는 처음의 강력한 징계나 처벌보다는 훨씬 완화된 수준에서 최종판결이 내려지게 된다.

면, 옵션시장의 거래량은 실물 주식시장의 거래량과 비례하는 정도일 것이다. 만약 실제로 기초자산을 보유한 후 옵션을 거래한다면, 옵션시장의 거래량은 실물시장보다 클 수가 없다. 실물자산을 보유한 사람들이 모두 옵션을 거래하지는 않을 것이기 때문이다. 그런데 옵션 거래가 필요 없는 사람들까지 주가나 환율 변동에 대해 도박을 하기 때문에 파생상품시장의 규모가 급속히 불어난 셈이다. 이러니 우리나라 파생상품시장의 규모가 세계 1위이라고 자랑하는 것은 부끄러운 일이다. 그만큼 도박을 하는 사람이 많다는 이야기이기 때문이다. 도박에 빠진 사람의 비율이 자기 나라가 제일 높다고 자랑하는 나라를 본 적이 있는가.

여러 글에서 밝힌 필자의 일관된 주장은 주식이나 파생상품 모두 철저히 자료를 분석해 내재가치를 판단한 후 투자를 하라는 것이다. 주식투자를 하기 위해서는 재무제표를 꺼내놓고 하나하나 항목별로 분석을 해야 한다. 대손충당금은 작년과 비교해 얼마나 쌓았는지, 경쟁기업과 비교하면 비슷한 수준인지, 회계처리 방법을 변경했기 때문에 당기손익에 큰 차이가 나는 것은 아닌지, 자산재평가를 해 부채비율이 줄어든 것은 아닌지, 외상매출금이 급속히 늘어난 것은 아닌지 등 여러 항목을 철저히 살펴봐야 한다.

대학원에서 회계에 대한 전문지식을 배운 사람들은 재무제표 자료를 분석해 동종 업계에서 평균적으로 사용하는 회계처리 방법을 쓴다면 모 기업의 이익이 얼마쯤 될 것인지, 또는 모 기업이 작년에 쓰던 회계처리 방법을 금년에도 계속해서 사용한다면 이익이 얼마쯤 될 것

도박장들이 몰려 있는 라스베가스의 모습 철저한 공부 없이 요행을 바라고 주식이나 파생상품시장에 투자하는 일은 요행을 바라고 라스베가스에 가서 도박을 하는 것과 아무런 차이가 없다. 도박을 통해 잭팟을 터뜨리는 사람은 극소수일 뿐이며, 대다수는 원금을 잃고 후회하게 된다.

인지를 계산해낼 능력이 있다. 이 정도까지는 아닐지라도 재무제표를 분석하고 행간에 숨겨진 의미를 볼 수 있는 어느 정도의 능력은 갖추고 있어야 한다.

이럴 자신이 없다면 애널리스트의 보고서를 참조하든가, 그것도 힘이 든다면 차라리 전문가가 책임지고 투자하는 펀드에 가입하는 편이 좋다. 이런 공부 없이 '그 회사 주식이 좋다더라' 하는 풍문을 듣고 주식투자를 하는 행위는 도박과 다름없다. 펀드투자도 못 믿겠다면 차라리 주식거래를 하지 말아야 한다.

파생상품도 별반 다르지 않다. 주식 관련 파생상품이라면 결국 기업의 내재가치가 얼마인지, 앞으로의 경기전망이 어떤지를 열심히 공부해야 한다. 환율 관련 파생상품도 마찬가지다. 이렇게 자세하게 공부하지 않고 파생상품 거래시장에 뛰어드는 것은 주식거래보다 더 위험하다. 일종의 외환 파생상품인 키코를 구입했다가 막대한 피해를 입은 기업들을 생각해보라.

또한 파생상품 거래시장에 뛰어든다고 하더라도 자신이 감당할 수 있는 규모 안에서 거래를 해야 한다. 자본규모가 140억 원인 회사가 10분 동안 900억 원의 손실이 발생할 정도로 막대한 거래를 한다는 것은 상식적으로 이해가 되지 않는 행동이다.

이런 일이 벌어진 후에 당연히 감독당국을 탓할 것이 자명하다. 물론 일부 제도에 약간의 문제가 있을 수도 있다. 하지만 필자는 감독당국이 아니라 '묻지마 투자'를 벌인 쪽의 책임이 더 크다고 생각한다. 예를 들어 카지노에 가서 도박을 하다가 패가망신한 사람이, 카지노의 입장규정이 잘못되어 자기가 카지노에 들어가게 되었으니 카지노나 정부가 자신의 손실을 책임지라고 주장한다면 다른 사람들이 어떻게 받아들일까? 어쨌든 감독당국은 이런 사태의 재발을 막기 위해서 제도보완 작업에 착수했다.

만약 해외자금에서 주가가 폭락하면 엄청난 돈을 벌 수 있는 옵션을 판다고 했을 때, 그런 옵션을 사는 사람이 없다면 옵션거래가 성립될 수 없다. 비정상적인 옵션을 산다는 것 자체가 바로 별다른 연구 없이 도박에 뛰어드는 것이다.

외국인 투자자들이 공매도short sale, 주식을 보유하지 않은 상태에서 행사하는 매도주문나 파생상품 거래를 통해 주가변동을 키워서 이익을 본다는 이야기가 계속 나오지만, 공매도나 파생상품 거래 모두 반대 방향에서 그 상품을 받아주는 상대방이 존재해야만 시장이 성립할 수 있다. 즉 외국인 투자자들에 대한 이런 비난은 잘못된 것이다. 불량식품을 사 먹는 철

모르는 어린아이도 아닌데 말이다. 비정상적인 상품이라면 사지 않으면 될 뿐이다. 모두가 사지 않는다면 이상한 상품을 팔려고 하는 사람도 자연스럽게 없어질 것이다. 제대로 거래의 구조나 기업가치를 살펴보지 않으면서 거의 도박하는 것과 마찬가지 마음으로 그런 상품을 사는 사람이 있기 때문에 계속해서 파는 사람이 있는 것이다.

워런 버핏의 투자철학을 배워야 한다

워런 버핏은 1990년대 말 IT 버블이 한참일 때 IT 관련 주식은 단 한 주도 구입하지 않았다. 그때까지만 하더라도 워런 버핏은 유명한 투자가들 중 한 명이었지, 지금처럼 세계 최고의 투자가로 간주될 정도는 아니었다. IT 버블 당시 IT 기업의 주가가 폭등하는데도 불구하고 워런 버핏이 투자를 하지 않았기 때문에 사람들은 "워런 버핏이 너무 늙어서 이제 그의 시대는 끝났다"는 등의 이야기를 했다. 이때 워런 버핏은 "나는 내재가치를 따져 투자할 뿐이다. IT 기업들의 수익모델을 이해할 수 없다"라고 이야기하곤 했다.

  시간이 흘러 IT 버블이 꺼지고 수많은 IT 기업들이 시장에서 사라지자 사람들은 워런 버핏이 한 말을 기억해내고 워런 버핏을 칭송하기 시작했다. 이 사건 이후로 워런 버핏이 2000년대 초반부터 '오마하의 현인'이라는 극존칭을 받으며 투자가들의 황제로까지 추앙받게 된 것이다.

워런 버핏의 투자비결은 재무제표를 열심히 공부해 내재가치에 따라 투자하는 것뿐이다. 주가가 매일매일 폭등하던 IT 기업들의 재무제표를 들여다보니 수익모델이 별로 없었기 때문에 투자할 가치가 없다고 판단한 것이다. 워런 버핏은 '남들이 다 사서 주가가 폭등한다고 해도 나는 내재가치가 아니라면 투자하지 않겠다'는 투자철학을 꾸준히 지킨 것이다.

이런 의미에서 워런 버핏의 집무실에는 현재의 주식시황을 보여주는 컴퓨터 터미널이 없다고 한다. 오늘내일 주식가격의 등락에 일희일비하지 않고 오직 장기적인 내재가치를 보고 투자한다는 그의 투자철학을 보여주는 것이다. 이런 방식으로 투자를 한다면 최소한 큰 손해를 볼 가능성은 없을 것이다.

워런 버핏의 자세를 본받아 투자를 해서 부디 다시는 이런 일이 우리나라에서 일어나지 않기를 바란다. 키코 거래를 통해 다수의 기업들이 막대한 손실을 보았는데, 본질적으로 상당히 유사한 일이 불과 몇 년 만에 다시 일어나다니 착잡할 따름이다.

회계로 본 세상

빼빼로 데이의 대학살은 아직 끝나지 않았다. 조만간에 다시 되풀이될 가능성이 높다. 2011년 현재 한국뿐만 아니라 여러 신흥시장의 주가는 비정상적으로 상승한 상태다. 미국의 오바마 행정부가 만신창이의 미국 경제를 회복시키고, 인플레이션을 불러일으켜 막대한 달러 부채의 가치를 좀 줄여보고자 하는 의도에서 엄청난 달러를 찍어내서 푸는 중이다. 그런 자금들이 신흥시장으로 흘러들어와서, 현재 사상 최대규모의 엄청난 외국인 자금이 한국 주식과 채권시장에 투자되고 있는 상태다. 그 결과 기업가치의 펀드멘탈을 상회하는 거품이 주식시장에 일부 존재한다. 이 자금들은 미국이 돈 푸는 행위를 멈추고 이자율이 다시 상승하는 순간 한국 시장을 떠날 것이라는 것이 대부분의 금융 전문가들의 견해다.

이 자금들이 신흥시장에 들어와 있는 목적은 주식이나 채권투자를 통해 돈을 벌겠다는 것이 아니다. 그보다는 신흥시장의 환율절상을 노리고 있는 것이다. 미국이 달러를 찍어 뿌리는 동안 세계 각국의 통화는 계속 절상될 것이다. 그것이 끝나면 그 순간 돈이 빠져나가서 미국으로 돌아갈 것이다. 다른 나라의 환율이 절상된 만큼, 그 돈을 미국 달러로 바꾸면 이익이 되기 때문이다. 헤지펀드들은 자기 돈이 아닌 남의 돈을 빌려서 투자를 하기 때문에, 더이상 돈을 벌 수 없다면 즉시 포지션을 청산해서 부채를 상환하는 것이 이익이다. 따라서 환율절상이 끝난다면 더이상 외국 주식시장에 포지션을 남겨둘 필요가 없는 것이다.[1]

이런 일이 벌어진다면 주식시장은 또 다시 한 번 출렁거릴 것이다. 하지만 주식시장보다 훨씬 더 무서운 것이 옵션시장이다. 이런 일이 벌어진다면 옵션시장은 빼빼로 데이보다 훨씬 더 심각한 원자폭탄이 터진 것만큼 큰 대참변이 일어날 것이다. 이런 일을 당하지 않도록 무서운 도박을 자제했으면 한다. 빼빼로 데이를 통해 좋은 경험을 쌓았으니, 최소한 증거금의 범위를 벗어나서 무리하게 투자하는 경우는 없어지지 않을까 한다.

주식시장이 도박판처럼 변했다는 이야기는 미국도 똑같이 해당된다. 2011년 초 미국 언론에서 보도한 내용을 보면, 1980년대 미국인들

---

[1] 미국은 현재도 빚더미에 올라앉아 있는 상황이므로, 더이상 달러를 찍어 뿌리기가 곤란할 것이다. 만약 2010년에 실시한 약 7천억 달러 규모의 2차 양적완화 이후에도 다시 달러를 찍어 뿌린다고 한다면, 이는 부채를 갚지 않겠다는 의사표시로 해석된다. 갚을 의사가 없으니 그냥 돈 찍어서 마음껏 써버리겠다는 의사가 아니면, 그렇게 돈을 뿌릴 수 없을 정도로 미국의 국가재정은 거의 파산 직전의 수준이기 때문이다. 한국의 1997년 금융위기 직전 상황과 비슷한 형편이라고 보면 된다.

은 주식을 한 번 매수하면 평균 2~3년 동안 보유했다고 한다. 하지만 2000년대 후반에 들어 이 기간은 불과 3개월로 줄어들었다. 장기로 보유하는 사람이 줄어서가 아니라 초단타로 거래하는 사람들이 급속히 늘어났기 때문이다. 하루 거래량 중 초단타거래의 비중이 무려 70%에 육박한다고 한다. 본 책에 실린 '주식가격의 움직임과 내재가치 투자' 부분에서 다룰 것이지만, 이런 초단타거래가 증가하는 경향 때문에 주식시장의 변동성이 커지고, 투자자들이 주식투자를 통해 직면하는 위험도도 과거보다 증가했다는 내용이 보도되었다. 미국 증권거래위원회SEC에서도 이런 문제점을 인식하고, 이를 해결하기 위한 방안을 모색중이라는 소식도 들려온다. 거래의 투명성을 강화하기 위한 정책을 준비하고 있다고 한다. 한국의 증권거래소는 세계 수준에서 볼 때도 그 효율성이나 운영수준이 높은 편이다. 그렇지만 미국과 마찬가지로 거래의 투명성을 높이고 도박을 억제하기 위한 제도적인 보완이 필요할 것이다.

결국 미국에서도 철저한 분석 없이 도박을 즐기는 사람들이 예전보다 많이 늘어났다는 이야기다. 주식시장이라는 곳이 원래는 기업들이 필요한 자금을 손쉽게 조달해 신규사업에 투자할 수 있도록 하기 위해 마련된 곳이지만, 이제는 이런 주식시장의 긍정적인 기능들이 별로 강조되지 않고 도박판을 제공하는 도박장처럼 변하는 듯해 안타깝다. 물론 투자자들뿐만 아니라 주식시장에서 한탕 하고 튀려는 일부 몰지각한 기업 경영자들도 이런 추세에 공헌했을 것이다. 바로 엉터리 재무제표를 공표해서 이를 믿고 투자한 투자자들에게 큰 피해를 주는 경우를 말한다.

　이런 추세가 더 가속화된다면 도박을 하지 않는 투자자들은 점차 주식시장을 떠나갈 것이다. 주식시장이 내재가치와는 관계없이 도박에 따라 랜덤random하게 움직인다면 합리적인 분석을 통해 내재가치에 따라 투자하는 투자자들이 주식시장에 남아 있을 이유가 없기 때문이다. 그 결과 기업들도 필요한 자금을 조달하는 데 점점 어려움을 겪게 될 것이다. 이런 결과가 오지 않도록 우리의 반성과 제도의 보완이 필요할 것이다. 특히 단기적으로는 시장규모가 상당히 축소되는 부작용이 있을지라도 파생상품시장에 대해서는 하루 빨리 규제책이 나오고, 시장 참여자들에 대한 계도나 홍보가 지속되어야 할 것이다. 그것이 장기적으로 파생상품시장을 살리는 비결이다.

주식가격의 움직임과 내재가치 투자

'어떤 기업의 주식을 사면 크게 오를 것이다'라는 풍문을 들어본 경험이 종종 있을 것이다. 과연 이런 이야기들이 믿을만할까? 소위 스캘퍼라고 부르는 초단타거래자들은 상당한 수익을 올리고 있을까? 주식시장에서의 주가는 크게 내재가치 투자자와 추세 투자자, 이렇게 2가지 유형의 투자자들에 의해 움직이게 된다. 이들의 주식거래에 따라 주가가 움직이는 것이다. 과연 주가는 어떻게 결정되는지, 과민반응과 과소반응은 무엇인지를 살펴본다.

코스피 지수 1682로 시작한 2010년의 주식시장이 2051로 마감했다. 1년 동안 무려 22%나 상승한 셈이다. 세계금융위기 전보다 더 높은 수준으로 주가가 형성되고 있으니 이제 금융위기가 다 회복된 것인지 아리송하기도 하다. 이렇게 주가가 급격히 상승하는 데는 2010년 동안 무려 22조 원이나 한국주식을 순매수한 외국인 투자자들이 큰 공헌을 했다. 대부분의 전문가들은 펀더멘탈이 변한 것이 아니라 미국에서 마구 찍어내 뿌린 돈이 신흥시장으로 몰려들어와서, 주식에 대한 수요가 폭증했기 때문에 그동안 주가가 올랐다고 평가한다. 2011년에 들어서는 2010년 말과 유사한 상황이 계속 전개되고 있는 중이다.

그런데 외국인 투자자들이 주가상승을 주도해서 그런지, 사실 주식시장의 내부를 들여다보면 화려한 겉모습과는 다른 모습이 종종 눈에 보인다. 2010년부터 2011년 중반까지의 통계를 보면 일부 대형 우량주들의 가격은 상당히 폭등한 반면에, 코스닥 시장은 약 1% 정도 하락했다. 즉 소수의 대형주들이 주가지수의 상승을 주도한 것일 뿐이지 상당수 기업들의 주가는 그리 크게 변하지 않은 셈이다. 그러는 사이에도 주가는 미국의 양적완화, 천안함 격침이나 연평도 포격 등의 북한 관련 사건들이 연이어 발생하면서 널뛰기를 이어갔다. 즉 2010년은 주식시장의 변동성이 상당히 높았던 한해라고 할 수 있다. 2011년에도 일본 지진과 원전사고의 여파로 주식시장에 급격한 변동이 있었다.

이렇게 주가가 출렁대기 때문에 사람들은 주가가 도대체 어떻게 형성되는지 궁금해한다. 주식에서 전 재산을 날린 가장이 자살했다는 소식도 언론에 가끔 보도되며, 그럴 때마다 주식시장이 도박판과 다를 바 없다는 비판도 종종 등장한다. 따라서 본고에서는 주가가 형성되는 과정에 대해 간단히 소개하고자 한다.

홍길동전자의 주식가격 사례

주식시장에 A 스타일과 B 스타일, 이렇게 2가지 종류의 투자자들이 있다고 가정해보자. A 스타일은 회사의 재무상태와 영업성과에 대해 연구해 기업의 가치를 평가하고, 이에 따라 투자하는 스타일이다. A

스타일의 투자자들 중 일부는 홍길동전자 주식을 1만 3천 원으로, 일부는 1만 5천 원으로, 다른 일부는 1만 7천 원으로 평가한다고 가정해 보자. 똑같은 재무제표를 이용해서 분석을 한다 하더라도 모든 사람들이 홍길동전자 주식을 똑같은 가치로 평가한다는 보장은 없다. 서로 보는 관점도 다르고, 같은 자료라도 분석하는 능력이 다르기 때문이다. 따라서 A 스타일의 주식투자자가 성공하기 위해서는 기업의 가치를 정확하게 평가할 수 있는 능력이 중요하다.

그에 반해 B 스타일의 투자자는 재무제표를 보고 연구하기보다는 다른 사람들이 어떻게 행동하는지를 보면서 투자한다. 이들의 투자방식은 추세를 따르는 것이다. 단기주가가 상승하는 것을 보면 그에 따라 주식을 구입하고, 그 반대로 주가가 하락하기 시작하면 보유하고 있던 주식을 매도한다. 즉 현재의 주식가격의 추세가 미래에도 지속될 것으로 가정하고 투자하는 것이다. 그 반대로 단기주가가 충분히 상승했다고 판단하면 주식을 팔고, 또 단기주가가 충분히 하락했다고 판단하면 주식을 사기도 한다.[1] 따라서 B 스타일의 투자자가 주식투자로 큰돈을 벌기 위해서는 속도가 매우 중요하다. 추세가 바뀌었을 때 이를 간파하고 얼마나 빨리 주식을 사거나 파는지가 수익을 결정하기 때문이다.

이제 홍길동전자의 주식이 1만 1천 원의 가격으로 시장에 상장되어

---

[1] 전문용어로 전자의 경우를 모멘텀(추세추종) 전략(momentum strategy), 후자를 역발상 전략(contrarian strategy)이라고 부른다. 좁은 의미로는 모멘텀 투자자만을 B 스타일의 투자자로 보지만, 필자는 역발상 투자자도 주가의 추세를 보고 투자하는 것이므로 광의의 B 스타일 투자자로 분류했다.

거래가 시작되었다고 가정하자. 그렇다면 이 주식을 1만 3천 원, 1만 5천 원 또는 1만 7천 원으로 평가하는 A 스타일의 투자자들은 경쟁적으로 홍길동전자 주식을 구매할 것이며, 그 결과 주가가 점점 상승할 것이다. B 스타일의 투자자들 중 일부도 이런 가격변화의 추세를 눈치채고 주식을 구매하기 시작할 것이다. 가격이 1만 3천 원에 도달하면 A 스타일의 투자자 중 홍길동전자의 주식을 1만 3천 원으로 평가하는 사람들은 더이상 주식을 구매하지 않을 것이다. 하지만 추세의 변화를 뒤늦게 알아챈 더 많은 B 스타일의 투자자들이 주식을 구매할 것이므로 주식가격은 계속 상승할 것이다.

주식가격이 1만 5천 원으로 상승하면, 이 주식을 1만 5천 원으로 평가한 A 스타일의 투자자들이 주식을 구매하지 않을 것이다. 또한 A 스타일의 투자자 중 홍길동전자 주식을 1만 3천 원으로 평가하는 사람들은 주식을 팔려고 할 것이다. 주가가 마침내 1만 7천 원으로 상승하면 A 스타일의 투자자들은 모두 더이상 주식을 구매하지 않게 된다. 동시에 A 스타일의 투자자들 중 홍길동전자 주식의 가치를 더 낮게 평가하는 사람들은 주가가 떨어질 것이라고 예측해 공매도를 하려고 하거나 주식을 팔려고 시장에 매물로 내놓을 것이다.

A 스타일의 투자자들이 더이상 주식을 구매하지 않고 그 중 다수가 주식을 팔려고 하기 때문에 주식가격이 1만 7천 원에 접근하면 접근할수록 매수세력은 감소하고 매도세력이 증가하게 된다. 그래도 B 스타일의 투자자들이 구매를 계속해서 주식가격은 1만 7천 원을 넘어서게 되지만, 1만 7천 원을 넘어서면 모든 A 스타일의 투자자들이 매수

를 하지 않기 때문에 주식의 매수수요는 급격히 줄어들게 된다. 이때는 A 스타일의 투자자들이 매도한 주식을 B 스타일의 투자자들이 매수하는 것이다. 따라서 주식가격의 상승은 둔화되고, 이를 눈치챈 재빠른 B 스타일의 투자자들 중 일부도 더이상 주식을 구매하지 않을 것이다. 주식에 대한 수요가 더 줄어든다면 수요와 공급이 역전되어 주식가격은 1만 9천 원 정도에서 정점에 다다를 것이고, 그 뒤 하락하게 된다. 추세를 보고 B 스타일의 투자자들이 주식을 팔기 위해 시장에 매물로 내놓음에 따라 하락추세는 더더욱 가속화된다.

  주식가격이 1만 7천 원 이하로 하락하면 A 스타일 투자자들 중 주식가치를 1만 7천 원으로 평가하는 사람들이 주식을 매수하기 시작할 것이다. 따라서 수요가 일부 증가하게 된다. 주식가격이 1만 5천 원 이하로 하락하면 다시 주식가치를 1만 5천 원으로 평가하는 A 스타일 투자자들이 매수하기 시작한다. 이때쯤이면 매수세가 충분히 증가해 주가 하락속도가 감소하기 시작할 것이다. B 스타일의 투자자가 주식을 매도하고 A 스타일의 투자자가 매수하는 것이다.

  마침내 주가가 1만 3천 원 이하로 떨어지면 모든 A 스타일 투자자들이 매수에 동참한다. 수요가 충분히 증가해 공급과 균형을 이룰 정도로 가격이 하락하면 주식가격은 하락을 멈춘다. 아마 1만 1천 원 정도가 될 것이다. 이때부터 추세를 눈치챈 B 스타일의 투자자가 주식을 매수하기 시작하므로 다시 주식가격이 상승추세를 보이기 시작할 것이다.

파도모양으로 변하는 주식가격과 투자

이런 과정을 거쳐서 주식가격은 파도모양의 형태를 띠면서 변해가는 것이다. 이때 주식가격의 하한은 1만 1천 원, 상한은 1만 9천 원 정도가 된다. 물론 홍길동전자의 주식이 1만 1천 원과 1만 9천 원 사이에서 영원히 움직이는 것은 아니다. 기업가치에 변동을 가져오는 새로운 정보가 시장에 알려진다면 주식의 변동범위가 새로 변하게 된다.

예를 들어 홍길동전자가 신기술을 개발해 앞으로 수익성을 30% 향상시킬 것이라는 뉴스가 시장에 전해졌다고 가정해보자. 이 새로운 정보를 연구한 후, A 스타일 투자자들 중 일부는 홍길동전자의 가치가 1만 8천 원이 될 것이라고 평가할 것이며, 다른 일부는 2만 원, 그리고 나머지는 2만 2천 원이 될 것이라고 평가할 수 있다. 그러면 이들 범위 내로 주가가 변동하는 것이다. 그 반대로 아주 불리한 뉴스가 시장에 새로 알려졌다면 주가의 변동범위가 5천 원에서 1만 원 정도로 떨어질 수도 있다.

홍길동전자의 주식이 현재 1만 1천 원과 1만 9천 원 사이에서 움직이고 있다고 가정해보자. 그렇다면 이 주식을 1만 1천 원 근처에서 구입한 후 1만 9천 원 정도에서 팔기만 한다면 상당한 수익을 올릴 수 있을 것이다.

필자가 오랜 외국생활을 정리하고 한국에 귀국한 직후 재미삼아 케이블 TV의 증권방송을 몇 번 본 적이 있다. 그때 항상 '××도사' 같은 이름을 가진 출연자가 나와서 차트를 보여주면서 '하한에서 사서

•• 주가 변동의 추세

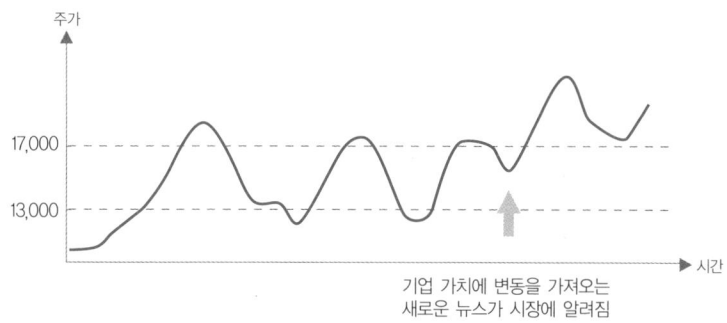

주가는 내재가치 투자자와 추세 투자자의 거래에 의해 물결모양으로 변한다. 그러다가 기업가치에 변동을 주는 새로운 뉴스가 시장에 알려지게 되면 물결이 움직이는 범위가 바뀌게 된다.

상한에서 팔았으면 불과 한 달 만에 20%를 벌 수 있었다' 는 등의 내용을 설명한다. 하지만 주가가 하한에 도달한 것을 어떻게 알고, 그 반대로 주가가 상한에 도달한 것을 어떻게 아는지에 대해서는 설명해 주지 않는다. 오직 신만이 알 수 있는 내용을 설명하는 셈이다. 실제 주식시장에서 이미 주가가 다 변동한 다음에야, 우리는 주가가 이렇게 물결 모양으로 움직여서 상한과 하한이 각각 얼마였다는 것을 나중에 알게 되는 것뿐이다.

 일부 출연자는 현재 주식가격이 단기 평균선을 하향 돌파하면 매수시점, 상향 돌파하면 매도시점이라고 설명한다. 그 시점이 바로 하한과 상한으로, 이 점을 골든 크로스와 데드 크로스라고 부른다. 주식투자와 관련된 상당수의 책에도 이런 내용이 등장한다. 이 내용은 많은 연구를 통해 맞지 않는다는 것이 이미 수십 년 전에 알려졌는데도 아직까지도 그 내용이 소개되는 것이다.

그렇다면 왜 이런 내용들이 맞지 않는지 생각해보자. 주가가 이번에는 하한 1만 1천 원, 상한 1만 9천 원의 파도 모양으로 움직였다고 하더라도 다음 파도가 똑같은 모습으로 발생할 것이라는 보장은 전혀 없다. 다음 파도는 하한 1만 5천 원, 상한 2만 2천 원이 될 수도 있으며, 세계금융위기가 다시 발생해 주가가 폭락해서 하한 1만 원, 상한 1만 5천 원이 될 수도 있다.

세상의 어느 누구도 앞으로 무슨 일이 일어날지 예측할 수 없다. 전술한 바와 같이 홍길동전자의 주식가치에 영향을 미치는 사건들이 계속 발생해 시장에 알려지기 때문이다. 즉 주식투자자들이 평가하는 기업의 가치는 새로운 정보가 시장에 도착할 때마다 계속 달라진다. 따라서 다음 파도가 어떤 모양을 띠고 주식시장을 덮쳐올지는 아무도 모른다. 따라서 평균선에 기초한 투자방법이 맞을 수 없는 것이다. 이는 세계 여러 나라에서 수행한 대다수의 연구에서 공통적으로 발견한 내용이다.

평균선을 기초로 한 투자방법의 효과

그렇다면 왜 평균선을 돌파하는 때가 거래시점이라는 이야기들이 나왔는지 설명하도록 하겠다. 지금부터 30~40년 전의 세상으로 돌아가

보면, 그 당시 기업의 경영환경은 상당히 안정되어 있었다. 즉 기업의 경영성과에 큰 변화를 미치는 요인이라는 것이 별로 없었다. 또한 언론이 지금처럼 발달된 것도 아니었을 뿐더러 언론에서 보도하는 뉴스도 기업에 대한 것은 별로 없었다. 기업들 또한 연차보고서 이외에는 공시하는 뉴스가 거의 없었다. 따라서 기업에 대한 뉴스는 1년에 한 번 연차보고서가 공시될 때를 제외하고는 거의 시장에 알려지지 않았다. 이런 상황에서는 기업의 가치가 연간 거의 변하지 않는다. 즉 앞에서 설명한 파도모양으로 거의 1년 내내 일정한 범위 내에서 움직일 뿐이다. 그렇다면 몇 일 평균선을 돌파하면 주식거래를 하라는 이야기가 맞을 수 있다.

하지만 시대가 바뀜에 따라 이제 기업들은 반기보고서를 발표하기 시작했다. 그후 분기보고서뿐만 아니라 수시보고서도 발표하는 시대가 되었다. 언론도 기업에 관련된 뉴스를 시시각각으로 보도한다. 필자가 대학교에 다니던 1980년대 말, 1990년대 초와 현재를 비교해보면, 기업과 관련된 뉴스가 전체 뉴스 중에서 차지하는 비중이 정말 엄청나게 늘어났다. 국제 정세도 과거와는 달리 급변하고 있어서, 기업가치나 한국경제 전체에 영향을 미칠 수 있는 중대한 사건들이 수시로 일어나고 있는 중이다.

이런 상황에서는 기업의 본질가치가 달라졌다는 평가를 내릴 수 있는 중요한 정보들이 주식시장에 수시로 도달하기 때문에, 앞에서 설명한 홍길동전자의 사례처럼 다음 물결의 모양이 완전히 달라지는 현상이 계속 발생하는 셈이다. 그래서 몇 일 평균선에 기초한 투자방법이 맞지 않게 된 것이다. 또한 물결이 한 번 출렁이는 기간주가가 하한에서 출발해 상한까지 올랐다가 다시 하한으로 돌아오는 기간이 과거에 비해 최근으로 올수록 매우 짧아졌다. 주식시장의 변동성이 높아진 것이다.

평균선에 기초한 투자시점의 결정이 효과가 있는 기업도 있다. 시장환경이 달라져도 기업가치가 별로 변하지 않는 기업이라면 평균선에 기초해 투자할 수 있을 것이다. 시장환경에 따라 수요나 공급이 거의 변하지 않는 업종이라면 기업가치가 급변할 가능성이 거의 없기 때문이다.[2]

주식가격의 형성을 결정하는 내재가치 투자

A 스타일의 투자자를 내재가치 투자자라고 부르며, B 스타일의 투자자를 추세 투자자라고 부른다. 물론 이것은 설명을 위한 편의적인 구분이며, 모든 투자자들을 정확이 이 둘로 구분하는 것은 불가능하다. 두 투자자의 스타일을 모두 조금씩 가지고 있는 투자자들도 있으며, 이런 구분이 전혀 통하지 않고 정말 마음대로 기분이나 풍문에 따라 투자하는 투자자들도 있기 때문이다. 또한 주가를 예측해서 투자하는 것이 아니라 기계적으로 주가변동에 따라 투자 포트폴리오를 변화시키는 인덱스index 투자자도 있다.

---

[2] 이는 필자의 개인적인 의견일 뿐이며, 구체적으로 이에 대한 연구가 수행된 바는 없다.

앞에서 설명한 사례에서도 알 수 있겠지만 내재가치 투자자들은 빈번하게 거래를 하지 않는다. 한 번 거래를 시작하면 대규모 물량을 거래하지만, 일단 주식을 매수하거나 매도한 후에 다음번 거래를 할 때까지 상당한 시간이 소요된다. 즉 장기투자를 하므로 오늘내일 주식시장의 가격 변동에 민감하게 반응하지 않는다. 또한 기업의 가치에 영향을 미치는 중요한 정보들을 항상 수집하면서, 기업의 가치를 평가하기 위해 열심히 공부하는 스타일이다. 이 스타일의 투자자가 성공하기 위해서는 기업의 가치를 정확하게 평가해내는 능력이 중요하다. 회계정보를 열심히 분석하는 소수의 투자자들이 바로 이 유형이다. 자세하게 분석을 하기 위해서는 많은 종목을 보유할 수가 없다. 따라서 대부분의 투자자들은 자기 능력에 맞는 수준인 소수 종목의 주식만을 보유하지만, 종목당 주식보유수량은 많다.

추세 투자자들은 주가변동의 추세를 따라 거래한다. 따라서 기업의 본질가치에 영향을 미치는 다른 요소들에는 큰 관심이 없다. 이 유형의 투자자들에는 매일매일, 시간마다 주가시세를 확인하면서, 언제 추세가 바뀌는지에 대해 민감한 데이트레이더day trader들이 포함된다. 이 유형의 투자자가 성공하기 위해서는 주가변동의 추세가 바뀌는 순간을 파악해내는 능력이 제일 중요하다. 따라서 데이트레이더들은 하루 종일 컴퓨터를 보며 매우 빈번하게 거래를 수행하는데, 실제 매 거래시의 건당 거래량은 내재가치 투자자보다 적은 것이 일반적이다. 이 유형의 투자자들은 기업의 가치에 대해 자세히 공부할 필요가 별로 없기 때문에 내재가치 투자자들보다 더 많은 종목의 주식을 보유하는 성

국내 증권회사 객장의 모습 주식시장에서 많은 투자자들이 주식을 매수하거나 매도함에 따라 가격이 형성된다. 이 가격을 결정하는 데는 내재가치 투자자들이 큰 영향을 미친다. 한국의 경우 내재가치 투자자들이 기관 투자자인 경우가 상대적으로 많다.

향이 있는데, 그 결과 종목당 주식보유수량은 적다. 결국 남들보다 더 오랜 시간 컴퓨터 앞에 앉아서 주식시세판을 들여다보면서 추세에 따라 빠르게 매수나 매도 타이밍을 결정하는 사람들이 성공한다.

 그렇다면 주식가격이 움직이는 범위를 결정하는 사람들은 누구일까? 홍길동전자의 사례에서 알 수 있듯이, 주식가격이 1만 1천 원에서 1만 9천 원 범위로 움직인 이유는 내재가치 투자자들이 주식가격을 1만 3천 원에서 1만 7천 원 정도로 평가했기 때문이다. 즉 내재가치 투자자들이 평가하는 주식가치의 범위를 약간 넘어서는 수준에서 주가변동 범위가 결정된다. 즉 주식가격은 내재가치 투자자에 의해 결정되게 된다. 추세 투자자들은 1만 3천 원보다 얼마나 주가가 더 떨어지고, 1만 7천 원보다 얼마나 주가가 더 올라가는지, 그리고 파도가 얼마나 짧은 시간 안에 다시 되풀이되는지를 결정한다. 즉 주가의 변동성 정도를 결정하는 것이다.

선진국 주식시장과 비교한 한국 주식시장의 특징

한국의 주식시장을 선진국 주식시장과 비교해 생각해보자. 한국 주식시장의 주가 변동성이 매우 높다는 사실은 잘 알려져 있다. 왜 이런 현상이 일어날까? 앞에서 기업가치의 변화가 없다면 주가의 변동성은 주로 추세 투자자들 때문에 일어난다는 것을 설명했다. 즉 한국에서 주가의 변동성이 높은 이유 중 하나는 선진국 시장에 비해 추세 투자자들의 비중이 더 많기 때문이다.

물론 내재가치 투자자들도 주가의 변동성에 일부 공헌한다. 홍길동전자의 예에서는 내재가치 투자자들이 1만 3천 원에서 1만 7천 원 정도로 주식의 가치를 평가했다. 만약 내재가치 투자자들이 평가하는 기업의 가치가 1만 원에서 2만 원 사이로 더 넓다면 당연히 주가의 변동성도 높아진다. 그렇다고 하더라도 내재가치 투자자들은 얼마나 빨리 파도가 되풀이되는지를 결정하지는 않는다. 즉 주로 추세 투자자들에 의해 변동성이 결정되는 것이다. 물론 한국 경제의 변동성이 크고 한국 기업들이 외부환경의 변화에 민감하다는 점이 추세 투자자들의 비중보다 더 중요한 한국 주식시장의 주가 변동성이 높은 요인이다.

주식시장에서는 과민반응 또는 과다반응 overreaction이 종종 일어난다.[3] 과다반응이란 주가가 기업의 가치에 변동을 가져오는 뉴스에 과

---

[3] 한국에서는 overreaction 대신 overshooting이라는 용어를 더 빈번히 사용한다.

다하게 반응하는 현상이다. 예를 들어 현재 홍길동전자의 주가가 1만 3천 원인 상황에서 큰 사고가 발생해 내재가치가 5천 원 정도로 하락할 것으로 예상된다고 하자. 그렇다면 주가가 하락하기 시작해 5천 원이 된 후 하락을 멈추어야 정상이다. 하지만 주가는 보통 5천 원보다 더 낮은 수준까지 과다하게 하락했다가 약간 상승해 5천 원에 도달하는 추세가 대부분이다. 주가가 상승하는 경우도 마찬가지로, 적정주가보다 더 많이 올랐다가 약간 하락해 적정주가에 도달한다.

한국 주식시장의 과민반응 정도가 선진국보다 더 심한 이유도 추세투자자들의 비중이 크기 때문일 것이다. 그렇기 때문에 한 번 주식변동의 추세가 시작되면 추세의 방향을 바꾸기가 쉽지 않다. 예를 들어 선진국 시장에서는 4,500원까지 하락했다가 주가가 5천 원으로 돌아오는 반면, 한국 시장에서는 4천 원 정도까지 주가가 하락한 후에야 방향을 바꿔 5천 원으로 다시 상승하는 셈이다.

그 반대로 과소반응underreaction이 있는데 시장가치에 영향을 미치는 중요한 정보가 시장에 도달했을 때 이 정보를 정확히 해석하지 못하기 때문에 주가가 바로 변하지 않는 현상이다. 즉 주가가 적정 수준으로 변하기까지 좀더 시간이 오래 걸린다. 앞에 설명한 홍길동전자의 예에서 주가가 1만 3천 원에서 5천 원까지 변하는 데 시간이 오래 걸리는 것을 의미한다. 과소반응이 적다면 내재가치 투자자들이 정확히 정보를 해석해서 주가가 5천 원으로 신속히 변할 것이다. 하지만 내재가치 투자자들이 정보를 빨리 해석하지 못해 반응하는 데 시간이 지체된다면, 주가가 5천 원으로 떨어질 때까지 시간이 더 걸릴 것이다.

그래서 과소반응이 일어나는 것이다. 역시 선진국 시장과 비교할 때, 한국 시장의 과소반응 정도가 더 심하다고 생각한다. 내재가치 투자자들의 비중도 작고, 내재가치 투자자들이 기업의 가치를 평가하는 능력도 선진국보다 못하기 때문에 벌어지는 현상일 것이다.

또한 선진국의 기업들과 비교할 때 국내 기업들의 IR investor relation 활동도 미약한 수준이며, 정확한 정보를 적시에 공개하는 것도 꺼리는 경우가 많다. 특히 부정적인 뉴스는 마지막 순간까지 숨긴다. 기업을 분석하는 애널리스트들의 숫자도 부족하다. 따라서 기업의 실제 업적이 분기보고서 등의 형태로 공시되기 전까지 투자자들이 접할 수 있는 정보의 양이나 질이 부족하다. 따라서 한국의 내재가치 투자자들이 선진국의 내재가치 투자자와 동일한 능력을 갖추고 있다고 하더라도, 기업의 투명성과 관련된 이유 때문에 정확히 평가하기가 더 힘들 것이다. 따라서 내재가치 투자자들이 평가하는 기업가치의 범위가 선진국에 비해 더 넓다. 예를 들면 홍길동전자의 주식이 선진국 시장에서는 1만 4천 원에서 1만 6천 원정도로 평가되지만, 국내에서는 1만 3천 원에서 1만 7천 원정도로 평가되는 셈이다.

어떤 투자가 더 좋은가?

그렇다면 내재가치 투자자와 추세 투자자 중 누구의 수익성이 더 높을까? 이 질문에 대한 정답은 없다. 내재가치 투자자들 중에서도 기업의 가치를 제대로 평가할 수 있는 능력을 갖추고 있다면 수익성이 높겠지만, 그렇지 않다면 수익성이 낮을 수밖에 없다. 추세 투자자도 추세의 변동을 재빨리 파악하고 주식을 매수하거나 매도하는 투자자들은 수익성이 높은 반면에 그렇지 못한 투자자들은 수익성이 낮다.

그렇다고 하더라도 논리적으로 생각해보면 내재가치 투자자들의 수익성이 평균적으로 약간 더 높을 것으로 예측된다. 내재가치 투자자들은 주식을 보유하는 기간이 상대적으로 길고 거래를 자주하지 않는다. 그에 반해 추세 투자자들은 빈번하게 거래를 한다. 거래를 너무 자주 하다보면 거래를 중개하는 기관인 증권회사나 펀드회사, 또 거래에 따라 수수료를 받는 증권거래소는 확실히 돈을 번다. 하지만 거래수수료를 매번 지급해야 하는 투자자의 입장에서는 손해가 된다.

또한 내재가치 투자자들이 주식의 단기 등락에 영향을 덜 받으므로 정신적으로도 더 편하지 않을까 한다. 또한 가치평가를 잘할 능력이 있는 내재가치 투자자라면 수익률이 월등히 높을 수 있다. 게다가 평가하는 주식의 내재가치 근처에서 거래를 하기 때문에 주식거래에 따른 수익률의 변동 정도도 적을 것이다. 즉 부담하는 위험이 낮다. 이런 내용을 종합하면 내재가치 투자가 더 우수한 방법이라고 결론을 내릴 수 있다.[4]

---

[4] 기업의 내재가치를 평가하기 위해서는 회계지식뿐만 아니라 전반적으로 시장이 변하는 방향을 바라볼 수 있는 거시경제적 안목도 있어야 한다. 따라서 본고에서 필자가 '가치평가를 잘할 능력이 있는 내재가치 투자자'라고 칭한 집단은 이 2가지 능력을 모두 겸비한 경우를 말한다.

내재가치는 거의 생각해보지 않고 주가변동 추세만을 살펴보고 투자하는 추세 투자자들이 워낙 국내에 많기 때문에 이런 내용을 말하기가 조심스럽다. 하지만 독자들이 이 글의 내용을 읽고서 논리적으로 생각해보면 추세 투자자들이 주식투자에서 큰 수익을 올리기가 얼마나 어려운지 짐작할 수 있을 것이다. 추세의 변화를 재빨리 이해할 수 있는 극소수의 투자자가 아닌 대다수의 투자자는 이런 방식을 따라 투자해서 시장수익률의 변동을 초과하는 수익률을 올리기가 어렵다. 또한 추세의 변화를 재빨리 발견하는 능력을 갖추려면 내재가치에 대한 평가능력과 전반적으로 시장이 변하는 방향을 이해하는 능력이 동시에 필요하다. 그런 혜안을 가지고 투자하는 투자자는 추세 투자자가 아니라 내재가치 투자자일 것이다.

다음 글에서는 왜 빈번하게 거래를 하는 추세 투자자들이 큰 수익을 올릴 수 없는지를 과학적인 연구결과를 이용해 구체적으로 설명하도록 하겠다.

회계로 본 세상

물론 전업 투자자들 중에서 주가 움직임의 추세를 보면서 초단타거래를 통해 상당한 수익을 올리는 소위 말하는 '스캘퍼scalper'라고 부르는 사람들도 일부 존재한다. 그렇지만 언론에 보도된 개인 초단타거래자들의 평균 수익률이 마이너스라는 국내 통계를 보면, 이런 초단타거래를 통해 돈을 버는 사람이 극히 소수라는 것을 짐작할 수 있다. 대다수의 사람들이 돈을 잃어서 소수의 승자가 독식하는 잔치를 만들어주는 셈이다.

사실 추세 투자자보다도 더 많은 경우가 아무런 합리적인 이유 없이 종목을 선택해서 투자하는 사람들이다. 언론에 나온 인터뷰나 홍보성 기사를 보고, 사면 주가가 오를 것이라는 풍문을 듣고, 인터넷에 올라오는 낚시성 이야기를 보고, 이것도 저것도 아니면 그냥 눈감고 로또복권 번호를 고르는 마음으로 주식을 산다. 후속 편의 글에서 설명할 주변 사람 행동을 보고 그냥 따라 하는, 즉 '허딩herding'을 하는 투자자도 비슷하다.

이런 유형의 투자자를 전문용어로 '혼란 투자자noise trader'라고 부른다. 어떤 논리나 이론으로는 행동을 설명할 수 없는, 가리지 않고 아무렇게나 투자하는 사람을 말한다. 이런 투자자들 때문에 정상적으로 움직여야 할 주가가 단기간 동안 비정상적으로 움직이는 혼란이 생기게 된다. 그래서 가격에 혼란noise, 잡음이나 혼란 등으로 번역함이 생긴다는 의미에서 혼란 투자자라고 부르는 것이다. 내가 바로 혼란 투자자는 아니었는지 한번 생각해볼 필요가 있다.

혼란 투자자 때문에 단기적으로 가격이 내재가치의 움직임에서 벗어나는 현상이 올 수 있다. 하지만 장기적으로 이런 혼란은 소멸되고 주식가격은 내재가치 부근으로 회귀하기 마련이다. 특히 기관 투자자들이나 외국인 투자자들이 많이 구매하는 우량주는 주식가격이 다른 주식들보다 더 내재가치 부근에서 움직인다. 즉 단기적인 혼란이 미치는 영향이 상대적으로 적은 셈이다. 이와 반대로 기관 투자자들보다는 개인 투자자들이 더 많은 코스닥 시장의 기업들, 특히 중소형주일수록 주가 변동이 심하다.

필자는 일년에도 몇 번씩 "모 회사 주식이 작전에 걸릴 것이다"라든지 "놀라운 신기술을 개발했거나, 신사업에 진출한다거나, 외국에서 대규모 자원을 발견했거나, 외국 바이어와 새로운 계약을 체결하려고 한다"는 등의 이야기를 술자리 같은 곳에서 듣고 있다. 그 뒤에 꼭 나오는 말이 "그러니 그 주식이 앞으로 크게 오를 것이다"라는 이야기다. 재미있는 것은 이런 이야기를 하는 사람들 중 실제로 그 회사와 관계된 사람은 아무도 없다는 점이다. 모두들 자신도 남에게 들은 이야기인데, 그 모임에 참석한 사람들만 알고 있고 다른 사람에게는 알리지 말라면서 이야기를 해준다. 필자만이 아니라 한국의 많은 직장인들이 이런 이야기를 가끔 들어본 적이 있을 것이다. 인터넷에 있는 주식 관련 사이트들을 살펴보면 이런 확인되지 않은 이야기가 넘친다.

필자가 오랜 외국생활을 청산하고 한국에 돌아온 초기에 이런 이야기를 듣고 이야기들의 진실성이 궁금했던 적이 있었다. 회계자료나 거시자료를 통계적으로 분석하는 연구를 하는 필자는 경험상 숫자를 통해서 말의 진실성을 확인하는 습관이 있다. 그래서 2008년 한해 동안 필자가 들었던 이야기들에 등장한 기업들의 이야기와 시점 및 내용을 모두 기록해두었다가, 2009년 들어서 해당 기업들의 자료를 분석해본 바 있다.

이런 이야기에 등장하는 기업들의 공통점은 대부분 상당히 작고 잘 알려지지 않은 코스닥 상장 기업이라는 점이다. 그런데 필자가 풍문을 들은 직전이나 풍문을 들었을 때쯤 해서 주가가 조금씩 오르는 경향이 나타난다. 하지만 그런 추세는 잠시일 뿐 주가상승이 3개월 이상 지속된 경우가 거의 없다. 그후에는 오히려 주가가 풍문이 돌기 전보다 더 낮게 대폭 하락했다. 물론 모두 그랬다는 것은 아니고, 일부의 경우는 풍문이 사실로 판명난 적도 있기는 했다.

이런 풍문을 퍼뜨려서라도 단기적으로 주가를 올려야 하는 기업들은 대부분 한계상황에 처한 기업들이다. 정상적인 방법으로는 신주나 채권을 발행할 수 없는 한계상황에 처한 기업들이 이런 풍문을 퍼뜨려서 주가를 띄운 후 다른 일을 하려고 하는 것이다. 신주나 채권을 발행한 자금을 대주주가 횡령하고 도피하는 경우도 있고, 자신이 보유한 주식을 그 기회에 팔아버리는 경우도 있다. 물론 대주주가 주도적으로 이런 일을 하는 경우도 있지만, 대주주와 관계없이 외부의 작전세력이 주식을 매입한 후 주가를 올려서 큰 시세차익을 얻기 위해 하는 경우도 있다. 요즘 흔한 정치 테마주가 대부분 이런 경우일 것이다.

이러니 풍문을 믿고 투자하는 오류는 범하지 말아야 할 것이다. 그런 이야기들이 돌고 돌아 내 귀에 들어올 정도라면 얼마나 많은 사람들이 그 이야기를 들었을까 한번 생각해보자. 필자의 개인적인 경험이지만 증권가의 풍문보다는 연예가 X-file이 더 정확한 것 같다.

주식투자에
손쉬운 왕도는 없다

한국 주식시장에서 회자되는 몇몇 베스트셀러 투자가이드 서적들은 비전문가들이 작성한 것이 대부분이다. 이들 책에서 주장하는 대로 단기투자와 공매도를 통해 큰 수익을 올릴 수 있을까? 워런 버핏이 소유한 버크셔 해서웨이는 대표적인 몰입적 기관 투자자이며, 뉴머릭 인베스터스는 단기 기관 투자자다. 뉴머릭 인베스터스는 계량분석을 자랑하는 상당히 유명한 퀀트 펀드다. 이 두 펀드의 투자유형과 투자성과를 비교해본다. 또한 워런 버핏의 투자원칙에 대해서도 알아본다.

2009년 주식을 공부하는 사람들 사이에서 모 개인 투자자가 지은 책이 화제가 되었다. 대박을 몰고 오는 비법의 책이라고 선전되었다. 여러 인생의 굴곡을 겪은 후 주식을 열심히 공부해서 비법을 터득했다는 저자는 처음에는 군소 신문에 등장하다가 나중에는 TV에 나올 정도로 유명인사가 되었다. 인터넷 카페에는 수천 명의 사람들이 순식간에 몰려들었다. 그 저자는 주식시장의 신화적인 인물로 추앙되었다.

그런데 시간이 좀 지나자 이 책의 내용이 맞지 않는다는 주장들이 나타났다. 큰 손해를 보았다는 사람이 계속 등장하면서 비난이 쏟아지기 시작했다. 이 분야의 여러 책들을 여기저기서 베껴놓았을 뿐이라는 이야기도 알려졌다. 이 책의 내용이나 저자가 투자를 통해 큰돈을 벌었다는 이야기들은 모두 거짓말이며, 책 판매와 비싼 강연회비 등을 통해서 번 돈의 대부분도 주식투자를 통해 날렸다는 이야기도 단편적으로 인터넷에 떠돌았다.

이 책의 저자는 추세를 이용한 단타매매와 공매도 등의 방법을 이용해, 불과 430만 원의 자금으로 2007년부터 1년 반이라는 짧은 기간 동안 370억을 벌었다는 믿기 어려운 신화적인 이야기를 언론에서 자주 했다고 한다. 이 이야기에 놀라서 많은 사람들이 그의 책을 읽거나 강연회에 참가했다. 그렇다면 과연 이것이 가능한 일인지 논리적으로 생각해보자. 주식투자를 통해 430만 원으로 370억 원을 만든다면, 매달 100%씩 수익률을 올려도 15달 정도 걸린다. 이론적으로 불가능한 일은 아니지만 현실적으로 이런 기록적인 수익률이 계속된다는 것은 믿기 힘들다. 만약 매달 수익률을 100%씩 2007년부터 계속 올렸다면, 2011년쯤에 한국의 모든 돈이 저자의 손에 있어야 할 것이다. 저자의 주장이 사실인지는 독자들이 직접 판단해보기 바란다.[1]

버크셔 해서웨이 vs. 뉴머릭 인베스터스

그렇다면 이 저자가 사용한 단타거래를 통해 그렇게 많은 수익을 올리는 것이 가능한지 생각해보자. 저명한 회계학자인 펜실베니아대학의 브라이언 부시Brian Bushee 교수는 투자자들을 단기transient 투자자와 몰입적dedicated 투자자, 두 그룹으로 구분한다.[2] 이 둘에 속하지는 않고 수동적으로 주가지수index를 따라가는 투자자는 준 인덱스 투자자quasiindex investors라고 부른다. 똑같은 것은 아니지만 필자가 앞의 글 '주식 가격의 움직임과 내재가치 투자'에서 소개한 추세 투자자가 단기 투자자와 비슷하고, 내재가치 투자자가 몰입적 투자자와 비슷한 개념이다. 준 인덱스 투자자들은 인덱스주가지수 펀드라고 생각하면 된다. 인덱스 펀드란 주가시장에 상장된 거의 모든 종목을 시가총액과 비례해서 보유한 펀드다. 따라서 시장 전체의 평균적인 수익률 정도의 수익률을 올릴 수 있다. 즉 인덱스펀드는 주가시장의 평균적인 수익률이 은행에 예금하는 금리보다 높다는 가정하에 투자하는 것이다.

부시 교수가 기관 투자자들의 투자행태를 분석한 결과가 그의 논문에 소개되어 있다.³ 이 내용을 보면, 그가 선정한 대표적인 단기 기관 투자자인 뉴머릭 인베스터스Numeric Investors라는 회사는 분기별 평균 주

---

1 필자가 본고에서 언급한 책 이외에도 주식투자에 관심 있는 여러 투자자들 덕분에 베스트셀러가 되었던 책들이 다수 있다. 필자도 이 책들 중 몇 권을 부분적으로 읽어보았다. 대부분의 저자들은 그 책에 소개된 방법을 사용해서 실제로 투자를 했고, 그 결과 대단한 성공을 거두었다고 주장한다. 언론에 자주 출연하는 유명인사가 된 사람도 있다. 하지만 필자가 몇몇의 특히 유명한 베스트셀러 투자 서적을 읽고 느낀 점은, 그 책들에 적혀 있는 방법대로 투자해서는 절대로 저자들이 주장하는 것 같은 성공을 거둘 수 없다는 점이다. 정말로 주식시장에서 돈을 좀 벌었다면, 책에 나오는 방법대로 한 것이 아니라 도박을 하다가 우연히 운이 좋아서 선택한 종목이 크게 올랐던 것뿐이다. 그게 아니라면 주식투자가 아니라 돈을 벌었다는 소문 때문에 책이 베스트셀러가 되서 돈을 번 것이 정답일 것이다. 필자가 왜 그렇게 생각하게 되었을까? 이런 책들은 공통적으로 수십 년 전에 개발된 몇몇 이론들을 소개하고 있다. 앞에서 설명한 바 있는 골든크로스나 데드크로스, 이동평균선 같은 회계를 거의 모르는 사람도 잠깐 책을 읽어보기만 하면 알 수 있는 간단한 방법들을 상당히 많이 소개한다. 그런데 재미있는 사실은 과거 이런 간단한 방법을 최초로 개발한 사람들이 대부분 전문가가 아니었다는 점이다. 또한 이런 간단한 방법을 이용해서 투자를 해서는 결코 시장평균을 상회하는 수익률을 올릴 수 없다는 것이 여러 연구를 통해 밝혀진 지 벌써 수십 년이나 지났는데도 아직 이런 책에 계속 등장한다는 점이다. 책의 저자들이 전문서적이나 논문을 읽지 않고, 자신들이 스스로 그 기법에 따라 분석도 하지 않았기 때문에 그 기법이 맞지 않는다는 점을 알지 못한다는 의미다.
2 필자가 항상 기업인들을 위한 최고의 회계 및 재무지침서라고 추천하는 황이석 교수의 저작 『CFO 강의노트』에서는 몰입적 투자자 대신 '동반자적 투자자' 라는 또는 '공헌적 투자자' 라는 용어를 사용한다.

식거래 종목의 비중이 전체 주식 보유물량의 74%나 된다. 그 반대로 대표적인 몰입적 기관 투자자인 버크셔 해서웨이Berkshire Hathaway, 워런 버핏이 소유한 투자회사는 분기별로 보유주식 중 0.6% 정도만을 거래한다. 이 통계수치를 보면 뉴머릭 인베스터스가 버크셔 해서웨이에 비해 얼마나 더 빈번히 주식을 사고 파는지를 잘 알 수 있다. 무려 123배나 빠른 속도로=74/0.6 쉴새 없이 주식을 사거나 파는 것이다. 이에 반해 준 인덱스 투자자들은 평균 8% 정도의 보유주식을 분기별로 거래한다.

뉴머릭 인베스터스의 총운용자금은 30억 달러 정도다. 이 회사는 총 501개의 회사 주식을 보유하고 있으므로, 회사당 보유 주식의 가치는 600만 달러 수준이다. 이에 반해 버크셔 해서웨이는 평균 26종목의 주식만을 보유하고 있는데, 종목당 평균 10억 달러의 주식을 소유하고 있다. 준 인덱스 투자자들은 주식가격의 변화를 거의 정확히 쫓아가는 투자자들이므로, 그러기 위해서는 시장에서 거래되는 거의 모든 주식을 시장가치 비율에 따라 보유해야 한다. 따라서 평균 보유주식 수가 1,988주나 된다.

부시 교수의 분석에 따르면 단기 기관 투자자가 전체 기관 투자자들 중 약 30%의 비중을 차지한다. 10%는 몰입적 투자자다. 나머지 60%가 준 인덱스 투자자다. 준 인덱스 투자자의 비중이 제일 많지만, 이들은 수동적으로 주가지수의 변동을 따라가기만 하기 때문에 주가

---

3 Bushee, 'Identifying and Attracting the "Right" Investors: Evidence on the Behavior of Institutional Investors', 〈Journal of Applied Corporate Finance〉, 2004년.

많은 책이 가득 찬 서점의 모습 주식투자법과 관련한 많은 책을 서점에서 쉽게 찾아볼 수 있다. 그 중 베스트셀러가 되는 책은 대부분 종목선정을 할 수 있는 손쉬운 방법을 가르친다. 누가 언제 그런 방법을 개발했는지, 실제로 그 기법을 사용한 결과에 대한 설명은 없다. 이런 책들의 내용을 믿을 수 있을까?

지수의 변동에 큰 영향을 미치지는 않는다.

그렇다면 단기 기관 투자자와 몰입적 기관 투자자 중 누구의 수익성이 더 좋을까? 안타깝게도 부시 교수는 그런 내용까지 분석하지는 않았다. 다만 논리적으로 생각해보면 버크셔 해서웨이가 대부분의 사람들이 알지 못하는 뉴머릭 인베스터스라는 회사보다 월등히 투자성과가 좋다는 것은 쉽게 알 수 있을 것이다.

버크셔 해서웨이는 20여 년간 통산해볼 때 투자수익률이 연간 20%에 약간 못 미치는 수준이다. 하지만 사실 한국에 잘 알려져 있지 않을 뿐이지 뉴머릭 인베스터스도 상당히 유명한 회사다. 이 회사는 '적극적인 계량분석을 통해 미국 및 해외의 주식시장에 공격적으로 투자' 하는 것을 자랑으로 삼고 있는, 흔히 이야기하는 퀀트나 금융공학에 기반한 분석이 강점인 회사다.

단타거래와 개인 투자자의 심리적 어려움

개인 투자자들은 기관 투자자들보다 단기투자에 치중하는 비중이 더 높을 것이다. 물론 뉴머릭 인베스터스처럼 우수한 단기 투자자도 얼마든지 있을 수 있다. 하지만 단기 투자자가 내재가치 투자자만큼의 우수한 수익률을 올리기는 대단히 힘들다. 뉴머릭 인베스터스처럼 우수한 단기 투자자가 쉴 새 없이, 즉 버크셔 해서웨이의 123배나 되는 빠른 속도로 주식을 사고팔아서 돈을 벌어들인다고 해도 버크셔 해서웨이가 한 번 주식을 사서 가만히 몇 년 가지고 있는 것에 못 미치기 때문이다.

뉴머릭 인베스터스는 이렇게 쉴 새 없이 거래를 하기 위해서 매우 정교한 컴퓨터 프로그램을 사용할 것이며, 많은 인력들이 하루 종일 컴퓨터 앞에 앉아서 주가변동을 보면서 투자결정을 할 것이다. 거래를 많이 하니 거래수수료도 결국 많이 내야 된다. 똑같은 자금을 투자한다면 버크셔 해서웨이보다 123배나 많은 거래수수료를 내는 셈이다. 결국 이렇게 철저하게 분석하고 빈번하게 거래를 해야만 상당한 수익률이 발생한다. 그러려면 인력도 버크셔 해서웨이보다 몇 배로 많이 있어야 한다. 일반적인 개인 투자자들이라면 결코 뉴머릭 인베스터스가 하는 투자방식을 똑같이 따라 할 수 없다. 그렇다면 당연히 투자수익률이 뉴머릭 인베스터스보다 낮게 된다.

심리적인 이유에서라도 실제로 그런 투자방식을 따라 하기 힘들다. 추세를 보고 초단타거래를 하면, 10억 원을 동원하는 기관 투자자는

1%만 이익을 보고 10분 만에 시장에서 빠진다고 하더라도 1천만 원을 버는 셈이다. 하지만 개인 투자자는 불과 1천만 원을 동원해서 한 종목의 주식을 구입한다면 똑같은 일을 해도 불과 10만 원을 버는 셈이다. 하루 종일 컴퓨터 앞에 앉아서 주가추세를 지켜본다고 하더라도, 그런 매수와 매도 기회를 3번 잡기가 쉽지 않을 것이다. 만약 운이 좋아 이 3번의 기회에서 모두 성공한다고 하면 기관 투자자는 3천만 원, 개인 투자자는 30만 원을 버는 셈이다.

하루 종일 컴퓨터를 바라보며 분석을 하다가 순식간에 진입해 10분 만에 10만 원씩을 벌었다고 만족해서 주식을 팔고 나올 개인 투자자는 거의 없다. 10분 만에 시장에서 빠지는 것이 아니라 상승세가 조금 더 지속될 것이라는 기대에서 20분, 30분씩 기다린다. 그러다보면 추세가 바뀌기 때문에 개인 투자자가 돈을 벌기 더 힘든 것이다. 이들 단기 투자자가 선호하는 종목은 주가 변동성이 높기 때문에 추세의 변화가 하루에도 수차례씩 일어난다. 따라서 개인 투자자가 원하는 것만큼 추세가 오래 유지되지 않고 수시로 변한다.

결국 욕심을 버리고 뉴머릭 인베스터스처럼 큰 자금을 동원해서 조금씩만 이익을 보는 거래를 계속해서 수행한다면 어느 정도 돈을 벌 수 있을 것이다. 하지만 인간의 심리가 그렇지 않기 때문에 단타매매를 통해 개인 투자자가 큰 이익을 보기가 힘든 것이다. 실제로 바버와 오딘Barber and Odean[4]이 수만 명의 투자자들의 투자행태를 살펴본 바에 따르면, 거래를 가장 많이 수행하는 20%의 개인 투자자들은 거래를 가장 덜 수행하는 20%의 개인 투자자들보다 무려 100배나 더 많은 거래를 한다고 한다. 앞에서 소개한 뉴머릭 인베스터스와 버크셔 해서웨이의 차이와 비슷하다. 그런데 이 그룹의 평균 연간 투자수익률은 투자의 위험 정도를 조정한 후 제일 거래를 하지 않는 그룹보다 6~10% 정도나 낮았다. 즉 거래를 하면 할수록 더 손해인 것이다.

공매도 거래의 수익률 환상

필자가 언급한 책의 저자가 단타거래 이외에 큰 수익률을 올렸다는 방법이 공매도short selling다. 공매도란 말 그대로 '없는 주식을 판다' 라는 뜻이다. 주식을 보유하지 않은 상태에서 앞으로 주식가격이 하락할 것으로 예측되면 매도주문을 내고, 결제일이 돌아오면 주식을 구입해 매입자에게 주식을 지불하면 된다. 예를 들어 홍길동전자의 현재 주식가격이 2만 원이라고 하자. 홍길동전자 주식을 가지고 있지 않은 투자자 A가 홍길동전자 주식의 내재가치가 1만 5천 원에 불과하기 때문에, 주식이 하락할 것으로 예상한다면 홍길동전자의 주식을 현재 가격인 2만 원에 매도하는 것이다. 약속된 기한이 돌아왔을 때 가격이 1만 8천 원으로 하락했다면, A는 1만 8천 원에 주식을 매수해 2만 원에 매수한 사람에게 인도하면 된다. 즉 주당 2천 원의 이익을 보는 셈이

---

4 Barber and Odean, 'Trading is Hazardous to Your Wealth: The Common Stock Investment Performance of Individual Investors', 〈Journal of Finance〉, 2000년.

다. 하지만 예상대로 가격이 하락하지 않고 홍길동전자의 주식이 2만 2천 원으로 상승했다면 A는 2천 원의 손실을 본다. 즉 예측이 정확했느냐의 여부에 따라 손익이 반대로 바뀌는 것이다.

사실 우리나라에서는 완전한 의미의 공매도는 허용하지 않고, 증권회사가 보유하고 있는 주식을 빌려서 판매하는 대주거래covered short selling만 허용하고 있다. 이 대주거래를 보통 공매도라고 칭한다. 따라서 증권회사가 보유하고 있는 주식에 한해서만 공매도를 할 수 있으므로, 공매도를 할 수 있는 물량이 제한되어 있다. 구조적으로 한 개인이 엄청난 물량을 공매도 할 수가 없다. 증권거래소 발표 통계에 따르면 공매도 물량의 95% 이상이 외국인 투자자가 한 거래라고 한다. 내국인이 공매도를 하기 위해서는 물량이 차기 전에 미리미리 준비해야 한다는 뜻이다. 즉 컴퓨터를 지켜보다가 추세를 발견하고, 그 추세에 따라 즉시 공매도를 한다는 것이 거의 불가능하다는 의미다.

공매도를 즉석에서 결정하고 실행하는 것이 아니라 미리미리 준비해야 한다면, 결국 순간적인 주가의 변동추세가 아니라 주식의 내재가치를 보고 공매도를 결정해야 한다. 또한 공매도를 하기 위한 주식을 증권회사에서 빌리려면 주식가격의 70~100% 정도를 우선 증거금으로 지불해야 한다. 만약 1천만 원의 자금으로 100% 증거금을 지불한 후 대주를 한다고 가정해보자. 이때 주가가 0으로 떨어진다면 1천만 원을 벌 수 있다. 즉 공매도를 통해 100%의 수익률을 올리기 위해서는 주가가 0으로 떨어져야 한다. 하지만 이런 경우는 거의 일어나지 않는다. 아무리 거품이 대거 포함된 주식이라 하더라도, 세계금융위기가 갑자기 닥치는 경우가 아니라면 20~30% 하락하는 것이 거의 전부일 것이기 때문이다.

이상의 결과를 종합해보면 책의 저자가 주장하는 대로 공매도를 통해 짧은 시간 동안 수백 배 대박을 올리는 일은 실제로 일어나기가 힘들다는 것을 이해할 수 있다. 물론 아주 불가능하다는 것은 아니다. 실제로 저자가 그렇게 많은 수익률을 올렸을 수도 있다. 가끔 갑자기 망해서 상장폐지되는 기업들도 있으니, 정확하게 이런 기업들의 주식만을 골라서 공매도 했다면 수익률 100%도 가능하기는 하다.

필자는 능력 있는 내재가치 투자자라고 할지라도 공매도하는 것은 별로 권하지 않는다. 공매도 거래에는 최대 3개월 정도로 거래를 청산하는 일시가 미리 정해져 있기 때문이다. 예를 들어 홍길동전자의 주가가 현재 3만 원인 시점에서 내재가치 투자자 B가 홍길동전자 주식의 정확한 내재가치가 2만 원이라는 것을 계산해냈다고 하자. 따라서 투자자 B는 앞으로 주가가 2만 원으로 하락할 것을 예상하고 2개월 기한의 공매도를 했다고 해보자. 물론 언젠가 홍길동전자의 주가가 내재가치로 회귀할 것임은 예상할 수 있지만, 그 기간이 2개월 안에 돌아올지는 아무도 알 수 없다. 만약 2개월 후 주가가 2만 원이 아니라 오히려 3만 5천 원으로 올라간다면 B는 상당한 손해를 볼 수밖에 없다.

만약 주식을 실제 보유하고 있는 내재가치 투자자일 경우 현재 주가가 내재가치에 도달하지 않았다면 주식을 팔지 않고 내재가치가 될 때까지 기다리면 된다. 하지만 공매도는 최대기한이 정해져 있으므로

버크셔 해서웨이 홈페이지 버크셔 해서웨이를 이끄는 워런 버핏은 철저하게 기업의 가치를 분석한 후 투자를 실시한다. 따라서 수익모델이 불확실한 설립초기 기업들이 아니라 오랜 역사를 가진 대규모 기업에 투자하는 경우가 많다. 또한 한 번 투자를 하면 대부분 10년 이상씩 장기간 주식을 보유한다.

그 기한이 되면 좋건 싫건 간에 관계 없이 거래를 해야 한다. 이런 내용을 보면 내재가치 투자자라고 할지라도 공매도 거래를 함부로 해서는 안 된다는 점을 이해할 수 있다.

  전술한 '주식가격의 움직임과 내재가치 투자'라는 글에서 소개한 것처럼, 한국의 주식시장은 선진국에 비해 과민반응과 과소반응이 더욱 빈번하게 일어난다. 따라서 일시적으로 내재가치에서 벗어난 주가가 다시 내재가치로 회귀하는 데 걸리는 시간이 선진국보다 길다. 내재가치를 이용해 투자하는 투자기법의 효과에 대한 논문을 보면, 미국 시장에서도 1년이나 2년 정도까지는 기다려야 완전히 내재가치로 회귀한다. 이렇기 때문에 최대 3개월이라는 단기간에 주가가 내재가치로 회귀할 것이라는 믿음은 실현되기 어렵다. 그렇다면 공매도에 투자한다는 것은 분석에 따른 투자라기보다는 도박에 가깝다. 운이 좋으면 큰돈을 벌 수 있고, 그 반대로 운이 나쁘면 돈을 모두 잃는 것이다.

워런 버핏의 내재가치 투자

그렇다면 무엇이 더 좋은 투자방법인지에 대해서는 쉽게 결론을 내릴 수 있다. 열심히 기업가치를 분석해 내재가치에 따라 주식을 매수하고, 일단 매수를 하면 주가가 내재가치에 도달할 때까지 꾸준히 참고 기다리는 방법이 최선의 투자방법이다. 그러기 위해서는 우선 내재가치를 분석하는 방법을 공부해야 한다. 즉 주식투자에서 손쉬운 왕도란 없다. 족집게처럼 차트 몇 개 보고 종목을 탁 찍어내는 기법은 있을 수 없다. 도박을 하다 운이 좋아 일확천금을 벌 수도 있지만, 내재가치 투자를 통해서는 일확천금의 기회는 별로 없다. 상대적으로 시장 전체의 수익률보다 약간 더 우수한 수익률을 올릴 수 있을 뿐이다.

워런 버핏은 대표적인 내재가치 투자자다. 수시로 거래를 하지 않지만, 한 번 주식을 구매하기로 결정하면 수억 달러 이상을 동원해 대규모로 구매한다. 투자를 결정하기 위해서는 재무제표 및 기타 기업에 관련된 다양한 정보를 수집해 철저하게 분석한다. 워런 버핏이 공개한 그의 투자방법은 다음과 같다.[5] 물론 워런 버핏이 자신의 투자비법을 모두 공개했다고는 생각되지 않지만, 그렇다고 하더라도 그의 투자방법을 일부 유추해볼 수는 있을 것이다.

---

5 이 내용은 서울대학교 백복현 교수가 작성한 사례 '워런 버핏 투자 따라 하기'에 설명된 내용이다. 해당 사례에는 이 기준을 적용해 선정한 한국 기업들의 리스트와 투자성과 등 워런 버핏의 투자방법에 대한 더 자세한 설명이 등장한다. 이 사례는 '백복현·장궈화·최종학' 공저 『재무제표 분석 및 기업가치 평가』의 6장에 수록되어 있다.

① 시가총액이 전체 상장사의 30% 이내인 기업
② 최근 3년간 ROE가 15% 이상인 기업
③ 매출액이익률이 업종 평균 이상인 기업
④ 주당 현금흐름이 상위 30% 이내인 기업
⑤ 최근 3년간 평균 시가총액 증가율이 자본총계 증가율 이상인 기업
⑥ 향후 5년간 예상되는 현금흐름의 합계가 현 시가총액 이상인 기업

워런 버핏처럼 되기 위해서는 참을성을 길러야 한다. 주가가 내재가치에 도달하기까지 시간이 상당히 걸릴 수도 있기 때문이다. 워런 버핏은 종종 "10년을 보유할 주식이 아니면 사지 마라"라고 할 정도다. 따라서 기다리는 사이에 투자한 자금의 상환 압박을 받으면 안 된다. 상환 압박 때문에 투자 포트폴리오를 중도에 청산한다면 오히려 손해가 날 수도 있기 때문이다. 따라서 남의 돈을 빌려서 투자하는 것이 아니라, 자신이 가지고 있는 돈 중에서도 상당기간 동안 사용하지 않을 여유자금을 가지고 투자해야 한다.

헤지펀드 LTCM과 메릴린치의 몰락

남의 돈을 사용해서 투자를 해서 패가망신한 경우가 바로 유명한 헤지펀드 LTCM Long-Term Capital Management의 파산 사례다. 1994년 설립된 이 회사에서는, 노벨 경제학상 수상자인 마이런 숄즈 Myron Scholes나 로버

트 머튼Robert Merton 같은 저명한 재무관리 교수들이 투자를 담당했다.⁶ LTCM은 부채비율이 무려 2,500%에 달할 정도로 엄청난 돈을 빌려서 공격적으로 투자했고, 1996년까지 괜찮은 수익률을 올리기도 했다.

하지만 문제는 아시아 및 동유럽 시장이 급속히 냉각하기 시작한 1997년 벌어졌다.공교롭게도 같은 해에 두 교수는 노벨 경제학상을 수상했다. LTCM은 상당한 자금을 아시아 및 동유럽 시장에 투자하고 있었는데, 시장의 상황이 악화되니 채권자들이 만기가 돌아온 자금을 차환하는 것이 아니라 회수하기 시작했다. 결국 LTCM은 부채를 상환하기 위해 멀쩡한 투자마저 청산할 수밖에 없었고, 그 과정에서 급하게 자산을 매각하니 제값을 받을 수 없었다. 결국 1998년 불과 3개월 동안 50억 달러에 육박하는 막대한 손실을 입고 LTCM은 파산했다.⁷

2008년 금융위기 동안 파산위기에서 뱅크 오브 아메리카에 인수된 메릴린치도 불과 2년의 금융위기 기간 동안 발생한 손실이 그 이전 1980년대부터 금융위기가 일어날 때까지 20년 동안 벌어들인 당기순이익의 총합계와 비슷하다. 자기자본이 별로 없이 막대한 부채를 빌려서 파생상품에 투자하다가 단 한 번에 망한 것이다. 금융위기 직전인 2007년 말 기준으로 메릴린치의 부채비율은 3천%에 달했다.

---

6 참고로 마이런 숄즈는 LTCM의 탈세를 도와주는 역할도 했으며, 후에 개인적인 탈세 혐의로도 기소되었다. LTCM을 정리한 이후 나중에 운영한 Platinum Grove Asset Management도 2008년 금융위기 와중에 파산했다. 로버트 머튼이 이사진으로 참여한 Trinsum Group도 2009년 파산했다. 사실 이들의 화려한 연구업적은 실물투자와는 별로 큰 관계가 없는 분야였는데, 투자를 잘 모르면서 투자업계로 뛰어 들었다가 명성에 큰 상처를 입은 셈이다.

주식투자도 이와 똑같다. 남의 돈을 빌려서 투자하다가 상환 압박을 받게 된다면, 아무리 적정가치를 제대로 평가해서 투자하고 있다고 하더라도 주가가 적정가치로 회귀하기 전에 투자 포트폴리오를 청산해야 하는 경우가 생길 수 있다. 따라서 꼭 자기 돈으로 투자를 해야 한다. 자기 돈이라도 여유자금이 아니라면 마찬가지다. 조금 후에 꼭 써야 할 필요가 있는 돈이라면 투자하지 않는 것이 정답이다.

이런 말들은 모두들 많이 들어본 공자님 말씀 같은 이야기일 수도 있다. 하지만 바로 공자님 말씀이 정답이다. 그러니 우선 재무제표를 분석하고 기업의 가치를 평가하는 능력, 그리고 거시경제의 흐름이 어떻게 흘러가는지를 볼 수 있는 능력을 기르는 것을 우선적으로 해야 한다. 다시 한 번 말하지만, 주식투자에서 손쉬운 왕도는 없다.

---

7 LTCM이 파산한 후 LTCM의 거래성향이 알려졌다. 그 결과를 살펴보면, LTCM의 투자방법은 다른 헤지펀드들과 특별히 다르지 않았다. 남들보다 조금 더 정교한 프로그램에 의존하는 정도였다. 파산 전까지의 화려한 수익률은 엄청난 부채를 사용해 나타난 레버리지 효과(부채를 통해 조달한 자금으로 투자를 해서 부채에 대한 이자비용 이상의 수익을 올리면 주주의 이익이 늘어나는 효과. 주주는 자기의 자금을 투자하지 않고도 더 많은 이익을 올릴 수 있다)에 불과했다. 사실 회계숫자의 의미를 잘 파악하지 못한 상태에서, 재무제표에 보고된 숫자를 그대로 사용해 정교한 수학 프로그램에 입력한다고 해서 더 좋은 결과가 나오기는 힘들다. 흔히 이야기하는 'garbage in, garbage out(직역하면 '쓰레기가 들어가면 쓰레기가 나온다'는 뜻으로서, 잘못된 정보를 사용하면 잘못된 의사결정을 내린다는 의미로 사용된다)'이라는 말이 성립되기 때문이다. 따라서 기업의 가치를 제대로 평가하기 위해서는 재무제표에 숨어 있는 가치를 볼 수 있는 능력을 길러야 한다. LTCM와 유사한 다른 사례로서, 계량분석을 통해 투자를 한다는 퀀트 펀드로 유명했던 골드만삭스의 글로벌 알파 펀드도 2011년 말 파산했다. 역시 퀀트 펀드로 390억 달러나 되는 운영자금을 끌어모으며 인기를 끌었던 Applied Quantitative Research사의 펀드도, 2008년 한해 동안 390억 달러의 운영자금이 170억 달러로 격감할 정도로 막대한 손실을 보았다. 결국 아무리 수치를 이용해 계량분석을 잘한다고 해도, 이용하는 수치 자체에 문제가 있다는 것을 꿰뚫어보지 못한다면 성공하기가 힘든 것이다.

회계로 본 세상

필자가 읽어본 주식투자 관련 책들이 쉽고 간단한 기법만 소개하고 있는 것은 아니다. 상당한 지식이 있어야만 계산할 수 있는 복잡한 기법도 종종 등장한다. 그런데 필자가 그 부분의 설명을 읽어보면 저자가 그 내용을 이해하지 못하고 썼다는 것이 훤히 보인다. 복잡한 용어들의 의미를 정확히 모르고 잘못 사용한 경우도 많고, 애매모호한 표현을 많이 사용한다. 즉 초보자들이 그 내용을 읽어서는 무엇을 어떻게 하라는 것인지 이해하기가 대단히 힘들다. 또한 여러 책을 비교해 읽다보니 조사나 접속사, 어순만 조금 다를 뿐 내용이 거의 똑같은 경우도 보았다. 내용을 이해하지 못하고 다른 책의 내용을 거의 비슷하게 베껴 썼을 가능성이 높다.

쉬운 예를 들어보자. '수익revenue', '이익income', '이윤profit', '이득gain'이라는 4가지 비슷한 용어의 의미가 모두 다르다. 거의 비슷한 것이 아니냐고 생각할 수 있지만, 실제 재무제표를 보면 수치가 수백 배에서 수천 배의 차이가 날 정도다. 심지어 'turnover'라는 말은 영국식 영어와 미국식 영어에서의 의미가 전혀 다르다. 이런 미묘한 용어의 의미 차이를 잘 알지 못하면서 대충 쓴 내용이니 의미가 잘 통하지 않는 것이다. 회계학을 한두 과목 정도 대학교 때 들었다고 해도 이런 용어의 차이를 명확히 기억하고 있는 사람은 드물다. 주식투자 책들도 읽다보면 이런 용어들의 의미를 혼동하고 있는 경우가 비일비재하다.

재미있는 것은 이런 베스트셀러 책의 저자들이 이 분야에서 공부를 많이 한 사람들이 아니라는 점이다. 오히려 베스트셀러가 아닌 잘 알려지지 않은 투자서적 중에 전문가들이 쓴 책이 가끔 있다. 이런 전문가들이 저술한 서적을 개인 투자자들이 구입해 열심히 공부했더라면 좋은 결과가 날 수도 있을 텐데, 이런 책들은 어려워서 상당한 수준의 지식을 갖춘 사람이 아니면 이해하기가 힘드니 베스트셀러가 되지 못한다. "악화가 양화를 구축한다"는 말이 있듯이, 결국 엉터리 쉬운 투자법들을 소개한 책들만 베스트셀러가 되는 것이다.

결론적으로 필자가 할 수 있는 이야기는 간단한 방법을 사용해서 손쉽게 주식투자를 하고 상당한 수익률을 올릴 수 있는 방법은 없다는 것이다. 물론 내재가치를 잘 분석해서 투자를 하면 시장의 평균을 능가하는 수익률을 올릴 가능성이 높다. 하지만 그런 수준에 도달하기 위해서는 상당히 많은 공부를 해야 한다. 개인적으로 책 조금 읽어서 쉽게 이해할 수 있는 정도가 아니다. 그러니 시중에 흔한 주식투자 책을 한 권 읽었다고 해서 투자를 잘할 수 있다는 생각은 버려야 한다.

가장 오래된 투자법이면서 계산방법이 간단한데도 불구하고, 실제

자료를 이용해 분석해보면 아직까지도 상당히 잘 맞는 투자법이 2가지가 있다. 바로 주가이익비율과 주가장부가치비율이다. 주가이익비율PER ; Price-Earnings Ratio은 주가를 주당 당기순이익earnings per share으로 나눈 수치다. 주가장부가치비율PBR ; Price-Book value Ratio은 주가를 주당 자본으로 나눈 수치다. 물론 이런 기본적인 수치들은 인터넷 주가 정보 사이트에서도 얻을 수 있다. 하지만 인터넷에서 얻을 수 있는 작년 말 또는 지난 분기 말 자료가 아니라 지금 현재 주가와 가장 최근의 분기이익이나 장부가치 수치를 이용해서 직접 계산해야 더 정확하다. 이 두 수치가 낮은 기업들저 PER-저 PBR 주식의 수익률이 더 높다.

물론 재무제표에 공시된 수치를 그대로 이용한다면 이들 두 비율을 사용하는 효과는 상당히 줄어든다. 기업 간 회계처리 방법의 차이나 변경에 따라 나타나는 이익변화를 잡아내어 조정할 수 있고, 자산재평가 같은 회계처리 때문에 주당 자본 수치도 변하는 것을 잡아내어 조정해줄 수 있어야 효과가 크다.

이러니 PER이나 PBR도 회계 공부를 상당히 많이 하지 않았다면 큰 효과를 보기가 쉽지 않다. 또한 학창시절 회계공부를 상당히 했다고 생각하는 사람들도, 실제는 회계가 아닌 장부기입 방법을 배우는 '부기'를 공부한 경우가 대부분이다. 즉 이런 차이를 재무제표를 보면서 잡아내는 방법까지 공부한 사람은 드물다는 이야기다.

그럼에도 불구하고 최근까지의 국내 자료를 분석해보면 재무제표에 보고되는 수치를 그대로 이용해 PER과 PBR을 계산한 후 저 PER-저 PBR 주식에 투자하면 시장의 평균적인 주가수익률 이상의 수익률을 올릴 수 있다. 이 말의 의미는 국내 투자자들 중 PER과 PBR을 이용하는 기본적인 투자방법도 사용하지 않고 투자하는 사람들이 상당히 많다는 의미다. 만약 과반수의 사람들이 이런 방법을 사용한다면 동일한 방법을 사용해서는 시장수익률 이상의 수익률을 올릴 수 없기 때문이다. 이런 내용들이 널리 알려져서 투자자들이 좀더 공부를 하고 투자를 하는 시기가 좀더 빨리 올 수 있기를 바란다.

버블은 왜 일어났다 반드시 꺼질까?

버블이 발생한 후 시간이 흘러 버블이 꺼지면 많은 사람들이 큰 피해를 입게 된다. 2001년 IT 버블, 2008년 부동산 버블을 예로 들 수 있다. 버블이 생기면 사람들은 자신들의 능력을 과신하게 되고, 그 결과 점점 더 과감하게 투자한다. 그러다가 버블이 터졌을 때 큰 피해를 보는 것이다. 손쉬운 투자법이란 없으며, 그런 방법을 설파하는 책을 믿어서는 안 된다. 철저한 자료 수집과 분석을 통해서 투자를 하는 것이 정답이다. 그렇지 않다면 전문가에게 투자를 맡기는 것이 더 좋다고 생각한다.

버블bubble, 거품이란 상품이나 서비스의 가격이 내재가치 수준보다 월등히 상승하는 현상이다. 버블 뒤에는 필연적으로 거품이 꺼지면서 가격이 다시 폭락하게 된다. 현재 전 세계는 미국의 부동산 버블에서 시작한 세계금융위기 때문에 큰 고통을 겪고 있는 중이다. 그런데 가만히 생각해보면 버블이 상당히 자주 일어난다는 것을 알 수 있다. 필자가 겪어본 주식시장의 버블만해도 1996년까지의 버블과 1997년부터 벌어졌던 위기, 2000년까지의 IT 버블과 그 뒤 2001년까지 벌어졌던 위기 등을 들 수 있다. 가장 최근의 버블이 바로 2007년까지의 부동산 경기호황에서 초래되었던 주식시장의 버블과 그 이후의 경제위기다.

주식시장에서 대략적인 주가의 수준은 내재가치 투자자에 의해서 결정된다는 내용은 '주식가격의 움직임과 내재가치 투자' 라는 글에서 이미 설명한 바 있다. 그렇다면 주가가 내재가치 투자자에 의해서 결정되는데 어떻게 해서 버블이 생기는지 의아해할 수 있다. 본고에서는 그 이유에 대해 설명하도록 하겠다.

주식시장에는 많은 투자자들이 참여하고 있다. 이 모든 투자자들이 합리적인 것은 아니며, 이 중 일부 비이성적인 방법으로 투자하는 투자자들도 존재한다. 시장 전체로 보면 이런 비이성적인 투자자들의 투자는 이성적인 투자자들이 결정하는 주가의 흐름에 조그마한 영향을 줄 수밖에 없다. 그런데 비이성적인 투자자의 투자를 다른 투자자들이 무리를 지어 따라가는 현상이 발생하면 버블이 생기게 된다. 이런 현상을 '허딩herding' 이라고 한다. 쉬운 말로 하면 '잘 모르지만 남들이 다 하면 나도 따라 한다' 는 의미다.

미국 IT 버블의 사례

1990년대 말부터 미국 IT 기업들의 주가가 폭등하기 시작했다. 별다른 활동도 없고 수익모델도 애매한 기업들의 주가가 치솟은 것이다. 물론 당시 우리나라에서도 정부의 적극적인 IT 지원정책에 힘입어 똑같은 현상이 나타났다. 특별히 IT 분야와 관련이 없는 기업들도 이름을 '×××.com' 으로 바꾸기만 하면 주가가 몇 배로 뛰던 시기였다. 하지만 이런 거품도 잠시, 2000년부터 거의 대부분의 IT 기업들은 파산했으며 살아남은 기업들의 주가도 과거 주가 대비 수분의 일 수준으로 폭락했다.

그렇다면 왜 이런 일이 일어났을까 생각해보자. 1990년대 말부터 컴퓨터가 보편화되기 시작했다. 웹web도 탄생했다. 10년 전까지만 해도 전혀 상상도 할 수 없는 일이었다. 사람들은 열광하기 시작했다. 언론이나 애널리스트, 투자은행들은 IT 부분이 기존 산업과는 전혀 다른 신경제new economy 분야이며, IT 분야의 기업들이 앞으로 산업을 제패할 것이라는 등의 보도나 홍보를 쏟아냈다. IT 분야는 국경도 없고 상점도 없기 때문에 승자독식winner takes all의 산업이 될 것이라는 전망이었다.

당시 클린턴 행정부도 이런 거품을 적극적으로 북돋았다. 이처럼 IT 분야가 전도유망해 보이니 많은 투자자금이 1990년대 초·중반에 이 분야로 흘러들었다. 벤처캐피탈이나 투자은행들이 실리콘 밸리에 있는 조그마한 회사들에 자금을 대는 역할을 했다. 벤처캐피탈이나 투자은행들은 상장 전의 초기단계에 있는 기업들에 투자를 한 후 상장시켜서 지분을 매각하는 방법으로 이익을 창출한다. 그런데 1990년대 말이 될 때까지도 대부분의 조그마한 회사들은 이익을 기록하지 못하고 있었다. 이 기업들을 상장시키기 위해서 투자은행들은 EBITDA라는, 그때까지 별로 잘 쓰지 않았던 독창적인 측정치를 이용해 회사를 홍보를 하기 시작했다. EBITDA에 대한 자세한 설명과 이 측정치의 문제점은 본서에 실린 'EBITDA 지표가 놓친 것들을 들여다보자'라는 글을 참조하기 바란다.

EBITDA는 회사가 적자를 보느냐 흑자를 보느냐에 관계없이 매출액이 증가하기만 하면 늘어난다는 특징이 있다. 즉 급속히 늘어나는 매출액을 이용해서, '앞으로 이 속도로 계속해서 EBITDA가 늘어나면 몇 년이 지나면 흑자전환할 것이며, 또 몇 년이 지나면 전 미국에서 해당 분야의 강자가 될 것이다'라는 감언이설로 투자자들을 유혹한 것이다. 이 기업들은 당기순손실이 계속 확대되거나 손실규모가 별로 변하지 않는 추세였으므로, 이익지표를 가지고 회사가 긍정적이라고 홍보할 수는 없었다. 특히 투자자들이 적극적으로 주식을 사야만 투자한 대가로 받은 주식을 팔아 돈을 벌 수 있는 투자은행 소속의 애널리스트들이 분석보고서를 통해 장밋빛 전망을 쏟아냈다. 따라서 일반 투자자들이 이런 주식에 점차 눈을 돌리기 시작한 것이다.

주식가격이 오르기 시작하니 점점 더 많은 추세 투자자들이 IT 기업들의 주식을 사기 시작했다. 즉 주가가 상승하는 추세가 가속화되는 것이다. 그렇다고 해도 내재가치 투자자들은 이런 주식을 사지 않았다. 워런 버핏이 대표적인 예다. 그러자 언론에서 "워런 버핏은 신경제를 이해하지 못한다"고 비꼬았으며, "워런 버핏의 시대는 갔다"라는 이야기도 나왔다.

분위기가 이러하니, IT 주식을 구입하지 않던 내재가치 투자자 펀드 매니저들도 IT 주식을 사기 시작했다. 여기에는 크게 3가지 이유가 있다. 첫째, 일부 펀드 매니저들은 IT 주식의 내재가치가 높지 않다는 것을 알고 있었지만 주식가격이 계속 올랐기 때문에 적당한 시기에, 즉 버블이 꺼지기 전에 팔고 나오면 된다는 생각으로 IT 주식을 구입

미국 부동산 시장의 몰락에 따라 대출자가 내놓은 주택 주택 구입 대금 전액을 대출받아 주택을 구입했던 대출자들이 주택가격이 폭락하자 원금과 이자를 상환할 수 없어서 파산에 이르게 되었다. 부동산 위기가 대출을 해줬던 금융계로 전파되면서 2008년 세계금융위기가 시작된다.

했다. 폭탄을 돌리다가 폭탄이 터지기 전에 재빨리 뛰어나오겠다는 계산이었다. 둘째, 또 다른 펀드 매니저들은 펀드에 투자한 투자자들이 왜 IT 주식을 구입하지 않느냐며 항의하거나 펀드를 환매하는 것 때문에 IT 주식을 매수하기 시작했다고 한다. 셋째, 일부 펀드 매니저들은 IT 주식가격이 계속 상승하는 것을 보고 자신의 투자 판단이 틀리지 않았을까 의심했다. 그러고는 자신이 잘못했다고 생각하고 남들처럼 IT 주식을 사기 시작했다.

당시는 IT 주식을 매수하지 않으면 시대에 뒤쳐진 사람으로 취급받던 시기였다. 즉 내재가치 투자자들마저도 이런저런 이유에서 IT 주식 매수 경쟁에 뛰어든 것이다. 이것이 바로 앞에서 설명한, 이유는 잘 모르지만 모두가 한 방향으로 달려가는 허딩 현상이 발생하는 상황이다. 결과적으로 기업가치를 잘 이해하지 못하는 추세 투자자들이 벤처캐피탈, 투자은행, 애널리스트, 그리고 언론의 홍보 내용을 그대로 믿고 IT 산업에 계속 뛰어들었고, 이런 추세가 그치지 않고 계속되자 내재가치 투자자들마저 이런 추세에 함께 뛰어들어서 거품이 발생하게 된 것이다.[1]

2008년 부동산 버블의 폭발

사람들은 대부분 먼 미래를 내다볼 수 없다. 바로 내 눈앞에 일어나는 현상만을 보고 판단할 뿐이다. 따라서 1998년경부터 주가가 바로 눈앞에서 계속해서 폭등하니 모두 그것만 보고 투자판단을 한 셈이다. 2~3년 정도가 버블이 발생하던 시간이라면, 지금 생각할 때 단기일 수 있겠지만, 실제로 그 기간 동안에 투자하던 사람들의 입장에서는 충분히 세상의 추세가 달라져서 IT 기업이 세상을 지배할 것이라고 생각할만하다. 이들 기업 중 대부분은 실패해서 우리 기억 속에서 사라졌지만, 구글이나 아마존처럼 살아남아서 실제로 시장의 강자가 된

---

1 IT 버블에 대한 더 자세한 내용은 Palepu, Healy, and Peek 저 『Business Analysis and Valuation』에 실린 사례 'The role of capital market intermediaries in the dot-com crash of 2000'을 참조하면 된다. 필자의 책 『재무제표분석과 기업가치 평가』와 더불어 이 책도 기업가치 평가에 대해 심도 있는 공부를 하기를 원하는 사람들에게 추천할만한 좋은 책이다.

기업들도 극소수 존재한다. 어쨌든 IT 버블은 꺼지고, 나스닥 주가지수는 2000년 3월의 최고 정점과 비교하면 2000년 말까지 무려 52%나 폭락했다.

　2008년 폭발한 미국의 부동산 버블도 마찬가지다. 정상적인 경우라면 미국의 주택가격이 10년 동안 매년 12% 정도씩, 복리로 누적해서 보면 200% 가량 폭등할 수가 없다. 한국의 과거 1970년대 고속성장 시대라면 가능할 수도 있겠지만, 미국처럼 연간 인플레이션율이 1% 정도에 불과한 나라에서 이렇게 부동산 가격이 오른다는 것은 정상적이면 절대로 불가능하다. 그런데 그런 버블이 10년 동안이나 지속되니 거의 대부분의 사람들이 주택 가격이 계속 오를 것이라고 생각하게 되었고, 그 중 상당수가 부동산 거래에 뛰어들게 된 것이다. 즉 모두가 한 방향으로 쫓아가는 허딩이 발생한 것이다. 이 과정에서도 역시 부동산 담보부 대출을 파생상품으로 가공해 판매하면서 상당한 이익을 본 투자은행들이 개입되어 있다. 물론 필자가 보기에 FRB 의장 앨런 그린스펀의 저금리 정책과 이에 부가해 클린턴 대통령이 실시한 저소득층에 대한 주택자금 110% 무조건 대출 정책이 더 큰 부동산 버블의 원인이기는 하다.

　부동산에서 돈을 번 사람들이 그 돈을 다른 목적으로 소비하는 바람에 전 미국 경제가 상당한 호황을 보였다. 그 덕분에 주가도 많이 올랐다. 하지만 이런 거품이 영원히 지속될 수는 없다. 거품이 꺼지자 돈 한푼 없이 모두 빚으로 주택을 구입한 사람들은 빚을 상환할 수 없어서 주택을 차압당하게 되었다. 그러자 이 대출금을 담보로 파생상품을 만들어서 일부를 판매했지만, 가장 수익률이 높고 또 가장 위험도도 높았던 일부 파생상품을 보유하고 있던 투자은행들에게 위기가 전파되었다. 파생상품의 가치가 90% 정도 급락함에 따라, 빚을 내서 파생상품을 구입했던 투자은행들은 극심한 손실을 입었다. 그 결과 몇몇 투자은행은 파산에 이르게 된 것이다. 소규모 헤지펀드 중에는 파산한 회사들이 셀 수 없이 많다. 2008년 여름부터 주가도 반토막이 났다. 2008년 세계금융위기에 대한 더 자세한 내용은 필자의 저서 『숫자로 경영하라』를 참조하기 바란다.

개인의 능력 과신과 버블

대부분 주식시장에 처음 뛰어든 투자자는 소규모의 자금을 가지고 열심히 이곳저곳을 살핀다. 그러다가 몇 가지 주식을 정해 매수한 후 하루에도 몇 번씩 시세를 확인한다. 마음이 불안하기 때문이다. 그러다 보면 조금씩 돈을 벌게 되고, 그 과정에서 자신이 사용하는 투자 의사결정 방법에 대한 확신이 점점 생긴다. 그러면 더 큰돈을 주식시장에 투자하며, 처음과는 달리 점점 더 과감하게 투자를 하게 된다. 그런데 이게 바로 폭약을 들고 불구덩이에 들어가는 길이다. 왜 그런지 살펴보자.

심리학 연구결과를 보면 대부분의 사람들은 자신의 능력을 과신overconfidence한다. 80%의 사람들이 자신의 운전실력이 평균적인 사람들보다 좋다고 생각한다. 70%의 사람들이 자신은 다른 사람들보다 더 합리적이라고 생각한다. 한국에서 기업의 임원들에게 "당신 회사에서 꼭 있어야 할 핵심인재는 전체 직원들 중 몇 퍼센트 정도 되느냐"라고 묻자 "20% 미만"이라는 답이 나왔다고 한다. 그런데 직원들에게 "당신은 당신이 회사에서 꼭 있어야 할 핵심인재라고 생각하느냐"는 질문에 무려 60%의 직원들이 "그렇다"는 대답을 했다. 똑같은 직원들에게 "당신의 부서에서 당신을 제외한 다른 직원들 중 회사의 핵심인재는 얼마쯤 되느냐"라는 질문을 했더니 "30% 정도"라고 답했다고 한다. 당신이 일하는 부서가 아니라 다른 부서의 직원들에 대해 평가하라면 아마도 30%보다 낮은 답이 나왔을 것이다. 이처럼 사람들은 자신에 대한 평가나 자신과 친밀한 관계에 있는 사람에 대한 평가가 남에 대한 평가보다 상당히 관대하다. "팔은 안으로 굽는다"라는 말이 생각나는 연구결과다.

주식시장과 관련된 재미있는 연구결과가 있다. 여성보다 남성이 능력을 과신하는 현상이 심하고, 나이가 어릴수록, 또 기혼자보다 미혼자가 능력을 과신하는 현상이 심하다고 한다. 따라서 개인 투자자들의 주식투자 성향에 대해 비교해보면, '여성-기혼〈여성-미혼〈남성-기혼〈남성-미혼' 순으로 주식거래를 많이 한다고 한다.[2] 또한 '남성-미혼' 쪽으로 갈수록 고위험·고변동성의 주식에 투자하는 경

---

[2] Barber and Odean, 'Boys will be Boys: Gender, Overconfidence, and Common Stock Investment', 〈Quarterly Journal of Economics〉, 2001년.

향이 높은 것으로 밝혀졌다. 그렇다면 수익률은 어떨까? 수익률은 위에서 언급한 순서의 정확히 반대다. 즉 자신의 능력을 과신하면 할수록 수익률이 떨어지는 것이다.

버블이 왜 위험한가?

이런 연구결과를 보면, 필자도 남성이긴 하지만 투자에는 유전적으로 여성이 우성이며 남성이 열성이 아닌지 종종 생각하게 된다. 주식투자뿐만 아니라 상당수의 업무 영역에서 여성의 판단이 더 꼼꼼하거나 보수적이라는 연구결과가 많다. 대신 남성의 판단은 좀더 공격적이고, 진취적이라고 한다.[3]

앞의 연구에서는 나이가 많을수록 주식거래를 덜하지만 수익률이 높다는 결과도 발견했다. 성경에 간음한 여인을 돌로 쳐 죽이자고 외치는 군중들에게 예수가 "너희 중에 죄 없는 사람부터 이 여인을 돌로 쳐라"라고 대답하자 군중들 중 나이 많은 사람들부터 하나둘 돌을 버

---

[3] 사실 이런 연구결과가 맞는지는 명확하지 않다. 주식투자를 하는 여성의 투자수익률이 남성보다 높고, 여성 의사나 여성 회계사의 판단이 남성 의사나 회계사보다 정확하다는 연구결과는 분명 존재한다. 다만 이것은 요즘이 아니라 10년이나 20년 전의 연구결과다. 그 당시에 주식투자에 뛰어들거나 의사나 회계사가 될 수 있었던 여성들은 동일한 일을 하는 남성들과 비교할 때 일반 보통의 여성이라고 할 수 없었을 수 있다. 그녀들이 '슈퍼 우먼'이었기에 당시 웬만한 여성들은 오를 수 없는 위치에 올라섰을 가능성이 충분히 있기 때문이다. 이런 자료상의 문제점을 전문용어로 자기선택 편의(self-selection bias)라고 한다.

리고 떠나갔다는 구절이 있다. 나이가 들수록 경험이 많으므로 더 신중하게 자신의 허물을 돌아볼 수 있기 때문일 것이다. 즉 자신의 능력에 대한 과신이 덜하다는 것이다. 하지만 자녀의 유무나 소득수준은 주식거래 빈도나 수익률과 관련이 없었다.

역시 자신의 능력을 과신하기 때문에 나타나는 현상이겠지만, 증권회사에 전화를 통하거나 직접 방문해서 거래를 하는 것이 아니라 인터넷으로 집에서 거래를 하는 사람일수록 더 공격적으로 투자한다는 것도 알려져 있다. 남과 상의하지 않고 혼자만의 판단으로 투자하는 사람들이 자기를 더 많이 과신하게 되고, 그 결과 더 공격적으로 투자한다는 것이다. 물론 그 결과 수익률은 더 낮다.

이제 왜 버블이 위험한지, 그리고 버블과 개인의 자기능력 과신현상이 어떻게 관련되어 있는지 알아보도록 하자. 버블이 지속되면 꺼지기 전까지는 누구나 돈을 번다. 주가가 계속 오르기 때문이다. 누가 더 벌고 덜 버느냐의 차이만 있는 셈이다. 이러면 투자자 모두가 기분이 좋다. 게다가 버블 때문에 돈을 버는 것이 아니라 자신이 능력이 있어서 현명하게 판단을 하기 때문에 돈을 잘 버는 것으로 착각하게 된다. 즉 자신의 능력을 과신하게 된다는 말이다. 주변에서 부러움도 받고, 씀씀이도 점점 커진다. 그러다보면 점점 더 많은 돈을 동원해 과감하게 투자를 한다. 그러다가 버블이 끝나는 순간 큰 피해를 보게 되는 것이다.

주식투자를 어떻게 해야 할까?

인간은 신이 아니다. 내일 무슨 일이 일어날지는 아무도 모른다. 돌다리도 두들겨보고 건너는 심정으로, 분석과 분석을 거듭하면서 무리하지 않게 투자하는 것이 정답이다. 아무리 조심해도 9·11 테러나 일본 대지진 같은 전혀 예측할 수 없는 사건들이 일어나서 주식시장에 영향을 주기 때문이다.

워런 버핏은 항상 장기투자를 강조했다. 1년을 단기, 2년을 장기라고 해보자. 김철수 씨는 A라는 주식을 사서 1년 단기로 보유한 후 팔고, 다시 B라는 주식을 매수해 1년 동안 단기로 보유하고 팔았다. 이영희 씨는 C라는 주식을 2년 동안 계속해서 장기로 보유하다가 팔았다. 그런데 김철수 씨나 이영희 씨의 투자를 비교해보면 개념적으로 아무런 차이가 없다. 장기투자를 하라는 말은 그냥 주식을 사서 장기간 동안 보유하라는 뜻이 아니라, 내재가치를 철저히 분석해 투자를 한 후 주가가 내재가치를 상회할 만큼 올라갈 때까지 참을성을 가지고 기다리라는 뜻이다. 이런 분석 없이 아무 주식이나 구입해 장기로 보유한다고 수익률이 좋은 것이 아니기 때문이다.

또한 주식투자는 여유자금으로 해야 한다. '주식투자에 왕도는 없다'라는 글에서 소개했던 LTCM의 파산이나 2008년 금융위기 동안 생긴 많은 투자은행의 파산이 모두 남의 돈을 빌려서 투자하는 과정에서 일어난 것이다. 자신의 돈으로 투자를 했으면, 빚 독촉을 받다가 어쩔 수 없이 보유하고 있던 투자자산을 황급히 매각해 빚을 상환하

뉴욕증권거래소 증권거래소를 통해 자금이 필요한 기업들은 자금을 조달할 수 있다. 따라서 증권거래소는 기업의 핏줄과 같은 역할을 한다. 개인들도 주식투자를 함으로써 투자수익을 올릴 수 있다.

는 과정에서 큰 손해를 입는 일이 일어나지 않을 것이다. 빚 독촉 때문에 투자자산을 서둘러 매각해 상환하다가 파산까지 이르게 된 것이다. 그러니 남의 돈이 아닌 내 돈으로, 그리고 내 돈이라도 다른 데 쓸 용도가 정해져 있지 않은 여유자금으로 해야 한다. 그래야 주가가 내재가치로 회귀할 때까지 충분한 시간을 기다릴 수 있는 여유가 생기는 것이다.

  필자의 주식시장에 대한 4편의 글을 계속 읽으면서 혹시 무슨 비법이 있을까 기대했던 독자는 실망할 수도 있을 것이다. 수차례 강조했지만 주식시장에 손쉽게 투자해서 돈을 벌 수 있는 왕도란 절대 없다. 회계지식을 공부해서 재무제표를 통해 기업의 가치를 평가하는 능력,

그리고 거시경제의 방향이 어떻게 흘러가는지를 보는 능력을 길러서 투자를 해야 한다. 투자를 한 후에 그냥 손 놓고 있는 것이 아니라 개별 기업에서 어떤 일이 일어나는지를 계속 주시해야 한다. 처음에 예측하지 못했던 새로운 사건이 발생해서 기업의 내재가치가 크게 변할 수 있기 때문이다.

워런 버핏은 "투자자라면 수많은 기업들의 연차보고서와 재무제표를 읽어야 한다"라고 했으며, "여유 시간에 〈플레이보이Playboy〉를 읽는 사람도 있지만 나는 그런 시간에 연차보고서를 읽는다"라는 말도 남겼다. 이 말은 워런 버핏이 투자를 결정하기 전에 연차보고서를 꼼꼼하게 읽으면서 목표한 기업을 분석한다는 것을 말하며, 워런 버핏이 상당한 회계지식을 갖추고 있다는 것을 나타낸다. 또한 연차보고서를 보지 않거나 회계지식 없이 주식에 투자하는 사람들을 〈플레이보이〉를 읽는 사람으로 비유하고 있는 셈이다.

재무제표와 거시경제에 대한 이해

재무제표를 보고 기업가치를 평가하는 능력은 IT 버블과 같은 상황에 빠지지 않기 위해 매우 중요하다. IT 버블이 생겼을 그 당시에 투자자들이 재무제표를 제대로 보기만 했다면 감언이설에 속아서 적자폭이 변하지 않거나 오히려 적자폭이 증가하고 있던 기업들에 투자할 리가 없을 것이다. 당시에는 모두가 EBITDA만 가지고 이야기를 하니, 이

기업들은 EBITDA를 증가시키기 위해 더 적자가 커지는 행위도 서슴지 않았다.

한국에서 발생한 예들도 한번 생각해보자. 자산재평가를 통해 부채비율을 낮추는, 즉 포장만 바꾼 기업에 대해 재무건전성이 향상되었으니 주가가 상승할 것이라는 애널리스트의 보고서도 있다. 회계처리 방법을 바꾸면서 영업권 상각을 하지 않아 이익이 상당히 증가했는데, 이익이 금년도에 증가한 추세대로 앞으로도 이익이 계속 증가할 것이라면서 강력하게 매수를 추천하는 보고서도 보았다. 대다수의 언론은 이런 보고서를 보고 그대로 인용해 보도할 뿐이다. 최소한 회계를 조금이라도 공부했다면, 이런 엉터리 보고서나 보도에 속지는 않을 것이다.

가장 기본적인 내용도 틀린 보고서가 발행되는 이유는 해당 애널리스트가 회계를 잘 알지 못하기 때문이다. 또한 투자자들도 애널리스트들의 옥석을 가리는 데 큰 관심을 기울이지 않는다는 것을 의미하기도 한다. 애널리스트들의 과거 보고서를 몇 개만 주의 깊게 읽어보면 실력을 파악할 수 있다. 과거에 발표한 이익예측치가 얼마나 정확한지도 비교해보면 된다. 이런 것도 하기 힘들다면, 에프앤가이드FnGuide나 경제신문사에서 매년 발표하는 베스트 애널리스트 리스트를 보고, 베스트 애널리스트로 장기간 계속 선정되는 애널리스트의 보고서에 따라 투자하면 된다.

거시경제의 흐름을 볼 수 있는 능력은 2008년 금융위기 같은 사건이 다시 일어났을 때 피해를 입지 않기 위해 중요하다. IT 버블은 IT

섹터에 국한된 것이었으므로, 재무제표를 자세히 보면 실체를 알 수 있었다. 하지만 2008년 금융위기 전인 2007년까지는 부동산 버블 덕에 기업들의 업적이 대부분 상승곡선을 그리고 있었다. 이런 상황에서는 재무제표만을 보면 상당히 긍정적으로 기업들을 평가할 수밖에 없다. 즉 앞으로 어떤 일이 벌어질지 발견할 수 없다는 말이다. 이런 위험에 빠지지 않기 위해서 항상 경제뉴스에 민감하게 귀를 기울이고, 앞으로 세계경제가 어떤 방향으로 흘러갈 것인지 전문가의 말을 귀담아들어야 할 것이다. 증권회사 리서치 센터장에 거시경제를 전공한 이코노미스트들이 많은 이유가 바로 이것 때문이다.

나도 남들과 다르지 않다

필자도 경제학을 상당히 공부하긴 했지만 거시경제 전문가는 아니다. 대신 한국과 외국의 여러 언론을 통해 보도된 저명한 이코노미스트나 정부관료, 기타 관련자들의 경제전망과 정책 관련 글들을 다수 읽고 있다. 이렇게 공부를 하다보면 최소한 경제가 흘러가는 방향은 어느 정도 미리 이해할 수 있다.

   너무 어려워서 가치평가나 거시경제에 대한 공부를 직접 못하겠다면 차라리 전문가들에게 맡기는 것을 추천한다. 전문가도 못 믿겠다면 주식투자보다 수익률은 약간 낮지만 안전한 채권에 투자하든지 은행의 정기예금에 가입하는 것을 더 추천한다. 주가가 올라갔는지 떨어졌는지 조마조마할 필요가 없으므로 최소한 정신건강 면에서는 더 좋을 것이다.

  평균적인 주식투자 수익률은 정기예금 이자율보다 약간 높을 뿐이다. 거기에다 위험도까지 고려해야 한다. 오늘도 '나는 남들과 다르겠지' 하는 생각으로 수많은 사람들이 주식시장에 뛰어들지만, 그런 사람들의 실적을 모두 합친 것이 평균적인 수익률이다. 이러니 내 자신의 능력을 과신하지 말고 겸손히 공부하는 자세를 가져야 할 것이다. 워런 버핏처럼 열심히 공부를 한 후 투자에 나서는 것이 유일한 성공의 비결이다.

회계로 본 세상

기업의 연차보고서는 보통 분량이 50페이지 이상이다. 미국 대기업들의 연차보고서 분량은 100페이지가 넘는 경우도 종종 있다. 이 연차보고서를 자세히 읽어보면 엄청나게 많은 재미있는 정보가 숨어있다. 페이지를 넘겨가며 여기저기 흩어져서 행간에 숨어 있는 내용을 찾다 보면, 마치 어린 시절 몇 번쯤 해보았던 '숨은 그림 찾기'나 셜록 홈즈, 괴도 루팡이 등장하는 추리소설을 읽는 듯한 재미를 느끼는 경우도 가끔 있다. 물론 충분한 회계지식을 갖춘 사람만 알 수 있는 내용이다. 회계를 잘 알지 못한다면, 연차보고서를 본다 하더라도 검은 것은 의미가 없는 글씨나 숫자요, 흰 것은 종이일 뿐이다.

필자는 한국의 많은 주식 투자자들에게 과연 자신이 투자하고 있는 종목에 투자하기로 결정하기 전에 해당 기업의 연차보고서, 또는 연차보고서의 핵심이라고 할 수 있는 재무제표를 직접 보고 투자를 결정했는지 한번 물어보고 싶다. 아니라면 최소한 애널리스트의 해당 업종에 대한 비교·분석보고서라도 읽어보았는지도 궁금하다. 만약 그렇지 않았다면 주식투자를 통해 워런 버핏과 유사한 정도의 수익률을 올리기가 대단히 힘들다는 점을 이해하기 바란다.

물론 필자도 가끔 주식투자를 한다. 투자 전에는 꼼꼼히 재무제표와 연차보고서를 읽고서 후보 기업들을 고른다. 또한 재무제표에 등장하는 수치를 엑셀이나 통계 패키지를 이용해서 분석한 후 투자할지 말지를 결정한다. 풍문을 듣고 투자를 결정하지 않는다. 그렇다고 하더라도 지속적인 투자 수익률이 워런 버핏만큼 높지는 않다.

필자는 회계학 교수이지만, 회계학 내에서 세부전공은 가치평가나 투자 분야가 아니라 회계감사나 재무회계 분야다. 게다가 계속적으로 분석해 투자 종목이나 금액을 변화시키는 것도 아니다. 항상 정신없이 바쁘게 살아가니 주가변동을 면밀하게 관찰하지도 못한다. 분석을 통해 목표 주가를 정하고, 목표 주가에 도달할 때까지 꾸준히 기다릴 뿐이다. 그렇지만 필자의 평균적인 주식투자 수익률은 시장의 평균적인 수익률보다는 상당히 높다.

이런 내용들을 모두 종합해 생각해본다면 비전문가가 주식투자를 통해 일확천금을 번다는 것이 얼마나 불가능에 가까운 일인지 이해할 수 있을 것이다. 워런 버핏도 금융위기 이전까지 평균 20%에 약간 부족한 정도의 수익률을 올렸을 뿐이다. 금융위기 동안에는 버핏도 손실을 보았으므로, 이를 고려하면 수익률은 더 낮아질 것이다. 그러니 아무런 준비도 하지 않고 주식투자를 해서 엄청난 돈을 손쉽게 벌 수 있다는 생각은 잘못된 것이다.

이제 독자들은 '주식투자와 회계정보'에 대한 필자의 글 4편이 성공적인 주식투자법을 설명하기 위해 쓴 것이 아니라는 점을 이해할 수 있을 것이다. 이 글은 섣부른 주식투자의 위험을 설명하기 위해 쓴 것이다. 손쉬운 주식투자법이란 존재하지 않는다. 그런 방법을 가르쳐주는 책도 없다. 상당한 공부를 하지 않고 주식투자에 나서는 것은 거의 도박을 하는 것과 다름없는 행동이다. 회계공부를 하고 재무제표를 열심히 읽는다 해도 재무제표를 꿰뚫어볼 수 있는 능력을 갖추기 전에는 주식투자에서 성공하기가 쉬운 일이 아니다. 특히 중소기업의 재무제표는 재무제표 자체를 믿을 수 없는 경우가 많다.

　앞에서 이미 언급했지만 필자가 중요하다고 생각하는 내용을 다시 한 번 되풀이하면서 이 부분의 이야기를 끝내도록 하겠다. 오늘도 '나는 남들과 다르겠지'라는 생각을 가지고 많은 사람들이 새롭게 주식시장에 뛰어들고 있다. 그런 사람들이 올리는 주식수익률을 모두 합한 수익률이 시장의 평균적인 수익률이다. 그런데 한국 주식시장에서 이 평균적인 수익률은 은행 예금이자율보다 불과 약간 더 높은 정도일 뿐이다. 기간을 약간 다르게 잡으면 은행예금 이자율보다 평균적인 주식투자 수익률이 낮았던 적도 있었다. 위험이 더 높은 투자처라면 수익률도 예금이자율보다 더 높은 것이 당연하다. '나도 남들과 크게 다르지 않을 가능성'이 매우 높다는 사실을 명심하도록 하자.

　전문가가 아닌데도 불구하고 꼭 주식투자를 하고 싶다면, 차라리 전문가에게 맡기는 것을 권한다. 아니라면 미래에도 계속 발전할 것이라는 믿음이 가는 건실한 기업의 주식을 구입한 후 은퇴할 때까지 잊어버리고 사는 것도 한 방법이다. 20년이나 30년 전 포스코나 삼성전자, 현대자동차의 주식을 구입하고 가만히 묻어두었더라면 지금 어떻게 되었을까를 생각해보면 된다. 이런 것들이 다 힘들다면 은행의 정기예금이 좋은 투자처다. 신경 쓸 필요도 없고 위험도 없다. 일희일비할 필요도 없으니 정신적으로도 좋을 것이다. 정신 건강이 최고의 건강이 아닐까 한다.

총 3편으로 구성된 Part 5에서는 성공적으로 기업을 경영하기 위해서 과학적인 연구와 준비를 해야 하는 이유를 알아본다. CJ와 아모레퍼시픽이 해외사업에 진출하기 위해 준비하는 모습, WBC에서 한국 야구가 크게 성공할 수 있었던 이유, 데이타를 철저하게 분석해 성공한 아마존의 사례, KFC가 중국 시장에서 성공한 이유 등을 살펴본다.

Part 5

숫자경영은 과학이다

_ 과학적 연구와 준비가 필요한 이유

분석이냐, 직관이냐?

▸▸▸▸ CJ, 아모레퍼시픽 ▸▸▸▸

신속한 의사결정과 신중한 의사결정 중 무엇이 더 옳을까? 한쪽 편을 들기가 쉽지 않다. 베트남에 진출한 CJ의 뚜레쥬르, 홍콩과 중국에 진출한 아모레퍼시픽의 사례를 통해 정답을 알아본다. 또한 2009년 전 국민의 큰 관심을 끌었던 WBC(World Baseball Classic)에서, 한국이 일본에게 예선에서 이긴 후 결승에서 패배한 이유가 무엇인지도 생각해본다. 김영덕과 김성근, 두 프로야구 감독의 용병 스타일을 통해서도 경영자들이 배워야 할 지혜가 무엇인지 알아본다.

옛 속담에 "쇠뿔도 단김에 빼라"라는 말이 있다. 일을 시작하면 망설이지 말고 빨리빨리 하라는 뜻이다. 그런데 이와 반대되는 속담도 있다. "돌다리도 두들겨보고 건너라"라는 말을 그 예로 들 수 있다. 서두르지 말고 신중하게 일을 하라는 이야기다. 어느 이야기가 더 맞을까? 사실 하나가 맞고 다른 하나가 틀렸다고 말하기는 힘들다. 경우에 따라서는 일을 신속하게 해야 할 때도 있고, 다른 경우에는 신중하게 해야 할 때도 있기 때문이다.

    기업경영에서는 어떨까? 기존의 사업과는 전혀 다른 미지의 신사업에 진출을 앞두고 고민하는 경우를 생각해보자. 최고경영자가 직관에 따라 과감하게 의사결정을 내리고 신속하게 신사업에 투자하는 것이 옳을까? 아니면 가능한 모든 경우의 수를 분석하고 신중하게 조사를 해본 후 의사결정을 내려야 할까? 앞뒤 가리지 않고 급하게 투자했다가 실패하지는 않을까? 고민하다보면 시장진입이 늦어지는데, 경쟁자가 우리보다 빨리 시장에 뛰어들어서 시장을 선점할 수 있지 않을까? 경영자들이 한 번쯤은 부딪히는 상황일 것이다. 이런 고민에 대한 해답은 무엇인지 알아보자.

뚜레쥬르는 왜 베트남에 천천히 진출했을까?

CJ가 운영하는 제과점 뚜레쥬르는 2009년 베트남에 진출했다.[1] 그런데 CJ는 베트남에 진출하기 전 현지 지역전문가를 파견해 철저하게 사전조사를 했다. 처음 지역전문가를 파견했을 때는 CJ에서는 뚜레쥬르를 진출시킬 계획이 없었다. 그런데 지역전문가가 베트남에서 생활하면서 현지인들의 생활패턴을 살펴본 결과, 프랑스 식민지 시대를 거친 베트남인들은 프랑스 문화의 영향을 받아 빵을 식사 대용으로 하는 사람들이 많지만, 빵의 종류는 다양하지 않다는 사실을 발견했다.[2] CJ는 이런 점을 충분히 검토한 뒤 뚜레쥬르의 베트남 현지 진출을 결정했다.

---

1 뚜레쥬르(Tous Les Jours)란 프랑스어로 매일매일이란 뜻이다. 영어로는 every day에 해당한다.
2 한국의 여러 회사들도 이렇게 해외 현지인들의 생활모습을 관찰하기 위해 현지인들의 집에 비디오 카메라를 설치하고 생활모습을 촬영하며, 이를 분석해서 현지인의 생활에 맞는 제품을 개발하는 데 참조하고 있다.

CJ는 뚜레쥬르를 호찌민시티 현지 중심 시장 상권에 자리를 잡고 있는 유명 제과점의 바로 이웃에 여러모로 차별화된 고급 제과점으로 개설했다. 뚜레쥬르는 현지에 알려지지 않은 브랜드이므로, 현지 사람들이 많이 가는 시장에 위치한 유명 제과점 바로 옆에 점포를 열어서 현지 제과점을 방문하려던 사람들이 지나가다가 보고 한번 시험삼아 들어오도록 유도한 것이다.[3] 결과는 대성공이었다. 뚜레쥬르에 손님들이 점차 늘어나면서 바로 이웃에 있던 유명 제과점은 문을 닫고 철수했다.

하지만 이런 성공에 뚜레쥬르는 자만하지 않았다. 바로 대규모로 투자를 한 것이 아니라 2호점을 호찌민시티 최고급 백화점인 다이아몬드 플라자에 숍인숍Shop in Shop 모델로 개설한 것이다. 다이아몬드 플라자는 한국의 포스코 건설이 호찌민시티 중심가 성모 성당 바로 옆에 건설한, 베트남 상위 소득층 및 외국인들을 목표로 한 최고급 백화점이다. 1호점과는 전혀 다른 입지와 내방객들을 상대하는 시장에 2호점을 연 것이다. 또 다른 실험을 시작한 것이다.

필자는 서울대가 2009년부터 직장인들을 위해 개설한 주말 MBA 과정[4] 학생들과 함께 해외 산업시찰의 일환으로 2010년 2월 호찌민시티를 방문했다.[5] 베트남 및 인도차이나 반도의 경제상황을 공부하

---

[3] 이런 방식은 품질에는 자신이 있지만 잘 알려지지 않은 브랜드의 제품군을 가진 기업들이 종종 사용한다. 수십년 전 한국의 LG나 삼성이 외국에 처음 진출할 때도 현지 유명 메이커 매장 바로 옆에 매장을 여는 이와 동일한 방식으로 자사의 브랜드를 소비자들에게 노출시킨 바 있다.

고, 여러 현지 및 포스코 베트남이나 신한 베트남 은행 등 한국 기업들을 탐방하는 바쁜 일정 중에 다이아몬드 플라자의 방문이 포함되어 있었다.

그곳에서 뚜레쥬르 매장을 발견하고 깜짝 놀랐다. 한국으로 치면 최고급 백화점의 명품관 가운데 뚜레쥬르 제과점이 위치하고 있으니 말이다. 우리는 손님들이 어느 정도 찾아오는지 주의 깊게 살펴봤다. 양복을 입은 필자와 수십 명의 MBA 학생들이 뚜레쥬르 주변을 빙빙 돌면서 지켰으니 현지 사람들 눈에 상당히 이상하게 보였을 것이다. 어쨌든 우리는 그곳에서 쇼핑을 하던 화려하게 치장한 부인들이나 유행에 민감한 젊은이들이 뚜레쥬르 빵을 많이 구입한다는 것을 쉽게 확인할 수 있었다. 즉 차별화된 빵을 원하는 수요가 고급 백화점에서 쇼핑하는 고객들 사이에서도 상당히 존재한다는 것을 알 수 있었다. 뚜레쥬르의 기대가 적중한 것이다.

이렇게 성공한 후에도 뚜레쥬르는 또 다른 실험을 계속했다. 전혀

---

4 Executive MBA라고 불리며, 매주 금요일 오후 3시부터 4시간, 토요일 종일 8시간 동안 수업을 하는 정규 석사학위 과정이다. 일반 석사학위 과정과 마찬가지로 매년 8개월 수업과 4개월 방학을 갖는다. 이 과정생들의 평균 나이는 40세 정도로, 기업에서 파견된 30대 중반에서 50대까지 다양한 연령층의 중견 간부들이 주 학생층이다. 서울대에서 2009년부터 최초로 이 과정을 설립했다. 필자는 이 과정의 초대 부주임 교수 역할을 맡아 프로그램을 설립하느라 많은 노력을 기울였다. Executive MBA 학생들은 현업과 학업을 병행하는 바쁜 일정 속에서도 '고교동창보다 더 친하다'고 할 정도로 서로 끈끈한 정을 나누고 있다. 필자는 서울대 Executive MBA 학생들이 10년 후면 한국 재계를 이끌어가는 훌륭한 최고경영자가 되어 있을 것이라고 자신한다.
5 2009년 과정이 설립된 후 2009년 여름은 홍콩과 마카오, 2010년 겨울은 베트남과 캄보디아, 2010년 여름은 미국 동부와 서부 등으로 산업시찰을 다녀왔다. 대학을 방문해 수업을 듣기도 하고, 현지 컨설턴트나 정부 관료, 한국에서 파견된 외교관 등을 만나서 현황을 설명받으며 여러 기업들을 탐방하는 형식이다.

다른 상권과 특성을 가진 지역에 3호점과 4호점을 개업하면서 시장의 반응을 살펴보는 것이다. 다이아몬드 플라자가 아닌 다른 쇼핑몰들에서 계속 입점 요청이 들어왔지만, 뚜레쥬르는 당초의 계획대로 실험을 계속해나갔다. 이처럼 현지 특성을 완벽히 파악하고 지금에서야 CJ는 본격적으로 뚜레쥬르의 대규모 베트남 진출을 준비하고 있다.

연구분석이 과거보다 중요한 이유

이런 CJ의 사례는 서두르지 않고 철저히 연구한 후 시장에 진입하는 것이 얼마나 큰 효과를 발휘할 수 있는지 알려준다. CJ가 만약 철저하게 시장조사를 하지 않고 과감하게 의사결정을 내린 후 상당한 자금을 투자해 베트남 곳곳에 매장을 한꺼번에 열었으면 어떻게 되었을까? 물론 그렇게 했더라도 성공했을 가능성이 높았다고 생각한다. 하지만 다른 회사가 성공했다고 해서 우리 회사도 꼭 성공한다는 법은 절대 없다.

과거 한국 기업은 철저하게 연구하지 않고 과감하게 투자를 한 결과 상당한 성공을 거두었다. 1980년대까지 한국은 고성장의 시대였으며, 공급이 부족한 경우가 많았으므로 이런 전략이 성공할 확률이 높았다. 즉 신속하게 생산해 시장을 선점하는 것이 중요했다. 하지만 1990년대 이후 한국은 점차 저성장과 공급 초과의 시대로 바뀌었다. 한국뿐만 아니라 세계시장도 마찬가지다. 따라서 철저한 연구 없이 하는 과감한 투자는 예전에는 성공한 방법이었지만 앞으로는 오히려 실패할 가능성이 높은 것이다. 이제는 철저하게 자료를 분석해서 분석 결과에 따라 대응전략을 짜야 하는 시대다.

제대로 연구분석을 해서 큰 성공을 거둔 한국 기업의 사례는 얼마든지 있다. 아모레퍼시픽은 중국 진출을 준비할 당시, 무려 3년간에 걸쳐 시장조사를 수차례나 실시했다. 그 결과를 바탕으로 중국 시장에 맞는 제품을 개발했다. 그리고 나서도 바로 중국에 진출하지 않았다. 아모레퍼시픽은 2002년 중국과 환경이 비슷하지만 시장규모가 작은 홍콩에 먼저 라네즈 매장을 열었다. 중국 시장에 진입하기 위해 준비한 내용들을 홍콩에서 먼저 테스트해본 것이다. 홍콩에서 성공한 아모레퍼시픽은 그 결과를 발판으로 삼아 상하이에 진출했다. 차근차근 준비를 해가면서 미지의 시장에 성공적으로 진입한 것이다. 이런 노력으로 그후 아모레퍼시픽은 중화권 시장에서 폭발적인 성장세를 보이고 있다.

이런 3년여의 준비기간 동안 아모레퍼시픽은 중국시장 진출에 필요한 외부인력의 확보와 내부인력의 양성에도 힘을 기울였다. 만약 충분한 인력을 보유하지 않고 바로 중국 시장에서 대규모의 매장을 확장했다면, 아마도 고객에 대한 서비스나 매장의 관리를 담당할 충분한 인력이 부족해 소비자들의 만족도가 높지 못했을 것이다. 한국 시장은 별다른 훈련을 하지 않고도 대부분 바로 신규 인력을 현장에 투입할 수 있지만, 외국 시장에 진출하기 위해서는 이런 준비도 사전에 해야 하는 것이다.

일본이 2009년 WBC에서 우승한 이유

자료 분석의 중요성을 보여주는 다른 사례로는 야구가 있다. 한국의 국보급 투수와 타자였던 선동렬과 이승엽 선수는 모두 일본에 진출한 초창기부터 상당한 성공을 거뒀다. 하지만 곧 두 선수 모두 성공한 직후 곧바로 슬럼프를 겪었다. 두 선수에 대한 데이터를 축적한 일본 야구단이 두 선수의 약점을 집중 공격했기 때문이다.

두 선수가 한국에서 십년 넘게 선수생활을 했어도 그들의 단점을 파악하는 사람은 거의 없었다. 설사 그 단점을 알았다 해도 이를 활용하는 사람이 많지 않았다. 하지만 일본은 단 1년 만에 두 선수의 약점을 모두 파악했다. 다행스럽게도 두 선수는 한국이 낳은 최고 선수답게 이를 악문 훈련으로 이를 극복해냈다.[6] 하지만 자료를 철저히 분석하고 이를 경기에 이용하는 일본의 힘은 정말 대단하다.

필자는 한국이 2009년 WBC(World Baseball Classic) 결승전에서 일본에게 진 이유도 여기에 있다고 생각한다. 한국은 2008년 중국에서 열린 베이징 올림픽 준결승에서 일본을 격파했고, 결승전에서는 쿠바마저 꺾으며 금메달을 따서 세계를 놀라게 했다. 류현진과 김광현이라는 두 어린 투수가 세계 최고라는 쿠바와 일본 타선을 꽁꽁 묶은 덕분이다.

---

[6] '혼을 담은 노력은 결코 나를 배반하지 않는다'며, 최고의 타자가 된 이후에도 매일 거르지 않고 밤 늦게까지 수천 번의 스윙연습을 하는 이승엽 선수의 자세는 우리 모두가 본받을만하다. 필자도 이승엽 선수의 이 말을 종종 학생들에게 언급하곤 한다.

2009년 WBC 당시 일본과의 경기 모습 한국 야구팀은 베이징 올림픽에서는 일본과 쿠바를 격파하고 우승을 차지했으나, 그 직후 벌어진 WBC에서는 일본에 석패했다. 일본이 철저하게 준비를 한 후 경기에 나서자 상황이 달라진 것이다.

하지만 올림픽에서 일본 킬러로 각광받았던 김광현은 WBC 1차 라운드 첫 경기에서 무시무시하게 난타를 당했다. 결국 그 경기에서 한국은 일본에게 콜드게임 패라는 수모를 겪었다. 불과 몇 개월밖에 지나지 않았음에도 불구하고, 일본은 김광현의 장단점을 철저하게 파악해 약점을 집중 공격했다. 언론에 보도된 바에 따르면, 올림픽 이후 일본의 스카우터들이 한국에 몇 주씩 상주하면서 경기장에서 류현진과 김광현의 투구 형태를 녹화하고 이를 철저하게 분석했다고 한다. 이것이 하라 다쓰노리 일본 대표팀 감독이 경기 전부터 "류현진과 김광현에 대한 분석을 끝냈다. 일본 선수들은 이에 잘 대비하고 있다"고 자신한 이유일 것이다. 결국 그 자신감은 사실로 드러났다.

2009년 WBC에서 봉중근 선수가 호투한 이유도 같은 맥락에서 해석할 수 있다. 베이징 올림픽을 치를 때만 해도 일본은 봉중근을 류현진이나 김광현과 맞먹는 선수라고 평가하지 않은 듯하다. 때문에 봉중근 선수에 대해서는 두 선수만큼 세밀히 대비하지 않았다. 봉중근 선수가 나선 1라운드 두 번째 경기와 2라운드 순위 결정전에서 한국이 일본을 이긴 이유도 여기에 있을 것이다.

하지만 두 차례의 경기 후, 결국 일본은 봉중근 선수에 대한 분석마저 끝냈다. WBC 결승전에서 봉중근 선수는 최선을 다했지만, 일본 선수들은 앞선 두 경기 때보다 훨씬 그의 공을 잘 받아쳤다. 이것이 바로 일본이 우승한 이유다.

김영덕 감독과 김성근 감독의 화려한 업적

1980년대 말에서 1990년대 초, 빙그레 이글스현 한화 이글스를 이끌었던 김영덕 감독은 철저한 분석 야구로 유명했다. 비록 단기전인 한국시리즈에서는 당시 최고의 전성기를 구가했던 김응룡 해태 타이거즈현 기아 타이거즈 감독에 막혀 준우승에 머무를 때가 많았지만 빙그레의 분석 야구는 한 시절을 풍미했다.

선동렬, 김성한, 이순철, 조계현 등 아마추어 국가대표 출신의 쟁쟁한 선수를 보유한 해태와는 달리, 당시 신생팀이었던 빙그레의 주축 선수들은 한용덕이나 장종훈, 이정훈 등 대부분 무명선수였다. 에이스 투수인 한용덕은 사회인 야구선수 출신이며, 장종훈은 고졸 연습생 출신이었다. 다른 선수들도 다른 팀에서 방출당한 선수들이 상당

김영덕 감독(좌)와 김성근 감독(우) 김영덕 감독과 김성근 감독은 자료 분석을 통해 선수들 사이의 최적의 배합을 찾아냄으로써 선수 개개인의 실력을 뛰어넘는 성과를 낸 바 있다.

수였다. 선수들 개개인의 기량만 보면 해태가 독보적으로 1등을 하고, 빙그레는 꼴찌를 차지했어야만 했다. 그럼에도 불구하고 빙그레는 거의 매년 정규리그 우승을 차지했다. 철저히 자료를 분석해 작전을 세움으로써 장기전인 정규리그에서는 선수 개개인의 능력을 초월하는 성적을 거둘 수 있었던 것이다. '지피지기면 백전백승'이라는 말이 바로 빙그레를 두고 한 이야기라고 하겠다. 하지만 단기전에는 역시 역량 있는 한두 명의 스타플레이어의 역할이 중요하므로, 코리안 시리즈에 올라가면 정규리그 2위나 3위쯤을 차지하고 올라온 해태가 빙그레를 누르고 우승을 하곤 했다.

21세기에는 김영덕 감독보다 더한 데이터 야구의 신봉자가 등장했다. 바로 SK 와이번스의 김성근 전 감독이다. 김 감독의 머리에는 8개 구단 선수들의 데이터가 낱낱이 입력되어 있다. 김 감독 스스로도 "상대 팀과 투수를 고려해 수백 가지 배팅 오더를 만들 수 있다"고 강조한다. 데이터와 상대 타자에 따라 수없이 투수를 갈아치우는 소위 말하는 '벌떼 야구'도 김성근 감독식 데이터 야구의 결과물이다. 김성근 감독이 괜히 2007~2008년 연속 정규리그 1위 및 한국시리즈 우승을 차지한 것이 아니다.[7] 철저하게 자료를 분석하는 것은 이처럼 기업뿐만 아니라 일상생활에서도 의사결정을 할 때 매우 중요하다.

미국에서는 이와 유사한 더 유명한 예를 찾을 수 있다. 바로 2011년 영화화되기까지 한 베스트셀러 『머니볼Moneyball』로 유명해진 오클랜드 에슬레틱스Oakland Athletics 구단이다. 1999년 메이저리그에서 가장 가난한 구단인 애슬레틱스의 단장으로 취임한 야구선수 출신 빌리 빈Billy Bin은 철저하게 기록과 통계를 분석했다. 그에 따라 무명이라 연봉이 적지만 팀에 공헌도가 높고 2류로 취급받던 선두들을 스카우트해 온다. 그 결과는 무려 4년 연속 포스트시즌 진출이라는 놀라운 성과로 나타난다. 메이저리그 최소 연봉 구단이 올린 성과라고 믿어지지 않을 정도다. 빌리 빈이 이런 놀라운 성과를 거두자 야구뿐만 아니라 다른 종목의 프로구단들에서도 빌리 빈이 사용한 방법을 앞다투어 도입해 적용하고 있다.

---

[7] 본 원고 중 야구와 관련된 내용은 야구를 매우 사랑하는 〈동아 비지니스 리뷰〉 하정민 기자의 도움을 많이 받았음을 밝힌다. 하정민 기자는 필자의 원고에 예화들을 덧붙여서, 마지막 부분의 글에서 생생한 느낌이 살아나도록 해줬다. 필자는 비록 경기 장면의 하이라이트만 보았지만, 2009년 WBC에서의 감동은 아직도 눈에 선하다.

신속한 의사결정 vs. 신중한 의사결정

다시 신사업 진출을 고민하는 기업의 입장에서 생각해보자. 만약 신사업분야가 기존 사업분야와 밀접하게 관련되고, 익숙한 국내 시장에 대한 투자라면 철저히 조사하지 않고 경험과 직관에만 의존해 신속하게 의사결정을 내려도 실패할 가능성은 별로 크지 않을 것이다. 하지만 뚜레쥬르처럼 베트남이라는 새로운 시장에 진출한다고 했을 때, 이곳은 우리가 경험을 통해 아는 지식의 범위를 벗어났다. 이런 시장에서 한국에서 하던 그대로 한다면, 반드시 성공한다는 보장이 없다. 따라서 이런 경우에는 철저하게 분석을 마친 후 시장에 진입하는 것이 올바르다고 할 수 있다.

"나무를 베는 데 8시간이 있다면, 그 중 6시간은 도끼를 가는 데 쓸 것이다"라는 에이브러햄 링컨Abraham Lincoln의 이야기가 생각난다. 도끼를 갈지 않고 바로 나무를 베기 시작한다면 아마 처음에는 진도가 더 많이 나간 것처럼 보일 것이다. 하지만 6시간이 지난 후 날이 선 도끼로 나무를 베기 시작한 사람이 훨씬 빠른 속도로 나무 베는 일을 끝마칠 수 있다. 철저한 분석 때문에 시간이 더 걸렸다면, 자료분석이 끝난 후 신속하게 의사결정을 내리고 신속히 집행하면 된다. 분석한 자료를 본 후에는 시간이 생명이다. 빠른 의사결정을 통해 할 일을 정한 후, 최고의 스피드로 그 결정된 일을 하면 된다. 자료를 분석하면서 해당 시장에 대한 특성을 충분히 파악했을 것이므로 시행착오를 할 일도 별로 없을 것이다.

나폴레옹이나 칭기즈칸은 전쟁을 벌일 때 항상 멀리까지 척후병을 파견해 적의 동태를 파악했다. 이런 정보를 모아놓고 나폴레옹은 지도를 보면서 적의 전략구상을 간파했으며, 의사결정을 내린 후 엄청나게 빠른 속도로 예하부대들을 움직였다.

나폴레옹 휘하의 프랑스 군대는 완전군장을 하고 도보로 하루 평균 수십 킬로미터를 진군할 수 있었다고 한다. 이는 당시 나폴레옹과 맞서 싸운 다른 나라 군인들의 진군 속도의 두배쯤 되는 속도였다. 즉 작전을 결정한 후 적이 예상하지 못할 정도의 빠른 스피드로 작전을 실행한 것이다. 그 결과 나폴레옹은 자기가 목표하는 지점을 공격할 때는 항상 적보다 많은 숫자의 프랑스군을 집중시킬 수 있었다.

칭기즈칸은 수백 킬로미터 이상의 전방까지도 척후병을 보내 적의 동태를 살피도록 했다. 또한 작전에 따라 필요하다면 부대원들이 여러 필의 말을 바꾸어 타면서 밤새도록 하루에 100킬로미터까지도 진격을 하도록 했다.

철저한 정보의 수집과 그런 정보를 기초로 한 판단, 그리고 전광석화 같은 작전의 집행이 바로 나폴레옹이나 칭기즈칸이 소수의 병력을 가지고도 대부분의 전투에서 승리할 수 있었던 비결인 것이다. 기업경영도 이와 똑같지 않을까 한다.

회계로 본 세상

전쟁술 등에 무지한 필자의 개인적인 견해이긴 하지만, 책을 자세히 읽어보면 나폴레옹이 패했던 영국 웰링턴 장군과의 워털루 전투나 오스트리아 카를 대공과의 수차례 전투는 모두 움직이는 부대들 사이에서 전투가 벌어진 것이 아니었다. 적군이 이미 유리한 곳에 진영을 갖추고 프랑스군을 기다리고 있는 상태에서 프랑스군이 늦게 도착해 전투에 돌입한 것이다. 즉 빠른 움직임을 통한 선제공격의 이점 없이 양군이 일대일 전면전으로 맞붙었다. 이런 경우라면 결국 인력이나 화력이 더 세고 지형적으로도 유리한 위치를 차지하고 있던 웰링턴 장군이나 카를 대공이 이길 가능성이 높을 수밖에 없다.

기업경영에서도 이미 잘 준비되어 자리를 차지하고 있는 경쟁기업과 치열한 전면전을 벌여서는 승산이 희박하다. 전면전을 벌인다는 것은 경쟁기업과 똑같은 방식으로 시장에 진입한다는 뜻이다. 이런 방법으로 싸움을 해서 성공하려면, 우리 회사의 제품이 시장을 장악하고 있는 경쟁사의 제품 못지않은 장점이 있다는 것을 소비자들에게 적극적으로 알려야 한다. 그런 과정을 통해 소비자의 인식을 바꾸려면 엄청난 물량을 투입하는 금전적인 노력과 함께 상당한 시간이 필요할 것이다. 결국 이런 방법을 택할 수 있는 기업은 상대적으로 자금에 여유가 있는 대기업뿐이다. 그런 자금력이 없는 기업이라면 이런 방법을 택해서는 안 된다. 남과 똑같은 제품을 내놓고 시장이 알아주기를 기다린다면 망하는 지름길인 것이다. 경쟁기업이 입지를 차지하고 있는 시장을 떠나 새로운 틈새시장에 진입해야 하는 것이다.

예를 들어 '프로스펙스' 브랜드로 잘 알려진 LS네트웍스를 보자. 과거 국제그룹이 해체된 후 2008년 국제상사를 LS그룹이 인수해 탄생한 LS네트웍스는 고급 운동화 시장을 장악하고 있는 나이키와 직접 대결하기보다는 다른 전략을 택했다. 기능화라는 특수시장을 공략하기로 한 것이다. 특히 한국에서 산책이나 가벼운 등산을 하는 인구가 점점 늘어나고 있다는 것에 착안해 그에 알맞은 제품을 개발했다.

이런 전략이 성공해 프로스펙스 신발은 최근 매출액이 급성장하며 다시 화려하게 부활하고 있는 중이다. 이런 성공에 따라 LS네트웍스는 최근 신발 이외의 등산복이나 운동복 등 관련 산업에 서서히 진출을 시작하고 있다. 만약 프로스펙스가 나이키나 다른 글로벌 브랜드 운동화들과 똑같은 제품을 출시해서 싸우려 했다면 어떤 결과가 나왔을지 생각해보라. 프로스펙스의 선택이 얼마나 놀랄만한 차이를 가져왔는지를 알 수 있을 것이다.

2002년 노벨 경제학상을 수상한 미국 프린스턴대학 심리학과 대니

얼 카너먼Daniel Kanhneman 교수는 "직관으로 성공했다는 사례 중 다수는 그냥 운이 좋았을 뿐"이라고 이야기한 적도 있다. 좀 과장이 포함된 이야기일 수도 있다. 물론 직관도 중요하다. 한국의 대기업들, 특히 현대를 이끈 정주영, 삼성의 이병철, SK의 최종현 회장은 직관력이 대단한 분들이다. 이분들의 선견지명적인 의사결정이 없었다면 오늘의 현대나 삼성그룹, 나아가서는 현재의 한국이 있을 수 없다. 그렇지만 이분들도 무턱대고 아무렇게나 의사결정을 내리지는 않았을 것이다. 다양한 정보를 수집해서 의사결정을 내리는 과정을 계속 반복하면서, 그 과정에서 성공할 수 있는 직관을 배운 것이다. 어느날 갑자기 없던 직관이 생기는 것은 절대 아니다. 결국 우리가 직관이라고 생각하는 많은 것들도 직관이라기보다는 경험과 지식의 산물인 셈이다.

우리는 최고경영자가 직관적으로 과감한 결단을 통해 성공한 많은 사례를 볼 수 있다. 그런데 사실 그 못지않게 많은 것이 최고경영자가 무리하게 의사결정을 내려 회사가 위험에 처한 사례다. 성공하면 비전을 가진 리더의 과감한 결단이 되는 것이고, 실패하면 앞뒤 가리지 않고 무리하게 내린 리더의 잘못된 의사결정이 되는 것이다. 그런데 후자의 사례는 외부로 많이 알려지지 않는다. 따라서 리더의 위대한 직관 때문에 성공하는 사례가 많은 것처럼 보이는 것이다. 이런 것을 생존자 편의survivorship bias라고 부른다.

결국 좋은 의사결정을 내리는 비결은, 다양한 정보를 수집해 분석하면서 그 과정을 통해 어떤 방법으로 시장에 접근하는 것이 옳은 방법인지를 배우는 것이라고 생각한다. 공부를 열심히 하면 다 피가 되고 살이 된다. 또한 일단 의사결정을 내리면, 그 결정에 대해서 군말 없이 열심히 실천하는 것이다. 그 결정이 잘된 것인지 잘못된 것인지는 실천 후 약 6개월쯤 지난 후 다시 되돌아보고 생각하면 된다. 실천도 제대로 하지 않으면서 해야 하느니 하지 말아야 하느니 하면서 서로 목소리만 높인다면, 그 결정은 실패할 수밖에 없다. 따라서 일단은 결정된 일을 꾸준히, 그리고 신속하게 실행하는 것이 제일 중요하다.

또한 최고경영자는 의사결정이 제대로 실행되는지에 대해 꼭 주기적으로 점검을 해야 할 것이다. 최고경영자가 명령을 한 번 내린다고 해서 조직이 바로 뛰기 시작하는 것은 아니다. 의사결정의 내용을 주기적으로 점검해서, 조직에 '결정된 것은 반드시 실천한다'는 문화가 생기도록 해야 할 것이다.

데이터의 확보보다
활용이 관건이다

▸▸▸▸ 아마존과 게임-인터넷업계 ◂◂◂◂

세계 최대의 인터넷 서점인 아마존은 고객의 성향과 거래 내역을 철저히 분석해 고객의 기호에 가장 잘 맞는 책들을 고객에게 소개함으로써 구매를 유도한다. 국내의 여러 기업들도 고객에 대한 많은 데이터를 보유하고 있지만, 이 데이터를 분석해서 활용하는 면에서는 많이 부족하다. 고객에 대한 분석을 통해 고객의 행동을 예측하고, 이런 예측을 활용해 매출을 상당히 늘릴 수 있다. 미국 최고의 카지노 업체인 하라 카지노도 이에 해당된다.

 필자는 국내에서 구할 수 없는 전문 학술서적을 종종 세계 최대 인터넷 서점인 아마존에서 주문한다. 아마존에 접속하면 필자가 과거에 구입한 책들의 자료가 모두 남아 있어 구매 내역을 상세히 알 수 있다. 뿐만 아니라 필자가 주로 구입하는 책과 관련이 깊은 신간 서적을 소개하는 창도 뜬다.

 이런 책 중 하나를 골라 내용을 훑어보면 '이 책을 산 고객들이 동시에 구매한 책들은 다음과 같습니다' 라는 내용이 뜨면서 비슷한 종류의 다른 책까지 줄줄이 나온다. 이를 모두 살펴보다보면 시간이 어떻게 가는 줄 모를 정도다. 또 접속하기 전에는 전혀 생각하지도 않았던 책을 구입할 때도 많다.

 이런 일을 반복적으로 경험하면서 느끼는 점은 아마존의 데이터 관리력이 대단하다는 사실이다. 필자의 구매행태에 대한 자세한 기록을 가지고 있고, 그 기록을 분석해서 자동으로 관심을 가질만한 책들을 골라서 필자가 보는 화면에 올리는 능력은 일반 회사는 거의 보유하지 못한 것이다.

최근에는 국내의 여러 인터넷 서점, 옥션이나 G마켓 같은 온라인 쇼핑몰도 고객 개개인의 특성에 어필할 수 있는 제품을 소개하는 별도의 화면을 일부 제공하고 있다. 예전과 비교하면 상당히 발전된 형태다. 하지만 아직 미흡한 점이 있다. 물론 이 책을 구입한 다른 고객들이 구입한 다른 책들이 어떻다는 화면을 보여주긴 하지만, 아무래도 표본이 작아서인지 보여주는 책들의 연관성이 아마존 같지는 않다. 유사한 주제의 책이나 해당 분야의 베스트셀러 등을 모두 한꺼번에 보여줄 뿐이다. 이래서 아마존이 제공하는 서비스에 익숙해지면, 다른 쇼핑몰을 이용하는 빈도가 현저히 낮아진다.

아마존은 필자 하나만을 위해 이런 서비스를 하지는 않는다. 아마존을 이용하는 전 세계 수천만 명의 고객들에게 이런 서비스를 똑같이 제공한다. 그렇다면 과연 아마존이 이 방대한 데이터를 관리하고 분석하는 비용은 얼마일까? 아마 엄청난 돈이 들어갈 것이다. 물론 그 비용을 상쇄하고 남을 만큼 고객들이 아마존을 자주 이용하기 때문에 이런 서비스를 제공하겠지만 데이터 관리비용이 엄청나다는 사실은 분명하다.

아마존과 비교하면 아직 미미한 수준이지만 국내에서도 이와 같은 조짐이 나타나고 있다. 현재 일부 카드회사들은 고객에게 매달 보내

세계 최대 인터넷 서점인 아마존 아마존은 고객의 거래 및 페이지 뷰 형태를 분석해서 고객의 성향을 파악한다. 그래서 고객에게 가장 어울리는 서적을 소개함으로써 추가적인 매출을 올리고 있다.

는 우편물을 고객의 성향에 따라 몇 가지로 나누어 제작하고 있다. 고객 성향에 따라 각각 다른 서비스를 제공하는 카드도 발급하고 있다. 네이버 등 포털사이트들도 개인의 취향에 따라 초기 화면을 선택할 수 있는 옵션을 두고 있다.

정확한 원가계산 시스템의 효과

필자는 아마존의 데이터 수집능력보다 데이터 관리능력이 더욱 뛰어나다고 생각한다. 이미 국내의 많은 회사들도 아마존 못지않은 데이터를 보유하고 있다. 하지만 데이터를 갖고 있을 뿐 이를 제대로 활용하는 기업은 많지 않다. 즉 이용하지도 않는 데이터를 획득하고 보유하기 위해 엄청난 돈을 낭비하고 있는 셈이다. 필자는 바로 이 차이가 세계 초일류 회사와 평범한 회사를 구분하는 기준이라고 생각한다.

아마존은 이제 책뿐만 아니라 음반, 각종 전자제품, 장난감, 의류 등도 판매하는 종합 소매점으로까지 확대되었다. 이대로 가다가는 아마존에서 팔지 않는 제품이 없을 정도로 아마존이 모든 시장에 뛰어들 것으로 보인다.

필자가 방문한 경험이 있는 국내의 모 회사는 매우 정교한 원가계산 시스템을 보유하고 있다. 이 회사는 요즘 널리 사용하는 활동기준 원가계산 시스템ABC ; Activity-Based Costing system을 사용하고 있었다. ABC는 균형성과표BSC ; Balanced Score Card의 창시자로 유명한 로버트 캐플란 Rober Kaplan 하버드대학 교수가 1980년대 말에 개발한 새로운 원가계산 기법이다. 회계학 교수이므로 폼 나고 일반인들이 쉽게 읽을만한 책을 쓰지 않아서 이름이 잘 알려져 있지 않지만, 실제로 캐플란 교수가 기업들에 미친 영향은 우리가 흔히 이름을 들어서 알고 있는 몇몇 경영대가들보다 월등하다. 실제로 우리나라에서도 규모가 웬만큼 되는 기업들 중 캐플란 교수가 개발한 ABC나 BSC를 사용하지 않고 있는 기업이 별로 없을 정도이니 말이다.

ABC를 이용하면 제품별로 투입된 생산원가, 작업당 시간을 모두 추적할 수 있다. 예를 들어 원가를 계산할 때 100개의 요소가 필요하다면, 100개의 요소 각각에 해당하는 비용과 관련자를 모두 찾아낼 수 있다는 의미다. 생산 후 첫 번째로 출고된 제품이 생산에 투입된 시점, 그 제품의 조립 라인에서 일한 근로자의 이름, 각 근로자가 일한 시간, 정확한 원가 등을 모두 파악할 수 있기 때문에 종합원가 계산법이나 개별원가 계산법 등 과거의 방식보다 정확성이 월등히 높다.

하버드대학의 로버트 캐플란 교수 로버트 캐플란 교수는 관리회계분야의 석학으로서, 오늘날 대부분의 기업에서 사용하고 있는 ABC나 BCS 기법의 창시자다.

문제는 이 훌륭한 시스템을 도입할 때 상당한 시간과 비용이 필요하다는 점이다. 시스템을 도입하고 설치할 때는 외부 전문가의 도움을 받을 수 있지만, 이후에는 회사의 내부역량으로 그 시스템을 운영해야 한다. 생산공정이 변할 때마다 원가를 구성하는 요소도 계속 변한다. 설사 원가요소가 동일하다 해도 원가배분율이 변한다. 이 변화를 계속 추적하고, 그에 맞춰 시스템을 변화시키려면 시스템을 구축할 때보다 더 많은 비용이 들 수도 있다. 또 그런 시스템을 운영하기 위해서는 다수의 인력도 필요할 것이다.

하지만 그만한 가치가 있다면 아무리 비싸더라도 이 시스템을 보유해야 한다. 문제는 많은 기업들이 하루에도 수천, 수만 개의 제품을 생산한다는 사실이다. 불과 몇 원에 불과한 첫 번째 제품의 원가와 두 번째 제품의 원가 차이가 과연 얼마나 큰 의미를 지닐까? 이 정보가 그 기업의 의사결정에 상당한 역할을 담당하는 일은 거의 없을 것이다.

A 기업은 30개의 원가요소를 사용하는 ABC를 도입했다. 이 ABC의

원가계산 정확성은 95%다. 만일 이 정확성을 99%로 높이기 위해 원가요소를 100개 사용하는 ABC를 도입했다고 가정해보자. 원가계산 정확성을 4%포인트 올리기 위해 회사가 쓴 돈에 비해, 회사가 얻을 수 있는 이익이 적다면 결국 시스템 개선비용은 낭비에 불과하다. 하지만 많은 기업들은 이 점을 간과한 채 무조건 최고·최신 시스템을 구축하려 애쓰고 있다.

불필요한 고성능 제품의 구입과 파킨슨 법칙

이는 비단 원가계산 시스템에만 해당되지 않는다. 많은 기업들은 기계, 설비, 사무용품 등을 구입할 때 대부분 최고급 제품을 구입하려 한다. 문제는 이렇게 구입한 설비나 비품의 최신 기능 중 상당수가 실제 생산공정에서 큰 쓸모가 없다는 점이다. 휴대전화의 여러 기능 중 필자가 한 번도 써보지 않은 기능이 절반이 넘는다. 필자와 비슷한 사람들이 상당수일 것이다. 요즘은 집에서 사용하는 텔레비전의 설명서도 50페이지가 넘는다. 얼마나 많은 사람들이 그런 설명서에 나와 있는 텔레비전의 무궁무진한 기능들을 다 찾아서 일상생활에서 사용할까? 그럼에도 불구하고 소비자들은 그런 기능을 갖춘 최고급 텔레비전에 우선 눈길을 돌린다.

　기업도 마찬가지다. 휴대전화의 가격은 수십만 원에 불과하지만 생산 현장에서 사용하는 기계의 가격은 적게는 수억 원, 많게는 수십,

수백억 원에 이른다. 불필요한 지출 때문에 어마어마한 돈을 낭비하고 있는 셈이다. 10층짜리 사옥을 지으면서 초고층 빌딩에서나 필요한 값비싼 초고속 엘리베이터를 설치하고, 디자인은 세련되었지만 냉·난방비가 더 많이 나오는 자재로 지은 건물이 모두 이런 예에 해당한다. 현장에서는 원가절감한답시고 몇 십 원에 불과한 자재 하나도 낭비하지 않도록 주의하면서, 수십 또는 수백억 원짜리 기계는 왜 불필요한 기능이 잔뜩 붙어 있는 최고급 사양을 구입해서 낭비할까? 우스갯소리이긴 하지만, 크고 화려한 사옥 빌딩을 새로 장만한 기업들은 모두 그후 수년 이내로 큰 어려움을 겪는다는 이야기도 있다.

원가를 계산하는 부서는 최고의 원가계산 시스템을 구입하는 데만 신경을 쓴다. 그 결과 회사가 얼마의 추가비용을 지출해야 하는지에 관해서는 별로 신경 쓰지 않는다. 생산 부서 역시 최첨단 기술로 무장한 기계를 가지고 싶어하지, 그 기계를 구입할 때 얼마의 비용이 들어가며, 이로 인해 회사가 얻을 손익이 얼마인지에는 관심을 두지 않는다. 기계나 제품을 설계하는 엔지니어링 부서에서도 자신들의 지식을 총 동원한 걸작품 기계나 제품을 만들고 싶어할 뿐, 그 기계나 제품을 실제 사용할 종업원이나 소비자들이 과연 그런 기술적 걸작품이 필요한지에 대해서는 심각하게 고민하지 않는다. 인사나 총무 부서에서도 단지 자기 부서에 더 많은 인력을 보유하고 싶어 별로 필요하지도 않은 일을 만들어 인력 충원에 나선다.

이게 바로 파킨슨 법칙Parkinson's law이다. 1955년 영국의 경제학자인 노스코트 파킨슨Northcote Parkinson은 업무량에 관계없이 공무원의 수가 늘어나는 현상을 자신의 이름을 따 파킨슨의 법칙이라고 명명했다. 한국에서도 새로운 정부가 출범할 때마다 대통령이 정부 부처를 축소하고 인원을 감축하겠다고 하지만, 그 대통령의 임기가 끝날 때에는 부처의 수와 인원이 감축 전보다 오히려 더 늘어나 있다.

　기업도 마찬가지다. 새로운 경영자가 취임하거나 위기가 닥칠 때마다 본사 인력을 축소해 현장으로 배치하겠다는 말이 나오지만 잠시뿐이다. 한 번 줄었던 본사 인력은 어느새 축소 전보다 증가한 상태다. 파킨슨 법칙이 등장한 지 60년이 지났음에도 이 현상이 아직도 횡행하고 있다는 사실이 씁쓸할 따름이다.

비용 절감과 수익 향상을 위한 방안

이런 문제점을 해결하려면 최고경영자나 구매 부서가 원가절감 팀을 운영해야 한다. 중요한 물품을 구매할 때 담당 부서와 원가절감 팀이 함께 논의하며, 과연 그 물품이 진정으로 필요한지 냉정하게 판단해야 한다. 구매 부서는 현장 부서만큼 기계나 시스템에 대해 잘 알지 못한다. 따라서 협의과정이 없다면 대부분 구매 부서는 현장 부서의 요구대로 최첨단 장비를 구입한다. 협의과정을 걸쳐서 문제점을 한번 생각해보기만 해도 불필요한 요구가 상당수 줄어들 것이다.

　심리학에서 의사에게 환자의 증상을 설명해주고 그 증상의 원인이 되는 질병이 무엇인지 알아맞춰보라는 실험이 있었다. 한 번은 그냥 병명을 적어보라고 했고, 또 한 번은 병명을 적고난 후 왜 그 병인지 당신이 생각한 이유를 3가지만 적어보라고 했다. 둘 중 병명의 이유를 적은 의사가 내린 진단이 월등히 정확했다. 이 실험은 심리학 교과서에 등장할 만큼 다양한 국가에서 실시되었는데 결과는 항상 동일했다. 즉 시스템적으로 의사에게 자신의 생각을 정리할 기회를 한 번 주기만 해도 진단의 정확성이 높아지는 것이다.

기업경영에서도 마찬가지다. MBA 학생들을 대상으로 특정 상황을 설명한 후 어떤 결정을 내릴 것인지, 공인회계사들을 대상으로 재무제표에 나타나는 이상징후의 원인이 무엇인지 생각해보는 실험에서도 동일한 결론이 관찰되었다. 즉 아주 작은 시스템이라도 시스템적으로 어떤 의사결정의 정확성을 한번 차분하게 생각해볼 수 있도록 하면 의사결정의 수준이 향상되는 것이다.

회사에서 어떤 시스템을 도입할 때도 그 시스템에서 얻을 수 있는 데이터가 과연 얼마나 쓸모가 있는지, 그 데이터로 창출할 수 있는 수익이 어느 정도인지를 낱낱이 분석해야 한다. 앞서 말했듯 불필요한 데이터를 수집하고 보관하는 일 자체가 큰 낭비이기 때문이다.

이와 비슷한 경우로 외부 컨설팅을 받을 때도 컨설팅 업체에게 원하는 바를 미리 알려줘야 한다. 그렇지 않으면 불필요하게 과다한 컨설팅을 받느라 시간과 비용은 있는 대로 쓰고, 지나친 조언으로 회사의 전략이나 문화 전체를 한꺼번에 뒤바꾸려 하다가 혼란에 빠질 수도 있다. 그야말로 배가 산으로 가는 격이다. 컨설팅 회사는 조언을 해주고 뒤로 빠진다. 따라서 자신들이 조언해준 내용이 어떻게 실행되는지에는 큰 관심이 없다. 또한 실제로 그 조언대로 실행하면 어떤 다른 문제점이 숨어 있는지도 잘 알지 못한다.[1] 결국 어울리지 않게 지나친 변화를 시도하려다가 큰 혼란을 겪는 것은 기업의 몫이다.

새로운 실험을 통한 수익 향상 방안의 탐색

비용절감보다 더 중요한 것은 현재 사용하고 있는 시스템이나 데이터를 통해 추가로 수익을 얻을 방안을 고려하는 일이다. 필자는 많은 인터넷 게임업체들이 '고객이 어떤 상황에서 게임을 그만두는지'에 관한 데이터를 상세히 분석해야 한다고 생각한다. 이를 분석하기 시작하면 게임을 그만둔 고객에게 어떤 혜택을 제공하면 게임을 다시 시작할지, 새로 게임을 시작한 고객에게는 어떤 인센티브를 줄 때 계속 게임을 하는지에 관한 데이터도 수집할 수 있다. 회원으로 가입할 때 해당 고객의 다양한 정보를 이미 수집했기 때문에, 그런 정보에 따라 사용자 계층을 나누어서 자세히 분석할 수 있을 것이다.

---

[1] 이를 '지도만 보고 도랑을 설계하는 사람' 과 실제 '도랑을 직접 파는 사람' 의 차이라고 이야기한다. 필자는 이렇게 컨설팅 업체의 이야기를 하고 있지만, 필자 같은 학자도 역시 도랑을 설계하는 사람일 뿐이다. 결국 기업의 성공은 '누구에게 컨설팅을 받느냐' 또는 '어떤 조언을 듣느냐' 가 아니라 실제 실천을 어떻게 하느냐에 달린 것이다. 필자는 특히 구체적인 실천방안 없이 말로 두루뭉술하게 '앞으로 고객의 요구에 더 주의를 기울여야 한다' 라든가 '적합한 인재를 채용해서 적합한 곳에 배치하라', '전략적으로 산업의 발전을 선도하라', '능력에 맞는 보상을 해줘라', '품질을 향상시켜 시장점유율을 높여라' 라는 식의 조언은 차라리 컨설팅을 받지 않는 것보다 못할 수도 있다고 생각한다. 이런 원론적인 이야기들은 대학교 학생들이나 일반인들 누구나 다 할 수 있다.

이런 실험결과를 자세히 분석하면 기존 고객의 이탈률을 줄이고, 신규 고객이 게임을 시작했을 때 계속 게임을 하는 비율을 높일 수 있다. 아마존처럼 보유 데이터를 적절히 활용해 고객에게는 더욱 큰 만족감을 주면서, 회사는 더 많은 수익을 올릴 수 있는 것이다. 실제로 인도 최대의 이동통신사인 릴라이언스Reliance사에서는 고객의 휴대전화 사용량을 분석해서 이탈율을 줄이기 위한 방법을 찾아냈다. 일정 기간 동안 통화량이나 메시지 사용량이 감소하는 등 이탈징후가 나타났을 때 할인혜택이나 상품을 제공하는 등의 방법을 사용했다.

다른 예를 들어보자. 인터넷 쇼핑몰들은 고객들이 홈페이지에 로그인할 때부터 시작해서, 제품검색, 상세보기, 선택, 결제 등의 순서를 거치는 동안 어디에서 더이상 다음 단계로 이동하지 않고 홈페이지를 떠나는지를 조사해봐야 한다. 바로 그 부분에 홈페이지의 구조적인 문제가 있기 때문이다. 그 부분을 어떻게 개편했을 때 계속해서 다음 단계로 이동하는 고객의 비율이 달라지는지 실험을 할 수 있을 것이다. 홈페이지에 어떤 경로를 통해 들어오는지 고객별로 분류해서 분석해볼 수도 있다.

리조트 회사들은 성수기에는 쏟아져오는 고객들 때문에 비명을 지른다. 하지만 비수기에는 객실이 비어 있을 때가 많다. 이럴 때 어떤 혜택을 제공하면 고객들의 비수기 이용률을 높일 수 있을지 실험해볼 수 있다. 실험 결과에 따라 적절한 혜택을 고객군별로 제공한다면 수익성을 높일 수 있다. 리조트 산업은 변동비가 거의 없다. 특별 혜택을 제공해서 비수기의 방값을 50% 이상 할인해준다고 해도 고객이 없는 것보다는 낫다는 뜻이다.

　아마존은 한때 동일 제품의 가격을 소비자의 성향에 따라 다르게 책정하는 실험을 했다. 아마존은 접속 후 아마존이 제시한 가격에 곧바로 제품을 구입하는 고객, 이곳저곳을 돌아다니며 가격을 비교하거나 쿠폰을 이용해 싸게 구입하는 고객을 분류했다. 이후 각각의 고객 성향에 따라 다른 가격이 화면에 뜨도록 만들었다. 당연히 전자의 소비자에게 제시한 가격이 비쌌다.

　아마존이 이런 차별 가격 정책을 추진했다는 사실이 언론에 알려지자 거센 비난이 쏟아졌다. 결국 아마존은 이 정책을 오래 활용하지 못했다. 하지만 고객의 성향을 개별적으로 분석하는 시도 자체를 나쁘게 볼 수는 없다. 코카콜라도 비슷하게 자판기에 온도계를 달아 특정 온도 이상 올라가면 음료수의 가격을 올리는 시책을 실시하려다 중지했던 경험이 있다. 더운 날씨에는 청량음료의 가격에 소비자들이 덜 민감하다는 것을 연구를 통해 알아냈기 때문에 이런 시도를 해 시험해보려고 했을 것이다. 하지만 이런 2가지 방법은 다 소비자를 기만한다는 저항에 부딪혀서 실패로 돌아갔다.

하라 카지노 호텔의 성공 사례

지금은 좀 오래된 이야기이지만, 하버드비즈니스스쿨 사례 중에 세계 제2위의 카지노 업체인 하라Harrah 카지노 호텔의 사례가 있다.[2] 하라 카지노 호텔에 사외이사로 취임했지만 카지노에 대해 전혀 경험이 없던 게리 러브만Gary Loveman 경영학 교수가 카지노를 방문하는 고객의 성향을 자세하게 분석해 매출액을 월등히 증가시킨 것이다.

그는 고객의 성향을 분석하기 위해서 무려 2,500만 명의 고객을 대상으로 회원카드Total Rewards Card가 정확한 명칭이다를 만들었으며, 고객들이 자사를 방문할 때마다 이 카드를 사용하도록 해 고객들의 행동에 대해 자세한 자료를 수집했다. 이 자료를 이용해 어떤 종류의 고객들이 언제 카지노를 찾고, 방문하는 고객마다 얼마의 돈을 카지노에서 사용하는지를 분석했다.

그러고 나서 호텔에 제일 도움이 되는 고객층을 발굴한 후, 해당 고객층을 적극적으로 호텔에 유치하기 위한 다양한 실험을 했다. 그 결과 해당 고객층이 제일 민감한 유인책을 발견한 후, 그 유인책을 시기에 따라 적극적으로 실시해 매출액을 획기적으로 늘리는 방법을 개발했던 것이다. 예를 들면 카지노에서 멀리 떨어진 곳에 사는 고객에게는 왕복 항공권을 보너스로 지급하고, 카지노에서 가까운 곳에 살아서 퇴근길이나 주말에 카지노에 들를 수 있는 고객에게는 무료 저녁식사 쿠폰을 지급하는 식으로 차별화한 것이다.[3]

이 실험의 결과는 어떨까? 러브만 교수는 고객군을 무려 60개로 구

---

[2] 하라 엔터테인먼트(Harrah's Entertainment) 그룹은 1940년대에 설립되었으며, 전 세계에 걸쳐서 호텔과 리조트, 카지노 업체 등을 운영하고 있다. 하라(Harrah's), 시저스(Caesers), 쇼보트(Showboat), 임페리엘 팰리스(Imparial Palace), 플래닛 힐리우드(Planet Hollywood) 등 다수의 유명한 브랜드 카지노를 소유하고 있다.

분하고 자신의 분석결과를 적용했다. 그 결과 하라 카지노는 불과 수 년 만에 카지노 업계 최고 수익률을 올리는 기업으로 성장했다. 순이익도 무려 5배나 성장했다. 업계 3위였던 기업이 더욱 발전해 업계 1위였던 시저스 카지노까지 인수했다.[4] 그 결과 1997년 하라 카지노와 처음 관련을 맺은 러브만 교수는 2003년 CEO로 발탁되었다. 카지노 업에 대해서는 아무것도 모르는 경영학 교수가 불과 6년 만에 최고경영자가 된 것이다. 러브만 사장은 자신이 오히려 카지노에 대해 아무것도 몰랐으므로 전혀 선입견이 없어서 학교에서 배운 분석기법들을 그대로 적용해볼 수 있었던 것이 성공의 비결이라고 말했다. 분석을 통해 카지노 업계에서 수십 년씩 일하고 있던 기존의 임원들이 알고 있던 선입관이나 지식이 틀렸다는 것을 발견하고, 자신이 분석한 결과를 회사경영에 적용한 것이다.[5]

CEO가 된 러브만 교수는 직원들에게 자료의 분석을 특히 강조하면서, "그렇다고 생각하는 것인가? 아니면 실제로 그런 것인가? Do we think, or do we know?"라는 말을 자주 하는 것으로 유명하다. CEO가 나서서 구

---

3 고객이 회원가입시 제공하는 주소나 직업, 소득이나 학력, 연령 등의 정보를 1차 정보라고 부른다. 이 1차 정보에 고객의 실제 구매 데이터를 추가하면 어떤 1차적 특성을 가진 고객들이 어떤 제품을 잘 구매하는지 분석할 수 있다. 바로 하라가 실시한 분석방법이다. 아마존은 여기에서 한걸음 더 나가서, 고객의 선호까지 추측해 고객들이 구매할 것 같은 새로운 상품을 소개하는 3차 데이터를 제공하고 있다.
4 하라 엔터테인먼트 그룹은 2008년 사모펀드(Private Equity Fund)인 Apollo Management와 Texas Pacific Group에 인수되어 상장폐지되었다. 이름도 2010년부터 Caesars Entertainment로 바뀌었다. 이들 사모펀드들은 부채를 빌려 조달한 인수대금을 갚기 위해 하라에게 무리한 규모의 부채를 빌리도록 하고, 그 부채들을 배당의 형태로 회수해갔다. 그 결과 부채규모가 급속히 늘어나서 하라는 파산했다. 따라서 본문의 이야기는 파산 이전의 상황에 대한 설명이다. 하라가 파산한 이유는 경영상의 실패가 아니라 사모펀드의 무리한 부채정책 때문이므로, 본문의 설명은 계속 유효하다.

하라 카지노 하라 카지노는 고객에 대한 자료를 철저히 분석해, 고객을 종류에 따라 구분하고 특성에 맞는 보너스를 제공하는 방식으로 고객들을 끌어들였다. 그 결과 엄청난 수익의 증대 효과를 거두었다. 그 결과 카지노 업계 1위 기업으로 성장할 수 있었다.

체적인 자료의 사용을 강조하니, 직원들이 의사결정시에 구체적인 자료를 제시하기 위해 자료를 분석하고 연구하게 된다. 이것이 바로 하라 카지노가 성공한 비결이다.

물론 어떻게 사용하느냐에 따라 데이터는 약이 될 수도, 독이 될 수도 있다. 하지만 아직 많은 한국 기업들은 데이터를 값어치 있게 활용하려는 노력조차 하지 않는다. '아는 것이 힘'이라는 말이 왜 나왔겠는가. 모르는 건 약이 아니라 병임을 명심하자.

---

5 이 사례는 필자가 수년간 국내에서 발간되는 여러 경영 관련 잡지에서 거의 매년 다른 저자들의 글에 등장하는 것을 본 바 있다. 모든 글들이 회원카드를 만들어서 고객에 대한 정보를 수집한 이야기를 중점적으로 다루고 있다. 출처를 제대로 밝힌 경우는 별로 없지만, 사실 이 글들은 모두 하버드비지니스스쿨의 사례를 요약해서 소개하고 있는 셈이다. 하지만 그 배경이 무엇인지에 대해서는 설명하지 않았다. 필자의 글은 왜 그런 일이 생겼는지 배경을 설명함으로써, 실제 자료를 잘 활용하는 과학적인 분석이 중요하다는 점을 강조한다는 측면에서 다른 글들과 차이가 있다.

회계로 본 세상

전술한 바와 같이 아마존뿐만 아니라 국내 대부분의 인터넷 서점들이 관련된 여러 책을 동시에 소개하는 서비스를 제공하고 있다. 그런데 이 서점들이 제공하는 서비스는 동일한 카테고리로 분류된 책 중 베스트셀러들을 소개하는 형식이다. 아마존이 제공하는 서비스는 이와 질적으로 다르다. 아마존은 필자가 관심있을만한 책을 정확히 뽑아서 화면에 소개시켜준다. 어떻게 이렇게 필자의 마음을 정확하게 읽을 수 있는지 신기할 뿐이다.

그 비결은 소비자가 검색한 책과 과거 구매한 목록을 분석하고, 특성이 비슷한 다른 많은 고객들과의 상관관계를 분석하는 데이터 분석에 있다. 아마존은 이 데이터를 분석하는 거대한 전산센터를 보유하고 있다. 아마 이 전산센터를 운영하는 데 소요되는 비용은 엄청날 것이다. 그럼에도 불구하고 이런 시스템을 유지하고 있다는 것은 그만큼 아마존이 수집한 자료를 이용한 분석이 아마존에게 도움이 되기 때문일 것이다.

　이렇게 개별 고객에게 맞춤 서비스를 제공하는 것을 마케팅 분야에서는 고객관계관리CRM ; Customer Relationship Management라고 한다. 한국의 기업들도 하루빨리 이런 분석방법을 도입했으면 하는 바람이다. 하지만 CRM을 하기 위해 상당한 자금을 쏟아붓는다고 해서 꼭 회사에 도움이 된다고는 할 수 없다. 고객의 자료를 가지고 있기만 하고 제대로 분석해서 사용하지 않는다면, 결국 그런 자료를 수집하고 관리하는데 추가 비용만 소모되기 때문이다.

　미국의 통계를 보면 CRM을 도입한 기업들 중 적어도 30~50%는 실패했다고 한다『성공하는 CRM, 실패하는 CRM』, 딕 리 저. 일부에서는 2/3이 실패했다고도 한다. 국내에도 많은 실패 사례가 있다. 최고경영자부터 나서서 CRM의 중요성을 인식하고, 분석자료를 적극적으로 활용하려고 노력하지 않는 한 CRM은 실패할 수밖에 없을 것이다. 실제 의사결정에 활용하지 않는다면 자료를 분석하는 멋진 IT 시스템을 도입한다고 해서 기업이 별로 달라질 것은 없을 것이기 때문이다.

　예를 들어 필자가 어렸을 때부터 계속 홍수가 날 때마다 기상청의 인력이 부족하고 기상자료를 분석하는 컴퓨터의 능력이 부족하다는 이야기가 나왔다. 그래서 예산을 증액해 더 많은 인원을 뽑고, 새로운 슈퍼 컴퓨터를 도입한다는 이야기를 몇 년에 한 번씩 주기적으로 언론 보도를 통해 접할 수 있었다. 필자가 잘 모르고 있는 것인지도 모르겠지만, 그렇다고 해서 일기예보의 예측력이 높아졌다고 느껴지지는 않는다.

아마존과 관련해서는 우리가 알아둘 필요가 있는 재미있는 내용이 있다. 바로 '롱테일 법칙long tail's law'이라는 것이다. 원래 '80-20의 법칙'이라고 해서, '80%의 수익은 20%의 고객들에게서 창출된다'라는 법칙이 있다. 예를 들어 서점들은 베스트셀러 리스트를 발표하는데, 발표된 베스트셀러 리스트를 보고 책을 구입하는 사람들이 다수 있다. 그러면 그 책들의 매출액은 더 늘어나게 되어 서점은 그 책들을 더 많이 앞줄에 진열하게 된다. 즉 소수의 책들만 집중적으로 팔리기 때문에 서점은 잘 팔리지 않는 다른 책들은 매장에 진열하지 않으므로 이런 책들의 매출은 더 줄어든다. 그래서 20%의 제품에서 80%의 매출이 나오게 되는 것이다.

그런데 인터넷이 발달하게 되면서 이런 법칙이 뒤집혀버렸다. 바로 아마존이 그런 예다. 아마존을 통해 많은 사람들이 예전 같으면 접해볼 기회가 없었을 다수의 책들에 대한 정보를 얻을 수 있게 되었고, 그 결과 그런 책들의 판매량이 늘어난 것이다. 온라인상에는 물품을 진열하는 공간의 제한이라는 제약점이 존재하지 않기 때문에 소비자들의 입장에서는 상품에 대한 접근성이 증가한 것이다. 그 결과 아마존에서는 전체 매출액에서 소수로 팔리는 책들의 비중이 약 60% 정도라고 한다. 결국 이렇게 다른 곳에서는 잘 팔리지 않는 상품들을 아마존에서는 팔 수 있다는 것이, 바로 아마존이 계속해서 성장하고 있는 이유라고 하겠다. 아마존이 이 책들을 팔 수 있는 것은 바로 아마존의 데이터 분석 능력 때문이라는 점은 두말할 필요가 없다.

이 경우 제품군의 숫자가 증가함에 따라 매출액에서 차지하는 비중이 달라지는 모습을 그림으로 그려보면 동물의 긴 꼬리 같은 모습이 된다. 꼬리가 길지만 끝으로 갈수록 조금씩 짧아진다. 매출액도 이렇게 조금씩 감소한다는 뜻에서 '긴 꼬리의 법칙'이라고 번역하는 'long tail's law'라는 용어가 등장한 것이다. 독자 여러분의 회사에서도 어떻게 하면 이렇게 잘 팔리지 않는 제품을 잘 팔리게 만들 수 있을지 고민해보기 바란다. 회사에 많은 돈을 벌어주는 제품의 수가 몇 개가 아니라 30개쯤으로 늘어난다면, 회사가 크게 성공할 수 있을 것임이 틀림없다.

세금을 덜 내는 것이 최선일까?
▸▸▸▸ KFC와 맥도날드 ▸▸▸▸

개인이나 기업 모두 가능하면 세금을 줄일 수 있는 방법을 찾기 마련이다. 물론 합법적인 테두리하에서 말이다. KFC와 맥도날드는 중국에 진출하면서 세금을 내는 방법이 서로 다른 조직구조를 선택했다. 그 결과는 큰 차이로 나타나서, 전 세계에서 최고의 패스트푸드 업체로 각광받는 맥도날드가 중국에서만은 KFC의 상대가 되지 않을 정도다. 우리나라의 기업들도 외국에 진출할 때 이런 점들을 고려해야 할 것이다. 또한 이전가격 문제도 최근 큰 관심의 대상이 되고 있으므로 주의해야 한다.

    2009년 11월 미국의 실업률이 마침내 10%에 육박했다. 취업을 단념한 사람들까지 포함하면 실업률이 17%에 이른다는 보도도 있었다. 미국 부동산 가격 하락의 직격탄을 맞은 캘리포니아주, 남부의 여러 주, 자동차 산업이 붕괴된 미시간주의 실업률은 무려 20%가 넘는다고 한다. 일부에서는 세계금융위기가 끝났다면서 출구전략을 이야기하고 있지만, 미국의 실업률 현황은 안타깝지만 세계금융위기가 아직 끝나지 않았다는 사실을 명백하게 드러냈다.

    금융위기가 발발하는 데 공헌한 많은 투자은행들이 금융위기의 주범으로 비난을 받고 있다. 상당수의 기업들이 파산해 많은 근로자들이 실직했는데도 불구하고 미국 정부는 이 제조업체들을 거의 도와주지 않았다. 하지만 투자은행을 살리기 위해서는 무려 7천억 달러의 막대한 구제금융을 투입한다는 데 미국인들은 분개했다.[1] 특히 그 구제금융의 상당부분을 투자은행에서 일하는 직원들에게 1인당 수만 달러에서 수십만 달러에 달하는 보너스를 지급하기 위해 썼다는 사실이 알려지자 국민들의 분노는 폭발했다.[2] 결국 미국 정부는 구제금융을 지원받은 기업의 직원은 최대 50만 달러까지만 보너스를 받을 수 있다는 법안을 마련했다. 공기업도 아닌 민간기업의 보수 수준을 정부가 결정한다는 사실이 놀랍지 않은가. 그것도 공산주의 국가도 아닌 현대 자본주의 그 자체라고 할 수 있는 미국에서 말이다.

특히 투자은행 업계 중에서도 1위인 골드만삭스에 비난이 집중되고 있다. 골드만삭스는 이런 비난이 억울할지도 모른다. 골드만삭스는 위기관리 시스템을 잘 갖춰 금융위기의 영향을 상대적으로 덜 받았다. 이미 금융위기에서 회복해서 상당한 이익을 올리고 있고, 정부에서 받은 구제금융 자금도 다 상환했다.

그럼에도 불구하고 골드만삭스가 비난을 받는 이유는 한국식으로 말하면 국민정서법이나 괘씸죄 때문이 아닐까 한다. 사람들은 골드만삭스가 이제까지 미국 정부에 낸 세금이 골드만삭스의 이익 규모에 비해 지나치게 작은데도 정부한테 구제금융을 100억 달러나 받는 등

---

[1] 미국에서는 '구제금융'이라고 표현하지만 한국에서는 '공적자금'이라는 용어가 더 친숙하다. 7천억 달러는 2008년 지급된 1차 구제금융을 말하며, 2009년 2차로 7천억 달러가 추가로 지급된 바 있다.
[2] 이 투자은행 임직원들은 대부분 발생한 이익에 대한 일정 퍼센티지를 지급받는 인센티브 계약에 따라 보너스를 받았다. 구제금융의 지급이 없었다면 손실이 발생해서 보너스를 받지 못했을 텐데, 구제금융을 받아서 생긴 이익 때문에 막대한 보너스를 받게 된 것이다. 구제금융을 지급받는 과정에서 공헌했다고 특별 보너스를 받은 경우도 있었다.

너무 많은 혜택을 받았다고 말한다.

이들은 골드만삭스가 2008년 미국 정부에 지불한 세금이 전체 순이익의 1% 정도인 1,400만 달러에 불과하다는 점을 근거로 든다. 한국에서는 상상도 할 수 없는 일이다. 회계장부상으로만 보면 골드만삭스가 낸 대부분의 이익이 조세피난처 국가에서 발생했고, 미국에서 번 돈이 거의 없으니 미국 정부에 낼 세금이 많지 않은 것이 당연하다.

하지만 일반 미국인들의 감정은 그렇지 않다. 금융위기로 수많은 사람들이 실직하거나 봉급 삭감의 어려움을 겪고 있는데 골드만삭스나 몇몇 금융사의 직원들은 천문학적인 급여와 보너스를 받고, 세금은 쥐꼬리만큼만 낸다고 생각한다.[3] 실제 대부분의 영업은 미국에서 이루어지지만 조세 피난처 국가에서 이익을 기록하도록 국적을 세탁해 회계처리를 했을 것이라고 믿는 것이다.

적절한 세금을 내야 하는 이유

"이 세상 그 누구도 확실하게 피할 수 없는 것은 죽음과 세금뿐이다." 미국 건국의 아버지인 벤자민 프랭클린의 말이다. 이를 달리 말하면

---

[3] 실제로 골드만삭스가 정부에서 직접 받은 구제금융 자금은 100억 달러에 불과하지만, 간접적으로 받은 금액까지 합치면 400억 달러에 육박한다. 그런데 1년 세금이 불과 1,400만 달러 정도이니, 정부에서 도움받은 자금을 모두 합치면 2008년 골드만삭스가 낸 세금의 약 300배 정도나 되는 것이다. 따라서 국가나 사회에 기여한 바가 별로 없이 정부에서 도움만 받는다는 불만이 터져나올 수 있다.

죽음과 세금을 피하고 싶은 인간의 욕망이 그만큼 크다는 뜻도 된다. 개인이나 기업들은 대부분 세금을 덜 내려고 한다. 자발적으로 세금을 더 내려고 하는 기업은 아마 없을 것이다. 합법적인 수단을 통해 절세를 하려고 하는 것은 당연하다. 하지만 이 합법적인 정도가 너무 과해 보인다면, 아무리 합법적이라도 여론의 비난을 받기 때문에 절약한 돈 이상으로 기업 이미지가 나빠질 수 있다.

한국에 투자해서 상당한 이익을 올렸지만, 조세피난처를 경유해서 투자해 자본 소득에 대한 세금을 내지 않은 외국 사모펀드들도 많다. SK그룹의 경영권을 공격했던 소버린, 외환은행과 극동건설, 강남 스타타워를 인수했던 론스타 등이 대표적이다. 한국 투자로 큰돈을 벌었지만, 이런 펀드들이 다시 한국에 대규모로 투자하지 못하는 이유도 이와 무관하지 않을 것이라고 필자는 추측한다. 사실 론스타가 한국에서 손해본 거래도 일부 있다. 그렇지만 이런 일은 다 묻혀 잘 알려지지 않고, 세금을 내지 않은 것만 계속 언급되고 있다. 결과적으로 생각해보면, 너무 세금을 덜 내려고만 한다면 단기적으로는 유리할지 몰라도 장기적으로는 더 큰 피해를 볼 수 있는 것이다.

KFC와 맥도날드의 중국 진출 사례

적정한 세금을 내는 일뿐만 아니라 세금을 어떻게 내느냐도 대단히 중요하다. 중국에 진출한 KFC와 맥도날드가 좋은 예다. 1987년 중국에 진출한 KFC는 현재 중국 최대의 레스토랑 체인으로 자리 잡았다. 점포당 연평균 매출액이 2000년대 말 기준 150만 달러약 18억 원 정도다. 즉 월 매출액이 평균 1억 5천만 원인 셈이다. 한국에서는 이 금액이 대단해 보이지 않겠지만, 중국의 물가수준을 생각해본다면 이 수치가 얼마나 대단한지 이해할 수 있다. 반면에 1991년 중국에 진출한 맥도날드는 레스토랑 수나 점포당 매출 규모에서 KFC의 상대가 되지 못한다. 여기에는 쇠고기보다 닭고기를 더 좋아하는 중국인들의 식습관도 한몫했다. 햄버거는 주로 쇠고기로 만들지만 KFC의 주력상품은 닭고기이기 때문이다.[4]

KFC가 중국에서 맥도날드보다 더 크게 성공을 거둔 중요한 이유 중 다른 하나는 세금의 납부 때문이다. KFC의 중국 본부는 상하이에 있다. 하지만 KFC는 지역별로 별도의 자회사를 두고 중국의 각 성마다 모두 진출했다. 당연히 각각의 성에서 발생한 이익에 대한 세금은 해당 성 정부에 내는 전략을 취했다. 원료가 되는 닭이나 채소도 되도록이면 해당 성에서 조달했다. 반면에 베이징에 본사를 둔 맥도날드는 중앙집권적인 조직구조를 구성해 중국 내 모든 사업을 베이징 본부에서 관할하도록 했다. 그 결과 이익도 본사에서 집계하고, 대부분의 세금 또한 중국 중앙정부에 냈다. 물론 원료의 조달과 배급도 중앙

---

[4] 한국 기업도 이와 비슷한 사례가 있다. 한국인의 입맛에 맞는 '쇠고기 다시다'를 들고 중국에 진출한 CJ는 진출 초기 몇 년간 상당한 어려움을 겪었다. 그러다가 중국인들이 쇠고기가 아닌 닭고기를 더 좋아한다는 데 착안해 '닭고기 다시다'를 적극적으로 마케팅하자 비로소 매출액이 늘기 시작했다. 만약 KFC와 맥도날드의 이야기를 미리 공부했더라면 훨씬 시간과 노력을 절약할 수 있었을 것이다.

집중식이었다.

두 회사가 처음부터 이런 효과를 의도적으로 고려했는지는 알 수 없다. 어쨌든 KFC는 각각의 성 정부에서 많은 협조를 얻었고, 점포 설립 허가도 비교적 쉽게 따냈다. 그 결과 지역 사회에 쉽게 뿌리내릴 수 있었다. KFC에 납품해서 부자가 된 농민의 이야기는 종종 지역 언론에 등장하기도 했다. 즉 KFC는 지역사회에 기여하는 기업이라는 이미지를 심었다. 반면에 맥도날드는 중국 지방정부의 비협조와 무관심 때문에 아직까지도 베이징을 제외한 다른 지역에 진출하는 데 어려움을 겪고 있다.

KFC와 맥도날드의 사례는 한국 기업들에게 큰 교훈을 준다. 한 번 치고 빠지는 식의 투자가 아니라 해외시장에 성공적으로 정착하고 계속 사업을 영위하려면 적정한 규모의 세금을 외국정부에 내야만 한다. 인간관계에서도 남의 도움만 받고 도움을 주지 않으려는 사람은 아무도 좋아하지 않는다. 기업과 국가 사이의 관계도 마찬가지다. 해당 기업이 국가나 지역사회에 기여한다는 평판을 얻는다면, 나중에 그 기업에게 유무형의 혜택이 돌아갈 것이다.

이렇듯 중국에서 승승가도를 달리던 KFC도 1990년대에 조류독감으로 큰 위기를 겪은 적이 있다. 닭 소비가 급감하면서 KFC의 매출도 절반 이하로 뚝 떨어졌다. 잘 알려져 있듯이 KFC는 'Kentucky Fried Chicken'의 약자다. 소비자들은 KFC 매장에서는 닭으로 만든 음식만 판다고 생각하고 KFC에 발길을 끊은 것이다. 당시 KFC는 'KFC는 Kentucky Fried Chicken의 약자가 아니라 Kentucky Fish & Chicken의

KFC(좌)와 맥도날드(우) KFC와 맥도날드는 중국에 진출하면서 서로 다른 조직구조를 택했다. 분권화 조직구조를 택한 KFC는 지방정부의 협조로 성공을 했지만, 중앙집권적 조직구조를 택한 맥도날드는 KFC에 비해 큰 성공을 거두지 못했다.

약자'라는 광고를 내보내면서 생선으로 만든 제품을 집중적으로 홍보했다. 소비자들이 가지고 있던 선입견, 즉 KFC가 닭으로 만든 요리를 파는 곳이라는 이미지를 바꾸려고 노력한 것이다. 생선으로 만든 제품의 매출이 늘면서 KFC는 위기를 기회로 바꿀 수 있었다. 한국에서 생선요리를 먹으러 KFC로 가는 사람이 거의 없을 것이라는 점을 생각한다면, 중국 KFC의 이런 역발상의 지혜를 본받아야 할 것이다.

시중에는 중국에 진출한 기업을 위해 여러 가지 조언을 해주는 서적들이 많다. 읽어보면 공통적으로 중국을 한 나라로 접근하면 안 된다고 강조한다. 중국 내 서로 다른 성들은 완전히 다른 나라라고 해도 과언이 아닐 정도로 지역색·풍습·소득수준 등의 격차가 심하므로, 각 성의 특성에 따라 달리 접근해야 한다는 내용이다. KFC는 바로 이 조언을 충실히 따라 중국에 진출한 것이다. 반면에 맥도날드는 다른 해외시장에 진출할 때처럼 중국 전체를 하나로 생각했다. 중국 중앙 정부의 협조만 얻으면 모든 일이 수월히 풀릴 거라고 착각했던 것이다. 그런 접근법의 차이가 성공과 실패의 차이를 가져온 셈이다.

과세당국과 기업의 숨바꼭질

2010년 한국에서는 윈저와 조니워커의 수입 판매회사인 디아지오 코리아가 한국 과세당국에서 1년치의 매출액에 육박하는 무려 2,064억 원의 추징액을 통보받고 국세청과 법정 다툼을 시작했다. 디아지오 코리아는 디아지오 본사와의 거래에서 이전가격transfer pricing을 조작해 막대한 이익을 숨겼다는 혐의를 받았다. 이 분쟁의 결과가 어떻게 귀결될지 궁금하다. 이 금액이 그대로 확정된다면 디아지오 코리아는 존속이 불가능할 정도의 어려움에 빠질 수도 있다. 디아지오 코리아가 이번 분쟁에서 일부 승소한다 해도, 앞으로 세무당국이나 정부와의 관계가 상당히 험난할 전망이다.

재미있는 점은 디아지오 코리아의 모기업인 영국 디아지오도 현재 앞서 설명한 골드만삭스와 유사한 사례 때문에 영국인들의 비난을 받고 있다는 사실이다. 디아지오 또한 수익성 높은 사업의 대부분을 해외의 조세피난처나 세율이 낮은 국가에 페이퍼 컴퍼니나 자회사를 세워 이전했다. 때문에 디아지오는 지난 10년간 평균 순이익의 2% 정도만을 세금으로 냈다. 이 자체로도 기업 이미지에 상당한 타격을 주었다.

  영국은 원래 소득세율이 매우 높은 나라다. 때문에 영국 기업들은 외국으로 본사를 이전하거나 디아지오와 비슷한 방식으로 세금을 줄이는 사례가 빈번하다. 특히 바로 영국의 이웃 나라이자 문화가 비슷한 아일랜드로 옮기거나, 거주 환경이 좋고 세율도 낮은 스위스로 본사를 옮기는 기업들이 많다. 맥도날드도 최근 유럽 본사를 영국에서 스위스로 옮겼다. 영국 기업들은 직원들에게 보수를 현금으로 주는 대신 골동품, 미술품, 귀금속 등을 지급하기도 한다. 이들 물품에는 소득세가 부과되지 않기 때문에 개인들이 납부하는 소득세의 금액을 줄이려는 것이다. 심지어 국적을 바꾸는 영국인도 꽤 많다. 영국 정부가 2010년부터 소득세의 최고세율을 40%에서 50%로 높인다고 하자 국적을 변경하려는 추세가 더욱 뚜렷하게 나타나고 있다.[5]

  이런 상황에 골머리를 앓고 있는 영국 정부는 조세회피방지 부서를 따로 설립해 대대적인 조사를 진행하고 있다. 2009년 5월 미국 오바마 행정부도 조세피난처를 이용한 탈세와의 전쟁에 돌입하겠다며 "외국으로 일자리를 옮기는 기업들에게는 세금 혜택을 중단하고 세무조사를 하겠다"고 선언했다. 이는 과거에는 전혀 상상할 수 없었던 강력한 발언이다. 또 미국 정부는 국세청에서 탈세 조사 분야를 담당하는 인

---

5 최근 미국의 경우를 보면, 페이스북의 공동창업자 중 1인이 세금을 회피할 목적으로 미국 국적을 포기하고 남미 국가로 국적을 옮긴 바 있다. 미국의 재정위기가 심각해지고 증세 움직임이 생기자 미국에서도 최근 국적포기자 수가 급속히 늘고 있다고 한다.

력을 무려 800명이나 증원하겠다고 밝혔다. 미국 의회도 이에 가세했다. 의회는 2010년부터 조세피난처를 경유하느냐 아니냐에 관계없이 본사가 위치한 국가가 어디냐에 따라 세금을 물리겠다는 소위 '도켓법안'도 논의하고 있다. 미국 언론의 보도에 따르면, 이 법안이 통과되면 큰 타격을 입을 기업 명단에 삼성 미국법인도 포함되어 있었다.

미국 국세청IRS은 2010년 세계적인 제약회사 글락소스미스클라인 GSK의 미국 자회사인 글락소웰컴이 이전가격을 조작해 소득을 축소시켰다며, 총 52억 달러의 세금과 벌금을 내라고 발표했다. IRS에 따르면 글락소웰컴은 본사에 배당금을 송부하지 않고 채권에 대한 이자를 지급하는 방법으로 미국 내 이익을 줄여왔다. 2000년 스위스 스미스클라인이 미국의 글락소웰컴을 인수해서 GSK가 탄생했는데, 그 결과 미국의 글락소웰컴이 GSK의 자회사가 되었다. IRS는 자회사가 모회사에서 돈을 빌린 적이 없는데도 글락소웰컴이 GSK에게 갚아야 할 부채가 있는 것처럼 이자비용을 기록하는 회계처리 방법을 택해, 이익을 줄이면서 이 자금을 스위스로 송금해왔다고 주장한다.

2009년 말 오바마 대통령이 세무조사를 강화하겠다고 선언한 후 골드만삭스, 시티그룹, 구글, 휴렛패커드, 오라클 등 미국 대기업들이 일제히 이에 반대하는 성명을 냈다. 미국 기업들의 세금 부담이 10% 정도 증가한다는 전망도 나왔다. 타이코, 잉거솔랜드 등을 포함한 10여 개 기업들은 본사를 미국에서 해외로 이전하는 일을 검토하기 시작했다. 오바마 대통령이 조세피난처로 거론한 케이먼 제도, 버뮤다, 네덜란드, 인도 같은 나라들도 항의성명을 발표했다.

영국 옥스포드대학 기업세제센터는 1998년부터 2008년까지 다국적 기업 5천 개를 조사한 결과, 이 중 6%가 세제혜택을 이유로 본사를 타국으로 이전했다고 발표했다. 즉 각국 정부는 세금을 더 걷기 위해 기업들을 옥죄고, 기업들은 이를 피해 점점 외국으로 벗어나려는 추세가 뚜렷하다. 특히 경제위기 때문에 세수는 줄었는데 경기부양과 복지지출을 위해 대규모 지출을 늘린 미국 정부는 재정적자를 만회하기 위해서 세금을 더 걷으려고 안달할 수밖에 없다. 바야흐로 과세당국과 기업들의 숨바꼭질 전쟁이 시작된 셈이다.

한국 기업들이 배워야 할 교훈

한국 기업들은 외국 시장에 진출할 때 각 국가별로 다른 세제체계에 상당한 주의를 기울여야 한다. 물론 세금을 덜 납부하는 일도 중요하고, 현지 시장에서 벌어들인 이익을 한국으로 많이 송금하는 일도 필요하다. 그렇지만 적정한 세금을 현지 정부에 지급하고, 현지 사회에 일정 부분의 이익도 환원하는 일은 이보다 더 중요하다. 외국에서 몇 년 영업하다 매각하고 철수할 계획이 아니라면 현지에 뿌리를 내리고 현지인들과 돈독한 관계를 유지해야 한다. 공생을 위해서는 우리 자신의 단기 이익만 생각하면 안 된다.[6]

일본에서 경영의 신이라고까지 불리우는 마쓰시다 전기의 창업자 마쓰시다 고노스케도 "세금을 낼 만큼 내는 것이 사회에 공헌하는 것"이라고 말한 바 있다. 소버린이나 론스타 펀드는 처음부터 한국에서 오랫동안 사업을 영위할 의도가 없었을 가능성이 크다. 그렇기 때문에 세금을 최소화하고 재빨리 투자금을 회수하는 데만 신경을 썼을 것이다.

관계회사 간의 원자재 및 부품 공급, 중간재 등의 이전가격의 결정도 조심해야 한다. 2005년 기준 중국 내 외국인 투자기업이 중국 전체 수출에서 차지하는 비율은 50%가 넘지만, 이들 기업이 낸 세금은 불과 5%도 안 된다는 통계가 있다. 이런 이유에서 중국 정부도 최근 이전가격을 조정해 이익을 이전하는 행위에 대해 강력한 감독에 나서고 있다. 철저하게 증빙서류를 만들어 미리미리 대비하지 않는 한 나중에 문제가 생기면 큰 피해를 볼 수도 있다. 특히 정부가 막강한 권한을 쥐고 법 위에 군림하는 몇몇 국가들에 진출하는 기업이라면, 더 조심해야 한다. 특히 한국 중소기업들은 이런 문제를 몸소 겪어보기 전에는 잘 모를 때가 많다.

국내에서도 마찬가지다. 몇몇 중소기업은 세금을 덜 내기 위해 이익을 줄이는 방식의 회계처리를 선호한다. 이 방법을 택해 거의 세금을 내지 않고 영업을 한다면 이는 해당 기업의 선택사항이다. 불법만 아니라면 합법적인 범위 안에서 이익을 늘리거나 줄이는 다양한 회계

---

6 우리나라 TV에서 나오는 광고에 한국 기업들이 해외에서 지역사회를 위해 봉사하는 모습이 종종 등장하는 것을 보았는데, 그런 광고를 현지에서도 열심히 하고 있는지 궁금한 적이 많았다. 한국에서 홍보를 하는 것도 중요하지만, 실제로 회사가 목표하는 시장이 있는 현지에서 현지인의 인식을 바꾸도록 노력하는 것이 더 중요하다고 생각한다.

처리 방법이 용인되기 때문이다.

하지만 무조건 세금을 적게 내려고 이익을 축소하는 방법을 선호하는 현상은 분명 문제가 있다. 특히 해당기업이 갑작스럽게 자금난에 빠졌을 때 매우 곤란해진다. 은행은 수익성이 낮은 회사에게 돈을 빌려주지 않으려 한다. 이익이 낮아 신용평가회사에서 좋은 신용등급을 받기 어려우니 이자도 많이 지급해야 한다. 주식을 발행한다 해도, 수익성이 높지 않은 기업의 주가가 높을 리 없다. 자금의 조달도 용이하지 않거니와, 조달한다 하더라도 금리가 높다.

문제는 많은 기업들이 이를 우리 회사와는 상관없거나 매우 먼 미래에 일어날 일로만 여긴다는 점이다. 세금을 줄이려는 시도는 지금 당장 혜택이 돌아오니 기업들이 이익축소 방식의 회계처리를 선호할 수밖에 없다. 하지만 역사는 단기이익에 지나치게 연연하면 장기적으로 큰 손해를 입을 수도 있다는 사실을 보여주고 있다. 소탐대실의 교훈을 되새겨야 할 때다.

국민감정에 대한 고려

이제 세금 이야기 말고 다른 이야기를 좀 해보고자 한다. 세금을 현지의 나라에 어느 정도 내는 것은 해당 국가의 국민감정을 고려해서라도 꼭 필요하다. 한국도 국민적 자존심이 무척 높은 나라다. 국민정서법을 어기면 절대 되는 일이 없다. 외국에도 그런 나라들이 상당히 있다. 외국에 나가서 우리의 감정이나 법률을 따지기보다는 현지 국민의 감정을 잘 고려해야 한다. "로마에서는 로마 법을 따라야 한다"고 하지 않았는가.

예를 들어 생각해보자. 2003년 도요타 자동차는 중국의 상징이라고 할 수 있는 황실의 사자상이 도요타 자동차를 보고 감탄하며 경례를 하는 광고를 했다. 이에 중국에서는 여론의 질타를 넘어, 도요타 자동차의 일부 지점을 테러하는 일까지 발생했다. 2005년에는 나이키가 NBA 스타인 르브론 제임스가 중국의 상징인 용 두 마리와 쿵후 도사 2인, 그리고 괴상하게 생긴 중국 여인과 농구시합을 해서 이기는 광고를 냈다가 대규모의 사과 광고를 낸 적이 있다. 더군다나 광고의 자막에 '공포와 싸운다'는 내용을 적었으니, 중국인들을 공포를 불러일으키는 무시무시한 괴물로 묘사한 격이다. 중국인들이 발끈할만하다. 만약 한국에서 이런 일이 있었다면, 아마 전국적인 불매운동이 벌어졌을 것임이 틀림없다.

그 반대의 경우도 있다. 스타벅스는 중국에 진출해 깨끗하고 위생적이며 고급스러운 이미지로 시장에 뿌리를 박았다. 중국의 자존심이라고 할 수 있는 자금성 내부에 문을 연 유일한 외국계 업체일 정도다. 그러다가 2006년 중국 정부는 미국과의 외교적 갈등이 있자 스타벅스를 갑자기 자금성에서 쫓아냈다. 대부분의 경우 이런 상황에 처한다면, 계약기간과 상관없이 어느날 갑자기 쫓아내는 중국 정부의 초법적인 조치에 대항해서 싸울 것이다. 본국 정부에게 도와달라고 부탁할 수도 있을 것이다. 하지만 스타벅스는 오히려 "그동안 자금성에서 영업을 할 수 있었던 것은 우리 회사에게 영광이었다"라면서 감사하다는 광고를 냈다. 싸워봤자 여론만 나빠질 것이므로 더 고차원적인 방법을 취한 것이다.

물러서야 할 때라고 판단되면 과감히 물러서는 것이 더 현명한 결정이다. 신라시대 화랑도가 지켜야 할 5계명 중에 '임전무퇴'라는 것이 있었다. 그 반대로 손자병법의 제일 마지막 36번째 계명은 '싸워서 질 것이 뻔하다면 물러나라' 라는 것이다. 질 것을 뻔히 알면서 나가서 싸우다 죽기보다는 물러나서 미래를 기약하는 방법이 더 현명할 것이다. 어느 방법이 더 옳은지는 개인의 선택이겠지만, 새삼 '실리'를 중요시하는 중국인의 사고방식이 무려 2,500년쯤 전에 쓰인 중국의 책에서도 엿보인다는 것을 보면 놀랍기만 하다.

회계로 본 세상

세금에 대한 내용을 썼지만 필자는 세금 전문가가 아니다. 회계의 영역이 워낙 넓다보니, 회계학 교수라도 세무회계까지 아는 전문가는 드물다. 다만 세금납부와 관련된 이슈 및 본고에 토론된 여러 내용들과 관련해 몇 개의 생각들을 정리해보도록 한다.

첫째, 필자가 과거 홍콩에서 6년간 홍콩과기대 교수로 근무하는 시절 중국에 투자하는 여러 기업들의 사례를 접할 수 있었고, 또 직접 투자를 담당하는 사람들도 만나볼 기회가 있었다. 홍콩과 인접한 광동성의 심천이나 동관 지역에 입주한 여러 기업들도 방문해보았다. 중국에 대해 상당히 연구를 한 경우도 있었지만, 별로 그렇지 않고 중국 시장이 크다고 하니 준비없이 투자한다고 생각되는 경우도 간혹 있었다. 아주 투자규모가 작다면 몰라도 상당한 규모라면 철저한 사전 준비와 연구가 필요할 것이다.

예를 들면 본고에서 언급하고 있는 조직구조를 어떻게 해서 이익을 어디에다 집중시킬 것인지도 미리 준비해야 한다. 맥도날드가 북경을 택한 것처럼 월마트는 중국에서 세율이 제일 낮은 지역 중 하나인 심천 경제특구를 본사의 입지로 택했다. 월마트가 중국에서 실패한 것은 이미 모두 잘 알고 있는 이야기다. 물론 이것 때문에 실패한 것만은 아니겠지만, 그런 실패의 요인들 중에 일반 사람들이 잘 알지 못하는 이런 원인도 있다는 것을 알아야 한다.

이전가격 문제도 과거보다 점점 중요해지고 있다. 현재 각 회계법인은 이전가격 이슈만을 전문으로 다루는 팀을 운영하고 있으므로, 이런 전문가들에게 일이 발생하기 전에 미리미리 조언을 받을 필요가 있을 것이다. 중국정부는 이전가격에 문제가 있다는 것을 알아도 일부러 몇 년간 모른 체하는 경향을 보인다. 그리고 나서 수년의 시간이 흐른 후 한꺼번에 밀린 세금과 벌금을 통보한다. 이런 큰 금액을 한꺼번에 낼 수 있는 기업은 별로 없다. 따라서 미리 준비하지 않고 있다면 이전가격 문제로 존폐위기에 몰릴 가능성이 얼마든지 있다. 그러니 중국 정부가 지금 아무런 행동을 하지 않는다고 해서 마음을 놓아서는 안 된다. 이런 위험을 피하기 위해서는 적절한 세금을 제때 내는 것이 중요하다.[1]

둘째, 중국 기업들의 재무제표를 그대로 믿으면 안 된다. 필자도 중국 투자 관련 책을 읽어서 안 이야기일 뿐이지만, 중국에서는 설비투

---

[1] 또한 세계 각국과 FTA 협정이 발효되기 시작함에 따라 관세 감면을 받을 수 있는 원산지 증명에도 주의를 기울여야 한다. 이 부분에서도 전문가의 도움을 받을 수 있을 것이다.

자를 할 때만 부가가치세를 내고 부품을 구입하는 데는 내지 않는다고 한다. 따라서 많은 기업들이 기계를 구입하면서, 부품을 조각조각 구입하는 식으로 장부를 만들어 회계처리를 한다. 부품의 구입은 당기비용으로 처리되는 데 반해 설비투자는 회계상 유형자산으로 분류되어 해당 설비의 수명기간 동안 감가상각하게 된다. 그런데 비용으로 처리해 회계장부에 실제보다 자산은 적고 비용은 많은 것처럼 표시되게 된다. 따라서 회사를 방문해보면 기계장치가 공장에서 잘 돌아가고 있는데, 그 기계가 회계장부에는 없다. 이런 것을 모르고 회사를 인수하고 나면 회계장부에 없는 기계는 공장에서 사라져서 옆에 새로 생긴 다른 회사에 가 있는 일이 종종 발생한다. 원래 회계장부에 없는 기계이므로 빼돌렸다고 항의할 수도 없는 것이다. 공장을 견학할 때 눈으로 봤던 것은 증거가 남아 있지 않다. 이런 일이 좀 심하게 일어나면 껍데기만 남은 텅빈 공장 건물에 낡은 기계 몇 개만 남아 있는 경우도 있다고 한다. 견학할 때 있던 기계가 실제로 장부상에도 있는 기계인지 반드시 시간을 갖고 실사를 해야 속지 않을 수 있다.

　인력도 상당부분 퇴사하고 옆 회사로 옮겨가는 경우가 많으므로 인력에 대한 계약도 꼭 해야 하며, 회사나 공장을 매각한 상대방이 일정기간 동안 동종업에 종사하지 못하게 하는 조건도 계약에 포함시킬 필요가 있다. 사실 계약서에 포함되어 있는 내용이라고 하더라도, 상대방이 계약을 준수하지 않는 경우가 비일비재하다고 한다. 그렇다고 해도 법에 하소연할 방법도 마땅하지 않다. 그러니 잘 모르는 상대방을 믿고 한꺼번에 대규모로 투자를 하는 것은 정말 위험하다. 점차로 거래규모를 늘려가면서 점진적인 투자를 하는 것이 더 안전하다.

    마지막으로 중국에 진출했거나 진출을 검토한 기업인들과 이야기하다가 들은 내용인데, 중국 기업에서는 동시에 서너 개의 장부를 가지고 있는 경우가 많다고 한다. 공식적으로 재무제표에 나오는 장부는 겉치레뿐이라는 뜻이다. 중국 회사를 인수하기 위해 실사를 하다가 장부 내용과 현실이 맞지 않아서 철수하려고 하자 차례로 다른 장부를 꺼내는데, 최종적으로 3개의 서로 다른 장부를 봤다는 이야기도 들었다. 다른 사례에서는 실제로 회사를 인수해보니 장부상에 적힌 것의 1/3 정도는 가짜였다는 이야기도 있다. 이러니 서두르지 말고 철저하게 조사를 해 현실을 정확히 파악한 후 거래를 해야 할 것이다. 상대방이 서두르거나 거래를 재촉한다면 다 이유가 있는 법이다.

총 2편으로 구성된 Part 6은 딱딱한 경영 이야기에서 벗어나 잠시 쉬어가는 페이지다. 그동안 필자가 꾸준히 써와서 간직하고 있던 글들 중 몇 편을 이 기회에 소개한다. 생활 속에 벌어진 일이나 취미활동을 하면서 써놓은 글들이다. 바쁜 삶 속에서 가끔은 이런 여유를 가질 수 있는 시간이 그리울 때가 있다.

Part 6

회계학 카페

_ 쉬어가는 페이지

엔니오 모리코네와 〈미션〉, 그리고 '넬라 판타지아'

20여 년 전 한참 젊은 20대 초반의 대학생 시절, 1학년 초부터 3년간 사귀었던 첫사랑이 있었다. 그녀와 만난 첫 해인 1986년에 같이 보러간 영화가 〈킬링 필드Killing Field〉를 감독했던 롤랑 조페Roland Joffe가 만든 〈미션Mission, 선교〉이었다. 영화가 끝난 후 그녀는 나에게 〈미션〉의 영화음악이 담긴 카세트테이프를 선물했다. 필자가 교수가 되겠다며 열심히 도서관에 앉아서 공부를 시작하던 대학 3학년 때 우리는 헤어졌다. 공부하느라 바쁘다보니 신경을 잘 쓸 만큼 여유가 없어서였을까.

  헤어진 후에도 그녀가 나에게 선물로 준 〈미션〉 영화음악 테이프를 가끔씩 들을 기회가 있었다. 영혼을 순화시키는 아름다운 음악을 들으면 음악이 흐르던 영화 속의 장면과 영화를 볼 때 느꼈던 그 감동이 다시금 떠오른다. 거대한 이구아수 폭포의 모습에서 떠오르는 대자연의 경이스러움. 그 자연 속에서 벌어지는 인간의 추악한 모습들…. 신은 이 아름다운 자연을 창조한 후 자신을 닮은 모습으로 인간을 창조했다건만, 우리 인간들은 어떻게 해서 이처럼 아름답지 못한 모습으로 자연을 더럽히면서 세상을 살아가는지 안타깝다. 지금은 다 잊어버렸지만, 그 당시에는 음악을 들으면서 그녀 생각도 좀 했던 것 같다.

영화는 남아메리카의 어느 밀림 속에 사는 원주민 과라니족 사람들의 모습과 함께 시작한다. 그들을 선교하기 위해 파견된 가브리엘제레미 아이언스 신부는 원주민들과 함께 평화로운 공동체를 건설한다. 전직 노예상인 출신의 회개한 죄인 로드리고 멘도자로버트 드니로 신부도 이에 동참한다.

그러던 중 스페인과 포르투갈의 협약에 따라 과라니족이 사는 지역은 스페인의 영토에서 포르투갈의 영토로 넘어가게 된다. 노예를 인정하지 않는 스페인과 달리 포르투갈은 노예를 인정할 뿐만 아니라 많은 원주민들을 잡아 노예로 팔아 넘기고 있었다. 이 공동체에도 곧 노예상인들이 습격해올 것이다. 해당 지역을 관할하는 주교는 이들에게 스페인 식민지 지역으로 돌아오라고 명령하지만, 두 신부는 가족과 같은 과라니족과 함께 남기로 결정한다. 그리고 갈등한다.

사랑을 가르치면서 평화의 마을을 개척해온 가브리엘 신부는 노예상인들도 용서하자며 기도와 무저항을 선택하고, 멘도자 신부는 평화를 위협하는 자들에게는 사랑이 아니라 싸워야 한다며 나선다. 멘도자 신부는 포르투갈 군과 싸우기 위해 전사들을 이끌고 떠나기에 앞서 가

영화 〈미션〉 롤랑 조페 감독의 작품으로 제39회 칸느영화제 황금종려상과 1986년 아카데미 촬영상을 수상했다. 1986년에 개봉한 이후 2008년에 재개봉했다.

브리엘 신부에게 축복을 부탁한다. 그러자 가브리엘 신부는 다음과 같이 말한다.

"아니요. 만약 그대의 의견이 옳다면 신의 축복이 필요 없을 것이요. 그 반대로 그대의 의견이 틀렸다면 내 축복은 아무 소용이 없는 일일 것이요. 만약 그대의 의견처럼 무력을 사용하는 것이 옳다면, 이 세상의 어느 곳에도 사랑이 설 곳이 없을 것입니다. 그럴지도 모르지요. 그러나 만약 그렇다면 나는 사랑이 없는 세상에서 살아갈 힘이 없소. 로드리고, 난 당신을 축복할 수 없어요."

마을 사람들도 이 두 신부의 의견을 따르는 사람들로 갈라진다. 그리고 결국은 모두 죽거나 포로가 되어 노예로 팔려 가게 된다. 서로 다른 길을 택한 두 신부도 물론 안타까운 죽음을 맞이한다. 십자가에 못 박혀서 폭포에서 떨어져 죽는 모습은 비장했다.

1750년경에 일어난 실화를 바탕으로 만든 이 영화는 많은 것을 생각하게 해준다. 이 영화는 단순한 종교영화가 아니다. 무조건적인 사랑이 옳은지, 힘에는 힘으로 저항하는 것이 옳은지 이 영화는 나에게 진지한 고민의 시간을 가져다주었다. 그래서 더욱 긴 여운이 남는 것 같다.

　가브리엘 신부의 모습은 마치 권력과 힘에 맞서서 평화를 외쳤던 간디의 모습을 떠오르게 한다. 1982년 영화 〈간디〉에서, 간디로 분한 벤 킹슬리가 "절망을 느낄 때 나는 기억한다. 역사를 돌아보면 항상 진실과 사랑이 승리해왔다는 것을. 독재자나 살인자가 있었고, 그들이 세상을 지배하는 것처럼 보일 때도 있었지만 결국은 무너졌다는 것을. 언제나 이것을 명심하라"라고 이야기하는 것을 들으면서 간디의 무한한 사랑에 존경하는 마음이 샘솟았다. 그리고 결국은 사랑이 이긴다고 생각했다. 역시 인도에서 자신의 모든 것을 바쳐 가난한 이웃을 위해 헌신한 마더 데레사 수녀님의 일대기를 생각하면서도 사랑을 생각했다.

　그러나 그 반대로 앙코르와트의 고장 캄보디아에서 벌어졌던 참혹한 살육의 현장인 킬링 필드를 직접 방문했을 때에는 사랑이 아니라 무한한 분노를 느끼며 절망했다. 자신의 이념을 위해 전 국민의 1/4 가량을 가장 잔인한 방법으로 학살한 살인자에게 눈꼽만큼의 사랑이나 용서하고 싶은 마음을 느낄 수가 없었다. '신이여, 천벌을 내리소서!'가 이때의 내 마음이었다. 이때 내 마음은 아마 멘도자 신부의 마음과 같았을 것이다.

'가브리엘의 오보에'의 여운

이처럼 〈미션〉이라는 영화는 나에게 많은 숙제를 주었다. 단순한 종교영화였다면 이 영화가 불후의 명작으로 사람들의 마음속에 깊이 남아 있지 않았을 것이다. 그리고 영화 속의 마지막 장면과 함께 항상 떠오르는 것이 바로 엔니오 모리코네Ennio Morricone가 작곡한 주옥 같은 영화음악이다. '가브리엘의 오보에Gabriel's oboe'라고 부르는 주제음악을 들으면, 고요하고 슬픈 소리가 나의 마음을 휘감아온다. 거친 밀림과 배고픔, 고된 여행으로 지친 상태에서 두려움에 떨고 있는 가브리엘이 바위 틈에 걸터앉아 꺼내 부는 청아한 오보에 소리는 모든 것을 말해준다. 어떻게 이렇게 음악 한 소절이 백마디 말보다도 많은 내용을 전달해줄 수 있는지 신비롭기만 하다.

가브리엘 신부가 부는 아름답고 구슬픈 오보에 소리가 밀림 속에서 울려 퍼지면서, 가브리엘 신부를 죽이려고 활 시위를 치켜들던 원주민들이 이를 감상하다가 하나둘 모여드는 모습에서 죽음을 이긴 평화의 승리와 사랑의 힘을 연상하게 된다. 가장 아름다운 영화음악은 영화를 압도하는 것이 아니라 영화의 줄거리를 가장 잘 살려주는 음악이라고 하는데, 바로 이 음악이 그렇다.

엔니오 모리코네는 1928년 로마에서 태어났다. 1960년대 마카로니 웨스턴이라고 부르던, 이탈리아에서 만든 세르지노 레오네 감독의 서부영화 〈황야의 무법자〉의 영화음악을 작곡하면서 세상에 명성을 알렸다. 휘파람 소리가 멋졌던 이 음악은 1970년대와 1980년대 중고교

시절 남학생들이 학교에서 영화 주인공 클린트 이스트우드의 멋진 총잡이 폼을 흉내 내면서 휘파람을 따라 불고는 했다. 영화의 이름을 모르는 사람들도 음악 자체는 많이 들어봤을 것이다.

엔니오 모리코네는 그 외에도 〈시네마 천국〉, 〈시티 오브 조이〉, 〈러브 어페어〉, 〈원스 어펀 어 타임 인 아메리카〉 등의 영화에서 여러 주옥 같은 명곡들을 작곡했다. 현대 작곡가 중 최고로 칭송받는 그가 그의 작품들 중에서 개인적으로 가장 좋아하는 작품이 바로 〈미션〉의 음악들이라고 한다.

이 〈미션〉의 대표곡 '가브리엘의 오보에'에 가사를 붙여서 사라 브라이트만Sarah Brightman이 부른 곡이 바로 '넬라 판타지아Nella Fantasia, 내 환상 속으로'다. 한국에서는 잘 알려지지 않았으나, 2010년 KBS 프로그램 〈남자의 자격〉에서 이경규 등이 참여한 아마추어 합창단이 박칼린의 지휘로 불러 갑자기 유명해진 노래다. '가브리엘의 오보에'의 아름다운 선율에 반한 사라 브라이트만이 엔니오 모리코네에게 수차례에 걸쳐 편지를 보내 간청해, 가사를 붙일 것을 허락받았다고 한다. 키아라 페르라우라는 사람이 작사를 해서, 1998년 사라 브라이트만의 싱글 앨범 〈에덴Eden〉(실제 영어 발음은 '이든'이지만 한국에서는 모두 다 에덴으로 읽는다)에 처음 수록되어 세상에 알려지게 되었다.

내 환상 속에서 모두들
정직하고 평화롭게 사는 세상을 봅니다.
나는 떠다니는 구름처럼

항상 자유로운 영혼을 꿈꿉니다.
깊은 내면까지 박애로 충만한 영혼을

내 환상 속에서 밤조차도
어둡지 않는 빛나는 세계를 봅니다.
나는 떠다니는 구름처럼
항상 자유로운 영혼을 꿈꿉니다.
깊은 내면까지 박애로 충만한 영혼을

환상 속에서 좋은 친구처럼
편안하고 따뜻한 바람이 불어옵니다.
나는 떠다니는 구름처럼
항상 자유로운 영혼을 꿈꿉니다.
깊은 내면까지 박애로 충만한 영혼을

이처럼 가사 또한 주옥같이 아름답다. 아마 엔니오 모리코네는 이 아름다운 음악에 어울리지 않는 가사가 붙어 선율과 영화를 욕되게 할까 봐 이 곡에 가사를 붙이는 것을 싫어하지 않았을까? 사라 브라이트만의 목소리조차도 마치 새소리가 지저귀는 것처럼 아름답고 서정적이다. 배경에 깔리는 오보에의 은은한 선율과 잘 조화를 이룬다. 그렇다고 하더라도 사람들이 이 음악의 배경인 〈미션〉을 잊어버리면서 '넬라 판타지아'만 알게 되지 않을까 하는 서운한 생각도 든다. 그 배경에 숨겨진 스토리를 모른다면 음악을 듣고 느끼는 감동이 반으로 줄어들기 때문이다.

〈남자의 자격〉 '하모니' 편

〈남자의 자격〉 '하모니' 편을 보게 된 것은 아내가 재미있다고 적극적으로 권해서였다. 합창대회에 출전한다면서 지원자들을 모아 오디션을 하는 것부터 시작해서, 마지막 거제도에서 열린 합창대회의 무대 단상에 오르는 모습까지 모두 본 방송이 끝난 후 인터넷을 통해 보았다. 이경규, 김국진, 김태원 등 나이가 지극히 든 40~50대 출연자들과 몇몇 젊은 출연자들이 어떤 미션임무을 달성하기 위해서 노력하는 것이 〈남자의 자격〉의 주제다. 과장하지도 않고, 허식을 부리지도 않는다. 그냥 자연스러운 일상생활에서 행동하는 모습을 보이는 것이다.

'하모니' 편은 합창대회에 합창단을 조직해서 출전하는 것이 미션이었다. 방송국 주변에 있는 노래를 좋아하는 여러 사람들이 모여 같이 땀 흘리면서 연습을 한다. 그 사이에 경쟁도 벌이지만, 서로 잘 모르는 사람들이 노래와 함께 점점 마음을 열고 소통해간다.

다른 참가자들은 노래를 좋아하는 사람들이고 어느 정도는 음악에 조예가 있는 사람들이었지만, 프로그램의 미션으로 참가한 〈남자의 자격〉 출연자들은 악보를 보고 읽지도 못하는 초보자가 다수였다. 나이에 맞지 않는 어려운 율동 때문에 쩔쩔매는 음치 및 박치 이경규나

〈남자의 자격〉 합창단 〈남자의 자격〉의 미션인 거제도 합창대회에 참가하기 위해 지원자를 받고 오디션을 보고 다 함께 도와가며 연습을 한 끝에 제대로 된 합창단의 모습으로 대회에 섰다.

김태원도, 고된 연습에 바닥난 체력으로 비틀거리는 이윤석도 그 모습 그대로 화면에 나온다. 아무리 힘들어도 모두 다 열심히 하고 싶은 일을 하기 위해 노력한다. 자신의 본 모습을 숨기고, 환상적인 모습의 선남선녀처럼 화면에 가면을 쓰고 등장하는 것이 아니다.

그리고 마침내 미션을 완수한다. 초보자들이 모여서 불과 두 달의 기간 동안 연습을 하고 합창대회에 출전하는 것, 대회에서 몇 등을 하는지는 관심의 대상이 아니다. 미션은 대회에 출전하는 것이었고, 합창이 무엇인지도 제대로 모르는(이건 필자도 똑같다) 오합지졸들이 모여서 하나가 되어 기적과 같은 미션을 달성한 것이다.

이 〈남자의 자격〉 '하모니' 편은 한국 사회에 상당한 반향을 불러일으켰다. 쉬운 말로 대박이 난 것이다. 아무런 자극적인 내용 없이, 단지 사람들이 모여 노래연습을 하고 대회에 출전하는 것만으로 대박이 난 것이다. 왜 그럴까? 단원들은 MT를 가서 모두 한마음이 되어 무려 밤 12시까지 박칼린의 무서운 지휘하에 연습에 열중한다. 그런 과정을 거쳐 출전한 대회를 마치고 모두 눈물을 흘린다. 이것이 인간이 살아가는 모습이다. 인간이 살아가는 모습과 목표를 달성하기 위해 열심히 노력하는 과정의 따뜻한 스토리가 담겨 있기 때문에, 자극적인 내용이 없더라도 시청자들이 열광하는 것이다. 억지로 짜낸 과장스러운 몸짓이 아니라 꾸밈없는 진실이 담겨 있어서 전 국민이 감동한 것이다. 최선을 다해 도전해 자신의 한계까지 가보는 것이 바로 시청자들을 감동시켰던 것이다. 엄청난 돈을 쓰고, 유명한 배우가 나온다고 해서 프로그램이 성공하는 것은 절대 아니다.

폴 포츠의 〈One Chance〉

폴 포츠Paul Potts라는 영국의 성악가가 있다. 2007년까지 작은 휴대전화 가게에서 외판원을 하던 사람이다. 그가 찢어진 낡은 양복을 입고 〈브리튼스 갓 탤런트Britain's Got Talent〉라는 영국 프로그램의 무대에 섰을 때, 심사위원들이나 관객들은 아무도 그에게 기대를 하지 않았다. 키 작고 뚱뚱하고 못생긴 얼굴에 자신없는 태도, 수많은 병치레로 허약하고 보잘 것 없는 모습이었다. 그러나 그가 푸치니의 오페라 〈투란도트〉 중 아리아 '공주는 잠 못 이루고Nessun Dorma'를 부르기 시작하자 청중들은 모두들 감동해서 기립박수를 보내게 된다. 그는 그가 가진 단 한번의 기회one chance에서 멋지게 성공한 것이다. 그가 노래를 부르는 모습은 유튜브를 통해 전 세계로 퍼지고, 그는 바로 스타가 되었다. 그가 취입한 음반의 이름이 바로 단 한 번의 기회one chance다. 이 짧은 두 단어가 그에 대한 모든 스토리를 함축하고 있다. 폴 포츠의 음반 〈One Chance〉에도 '넬라 판타지아'가 담겨 있다.

필자는 유명한 성악가나 비평가들이 폴 포츠의 음악성은 수준미달이라고 비판하는 것을 언론을 통해 몇 차례 접할 수 있었다. 물론 전문가들이 보기에는 그의 음악성이 부족할 수도 있을 것이다. 그러나 필자를 포함한 대중은 그런 것에 상관하지 않는다. 꿈을 실천하기 위해 어려운 형편 속에서도 열심히 노력하고, 마침내 그 꿈을 실현하는 스토리에 사람들은 감동한다. 〈남자의 자격〉 '하모니' 편에서 이종격투기 선수 서두원이 합창대회를 마치고 울면서 이야기한 것처럼 "노래하는 것이 평생 꿈이었다. 평생 한 번도 못해보고 죽을 수도 있었는데 이제 꿈을 이루었다"는 말도 이와 똑같다. 노력하는 인간의 휴먼 스토리가 위대한 음악성보다 더 아름다운 것이다.

〈남자의 자격〉 합창단도 마찬가지다. 전문가들이 보기에는 〈남자의 자격〉 합창단은 아마추어 수준일 것이다. 합창대회에서 장려상을 수상했지만, 그 상은 합창단의 유명세 때문에 일부러 준 것일 수도 있다. 그렇지만 그런 상은 인간 드라마와 아무런 상관이 없다. 음악을 넘어서는 하모니와 인간 드라마에 바로 사람들이 감격하는 것이다.

진실된 노력은 아름답다. 꿈을 담은, 진실을 담은 노력이 있다면 결과는 중요하지 않다. 그 과정 자체가 바로 휴먼 스토리이며, 그 아름다운 휴먼 스토리에 사람들은 눈물 흘리며 감동하는 것이다. 합창단 단원들도 스스로의 노력이 담긴 결실에 감동해, 합창을 마치고 대기실로 돌아가서 모두 흐느껴 운 것이다. 시간이 지나면 아마 합창단이 불렀던 '넬라 판타지아' 노래는 잊혀질 것이다. 그러나 〈남자의 자격〉 합창단의 어울림과 눈물, 그리고 꿈을 달성하기 위한 노력은 쉽게 잊혀지지 않을 것이다.

여러분, 사랑합니다!

다시 엔니오 모리코네의 음악으로 되돌아가보자. 그의 음악은 주옥같이 아름답다. 영화 〈원스 어펀 어 타임 인 아메리카〉의 음악도 아름답고, 영화 〈러브 어페어〉의 피아노 선율도 서정적이다. 그 중에서도 내가 특히 사랑하는 음악은 1989년 개봉했던 쥬세페 토르나토레 감독이 연출한 〈시네마 천국〉의 음악이다.

시칠리아의 작은 마을에서 토토는 어릴 때부터 영화관 기사 알프레도와 우정을 나누면서 자란다. 시골 성당과 영화관이 그의 삶의 터전이었다. 그러면서 귀여운 토토도 점점 자란다. 사랑의 열병을 앓았지만 첫사랑은 떠나가고 만다. 고향을 떠나 영화감독으로 성공한 중년이 된 토토가 알프레도의 장례식에 참석하기 위해 고향으로 돌아온다. 추억을 담은 영화관이 철거되는 모습을 보며 토토를 비롯한 마을의 중년층은 회상에 잠기지만, 마을의 젊은이들에게는 한낱 재미있는 구경거리일 뿐이다. 중년이 되어 다시 만난 첫사랑의 연인도 이제는 아득하기만 하다. 토토는 알프레도가 마지막으로 그에게 남긴 선물을 들고 로마로 돌아온다. 그 선물은 필름이었다. 필름을 돌려보니, 어렸을 때 영화가 상영되기 직전 성당의 신부가 검열을 하고 잘라버린 배우들의 키스하는 장면들이 연결되어 있다. 토토는 그 장면을 보면서 눈물을 흘리며 회상에 잠긴다.

이 장면에서 흐르는 잔잔한 음악이 바로 엔니오 모리코네의 작품이다. 이 음악을 들으면, 눈물을 흘리며 회상에 잠기는 주인공의 모습이 눈에 선하다. 토토의 어린 시절, 꼬마인 모습에서 성장하는 사춘기의 모습까지 모두가 주마등처럼 머리를 스쳐간다. 추억은 아름다워라. 그리고 추억은 나를 울린다. 마지막의 긴 여운…. 마치 수십 년이 된 낡은 일기장을 꺼내 읽는 듯하다. 딱지치기, 구슬치기, 자치기를 하며 놀던 생각, 여름이면 개천에서 훌훌 옷을 벗고 물장구 치며 목욕하고 원두막에 앉아 서리한 수박을 나누어 먹던 옛 친구들, 썰매를 타다가 얼음이 꺼져 논에 빠졌던 일, 어쩌다 읍내에 나가 자장면 한 그릇이라도 먹게 되면 세상에서 제일 행복해하던 나…. 그때는 잘 몰랐던 아름다운 모습들을 이제야 깨닫는 듯한 느낌이다. 그래, 나에게도 그렇게 순수했던 시절이 있었지. 〈시네마 천국〉은 세파에 시달리면서 타락한 나를 정화시켜주는 아름다운 영혼을 가진 영화다.

갑자기 가슴이 뭉클해진다. 박칼린이 합창단원들에게 남긴 말처럼 모두에게 '사랑합니다' 라고 말하고 싶어진다. 가브리엘 신부가 꿈꾸던 것처럼 역시 세상은 사랑이 넘치는 곳인가 보다. '꽃의 향기는 10미터를 가고, 술의 향기는 100미터를 가지만, 사람의 향기는 끝도 없이 퍼진다' 고 한다. 나도 좀더 순수하고, 좀더 향기를 풍길 수 있는 사람이 되어야 하겠다.

▶▶▶▶

'최후의 만찬',
그 위대한 예술의 이해

▶▶▶▶

드디어 앞을 가로막고 있던 유리문이 열렸다. 약 20여 명 정도의 사람이 안으로 들어서니, 오른편에 수도원의 정원이 보였고, 왼편에 또 하나의 문이 있었다. 이곳에서 다시 잠시 기다리니 한 아가씨가 건물의 안쪽에서 왼편 문을 열어주었다. 건물 안쪽은 어두침침한 분위기였다. 문을 들어서자 전체 크기가 약 50평 정도 되는 방이 위치하고 있었는데, 레오나르도 다 빈치의 걸작 '최후의 만찬'은 바로 그 방의 서쪽 벽 상단 전체를 차지하고 있었다. 그림을 비추는 희미한 조명을 받으며, '최후의 만찬'은 그 찬란한 광채를 비추며 나에게 그렇게 다가왔다.

사실 대부분의 사람들은 이 그림을 그냥 언뜻 보게 되면 기대와는 달리 크게 실망한다고 한다. 쳐다보기만 해도 사람들을 압도하는 미켈란젤로의 조각 작품들과는 달리, 다 빈치의 그림들은 자세히 쳐다보면서 그 의미를 이해하지 못하면 그림의 가치를 느낄 수 없다. '최후의 만찬'이 그렇게 유명한 이유는 바로 그림이 지니고 있는 깊은 생각과 여러 의미들 때문이다. 그림의 의미를 자세히 알게 된다면, 어떻게 이 조그마한 그림에 그렇게 많은 의미들이 포함되어 있을까 하는 생각이 자연적으로 들게 된다. 이점이 바로 다른 화가들의 작품과 다 빈치의 작품이 다른 이유다. 다 빈치는 그림을 그리기 위해 수십 일에서 몇 달 동안 고민을 하면서 구상한 후, 비로소 그림을 그리기 시작했다고 한다. 그래서 일부분을 그린 후 다시 수십 일 동안 고민하기를 반복했으니, '최후의 만찬'을 완성하기까지 무려 5년(1494~1498년)의 시간이 걸렸다.

  방에 들어서서 그림의 존재를 인식하자마자, 나는 그림쪽으로 바짝 다가서서 가로 880cm, 세로 460cm의 그림을 올려다보았다. 1978년부터 1999년까지 막대한 자금을 들여 하루에 1cm²씩 그림을 새로 원래 색채에 가깝게 복원했다고 한다. 그림은 듣던 대로 많이 상해 있어서, 물감들이 떨어진 자리가 쉽게 눈에 들어왔다. 이 그림보다 더 오래된 그림들은 깨끗하게 보존되어 있는데 이 그림의 보존상태가 이렇게 안 좋은 이유는, 다 빈치가 이 그림을 기름에 물감을 섞어서 그리는(oil painting) 방법을 사용한 것이 아니라 당시로서는 새롭게 시도된 방법이었던 물감을 계란 흰자에 섞어서 그리는 방법(tempera)을 사용했기 때문이라고 한다. 이 방법은 보존성에 문제가 있어서, 수세기에 걸쳐서 여러 유·무명의 화가들이 원래 그림 위에 덧칠을 했다고 한다. 복원작업은 지난 500년 동안의 묵은 때와 함께, 이렇게 덧칠한 부분들을 지우고 원래의 색채를 살리는 데 초점을 맞췄다고 한다.

예수, 요한, 베드로, 그리고 유다

그림에는 모두 13명의 사람이 등장하며, 좌우 양편에 6명의 사도를 거느린 예수가 중앙에 위치하고 있다. 그는 지금 막 "너희 중 하나가 나를 배반할 것이다"라고 말을 한 순간이다. 그리고 그는 조용히 슬프면서도 침착한 표정으로 아래를 쳐다보고 있다. 마치 "아버님의 뜻대로 하소서"라고 말하는 듯한 표정이다.

   예수의 바로 왼편에 위치한 3명의 제자들을 보자. 왼편 첫 번째 제자는 여자로 헷갈릴 정도로 아름다운 모습을 하고있는 미남자다. 이 제자는 요한으로, 그의 침착하고 조용한 성격을 나타낸다. 요한은 예수의 이야기를 듣고, 고개를 서서히 돌리고 있다. 침착한 그는 큰 감정의 변화를 행동으로 보이기보다는 조용히 고개를 돌리며 슬픈 표정으로 고개를 숙인다. 예수의 말에 순종하면서, 다가오는 예수의 운명을 받아들이는 것이다. 요한의 얼굴 바로 옆에 있는, 한손으로는 요한을 뒤로 밀치며 예수쪽으로 다가서려는 사람은 베드로다. 아직 테이블 위에 놓여 있는 그의 왼손을 자세히 보면 칼을 들고 있으며, 그 앞에는 소금병이 넘어져 있다. 이 장면은 칼로 빵을 자르고 있던 성질 급한 베드로가 예수의 말을 듣자마자 "예수님, 그 작자가 도대체 누구

레오나르도 다 빈치의 '최후의 만찬' 산타 마리아 델레 그라치 수도원의 식당 벽면에 그려진 벽화로 레오나르도 다 빈치가 밀라노에 거주하던 마지막 무렵인 1494년에서 1498년 사이에 제작되었다.

입니까?' 하면서 벌떡 일어나는 모습이다. 그는 유다를 앞으로, 요한을 뒤로 밀치며 예수에게 다가가려고 한다. 칼을 든 베드로의 손은, 베드로가 나중에 예수를 잡으려는 군인의 귀를 칼로 자르는 모습을 연상하게 한다. 베드로 때문에 앞으로 밀쳐진 유다는 예수의 말을 듣자마자 깜짝 놀라며 흠칫하고 있다. '아니, 예수가 그걸 어떻게 알았지?' 하고 속으로 생각하는 모습이 눈에 선하다.

사실 당대에 그려진 다른 '최후의 만찬' 그림들에서는('최후의 만찬'은 흔하게 그려진 소재였다) 대부분 유다는 다른 11사도와 같이 앉아 있지 않는다. 예를 들어 기를란다요Ghirlandaio가 1480년에 그린 그림을 보면, 예수는 11명의 사도와 같이 앞을 보며 앉아 있고, 유다는 식탁의 반대편에 혼자서 등을 보이면서 앉아 있다.

이러한 그림들은 중세 당시 귀족들의 사치스럽고 방탕한 생활을 정당화시켜주는 논리로 개발되었던 '예정설'에 바탕을 두고 있다고 한다. 즉 유다는 처음부터 다른 11명의 사도들과는 다르게 예수를 배반하기로 예정되어 있던 사람이라는 뜻이다. 예정설은 귀족으로 태어나 사치스럽게 사는 것은, 또는 평민으로 태어나 어렵게 사는 것은 신이 이미 그렇게 살아갈 운명으로 정해준 것이기 때문이라는 논리다.

즉 평민이 귀족의 생활을 질투하거나 귀족에게 저항하는 것은 신의 선택을 거역하는 것이 된다. 중세 후기에 접어들어 상업의 발달과 함께 신분제가 점차 약화되자, 이 논리는 '구원받을 사람은 미리 예정되어 있다'거나 '돈을 더 많이 버는 것은 신이 당신을 더욱 사랑한다는 증거'라는 논리로 변화해, '신분'이 아니라 '부'를 정당화하는 논리로 변한다. 이러한 논리는 아직도 우리 주변의 종교들에서 쉽게 볼 수 있다. 왜 이러한 예정설을 반영한 그림들이 많았느냐 하면, 당시 그림들은 대부분 귀족들이 화가들에게 요청해 그린 것이기 때문이다. 따라서 귀족들의 사고방식을 반영할 수밖에 없었다.

그러나 다 빈치는 이런 예정설을 거부하고, 유다를 다른 제자들과 같은 자리에 배치했다. 이 독특한 변화는 유다도 다른 제자들과 같이 자유의지free will를 가진 사람이며, 자신의 자유의지에 따라 예수를 배반한다는 의미다. '부자나 빈자, 평민이나 귀족 모두 자유의지가 있으며, 이 자유의지에 따라서 선이나 악을 행한다. 따라서 한 개인이 구원을 받는 것은 그 개인이 어떤 행위를 했는지에 따라서 결정되는 것이지, 그 개인의 신분이나 빈부의 차이로 결정되는 것이 아니다'라는 것이 이 그림이 그려진 성 도미니코Dominican 수도원의 중심 가르침이라고 한다. 이러한 깊은 의미를 다 빈치는 유다의 위치를 통해서 나타내고 있다.

더군다나 유다의 위치가 가장 핵심제자라고 할 수 있는 요한과 베드로의 옆자리다. 유다가 나중에 예수를 배반하므로 예수의 사후에 쓰인 복음서들은 유다를 비판하고 있지만, 유다가 실제로 모임의 회계를 담당하고 있었다는 사실에 비춰보면 12사도 중에서 차지하고 있던 유다의 위치가 그렇게 미약하지는 않았을 것이라고 추측할 수 있다(필자가 회계학 교수라서 하는 이야기는 아니다). 즉 유다는 사도들 중 베드로와 요한과 어깨를 나란히, 그림에 같이 등장할 수 있을 만큼의 중요한 인물이었을 가능성이 높다. 이 얼마나 심오한 위치선정인가? 더군다나 유다는 베드로 때문에 앞으로 떠밀려지면서도 왼손으로 돈주머니를 꼭 쥐고 있다. 그의 돈에 대한 집착을 나타내는 것이리라. 또는 예수를 팔아넘기고야 말겠다는 그의 굳은 결심을 나타내는 것일 수도 있다.

'최후의 만찬'에 등장하는 인물들의 속삭임

이제 예수의 오른편에 위치한 3명의 제자들을 보자. 둘째 손가락을 치켜들고 있는 첫 번째 제자는 토마. 이 모습은 예수의 이야기를 듣고, "예수님, 그게 도대체 누구죠?" 하고 손가락을 가리키는 모습이다. 또한 이 모습은 토마가 나중에 예수의 부활 이야기를 다른 제자들에게 전해들은 후 "예수님의 못자국에 내 손가락을 넣어보기 전에는 예수님이 부활했다는 것을 믿을 수 없다"고 말하던 모습을 떠올리게 한다. 그 옆에서 팔을 양 옆으로 펴서 깜짝 놀란 몸짓을 취하는 제자는 큰 야고보다. 또 그 오른편에서 손으로 자기자신을 가리키면서 "예수님, 그게 저는 아니죠?" 하고 말하고 있는 사람은 필립보다. 이렇게 3명의 제자가 한 무리를 이루고 있다.

이제 그 오른편, 예수로부터 가장 오른쪽에 떨어져 있는 3명의 제자 무리를 보자. 예수가 한 이야기가 예수에게서 멀리 떨어진 이 세 사람에게는 잘 전달되지 않는다. 예수를 양손으로 가리키면서 고개를 오른편으로 돌리고 있는 마태오는 "예수님께서 지금 뭐라고 하셨지?" 하고 이야기하는 듯하다. 마태오는 상류계층 출신이기 때문에, 그는 다른 제자들과 구별되는 고급의복을 입고 있다. 그다음에 서 있는 다태오 역시 예수의 말을 이해하지 못하고 시몬을 보면서 궁금해하고 있다. 가장 오른편에 위치한 시몬은 양손을 꺼내 손바닥을 펴보이고 있다. "나도 모르겠는데" 라고 말하면서….

그림의 가장 왼편에 위치한 세 사람을 보자. 가장 왼편에 있는 바톨로메오는 어리둥절해하고 있다. 그도 역시 예수의 말을 잘 듣지 못한 것이다. 그 옆에 있는 작은 야고보는 손을 뻗쳐서 베드로를 잡으려고 한다. "베드로, 지금 예수님이 뭐라고 말씀하셨지?" 하고 물으려는 동작이다. 그리고 그 오른편에 위치한 안드레아는 양손을 수직으로 들어 손바닥을 우리에게 보여주고 있다. 깜짝 놀라는 모습이다.

이처럼 '최후의 만찬'은 이 순간의 모습을 참으로 극적으로 묘사하고 있다. 이래서 바로 다 빈치의 이 작품이 걸작 중 걸작으로 칭송받고 있는 것이다.

정신없이 바로 앞에서 그림을 올려다보고 있던 나는 이제 조금 정신을 차리고 약 10m 가량 뒤로 물러서서 그림을 바라보았다. 이렇게 물러서 있으니, 그림의 전체적인 윤곽이 더 눈에 쉽게 들어온다. 예수의 제자들은 3명씩 쌍을 이루어 원구도로 자리를 잡고있고(총 4개의 원이 됨), 예수는 그 가운데에 삼각구도로 위치한다. 예수는 빨간색과 파란색의 원색을 사용해서 밝게 튀어나 보이며, 사도들은 양 끝으로 갈수록 혼색을 사용해 어두워 보인다.

그림은 전체적으로 오른편 배경이 더 밝게, 왼편의 배경이 더 어둡게 그려져 있다. 이는 그림이 그려져 있는 방의 실제 모습을 나타낸다. 이 방은 수도원에서 식당으로 사용하던 곳인데, 그림은 서쪽면에 그려져 있고 남쪽에 위치한 좁은 창문으로만 빛이 들어왔다. 이 빛은 방의 북쪽면을 비췄으므로, 방은 전체적으로 오른편이 더 밝고 왼편이 더 어두운 상태였다. 즉 다 빈치는 이러한 실제 명암을 그림에 반영한 것이다(지금은 그림을 보존하기 위해 창문을 막았지만, 실제 태양빛이 창문을 통해 들어왔을 때 그림을 비추는 모습과 유사하도록 인공조명이 그림을 비추고 있다. 다 빈치가 사용한 빛을 이용해 그림에 입체감을 주는 방법은 많은 후세 화가들에게 영향을 주었다고 한다).

예수의 자리 밑에 있는 문은 원래 주방으로 통하던(지금은 막아버린) 문이 있던 곳이다. 12제자의 뒤와 천정은 원근법으로 처리해 공간감을 느끼게 해주며, 그 뒤로는 창문을 통해 밖의 모습이 보인다. 즉 이 그림은 마치 식당이 벽쪽으로 더 확장되어 있는 듯한, 식당이 더 커보이게 하는 역할도 하고 있다. 또 이 식당에서 식사를 하면서 멀리서 그림을 바라보면, 마치 저편에서 예수와 그의 제자들이 함께 식사를 하고 있다는 느낌이 들 수 있을 것이다.

예수를 팔아 부귀영화를 누리는 사람들

한 그룹에 할당된 약 15분의 시간은 이처럼 그림을 바라보는 동안 쏜살같이 흘러가버렸다. 아가씨가 빨리 나가라고 재촉을 한다. 뒤편의 문을 통해 나서니 기념품 판매점이 있다. 이곳에서 기념엽서 한 장과 설명이 포함된 다 빈치의 화보집을 샀다. 나는 호텔방에 돌아와서 그날 저녁, 그리고 다음날 아침에도 '최후의 만찬' 그림을 한없이 바라보면서 이런저런 생각에 잠겼다. 어떻게 이 그림 한 점에 그 수많은 의미를 포함할 수 있었을까? 생각하면 생각할수록 다 빈치의 위대한 천재성을 느끼게 된다.

사실 '최후의 만찬'은 다른 화가들도 많이 다룬 소재다. 오후에 방문한 밀라노에 있는 브레라 미술관Pinacoteca di Brera에서 나는 다른 3편의 '최후의 만찬' 그림을 발견할 수 있었다. 칼리아리의 '최후의 만찬'은 다 빈치의 최후의 만찬과는 전혀 다른 느낌이 있다. 십여 명의 남자들이 한데 엉겨서 왁자지껄 떠들면서 술에 취해 있는 듯한 풍경이다. 이는 그림을 그렸을 당시 시대의 떠들썩한 동네잔치의 모습을 보

루벤스의 '최후의 만찬' 유다는 다른 제자들과 확실히 구분되는 모습을 보여주고 있으며, 예수가 빵을 한 손에 들고 이야기하는 모습이 표현되어 있다.

여준다고 하는데, 그래서 신성모독이라고 비난을 받았다고 한다. 카도르의 그림에서 예수의 오른편에 위치한 어여쁜 모습의 요한은 예수의 이야기를 듣고 머리를 움켜쥐며 고민하고 있고, 베드로는 역시 예수의 이야기에 깜짝 놀라서 양 손바닥을 펴들고 있다. 그의 앞 테이블에는 빵과 칼이 놓여 있으니, 칼로 빵을 자르다 말고 손을 든 것이다. 이 그림은 다 빈치가 '최후의 만찬'을 그린 이후의 것이다. 아마도 다 빈치 그림의 영향을 상당히 많이 받았을 것이다.

이 그림보다 더 후대의 네델란드 화가 루벤스Rubens의 그림은 약간 다르다. 예수가 빵을 들고 하늘을 쳐다보면서 "이는 내 몸이다. 너희는 이것을 받아 먹으라" 하고 말하는 순간이다[성경을 읽어보면, 혹자가 주장하는 것처럼 '이는 내 몸을 상징한다(symbolize)'가 아니라 분명히 '이는 내 몸이다(This is my body)'로 표현되어 있다]. 예수 팔 밑의 테이블에는 포도주잔이 놓여 있다. 곧이어 예수는 이 잔을 들고 "이것은 너희를 위해 흘릴 내 피다. 너희는 이것을 받아 마셔라" 그리고 "너희는 나를 기념해 이 예식을 행해라" 하고 말할 것이다. 제자들은 모두 경외의 눈빛으로 예수를 쳐다보고 있지만, 오직 한 사람 유다만은 예수에게서 고개를 돌리고 우리를 쳐다본다. 무엇을 깊이 생각하면서, 그의 입은 마치 우리에게 '너도 똑같이 예수를 팔아 부귀영화를 얻을 생각을 하고있니?' 하고 묻는 듯하다(오늘날 우리 주변에는 이렇게 유다처럼 예수를 팔아 잘 먹고 잘사는 사람들이 너무 많다. 2000여 년 전 신권과 왕권이 일치하던 당시 사회의 일종의 세금이었던 십일조를 그렇게 강조하면서, 십일조로 걷은 돈의 1/3은 가난한 이웃을 위해 쓰라는 구절은 왜 한마디도 언급하지 않는 것일까?).

기적적으로 살아남은 인류의 문화유산

다 빈치는 평탄한 삶을 산 사람이 아니었다. 사생아로 태어난 그는 어린시절 제대로 교육다운 교육을 받지 못한 것으로 여겨진다. 즉 그는 대부분의 지식을 그의 천재적인 두뇌로 혼자 깨우친 것이다. 이러한 그의 미천한 신분과 그에 따른 부족한 예절 및 그의 고집 및 독불장군의 성격 때문에 그는 당시대의 귀족들에게서 천재로 대접은 받았지만, 마음속으로 사랑을 받은 사람은 아니었다(이 점은 미켈란젤로와도 유사하다). 그의 고집이 어느 정도였느냐 하면, 그림을 그리는 데 5년

산타 마리아 델레 그라치 수도원 (Santa Maria delle Grazie) 도미니코 수도회에 속한 로마 가톨릭교회의 성당이다. 북부 이탈리아의 밀라노에 위치했고 유네스코에서 세계문화유산으로 지정했다. 레오나르도 다 빈치의 '최후의 만찬' 그림으로 유명하다. 가장 왼쪽에 있는 건물이 '최후의 만찬'이 그려진 식당이다.

씩이나 걸리는 것을 이해하지 못하는 수도원 원장이 그림을 빨리 완성하라고 자꾸 독촉하자 화가 난 다 빈치는 유다의 얼굴로 수도원장의 모습을 그려넣겠다고 협박했다고 한다. 이에 수도원장의 기분이 어떠했을지 짐작할 수 있다.

'최후의 만찬'의 등장인물은 모두 밀라노 거리에서 만난 사람들의 모습을 그려넣었다고 한다. '다 빈치가 예수의 얼굴을 먼저 그려넣은 후 유다의 모습을 찾지 못했는데, 예수의 모델이 된 후 교만해져서 타락한 모델을 거리에서 다시 만난 후 그의 얼굴을 보고 다시 유다의 얼굴을 그려서 예수와 유다의 얼굴이 같다'는 이야기는, 후대의 누군가가 교훈적인 목적으로 지어낸 이야기일 뿐이다. 다만 맨 마지막으로 얼굴을 그린 사람이 유다, 그 직전에 그린 사람이 예수라는 이야기는 맞다.

나폴레옹 전쟁 시절에 프랑스군은 이곳을 마굿간으로 이용했는데, 말들의 발길질의 충격으로 그림이 일부 손상되었다. 제2차 세계대전

때는 연합군의 폭격으로 수도원 건물 절반이 무너졌으나 그림은 기적적으로 살아남았다. 그리해 500년이 지난 오늘까지도, 이 위대한 인류의 문화유산은 우리에게 남겨져서 빛을 발하고 있는 것이다(수도원의 수도사들은 그림을 보호하고자 흙 포대를 벽의 양 옆으로 쌓아올려놓았다고 한다. 이 흙 포대가 포탄의 충격을 흡수해, 다른 벽이 모두 무너졌지만 이 벽만은 살아남았다).

이번 밀라노 방문은 일 때문에 3박 4일 동안 오게 된 것이다. 그 중 하루 동안 바쁘게 관광을 하면서, 그 첫 번째로 보게 된 이 위대한 작품은 내 마음에 깊은 잔영을 남겼다. 다음날 저녁, 호텔방에 앉아서 그 감상을 잊기 전에 글로 남긴다고 시간 가는 줄 모르고 글을 쓰고 있으니 옆에서 처가 투정을 한다. "당신, 지금이 도대체 몇 시인 줄 알아? 도대체 몇 시간째 뭘 쓰고 있는 거야? 배가 고파 죽겠다. 그냥 나랑 말고 다 빈치랑 살아라. 살아." 이래서 나는 다시 현실로 돌아왔다. 정말 배가 몹시 고프다. 처에게 채근을 당하고 있지만, 마지막으로 몇 마디 덧붙일 말이 있다. 다 빈치는 생전에 "오! 주님! 주님은 우리가 노력이라는 대가만 치루면 무엇이든지 다 허락해주시는군요!"라는 말을 남겼다. 나는 과연 그에 합당한 노력을 하고 있을까? 노력은 없는 채로, 허락받은 일이 없다고 불평만 계속하고 있지는 않은가?

〈후기〉 종교에 대한 내용에는 민감한 분들이 많기 때문에 조금 부연 설명을 하겠습니다. 성경의 구절은 현대어로 알기 쉽게 번역한 것이며, 예수님 제자들의 이름도 라틴어 발음에 따라 번역한 것입니다.

숫자경영의 중요성

 1990년대 말 일본의 닛산 자동차는 큰 적자를 내고 거의 파산위기에 직면해 있었다. 이 당시 닛산 부활의 책임을 지고 닛산의 제휴사인 르노 자동차에서 닛산으로 파견된 사람이 카를로스 곤 사장이다. 곤 사장은 1999년 취임 직후 '닛산 리바이벌revival 플랜'을 발표했다. '영업이익률 4.5% 달성, 유이자 부채 50% 삭감, 신형차 22종 발매'라는 3가지 목표다. 그리고 그는 이 계획을 그대로 실천해 닛산을 부활시키는 데 성공했다. 이런 성공을 바탕으로 영전을 거듭한 곤 사장은 현재 르노 본사의 대표로 활약하고 있다.
 곤 사장은 비용 절감, 수익성 제고, 흑자 달성 등 애매한 이야기를 대단히 싫어한다. 그는 항상 구체적인 숫자로 표시된 목표를 제시하고 그 목표를 달성했는지를 점검한다. 곤 사장이 닛산의 부활 이후 언론에 인터뷰한 내용을 보면, 곤 사장은 경영목표를 숫자로 제시할 때

다음 3가지를 고려한다고 한다.

첫째, 숫자가 많아서는 안 된다. 많은 숫자를 제시하면 초점이 흐려진다. 앞에서 이야기한 것처럼 '영업이익률 4.5% 달성, 유이자 부채 50% 삭감, 신형차 22종 발매'라는 곤 사장이 제시한 목표에는 단 3가지의 숫자가 등장한다. 따라서 조직 구성원들이 3개의 숫자를 쉽게 암기하고, 집중할 수 있다.

둘째, 숫자에 의미가 담겨 있어야 한다. 그래야 사원들의 공감을 얻을 수 있다. 단순한 숫자가 아니라 '영업이익률, 유이자 부채, 신형차'라는 말은 구체적인 의미를 가지고 있다. 자동차 회사의 직원들이라면 이 말의 뜻이 무엇인지 누구나 잘 알 수 있다. 의미가 없는 숫자는 추상적인 구호에 불과하지만 의미가 있는 숫자라면 '내가 어떤 행동을 해야 저 목표를 달성할 수 있겠구나'라는 식으로 조직 구성원들에

▶▶▶▶

게 구체적으로 다가오는 것이다.

셋째, 목표치를 실제 예상치보다 약간 높게 책정한다. 그래야 좀더 열심히 노력해서 그 목표를 달성하겠다는 의욕이 생기는 법이다.

이런 숫자경영이 바로 망해가던 닛산을 부활시킨 비결이다. 이 계획이 모두 달성되자 곤 회장은 다음 계획을 제시했다. 앞으로 5년간 달성해야 할 3가지 목표로 '해외 자동차 판매량 100만 대 달성, 영업이익률 8% 달성, 유이자 부채 제로'를 말했다. 이를 요약해, '닛산 180계획'이라고 한다. 물론 곤 사장은 이런 2차 목표도 모두 달성했다.

가족이나 팀 같은 조그마한 조직은 숫자 없이도 얼마든지 관리할 수 있다. 그러나 조직이 커지면 리더가 모든 일을 다 알고 관리를 한다는 것은 거의 불가능하다. 더군다나 현대 기업처럼 직원이 수천 명 이상인 회사들에서 CEO나 몇몇 임원이 조직에서 일어나는 일을 모두 알고 있을 수가 없다. 그러므로 결국 몇몇 숫자에 의존해서 경영성과를 판단하고 의사결정을 내릴 수밖에 없다. 경영의 대가 피터 드러커가 "측정되지 않는 것은 관리되지 않는다"라고 한 이유가 바로 이 점 때문이다. 숫자를 통해 목표를 세우고, 역시 숫자를 통해 결과를 점검하며, 이에 따라 적정한 보상을 제공하는 것이 합리적인 경영방법이다.

이런 숫자경영은 기업경영에서 뿐만 아니라 우리 개개인의 생활에

▶▶▶▶

서도 필요하다. 필자는 학창시절부터 항상 구체적인 목표를 정하고 그 목표를 달성하기 위해 노력해왔다. 예를 들면 '열심히 공부하자' 나 '착하게 살자' 등의 추상적인 목표가 아니라, '이번 주에는 50시간 동안 학과공부 이외의 공부를 하자' 나 '이번 학기에는 소외이웃에 대한 사회봉사 활동을 최소한 2회 이상 하자', '3개월 동안 이 책을 다 공부하자' 등의 구체적인 목표다. 그리고 그 목표를 실제로 실천하기 위해 필자가 공부한 시간을 꼭 기록했다. 구체적인 목표를 세우고, 그 목표를 실천하기 위한 매주 학습분량을 계획했으며, 꾸준히 실천했는지 기록하고 점검해온 것이다. 그렇게 살아온 것이 필자가 오늘 이 자리에 서게 된 비결이 아닐까 한다.

  본 책에 포함된 여러 사례를 통해 독자들은 실제로 숫자가 기업경영이나 개인의 투자 의사결정 등에 얼마나 중요하게 사용되는지를 알 수 있었을 것이다. 독자들이 본서의 내용을 통해 이런 사례들을 공부함으로써, 장차 회사나 개인의 역량을 한 단계 업그레이드하는 데 도움이 될 수 있기를 바란다. 그 결과 한국이라는 조그마한 나라가 부강해지기를 바라며, 그 과정에서 조금이라도 기여하는 것이 필자의 작은 소망이다.

용어 해설 및 찾아보기

공매도(short selling 또는 short stock selling)
주식이나 채권을 가지고 있지 않은 상태에서 행사하는 매도(주식이나 채권을 판매하겠다는) 주문이다. 미래의 주가가 하락할 것이라고 예측한다면 공매도 주문을 낸 후 결제일이 돌아오는 3일 안에 주식을 하락한 가격에 시장에서 구입해 매입자에게 돌려주면 된다. 3일 이내에 주식의 소유자가 바뀌는 것이므로 짧은 시세차익을 노리는 단기투자의 경우에만 사용된다. 주가가 예측대로 하락한다면 시세차익을 올릴 수 있지만, 예상과는 달리 주가가 상승한다면 투자자가 손해를 볼 가능성이 높다. 즉 매우 위험한 투자행태로 투자보다는 투기에 가깝다고 할 수 있다.
p. 315, 352~355

공헌이익(contribution margin)
매출이나 수익에서 변동원가를 차감한 금액이다. 공헌이익이 고정원가를 넘어서야 회사가 이익을 기록할 수 있고, 그 반대면 손실을 기록하게 된다.
p. 91, 92

기초자산(underlying assets)
파생상품이나 옵션 계약의 거래대상이 되는 상품이다. 예를 들어 금의 가격이 변하는 것을 바탕으로 미래에 금을 특정 가격에 구입하는 옵션이 있다면, 이 옵션의 기초자산은 금이다. 주식·채권·곡물·주택 등 다양한 상품이 기초 자산이 될 수 있다.
p. 173

내부통제제도(internal control system)
기업 내부에서 부정과 비리를 방지하고 투명성을 향상시키기 위한 조직구조와 통제강화를 위한 여러 제도들의 통칭이다.
p. 163

대주거래(covered short selling)
공매도의 일종으로 타인의 주식을 빌려 매도하는 것을 말한다.
p. 353

데이트레이더(day trader)
기업의 내재가치가 아니라 주가의 움직임만을 보면서 매일매일(단기간) 자주 주식을 거래하는 투자자들을 말한다.
p. 333

디레버리지(deleverage)
부채를 상환해 보유하고 있는 부채의 양을 줄이는 것을 말한다. 부채를 상환하기 위해서는 현금이 필요하므로 현금의 양이 동시에 감소하기 때문에 자산과 부채가 동시에 감소하는 효과가 발생한다.
p. 45, 177

매몰원가(sunk cost)
과거에 이루어진 의사결정 때문에 발생한 원가로, 현재 시점에서 어떤 의사결정을 해도 바꿀 수 없는 원가를 말한다.
p. 91

배당할인모형(DDM ; Dividend Discount Model)
기업의 가치(주가)는 기업이 지급하는 미래 배당액을 현재 가치로 할인한 금액이라는 모형이다. 재무관리 분야에서 주가를 설명하는 대표적인 모형으로 인정받아왔다.
p. 94

부채담보부 증권(CDO ; Collateralized Debt Obligation)
MBS가 더 발전된 형태로 MBS를 다시 묶어 위험도에 따라 종류를 구분해 만든 파생상품이다. 한 종류의 자산을 기초자산으로 만든 MBS는 모두 수익률과 위험이 동일하지만, 서로 다른 수익률과 위험을 가진 다른 종류의 MBS들을 모아 수익률과 위험에 따라 구분해 다시 묶어 만든 증권이 CDO이다. 즉 CDO는 저수익 · 저위험 증권에서부터 고수익 · 고위험 증권까지 다양한 배합을 갖춘 증권상품이 존재할 수 있다.
p. 207

생존자 편의(survivorship bias)
통계분석을 할 때 현재 살아남아 있는(생존하고 있는) 표본만을 분석함으로써 통계가 왜곡되는 현상을 말한다. 예를 들어보면, 헤지펀드의 수익률을 계산할 때 현재 존재하고 있는 헤지펀드들만을 대상으로 수익률을 계산하면 매우 높다. 그 이유는 과거에는 존재했지만 도중에 파산하거나 수익률 부진 등의 이유로 청산된 헤지펀드들이 모두 수익률 계산 표본에서 빠지기 때문이다. 만약 이런 헤지펀드들도 모두 수익률 계산에 포함한다면 실제 수익률은 더 낮아지게 된다. LBO의 수익률을 계산할 때에도 동일한 현상이 발생할 수 있다.
p. 404

스캘퍼(scalper)
데이 트레이더의 일종으로, 하루에도 수십 번 또는 수백 번씩 매매를 수행하는 초단기 투자자들을 말한다.
p. 340

시가평가제도(mark-to-market accounting)
자산이나 부채의 가치를 현재의 시가로 대차대조표에 표시하고, 시가의 변화로 인해 발생한 평가손익을 인식하는 제도다. 시가가 변함에 따라 그 변한 가치를 재무제표에 즉시 반영하기 때문에 회계정보의 적시성이 높아지고, 정보의 유용성도 높아지지만 시가가 무엇인지 정확히 평가하기 어렵기 때문에 신뢰성이 떨어진다는 단점도 있다.
p. 171~183(Part 2 '미국의 금융개혁과 시가평가제를 둘러싼 논란' 참고)

신용보강계약(CSA ; Credit Support Annex)
상품거래 과정에서 일종의 담보물을 제공하겠다는 계약이다. 거래된 상품의 가치가 떨어지면 상품의 인수자가 손해를 입으므로, 가치가 떨어질 것에 대비해서 담보를 제공하겠다는 계약인 것이다. 이 계약에 따라 상품의 판매자는 신용위험을 회피할 수 있다.
p. 193

신용부도스왑(CDS ; Credit Default Swap)
기업의 부도위험, 즉 '신용위험'에 대해 사거나 팔 수 있도록 한 파생상품이다. 부도위험이 높다면 CDS의 가격이 올라가는 형식으로, 부도위험에 대한 일종의 보험이라고 할 수 있다.
p. 192,193

어닝 서프라이즈(earnings surprise)
비기대이익(unexpected earnings)이라고 번역한다. 기업의 업적 발표치와 업적 발표

이전 시장의 전망치 사이의 차이(실제 업적, 시장의 전망치)를 말한다. 시장의 전망치는 대부분 애널리스트들이 발표한 이익예측치의 평균(또는 중위수)을 말하는데, 애널리스트가 이익예측치를 발표하지 않는 중규모 이하의 기업들은 전분기의 이익을 사용한다. 어닝 서프라이즈가 양(+)이냐 음(-)이냐에 따라 주식가격이 크게 변동한다. 어닝 서프라이즈가 어느 방향으로 일어나느냐에 관계 없이 그 크기가 크다면 어닝 쇼크(earnings shock)라고 한다. 하지만 국내에서는 이런 용어의 정의가 잘못 사용되어, 어닝 서프라이즈는 전부 양(+)의 수치를, 어닝 쇼크는 전부 음(-)의 수치를 의미하는 것으로 통용되고 있다.

p. 262~273(Part 3 '어닝 서프라이즈 게임' 참고)

유상감자
기업이 주주들에게 시가로 주식의 일부를 취득한 후 주식을 소각해 없애는 일을 말한다. 주식의 숫자가 줄어들어 자본이 감소하면서, 동시에 현금이 유출되므로 자산이 감소한다.

p. 25, 26, 28

유상증자
기업들이 새 주식(신주)을 발행해 주식시장에 매각함으로써 필요한 자금을 조달하는 행위다. 자산과 자본이 동시에 증가하는 효과가 있다.

p. 59

인수 후 통합(post-merger integration)
새 회사를 인수한 후 기존 회사와 조직을 통합시키는 과정을 말한다.

p. 141

자산유동화증권(ABS ; Asset-Backed Securities)
자산을 담보로 해 발행한 증권이다. ABS의 구매자는 자산을 이용해 창출되는 현금을 지급받게 되며, 해당 자산이 담보의 역할을 하게 된다. MBS도 ABS의 일종이다.

p. 146

잔여지분모형(RIM ; Residual Income Model)
회계학 분야의 대가인 브리티쉬 콜롬비아대학의 제럴드 펠섬과 아리조나 주립대학의 제임스 올슨 교수가 1995년 공동으로 발표한 새로운 가치평가 모형이다. 기존에 널리 사용되던 현금흐름모형이나 잉여현금흐름모형, 이익할인모형 등에 비해 상대적으로 매우 정확한 가치평가 수치를 제공해주고 있어 최근 널리 도입되고 있다.

p. 94~96

재무적 투자자
회사를 경영할 의사는 없이 투자에 대한 차익만을 목적으로 자금을 투자하는 투자자를 말한다. 전략적 투자자의 반대되는 개념이다. 전략적 투자자는 회사를 장기간 동안 경영할 목적으로 투자를 하는 투자자를 말한다.

p. 21~23

전망이론(prospect theory)
개인들이 준거하고 있는 준거점(기대 수준)에서의 효용의 변화에 따라 대응하는 태도가 다르다는 것을 설명하는 이론으로, 프린스턴대학 심리학과의 대니얼 카먼스키와 아모스 트버스키 교수가 1979년 발표했다. 이 이론에 따르면 개인들은 준거점보다 심적 또는 물적 효익이 증가하면 효용이 완만하게 증가하는 데 반해, 준거점보다 심적 또는 물적 효익이 감소하면 효용이 급격히 감소한다. 따라서 준거점보다 효익이 증가하는 것에는 약간만 반응하지만 준거점보다 효익이 감소하는 것에는 강하게 반응하는 성향이 있으므로 효익이 감소하는 것을 더 회피하려고 한다.

p. 267, 275

제로섬게임(zero sum game)
게임에서 한 사람이 이겨서 돈을 딴다면, 똑같은 금액을 다른 사람이 잃게 되는 것을 뜻한다. 이 경우 딴 금액과 잃은 금액을 합하면 제로(0)이 된다는 의미에서 이런 게임을 제로섬게임이라고 부른다.

p. 305

주택담보부증권(MBS ; Mortgage Backed Securities)
주택을 담보로 한 가계 대출금을 묶어, 이를 담보로 해 발행한 증권이다. MBS의 구매자는 주택담보 대출을 받은 대출자들이 지급하는 이자와 원금을 상환받게 되며, 대출자가 대출금의 원리금이나 이자를 상환하지 못할 경우 담보인 주택을 차압해 손실을 보충할 수 있다.

p. 144

콜옵션(call option)
보유한 개인이나 집단이 미리 약정한 기간이 되면 지정된 자산을 미리 약정한 가격에 살 수 있는 권리다.

p. 303, 304

티파티(tea party)
미국에서 2000년대 말 탄생한 시민운동 조직으로, 세금인상에 반대하는 것을 주목적으로 한다. 공화당을 통해 일부 세력은 제도권 정치로 진출했다. 이들은 증세가 아닌 방만한 정부지출 축소를 통해 미국의 재정적자 문제를 해소할 것을 요구한다. '티 파티' 라는 명칭은 영국의 식민지 미국에 대한 증세에 대한 반발로 일어났던, 미국 독립전쟁의 시발이 된 보스톤 차 사건(Boston tea party)에서 따온 것이다.

p. 186

페이퍼 컴퍼니(paper company)
특수목적회사(special purpose company or entity)라는 용어도 종종 사용된다. 법적으로는 존재하지만 실체가 없는 회사를 말한다.

p. 49

풋백옵션(put back option)
보유한 개인이나 집단이 지정된 자산을 미리 약정한 가격에 원래 자산의 보유자였던 개인이나 집단에 되팔 수 있는 권리다. 즉 현재의 자산 소유자가 이전 소유자에게 되팔 수 있는 권리를 말한다.

p. 21, 62

풋옵션(put option)
보유한 개인이나 집단이 미리 약정한 기간이 되면 지정된 자산을 미리 약정한 가격에 팔 수 있는 권리다.

p. 303

허딩(herding)
남들이 하는 대로 무리지어서 같은 행동을 하는 것을 말한다.

p. 340, 367

현금흐름할인모형(DCFM ; Discounted Cash Flow Model)
기업의 가치(주가)는 미래 현금흐름을 현재 가치로 할인한 금액이라는 모형이다.

p. 94

LBO(Leveraged Buyout)
자신의 자금은 거의 없이 피인수회사의 자산가치를 담보로 돈을 빌려서 피인수회사를 인수하는 행위를 말한다. 그후 피인수회사가 보유한 현금이나 미래 기간 동안 피인수회사가 벌어들일 이익으로 부채를 상환한다. 미국에서는 합법이나 우리나라에서는 일부 LBO는 업무상 배임으로 불법이다. 자신이 부담하는 위험은 별로 없으면서 피인수회사를 큰 위험에 처하게 할 수 있기 때문이다.

p. 29

『숫자로 경영하라 2』 저자와의 인터뷰

Q 『숫자로 경영하라 2』, 이 책에 대해 소개를 해주시기 바랍니다.

A 본서의 전편인 『숫자로 경영하라』와 동일한 구성으로 되어 있습니다. 최근 일어났던 국내외의 사건들을 예로 들면서, 그 속에서 우리가 배워야 할 교훈이 무엇인지를 설명하고 있습니다. 추상적인 이야기가 아니라 구체적으로 발생했던 사건들을 숫자와 통계를 통해서 짚어보는 형식입니다. 구체적인 예를 들어보면, 두산그룹과 금호아시아나그룹이 대규모 M&A 이후 어려움을 겪고 있는 상황에서, 어떤 방식으로 자산매각과 구조조정을 했는지의 사례를 살펴보면서 교훈점을 설명하는 형식입니다. 대우건설과 현대건설의 M&A 사례를 보면서 기업의 가치를 평가할 수 있는 정확한 방법과 M&A 이후 발생할 수 있는 시너지에 대해 예측하는 부분도 있습니

다. 그 전말이 명확히 알려져 있지 않은 사건들의 경우, 숫자 속에 숨겨져 있는 진실을 찾아보는 내용도 있습니다.

Q 『숫자로 경영하라』 두 번째 이야기인데요, 첫 번째 책과는 어떤 차이점이 있나요?

A 첫 번째 책에서는 기업 사례들을 중심으로 설명하면서, 마지막 부에서는 세계금융위기에 대해 소개했습니다. 이번 책에서도 기업 사례들을 중심으로 설명하지만, 이런 사례들을 지금 세계에서 발생하고 있는 금융위기와 연결해서 설명하는 부분도 많이 있습니다. 다만 첫 번째 책과 다른 점은 회계정보를 사용한 주식투자 방법에 대해 한 부, 네 편의 글을 이용해서 설명하고 있다는 점입니다. 『숫자로 경영하라』가 원래 기업의 경영자들을 위해 쓴 책인데, 주식투자에 관심 있는 사람들도 많이 읽고 있다는 것을 알게 되었습니다. 그래서 그 부분의 사례와 과학적 연구결과를 종합해서, 네 편의 글을 추가했습니다.

Q 독자들에게 어떻게 읽으면 좋을지 말씀해주세요.

A 바쁘신 분들에게는 우선 목차를 보실 것을 권해드립니다. 목차를 보시면 사례의 제목과 어떤 기업의 사례인지가 나옵니다. 그 중에서 제일 관심 있는 기업의 사례나 주제를 포함한 장을 먼저 보시면 더 재미있지 않을까 생각합니다. 또는 하루에 한 장씩 읽으셔도 됩니다. 본 책이 21장으로 구성되어 있고, 각 장이 약 40페이지 정도입니다. 따라서 하루에 한 장 정도 읽으시면 적당하지 않을까 생각

됩니다. 사실 복잡한 내용이 많이 나오는 회계책이지만, 전편인 『숫자로 경영하라』를 읽으신 분 중에 최근에 일어났던 사건들의 이면에 숨겨진 내용을 알 수 있어서, 마치 추리소설을 읽는 것 같이 재미있었다고 하신 분들도 계셨습니다. 한두 장만 읽어보시면, 재미를 느끼셔서 결국 모두 다 읽게 되시지 않을까 생각합니다.

Q 시중에 다른 경영서적도 많은데, 이 책과 다른 책의 가장 큰 차이점은 무엇일까요?
A 서점에 가시면 많은 경영서적이 있습니다. 그런데 그런 서적에서 이야기하는 내용들은 상당히 추상적입니다. 읽어도 도대체 어떻게 하라는 것인지 이해가 되지 않는 내용들이 많습니다. 예를 들어 '훌륭한 인재를 뽑아 적재적소에 배치하라'든지, '경쟁자가 없는 블루오션을 개척하라'라는 이야기가 있습니다. 그런데 도대체 어떻게 해야 훌륭한 인재를 뽑을 수 있고, 어떻게 하는 것이 뽑은 인재를 적재적소에 배치하는 것이고, 어떻게 해야 블루오션을 찾을 수 있는지에 대해서는 말이 없습니다. 많은 내용들이 근거 없는 자기주장으로 가득 차 있는 경우도 많습니다. 이 책에서는 이런 근거 없는 주장이 아니라, 과학적 연구를 통해 발견된 사실이나 다른 통계수치로 주장을 뒷받침할 수 있는 내용들을 설명하고 있습니다. 또한 구체적으로 책에 나와 있는 사례를 통해 우리가 무엇을 배우고 어떻게 행동해야 할지에 대해서도 서술하고 있습니다. 즉 본서에는 구체적이고 실용적으로 이용할 수 있는 내용들이 많이 포함되어 있습니다. 이 점이 가장 큰 차이점이라고 생각합니다.

Q 교수님께서 숫자경영으로 개인적인 목표를 이루었던 사례가 있으시다면 말씀해주세요.

A 제가 기업경영자가 아니니 숫자경영은 아니겠지만, 제 개인적인 경험을 말씀드리도록 하겠습니다. 저는 항상 '장기목표-중기목표-단기목표'의 세 가지 목표를 가지고 생활하고 있습니다. 장기목표는 내 인생을 통해 이루고자 하는 큰 목표입니다. 중기목표는 5년이나 10년 정도의 기간 동안 이루고자 하는 목표입니다. 단기목표는 아주 구체적인 목표로서, 대부분 이번 학기 동안에 이루고자 하는 목표입니다. 예를 들면 '어떤 책을 이번 학기 중에 다 공부를 하겠다' 라든지, '교과서 이외의 교양서적을 이번 학기 동안 10권을 읽겠다' 등의 목표입니다. '성실하게 살자' 또는 '열심히 살자' 라는 추상적인 목표가 아니라 항상 구체적인 숫자로 단기목표를 세웠고, 그 목표를 달성하려고 노력했으며, 제가 목표했던 기간이 지난 다음에는 목표를 달성했는지에 대해 꼭 점검을 했습니다. 그래서 조금씩이나마 더 발전을 하면서 살아오지 않았나 하는 생각이 듭니다.

Q 금융위기를 극복하는 중요한 수단으로 숫자경영이 그 대안이 될 수 있을까요? 어떤 측면에서 숫자경영이 주목을 받는 것인가요?

A 이번 금융위기의 원인에는 여러 가지가 있습니다. 금융위기에 대해서 자세히 설명하기에는 시간관계상 어려울 것 같습니다. 다만 금융위기 이후 벌어지고 있는 세계 각국의 재정위기에 대해 말씀

드리도록 하겠습니다. 재정위기는 세계 각국이 벌어들이는 돈보다 너무 많은 돈을 쓰는 과정에서 빚이 갑자기 늘어나서 발생한 것입니다. 이런 이야기는 기업에도 똑같이 적용할 수 있습니다. 기업이 지속가능한 성장을 하려면 적절한 수준에서 지출을 억제할 수 있어야 합니다. 즉 기업에 큰 위험을 주지 않는 적절한 투자규모를 파악하면서, 그 투자계획에 따라 자금조달 계획을 세워야 하겠죠. 이런 모든 활동이 숫자와 연결되어 있습니다. 따라서 숫자를 파악하고, 회사의 정확한 현재상황을 이해한 후 그에 알맞은 경영을 해야 할 것입니다.

Q 경영의 중심에 숫자경영이 있다고 하셨습니다. 그러면 숫자경영이란 무엇이기에 경영의 중심에 있다고 할 수 있습니까?

A 앞에서 설명 드린 것처럼 기업의 모든 활동은 결국 숫자로 표시됩니다. 대기업의 최고 경영자가 수천 명의 직원들을 모두 알 수도 없고, 그 직원들이 어떤 일을 하고 있는지, 열심히 일하고 있는지를 제대로 파악할 수도 없습니다. 결국은 직원들의 활동을 모두 종합해 나타난 결과인 숫자를 이용해 의사결정을 내려야 합니다. 기업들에게 필요한 자금을 공급하는 역할을 하는 채권자나 주주도 숫자를 이용해 의사결정을 내립니다. 따라서 숫자는 모든 복잡한 경영내용을 요약해서 전달해주는 중요한 커뮤니케이션의 수단입니다. 그러니 숫자를 잘 파악하는 것이 경영을 하는 데 있어서 대단히 중요하다고 할 수 있습니다.

Q 기업이 의사결정을 할 때 숫자경영을 기반으로 의사결정을 해야 한다고 하셨습니다. 그러면 의사결정에 있어서 숫자경영의 활용방안에 대해 말씀 부탁드립니다.

A 작은 개인사업을 벌이거나 늘 하던 일을 한다면 직관에 따라 일을 할 수 있을 것입니다. 그렇지만 수백억이나 수천억 원의 자금을 투자해야 하는 현대의 주식회사에서 이런 결정을 직관에 의존할 수는 없습니다. 철저한 시장에 대한 조사와 미래에 대한 예측을 바탕으로 과학적 분석을 통해 의사결정을 내려야 합니다. 현대사회나 기술이 얼마나 복잡한데, 경영자가 모든 분야를 다 아는 것도 아닌데 어떻게 감으로만 의사결정을 내릴 수 있겠습니까. 본 책에서는 CJ 뚜레쥬르가 베트남에 투자하면서 한 단계씩 실험을 하는 사례, 아모레퍼시픽이 중국에 투자를 하면서 실험을 하는 사례가 소개되어 있습니다. 실험결과를 분석해서 필요한 자료를 얻은 후 전면적인 의사결정을 내리는 것입니다. 이렇게 의사결정을 내린다면 시행착오를 반복할 위험이 대폭 줄어들지 않을까 합니다.

Q 투자의 근간에도 역시 숫자를 이용해 과학적으로 투자해야 한다고 하셨습니다. 주식투자를 하는 많은 분들이 관심을 가질만한 이야기인데, 좀더 자세히 설명해주시죠.

A 안타깝지만 주식투자를 통해 개인 투자자들이 올리는 평균적인 수익률은 그리 높지 않습니다. 왜 그럴까요? 별로 공부를 하지 않고 언론의 보도나 인터넷에 떠도는 이야기, 소문만 듣고 그냥 주식을 사기 때문입니다. 투자의 귀재라는 워런 버핏은 '취미가 기업의 연차보고서를 읽는 것'이라고 합니다. 기업에 대한 자세한 정보를 얻

은 후 이 정보를 분석해서 투자를 결정하는 것입니다. 결국 이렇게 해서 투자를 하는 소수의 사람이 그냥 풍문에 의존해서 투자를 하는 대다수의 사람보다 투자성과가 좋을 수밖에 없습니다. 저는 우리나라에서 얼마나 많은 분들이 실제로 연차보고서를 읽어서 기업의 경영상황을 파악하시는지 궁금합니다. 이런 일의 전문가라고 할 수 있는 증권사 소속 애널리스트들 중에도 연차보고서를 꼼꼼히 읽지만 내용을 파악할 줄 모르는 사람도 있는 형편입니다. 제 글을 읽어보시면 이런 점들을 자세히 이해하실 수 있을 것입니다. 결론부터 말씀 드린다면, 간편한 방법 몇 개 외워서 손쉽게 사용할 수 있는 손쉬운 투자법이란 없습니다.

Q 기업이 시장과 소통하는 데 있어서도 숫자경영의 중요성에 대해 말씀하셨습니다. 언뜻 보면 숫자경영과 소통의 연결이 잘 이해가 되지 않습니다. 이에 대한 개략적인 설명을 다시 한 번 부탁드립니다.

A 기업이 시장과 소통하는 방법이 바로 공시와 재무제표입니다. 이 두 가지는 대부분 구체적인 수치로 이루어져 있습니다. '우리 회사의 업적이 좋다'라는 식의 추상적인 이야기가 아니라 '우리 회사의 이익이 500억 원이다'라는 식의 구체적인 내용입니다. 따라서 기업들은 이런 내용들을 시장과 잘 소통해서 시장에서 오해가 생기지 않도록 해야 합니다. 예를 들면 두산그룹은 '증자를 하겠다'라는 내용을 짤막히 발표했다가 시장에서 두산그룹의 유동성 위기설이 퍼지면서 그룹 계열사 전체의 주가가 폭락하는 사건을 겪은

바 있습니다. 그렇다면 시장과 정확하게 소통하기 위해서는 어떻게 해야 하는지가 궁금하시겠죠. 본서에서 그런 내용들을 자세히 다루고 있습니다.

독자 여러분의
소중한 원고를 기다립니다

★ 독자 여러분의 소중한 원고 투고를 기다리고 있습니다. 집필을 끝냈거나 혹은 집필 중인 원고가 있으신 분은 onobooks2018@naver.com으로 원고의 간단한 기획의도와 개요, 연락처 등과 함께 보내주시면 최대한 빨리 검토한 후에 연락드리겠습니다. 머뭇거리지 마시고 언제라도 문을 두드리시면 반갑게 맞이하겠습니다.